한국
기독교청년회
운동사

전택부
선집 **4**

한국 YMCA 반세기의 발자취

한국 기독교청년회 운동사

전택부 지음

홍성사

일러두기

○ 이 책은 《한국 기독교청년회 운동사》(범우사, 1994)를 토대로 엮은 것입니다.

○ 원문 가운데 역사상 인물, 사건에 관계된 인명이나 일부 용어는 오늘날 통용되는 것으로 바꾸었고,
   필요한 경우 괄호 안에 한자나 설명을 덧붙였습니다.

차례

머리말

  나의 사람됨은 무엇보다 먼저 하느님의 은총으로 복음을 받아 그 아들 예수 그리스도의 제자 됨이라는 깨달음에서 비롯되었다. 다음은 내가 배달민족의 씨알로 태어났구나 하는 깨달음이었으며, 그다음은 기독교청년회의 일꾼이 되었구나 하는 깨달음이었다. 이러한 세 단계의 깨달음으로 나의 사람됨은 형성되었고, 이러한 깨달음 속에서 나의 삶은 영위되어 왔다.

  내가 기독교청년회 역사를 써야겠다고 마음먹게 된 것은, 6·25전란 때 불타 없어진 종로의 청년회관을 다시 지어 낸 뒤, 1967년 그 새 회관 준공식을 올리던 순간부터였다. 그로부터 꽉 찬 10년이 걸려 1978년에야 책의 모습으로 처음 선보일 수 있었다. 그러나 그 뒤 여러 사정으로 15년간이나 절판된 채로 있다가 내용과 모양을 완전히 새롭게 꾸며서 펴내게 된 것이다.

  출판 당시에는 출판계와 학계의 반응이 썩 좋았음에도 그 뒤 출판사의 재정난과 필자의 분주함 때문에 책을 내지 못했다. 그러다가 내가 중병에 걸리고서야 각성해 가지고, 못한 일을 정리해야겠다는 결심으로 병상에 누운 채 이 책을 읽으며, 오자와 잘못된 부분을 고치고 미흡한 부분을 깁고 더했다. 아프지 않았더라면 엄두도 못 냈을 일이다. 하느님의 섭리는 정말 신기하기 짝이 없다.

　그런데 이 책뿐만 아니라 청년회관을 다시 지어 내는 데도 꽉 찬 10년이 걸렸다. 나의 삶은 이처럼 10년 또 10년이란 세월이 이어지는 동안 오로지 내가 몸담아 일하는 청년회의 무너진 담을 쌓고, 폐허화된 집터를 다시 닦고, 그 위에다 새 기둥을 세우는 그런 삶이었다. 따라서 마구 짓밟히고 버림받은 선인들의 고귀한 정신과 사상을 드러내기 위해 도서관의 쓰레기통을 뒤지고, 땅을 파고, 깨어진 유물을 파내어 붙이고, 산 역사적 인물들을 찾아 헤매야 했다.

　공식적으로 역사 집필에 손대기는 1973년 한국 기독교청년회 창립 70주년 기념식을 올리던 순간부터였다. 그때 서울 기독교청년회는 기독교청년회연맹과 합동으로 70년사 편찬위원회를 조직하는 동시에, 당시 서울 청년회 총무인 나에게 70년사의 전편, 곧 8·15 해방까지의 역사 집필을 요청해 왔다. 이에 응하여 막상 손을 대고 보니 처음에는 눈앞이 캄캄했다. 한국 기독교청년회 역사는 유달리 규모가 크고 관련 사건들이 복잡한데다가, 다소나마 간직되어 있던 귀중한 사료들은 6·25 전란 때 모조리 불타 없어졌기 때문이다. 그리고 누구 한 사람 사료를 소중히 간직해 둔 사람이 없었기 때문이다.

　더 곤란한 조건은, 나는 일제강점기 때 청년회관에 한번 들러 본 일조차 없는 사람이기 때문이다. 내가 이상재·윤치호·신흥우 씨 같은 원로 지도자들의 전기도 쓰고 논문도 쓰고 했지만, 그중 제일 후배인 신흥우 씨조차도 단 한 번 만나 인사를 드렸을 따름이다. 그만큼 나는 청년회와는 아주 생소한 사람이다.

　때문에 나의 역사 집필 작업은 철저히 연구적 성격을 띨 수밖에 없었다. 그래서 이 책 제목을 단순히 '운동사'라 하지 않고 '연구'라는 말을 붙여 '한국 기독교청년회 운동사 연구'라 하고 싶었다. 그럼에도 '연구'를 빼고 단순히 '운동사'라 한 까닭은 첫째, 운동체로서 청년회의 성격을 힘주어 드러내고 싶어서였으며, 그럼으로써 이 작업이 단순한 청탁에 의하여 어떤 외부 인사의 손으로 씌어졌다는 인상을 주고 싶지 않았기 때문이다.

또 하나 내가 조심한 것은, 흔히 한 기관의 역사가 자칫하면 범하기 쉬운 자기 자랑이나 자기도취에 빠져서는 안 된다는 것이었다. 청년회 역사야말로 정확한 역사적 사실에 의하여 공정하고 객관적인 역사가 되어야 한다는 것을 항상 명심하면서 쓴 것이 사실이다.

어쨌든 우리나라의 불과 70년 또는 100년의 역사는 다른 선진한 나라들의 몇백 년 역사에 맞먹을 만큼 감추어진 역사임에는 틀림없다. 때문에 처음부터 연구적인 태도로 달려들 수밖에 없었고, 그로 인해 사료를 수집하느라 오랜 시간이 걸렸다. 따라서 많은 사람의 신세를 졌다. 이 책이 나옴에 신세진 모든 사람의 은혜에 보답하고 싶은 마음 간절하다.

특히 이 책의 발간에 부쳐 귀한 글을 써주신 백낙준 박사님과 김용우 이사장님께, 이미 고인이 되셨으나 다시 한 번 마음 속 깊이 감사드린다. 더욱이 이 책이 나오기까지 물심양면으로 꾸준히 밀어주신 서울 기독교청년회 이사장·총무·이사·위원 실무자들에게 진심으로 감사드린다.

또 하나 잊히지 않는 것은, 뉴욕에 있는 YMCA 국제위원회다. 1968년 내가 그 사무실을 찾아갔을 때 그들은 나에게 무척 고맙게 대해 주었다. 내가 도서관에서 사료를 구해보겠다니까 공휴일임에도 그 도서관장은 내게 도서관 열쇠를 맡기면서까지 협조해 주었다. 그분들께 감사드린다.

끝으로 어려운 재정 속에서도 맨 처음 이 책을 만들어 준 정음사의 최철해 사장과 박대희 부장·박명호 선생에게 감사드리며, 이제 새롭게 이 책을 출간해 준 범우사 윤형두 사장과 윤재민 상무에게 고마운 인사를 드린다.

1994년 4월 30일
전택부

12

발간에 부쳐

　　기독교청년회 운동은 구한말 한국 문화 환경에 진입하여
70여 년간 기독교청년 문화 활동을 전개했다. 기독교청년회의
3/4세기 활동사는 청년회의 역사인 동시에 한국 문화사의 일면
이 된다.

　　이 특수사(特殊史)의 연구에서는 외래문화인 기독교청년
회의 성격과 내외 양 문화의 상호 작용과 그 과정에 있었던 다양
한 활동과 당착(當着)하였던 주요 문제와 지도 인물 및 그 사업
결과를 다루게 된다.

　　기독교청년회의 성격은 세계 공통인 파리 기초선언에 명
시되어 있다. 국내 문화 환경의 변화는 다단(多端)했다. 한말 전통
문화의 퇴조, 민족 신생을 위한 개화, 국운의 비애, 민족의 수난,
교회 박해, 민족경제 파탄, 민족해방, 민족사회 건립 등 파란중
첩하였다. 기독교청년회의 이념과 사업은 저 다단했던 국내 사정
변화에 대응하지 않을 수 없었다. 그 대응에는 건설적 프로그램
이 있어야 했다. 또한 국내외적으로 중망(重望)을 지닌 지도적 인
물이 있어야 했다. 그리하여 한국적 기독교청년회 운동이 조성되
었다.

　　기독교청년회는 한 조직체인 동시에 한 운동이다. 조직체

가 운동을 위해 있지, 운동이 조직체를 위해 있는 것이 아니다. 그리고 건전한 운동은 과거와 절연(絶緣)하지도 않고 미래도 통찰해야 한다. 역사는 현재와 과거의 끝없는 대화가 되고 미래의 준비가 되기 때문이다. 우리 기독교청년회의 빛나는 역사는 과거에 속한다. 영광의 약속은 무궁한 미래에 있다. 기독교청년회 운동은 불휴부단(不休不斷)하고 향상 전진하는 청년이, 청년으로서, 청년을 위하여 지속하는 기독교청년 운동의 선구가 되어 왔고 또한 앞으로도 그리 될 것이다.

이《한국 기독교청년회 운동사》의 저자 전택부 님은 일찍이 중앙 기독교청년회 총무 직을 역임한 Y맨이다. 님은 재직 기간에는 세계 Y운동으로 널리 접촉하고 이해를 깊이 하였다. 그리고 미국 뉴욕 소재 만국 기독교청년회 총본부에 비장(秘藏)되어 있는 재한(在韓) 기독교청년회 운동 상황 보고 문서를 통람(通覽)할 기회를 얻어 귀중한 사료(史料)를 입수 연구했고, 국내에서는 전국적으로 사료를 광수(廣搜)하고, 다수 참여 인물을 방문하여 간접 사료를 구득(求得)했다. 더욱이 저자는 다년간 문필 사업과 기독교계 사전(史傳) 편찬에 집필한 경력인이다. 역사 서술에는 절대적 객관성이 없다지만, 저자는 본사(本史)의 서술에서 주관적 독단과 일방적 견해를 극복한 줄 안다.

한국 기독교청년회가 저자의 필치(筆致)로 저술한 회사(會史)가 간행됨을 근하(謹賀)하고 한국 기독교청년회 운동의 발전을 병송(倂頌)한다.

백낙준

발간에 부쳐

　　한 기관의 역사를 쓴다는 것은 쉽고도 어려운 일이다. 쉽다고 하는 까닭은, 그 역사의 범위가 좁고 간단하기 때문이고, 어렵다고 하는 까닭은, 자기 기관을 소홀히 여기다가 귀중한 사료를 다 잃어버리기 쉬울 뿐만 아니라 자칫하면 자기 자랑이나 선전에 그치기 쉽기 때문이다.

　　그런데 우리 기관의 역사의 경우는 성격이 다르다. 우선 우리 기관의 역사는 그 범위가 아주 넓고 규모가 크다. 한국 기독교회사와도 관계가 있고, 일반 문화사나 정신사와도 관계가 있다. 이러한 특성이 있는 기관이기 때문에 우리 기관의 역사를 쓰는 일은 그리 간단한 일은 아니다. 두 번째 조건에서, 우리 기관은 오랜 전통이 있는 기관인 만큼 귀중한 사료들을 많이 보관하고 있었으나 그 많은 사료가 6·25 전란 때 북한군이 후퇴하면서 회관에 불을 질러 잿더미가 되고 말았다.

　　이러한 어려운 여건 속에서 1973년, 한국 YMCA 창립 70주년을 계기로 《한국 YMCA 70년사》를 편찬하기로 이사회가 결의했다. 처음에는 대한 YMCA 연맹과 함께 편찬위원회를 조직했으나 도중에 서울 YMCA 단독 사업으로 밀고 가게 되어, 필요한 모든 재정과 작업을 맡기로 한 것이다.

역사를 두 부분으로 나누어, 전편은 창립에서 8·15 해방
까지, 후편은 그 후부터 1973년까지 엮기로 했는데, 그로부터 5
년이 지난 오늘에 이르러 전편만이라도 이룬 것은 참으로 다행으
로 생각한다.

　　내용에는 여러 모로 미흡한 점이 있을 줄 안다. 그렇지만
이것은 새로운 개척 사업인 만큼 앞으로 보완하고 고쳐 가는 가
운데 더 완벽한 것이 되리라 믿으며, 후편도 계속 이루어지리라
믿는다.

　　끝으로 이 일에 적극 참여해 주신 역사 편찬위원 여러분
과 글을 써주신 전택부 님께 진심으로 감사하는 바다.

　　　　　　　　　　　　　　김용우(전 서울 YMCA 이사장)

16

제1부 태동기 (1899~1903)

청년회 창설 전의 사회 상황과 청년 동향

──── 한국 기독교청년회는 1903년 10월 28일 대한제국의 수도 한성에서 황성기독교청년회(皇城基督教青年會)라는 이름으로 창설되었다. 이것이 오늘날의 서울기독교청년회이며, 1914년 4월 2일 개성에서 조선기독교청년회 연합회를 조직함으로써 전국적인 청년운동으로 번지게 되었다.

한국 YMCA를 창설한 최초의 이사 중에는 일찍이 미국이나 영국에 가서 유학하는 동안 YMCA 운동을 직접 보고 듣고 온 한국 사람들이 있다. 이보다 앞서 1899년에는 독립협회와 만민공동회 운동에 자극받은 젊은이들과 각종 외국어학교·배재학당 등에서 신교육을 받은 150명의 젊은이들의 자발적인 요구에 따라 국내 선교사들이 이에 호응하여 창설했다. 선교사들뿐만 아니라 서울에 주재해 있던 여러 나라 외교관·교육가·실업가들이 협조했으니, 이것이 곧 한국 역사상 최초의 청년단체이며 기독교적 국제기구가 됐다.

이리하여 한국 YMCA는 도탄에 빠진 민중과 나라를 구원하기 위해 일어난 애국 청년과 지사들의 자발적이며 자주적인 독립운동으로 생동하였다.

1.

국내 사회 환경과
청년들의 요구

　　한국 YMCA가 창설된 1903년까지 약 10년의 역사는
오로지 민족 독립과 자각을 위한 역사라 할 수 있다. 예를 들면
1894년에 있었던 갑오개혁과 동학교도들의 혁명, 1896년에 있
었던 독립협회와 만민공동회 운동, 1897년 조선왕조가 국호를
대한(大韓)이라 고치고 국왕의 칭호를 황제라 하고 연호를 광무
(光武)라 한 것 등이 그것이다.

　　한편 서구 물질문명이 마구 유입되었다. 우매한 민중은
그것을 환영하기보다 도리어 개탄했다. 동네 한가운데로 철길이
나고 조상의 묘소가 헐릴 때 민중은 통곡했다. 이것이 당시의 어
두운 사회상이다. 그중에서도 선교사들이 들어와서 전파하는 새
로운 종교인 기독교에는 더 우매했다.

　　당시 우리 국민은 유교만이 참 종교요, 기독교는 나라를
망치는 악질 종교라며 배격했다. 그래서 기독교는 관원들의 눈을
피하여 숨어서 들어올 수밖에 없었다. 즉 가톨릭교 최초의 중국
인 선교사 주문모(周文謨) 신부는 한국인으로 변장하고 강완숙
(姜完淑)이란 과부 집 안방에 숨어 살아야 했고, 프랑스 선교사

19

모방(Maubant) 신부는 의주정 변문의 하수구를 통해 입국하여 방갓 쓰고 상주 옷차림으로 숨어 다녀야 했다. 프로테스탄트 최초의 미국 선교사 알렌(H. N. Allen, 安連) 의사는 한국 주재 외국 공사관 부속 의사로 위장하고 입국하여 공사관 울안을 벗어나지 못했다.

그러나 놀라운 사실이 있다. 외국인 선교사들이 들어오기 전에 한국인이 먼저 기독교 신자가 되어 복음을 전파했다는 사실이다. 이 점에 대해서는 구교와 신교가 다름이 없다. 이는 세계 선교사상 특유의 사실이며, 한국인의 자각과 종교적 창의성을 뚜렷이 보여 주는 좋은 예라고 할 수 있다.

우선 구교, 즉 가톨릭의 경우부터 보면, 위에서 말한 중국인 신부 주문모가 입국하여 강완숙 집에 숨어 살며 전도를 시작한 해는 1795년인데 비하여, 이승훈(李承薰)[1]이 중국에 갔다가 세례를 받은 것은 이보다 11년이 앞선 1784년이며, 그가 귀국하여 천주교회를 열게 된 것은 이보다 10년이 앞선 1785년이다. 그러나 이보다 훨씬 먼저부터 국내 한국인 학자들 중에는 천주교에 관한 서적을 구해다가 암암리에 교리를 전파한 사람들이 있었다. 그러다가 이승훈만이 북경에 가서 천주교 신부의 세례를 받고 귀국하여 교회를 창설하기에 이른 것이다.

신교, 즉 프로테스탄트의 경우도 거의 마찬가지다. 위에서 말한 알렌 선교사가 입국한 것은 1884년인데 비하여 의주 사람 이응찬(李應贊)·이성하(李成夏)·백홍준(白鴻俊)·김진기(金鎭基)·이익세(李益世) 등 5명이 만주에 갔다가 세례를 받은 것은 이보다 8년이 앞선 1876년이며, 알렌·언더우드·아펜젤러 등이 입국하기 전에 성경은 벌써 우리말로 번역되어 있었다. 1879년 만주

---

1) 이승훈(1756~1801)은 1783년 겨울, 동지사(冬至使) 황인점(黃仁點)과 서장관(書狀官)인 부친 이동욱(李東旭)을 따라 베이징에 가서 40여 일을 머무는 동안, 조선 교회의 주춧돌이 된다는 뜻에서 베드로라는 영세명으로 1784년 세례를 받고 돌아와 스스로 신부인 양 이벽(李蘗), 권일신(權日身) 등에게 세례를 주고 1785년 봄에 명동에 있던 김범우(金範禹) 집에서 교회를 창설했다. 유홍렬, 한국천주교회사(가톨릭출판부, 1962), 81-91쪽.

에서 세례를 받고 신자가 된 서상륜(徐相崙)2)이 1882년에 누가복음과 요한복음을 번역 출간했던 것이다. 그리고 일본에서 세례를 받고 신자가 된 이수정(李樹庭)3)이 1884년에 성경을 번역했는데, 1885년 아펜젤러·언더우드 두 선교사가 한국으로 오는 도중 일본에 들렀다가 이수정을 만나 그에게 한국말을 배우는 한편, 그가 번역한 성경을 갖고 입국했으며, 입국한 뒤에는 서상륜이 번역한 또 다른 성경이 만주로부터 인천 항구에 쏟아져 들어오는 것을 보고 깜짝 놀랐던 것이다.

한국인의 이 같은 자각과 종교적 창의성은 YMCA의 경우에서도 찾아볼 수 있다. 즉 1903년 황성기독교청년회(皇城基督教青年會)가 창립되기 4년 전인 1899년에 벌써 150명이나 되는 열렬한 상류층 청년들이 YMCA 창설을 강력히 요구한 사실이 있다. 그들은 선교사들의 기대 이상으로 YMCA를 받아들이기에 충분한 준비를 갖추고 있었다. 이에 대해 당시 YMCA의 필요성을 느끼고 있던 초대 선교사 언더우드는 목사는 그때의 상황을 다음과 같이 말했다.

---

2) 서상륜(1848~1926)은 의주 사람으로, 1873년에 한약 행상인으로 만주에 갔다가, 1879년 당시 만주에서 한국인 상대로 선교를 하던 스코틀랜드 장로교 목사 존 로스(John Ross)에게 세례를 받고 그의 어학 선생 및 조사(助事)가 되어 1882년 누가·요한 두 복음서를 번역했다. 이것을 보통 존 로스 판 번역이라 하지만, 와그너(Ellasue Wagner)는 서상륜이 중국어 성경을 가지고 번역한 것이지 어느 겨를에 로스가 한국말을 잘 해서 번역했겠느냐고 단언했으며(The Korea Mission Field, Wol. ⅩⅩⅩⅣ, May 1938, 91~94쪽), 로스는 그 성경을 국내에 들어가 있는 서상륜에게 보내기 위하여 인천 세관 고문으로 있던 묄렌도르프(P. G. Von Möllendorff)에게 배편으로 우송한 일이 있다.(《기독교대사전》, 502쪽)
3) 이수정(1842~1886)은 임오군란 때 명성황후의 생명을 구해 준 사람으로, 1882년 수신사 박영효 일행을 따라 일본으로 건너가 주로 개화상과 농업 발전상을 연구 시찰하는 것이 본래 임무였는데, 1883년 우연히 세례를 받고 기독교 신자가 된 후 마가복음부터 번역하기 시작하여 1885년 봄에 출판했다. 마침 그때 한국 초대 선교사로 한국에 오던 언더우드가 일본에서 이수정을 만나 2개월 동안 그에게 한국말을 배우고, 떠나올 때는 그가 번역한 성경을 들고 입국했다(Spencer J. Palmer, Korea and Christianity, p.73). 이수정에 관해서는 이광린(李光麟)의 《한국개화사연구》(일조각, 1969)가 있고 백낙준의 The History of Protestant Missions in Korea의 한국어판인 《한국개신교사》(연세대학교출판부, 1973)에서도 볼 수 있다.

나는 뉴욕 YMCA 본부에 청원서를 내기 전에, 어느 주일날 오후 몇 몇 청년들에게 나의 집으로 오라고 청했습니다. 그때 나는 5, 6명 정도 청년들만 오더라도 큰 성공이라고 생각했습니다. 그러나 뜻밖에도 그네들이 너무 많이 온다고 해서 그 계획을 포기하고 말았습니다. 왜냐하면 그처럼 많은 사람들을 수용할 만한 응접실이 없었기 때문입니다……. 결국 150명의 청년들이 진정서에 도장을 찍고 YMCA를 설립해 줄 것을 요청했던 것입니다. 그때 도장을 찍은 청년들 중의 한 사람이 현 한성(漢城) 판윤(判尹)입니다.[4]

이는 1899년 언더우드·아펜젤러 두 목사가 YMCA 창설을 뉴욕 본부에 요청할 때 한국 청년들이 얼마나 열렬히 원하고 있는가를 보여 주기 위한 것이었다. 초대 선교사 게일(J. S. Gale)도 그때의 상황을 다음과 같이 말했다.

원래 조선인은 우리 못지않게 훌륭하다. 아니, 내 생각으로는 조선인이 더 훌륭하다. 그들은 복음서에 대한 준비로서 서구식 교육을 받을 필요도 없고, 어떤 고등교육을 받을 필요도 없다. 그들은 이미 준비를 갖추고 있으며 우리가 그들에게 줄 수 있는 최고의 것을 그들은 이미 간직하고 있다.[5]

그리고 헐버트(H. B. Hullbert)는 자신이 주필로 있는 월간지 *The Korea Review*의 사설에도 다음과 같이 썼다.

우리는 매일 거리로 쏘다니는 수백 명의 청년들을 본다. 그들은 다 유망한 청년들이다. 그들은 구습에서 벗어날 수 있는 기회와 자극만 있으면, 일본이 과거 30년간에 한 것과 같은 가장 유망한 청년들이 될

---

4) F. S. Brockman's Letter to MR. J. R. Mott., May 13, 1903.
5) 제임스 게일, 장문평 역, 《Korean Sketches》(현암사, 1971), 288쪽.

수 있을 것이다.[6]

그러면 어찌하여 그네들은 그처럼 간절히 YMCA 창설을 요구했던가? 그 진정서에 서명 날인한 150명의 열렬한 청년들이 누구인가에 대해서는 잠시 언급을 보류하고, 우선 그 청년들은 어찌하여 그처럼 간절히 기독교에 관심을 갖고 YMCA 창설을 요구했던가? 이 질문에 대한 답으로 나는 다음 다섯 가지 이유를 든다.

첫째로, 그들은 기독교로부터 철저히 소외당한 계층이었다. 그때는 기독교 선교사들이 입국한 지 이미 15년이 지났고, 서울 장안에 교회가 설립된 지 12년이 지난 때였건만, 그것은 그들과는 아무 상관이 없는 것이었다. 아무리 그들이 기독교에 나가고 싶고, 아무리 기독교가 무엇인지 알고 싶었다 해도 교회는 이미 천민들에게 점령되어 있었기 때문에 같이 앉을 수가 없었다. 당시 사회제도로 보아 천민과 양반, 평민과 귀족, 무식층과 유식층, 하류 계급과 상류 계급이 완전히 구별되어 있는 상태에서 그들은 일반 천민들로만 구성되어 있는 교회에 도저히 나갈 수 없었기 때문이다. 감수성이 예민하고 시대감각이 빠른 그들은 누구보다 기독교에 관심이 많았지만, 신흥종교 세계에는 도저히 접근할 수 없었던 것이다. 통계에 의하면 "1900년도 서울 시내에 청년들이 약 5만 명 있었는데, 그중 기독교 신자가 된 150-200명의 청년들이 전부 하류층 청년들"[7]이었다.

둘째로, 그들은 일반 사회로부터 위험시당하는 무리들이었다. 그러면 그들이 어찌하여 위험시되었는가? 물론 그들의 선배나 친구들이 전부 혁명분자였기 때문이다. 즉 1884년 갑신정변 때의 김옥균, 서광범, 박영효, 서재필 등이 다 새파란 청년들

6) *The Korea Review*, Vol. 3, April 1903, p.163.
7) P. L. Gillett's Report to the International Committee for the twelve Months, Ending September 30, 1902.

이었고, 1896년 독립협회와 만민공동회 사건 때의 이승만·양홍
묵 등이 다 새파란 청년이었다. 또한 각 외국어학교 학생들과 배
재학당 학생들이 다 위험시당하는 청년들이었다. 1898년 독립협
회가 해산된 뒤 정부는 청년들의 운동을 무조건 위험시하고 철
저히 단속했다.

　그 실례로, 1901년 덕어(독일어)학교와 일어학교 등에서
신흥우·윤시용(尹始鏞) 등 학생이 유신회라는 학생회를 조직하
여 토론회를 부활시켰을 때, 정부는 그 간부들을 모조리 체포·
투옥했는데, 이는 학생운동만으로 정치 문제화된 최초의 사건이
다.[8] 그만큼 정부는 집회의 자유, 언론과 토론의 자유를 청년들
에게 주지 않았지만 기독교는 그렇지 않다는 것을 청년들은 알
았기 때문이다.

　셋째로, 청년들은 기독교가 아니면 기울어지는 조국을
구할 길이 없다는 것을 확신했기 때문이다. 그 증거로, 1895년
저 악독한 일본 침략자들이 우리 궁중에까지 난입하여 국모를
시해하고 불태워 버리자 고종 임금이 "아무도 날 도와줄 사람이
없느냐? 왕후의 원수를 갚아 준다면 내 머리를 깎아 그 머리털
로 신을 삼아 주겠노라"[9]고 애절하게 외쳤건만, 모든 신하는 공포
에 떨고, 어떤 자들은 도리어 임금까지 시해할 음모를 꾸미고 있
었다. 그러나 언더우드·헐버트·에비슨(O. R. Avison)·게일 등 선
교사들만은 궁중으로 뛰어들어가 임금의 침실 옆에서 야경을 서
면서까지 보호해 주었으며, 선교사 부인들은 손수 음식을 장만
하여 줌으로써, 음식에다 독약을 풀어 넣었을까봐 식음을 전폐
하고 있던 임금이 안심하고 먹을 수 있게 했다.[10]

　이와 같이 청년들은 기독교가 한국에 들어온 뒤 불쌍한

8) 정교(鄭喬), 《한국계년사(韓國季年史)》 하권, 국사편찬위원회 편, 《대한계년사(大韓季年史)》 제6
권(단기 4290), 87쪽.

9) J. S. Gale, Korean Sketches(Glinburgh: Oliphant Anderson & Ferrior, 1898), p.206.

10) F. A. Mckenzie, The Tragedy of Korea, pp.70-71, Lak-Geoon Geroge Paik, The History
of Protestant Missions in Korea, pp.244-245.

우리 임금과 인민을 보호해 주었으며 민중 편에 서서 언제나 변호인 구실을 다하고 있다는 사실을 똑똑히 보았기 때문이다. 그리고 기독교는 "다만 솟아 뻗는 총애로서 여기 몸을 던져 함께 울었고, 정의감과 의(義)의 종으로 그 시련에 동참 동고했다"[11]는 사실을 알고 있었기 때문이다.

넷째로, 청년들은 기독교를 통하여 민족 전통 신앙의 소생을 의식했기 때문이다. 한민족은 처음부터 한올님 신앙의 민족이었다. 원시 시대에는 신이 헤아릴 수 없을 만큼 많았다. 그러나 태양신 즉 한올님 또는 하느님을 가장 높은 거룩한 신으로 알고 섬겨왔다. 이러한 우리 민족 고유의 하느님 신앙과 종교사상은 유교와 불교 세력에 억눌려 오랫동안 기를 펴지 못하고 있다가 조선 말기에 이르러 두 가지 모습으로 소생하기 시작했으니, 그중 하나는 천도교를 통해서였고, 다른 하나는 기독교를 통해서였다.

천도교는 기독교, 즉 당시의 서학(西學)에 대하여 동학(東學)을 내세우고 먼저 시천주(侍天主) 즉 하느님 모심을 통하여 일반 민중의 마음을 사로잡게 되었다. 이 시천주, 즉 하느님 모심의 정신은 각천주(覺天主), 즉 하느님을 깨달음으로 발전하게 되었고[12] 민중은 하느님을 깨달음과 동시에 자연적으로 신천지 즉 새 하늘과 새 땅 또는 지상천국의 이상을 품고 '보국안민 포덕천하 광제구민(輔國安民布德天下廣濟救民)'을 부르짖게 되었다. 이것이 나중에는 제폭구민(除暴救民)의 구호 아래 동학 농민 운동이 되고 말았던 것이다.[13]

기독교도 천도교와 똑같은 동기와 경로를 밟았다. 기독교, 특히 개신교는 독립협회 및 만민공동회 운동을 통하여 민족 독립과 구국을 부르짖었다. 그러나 그 방법에서는 천도교와 달랐으니, 기독교는 폭력 대신 평화와 여론주의를 취했고, 특권층의

---

11) 민경배(閔庚培), 《한국기독교회사》(대한기독교출판사, 1972), 169쪽.
12) 조용일, "의암 선생의 사상", 〈나라사랑〉(외솔회, 1972), 23-24쪽.
13) 위의 책.

글자인 한자 대신 서민층의 글자인 한글을 택했다. 〈독립신문〉은 창간호에서 "우리 신문이 한문을 아니 쓰고 다만 국문으로 쓰는 거슨 샹하귀쳔이 다 보게 홈이라…… 남녀 노소 샹하귀쳔 간에 우리 신문을 흐로 걸너 몃 달만 보면 새 지식과 새 학문이 싱길 걸미리 아노라"[14]고 했는데, 이보다 앞서 기독교 지도자들은 천도교와는 달리 모든 복음서와 전도 문서를 순한글로 썼다. 더욱이 놀라운 것은, 개신교 지도자들은 천제(天帝) 또는 천주(天主)란 말 대신 하ᄂᆞ님이라는 배달민족의 고유한 용어를 부활시켰다는 사실이다. 이는 독일의 종교 개혁자 마틴 루터가 당시의 상용문자이던 라틴어 대신 독일말로 성경을 번역한 사실보다 더 혁명적이라고 할 수 있다. 이러한 기독교의 새로운 운동을 보고 청년들은 자체 내의 고유 신앙의 소생을 느끼기 시작했다.

다섯째로, 청년들은 조상과 선배 및 스승들이 이루지 못한 숙원을 안타까이 동경했기 때문이다. 그러면 그네들의 조상은 누구인가? 이것을 알아 내기 위하여 실학을 말해 본다. 실학운동이란, 임진왜란과 병자호란으로 도탄에 빠진 민생 문제를 종래의 성리학으로는 해결할 수 없다는 것에 착안하여 일어난 운동이다. 이 운동은 민중을 구하는 데는 유학 외의 다른 학문으로 해야 한다는 것이 아니라, 공자 시대 본래의 유학으로 돌아가자는 운동이었다.

다시 말하면 실학운동은 주자학이나 성리학의 까다로운 이론보다 좀더 인간 생활과 밀착된 일종의 신유교(新儒教) 운동, 일종의 유교부흥운동이다. 그래서 근대 실학에는 사색을 주로 하는 주리파(主理派)가 있고, 실천을 주로 하는 주기파(主氣派)가 있는데, 주리파는 척사파(斥邪派)로 연결되고 주기파는 개화파로 연결된다. 그리하여 연암 박지원, 다산 정약용 등 초대 실학자들은 주기파 개화파에 속하고, 서재필, 박영효 등 갑신정변의 지도

---

14) 〈독립신문〉 제일호(1896년 4월 7일 발행) 서문.

26

자들도 다 주기파 개화파 계열의 인물이다.

　　그리하여 대체로 실학파의 사상은 한두 사람을 제외하고
는 다 주기에 속한[15] 운동이었다는 것이 많은 학자들의 설이다.
그런데 놀라운 사실은, 위에서 말한 150명의 청년들이 전부 주
기파 개화파 계열의 후손이라는 사실이다.[16] 그들은 자기네 선조
들과 스승이 이루지 못한 나라의 독립, 민생 문제 해결 등을 안
타까이 동경하는 동시에, 전기·철도·과학·기술·신문·신문화
수입·외래 종교 등을 무조건 반대하고 위험시하는 우매한 민중
과 위정 당국에 일종의 의분을 느끼면서 기독교를 가까이하고
싶어 했던 것이다.

15) "한국사상창조의 이론", 박종홍(朴種鴻), 김형효(金炯孝) 대담, 〈서울평론〉(1975년 9월 25일 발
행), 11쪽 참조.
16) 이에 대한 근거는 D. Willard Lyon D. D. *Twenty-Five Tears Ago: Notes on Early Steps in
the Establishment of the Young Men's Christian Association in Korea*에서 찾아볼 수 있다.

2.

창설을 위한
전문가의 조사 작업

YMCA 운동이란 본래 사회적 불안의 산물이다. 1884년 역사상 최초의 런던 YMCA가 창설될 때 영국 사회는 정치적 변동과 산업혁명의 와중에 있었으며, 황성기독교청년회가 창설될 때 한국 사회도 급격한 정치적·사회적 변동기에 있었기 때문이다. 그리고 당시 한국 사회는 중국의 의화단(義和團) 사건의 영향으로 극도의 불안 상태에 있기도 했다. 이 사건이 한국 Y의 창설을 촉진시킨 요인이 되기도 했다. 한국의 정치적·사회적 불안 상태에 대해서는 이미 앞 장에서 말했으므로 여기서는 의화단 사건에 대해서만 대강 말해 본다.

1899년부터 1900년까지 당시 청국의 일부 과격분자들이 소위 '부청멸양(扶淸滅洋)'이란 구호 아래, 산동성 일대와 베이징 지방의 외국인 선교사들과 기독교 신자들을 마구 잡아 죽이고 난동을 부린 사건이 의화단 사건이다. 이 사건 때문에 한국에서도 "선교사들은 아이들의 눈알을 빼다가 사진알을 만든다"는 등의 허무맹랑한 소문이 퍼져 한때 공기가 험악했던 일도 있거니와, 많은 중국 선교사 가족이 한국으로 피난 오기도 했다.

그중 톈진에 주재하며 중국 YMCA를 창설하고 있던 라이언(D. Willard Lyon)과 그 가족이 있었다. 라이언은 서울에 있는 미국 선교사들의 친절한 보호를 받으면서 1900년 6월 28일부터 10월 17일까지 약 4개월간 서울에 머물러 있었다.

라이언이 YMCA 국제위원회의 지시에 의해 한국으로 피난 갔는지는 알 수 없으나, 이왕 한국으로 피난 간 바에는 한국 YMCA 창설 가능성을 조사해 보라는 지시를 받은 것이 틀림없다. 왜냐하면 YMCA 국제위원회는 언더우드와 아펜젤러 두 선교사를 통해 이미 150명 한국 청년들의 진정서를 받고 있었기 때문이다. 그리하여 라이언은 즐거운 마음으로 조사에 착수하여 매우 상세한 보고서를 본부에 보내게 되었다. 그가 국내의 몇 사람과 면담한 내용을 소개하면 다음과 같다.[1]

1) 언더우드와의 면담 내용

8월 8일 아침, 무슨 동기로 YMCA 사업을 생각하게 되었느냐는 질문에 언더우드 목사는 다음 세 가지로 대답했다.

첫째, 언더우드[2] 목사가 섬기는 교회에는 하류층 사람들만 모여들기 때문에 상류 지식층이나 잘사는 사람들이 모여들기 어렵다는 것, 한국어에 존댓말이 많다는 것은 그만큼 사람들에 대한 차별 의식이 강하다는 증거다. 그러므로 상류 지식층 사람들이 모일 수 있게끔 별개 장소를 마련할 필요가 있다. 따라서 YMCA가 바로 그런 장소가 되어야 한다.

둘째, 이미 1899년에 YMCA를 만들려고 했다는 사실. 회원은 정회원·준회원·명예회원의 셋으로 구분하고, 이사회는

---

1) 라이언의 면담 내용은 *Twenty-Five Years Ago: Notes on Early Steps in the Establishment of the Young Men's Christian Association in Korea*, by D. Willard Lyon D. D. of Shanghai에 씌어 있다.
2) 1885년 4월 5일 한국 최초의 미국 북장로교회 선교 목사로 입국하여 1887년 정동장로교회(오늘의 새문안교회)를 창설했으며, 1916년 연희전문학교를 창설했다. 1899년 한국 최초의 미국 북감리교회 선교 목사인 아펜젤러와 같이 YMCA 창설을 제창했다.

선교사들과 정회원으로 구성하며, 실무 간사로는 몇 해 동안 미국과 영국에 갔다 온 한국인으로 했다. 회관은 아펜젤러의 집을 임시로 빌려 썼고, 약 200명의 청년이 가입을 원했지만 국왕이 이를 듣고 정치 단체를 만들려는 것이 아닌지 의심했기 때문에 더 이상 추진하지 못했다는 것.

셋째, 언더우드 목사가 섬기는 교회에는 이미 면려회(Christian Endeavor, 勉勵會)가 조직되어 활동 중인데, 이것을 청년들에게 공개한다면 성공할 수 있으리라는 것.

계속하여, 어떤 사람이 실제로 YMCA의 핵심 회원이 될 수 있느냐는 질문에 언더우드 목사는 다음 세 가지를 들어 대답했다.

첫째, 양반 자제들 중에서 복음에 귀 기울이는 자가 많이 생겼다는 것. 작년에는 민 충정공(민영환閔泳煥을 가리킴)의 아들이 청년회에 가입하기를 원했다는 것.

둘째, 학교 학생들인데, 우선 감리교에서 경영하는 배재대학[3] 학생들, 관립 외국어학교[4] 학생들 그리고 헐버트(H. B. Hulbert)가 경영하는 고등학교와 철도학교[5] 학생들, 마지막으로 한국인이 경영하는 흥화학교[6] 같은 사립학교 학생들 중에 YMCA를 받아들일 만한 청년들이 많다는 것.

셋째, 교회 안의 청년들인데, 서울에는 프로테스탄트 신자가 약 1,500명이 있고, 그들 중에 YMCA의 핵심 회원이 될 만한 청년들이 상당히 많다는 것 등이었다.

---

3) 배재학당을 말하는데, 이는 1886년에 창설되었고, 1896년에는 대학부를 신설했다. 《배재팔십년사》, 126-129쪽.
4) 외국어학교의 종류와 설립 연대는 다음과 같다. 영어학교—1894년 2월, 법어(法語, 프랑스어)학교—1895년 10월, 아어(俄語, 러시아어)학교—1891년 5월, 덕어(德語, 독일어)학교—1898년 9월, 한어(漢語)학교—1897년 5월, 일어학교(서울)—1891년 5월, 일어학교(인천)—1895년 6월, 일어학교(평양)—1907년 3월. 이상 기록은 이광린(李光麟), 《한국개화사연구》(일조각, 1970), 124쪽.
5) 헐버트는 한국 정부 초청으로 1886년 내한하여 육영공원(育英公園, 1886년 설립) 교사로 있다가, 1894년에 그 공원이 폐교되자 선교사 자격으로 육영 사업에 종사했다.
6) 흥화학교(興化學校)는 1895년 민영환이 설립한 4년제 사립학교다.

그리고 YMCA 사업을 시작하는 데 어찌하여 지금이 제일 좋은 기회냐는 질문에 언더우드 목사는 다음과 같이 대답했다.

첫째, 정부 고관들은 선교사들에 대단히 우호적이며, YMCA는 자기 자식들을 위하여 무시할 수 없는 사업이기 때문이라는 것.

둘째, 정치적 변동이란 항상 있을 수 있는 일인데, 장차 세상이 어떻게 될지 예측할 수 없기 때문이라는 것.

그리고 어떠한 사람을 전문 간사로 외국에서 데려와야 하느냐는 문제에 언더우드 목사는 다음 7가지로 대답했다.

첫째, 무엇보다 신앙이 깊은 사람이어야 한다.

둘째, 한국말을 열심히 배워서 능란하게 말할 수 있어야 한다. 기억력만 아니라 판단력이 좋은 사람이라야 한다.

셋째, 다재다능한 사람, 다시 말해서 대인 관계가 원만한 사람이어서 각계각층 사람들과 잘 어울릴 수 있는 사람이어야 한다.

넷째, 점잖은 사람, 다시 말해서 한국 사람들은 신사적이기 때문에 버릇없는 사람을 가차없이 책망할 줄 아는 사람이어야 된다.

다섯째, 결혼한 사람이 좋다. 허나 이것은 절대적인 조건은 아니다.

여섯째, 편벽한 사람이어선 안 된다.

일곱째, 모든 일에 신중한 사람이어야 한다.

그리고 라이언 씨가 어찌하여 전문 간사를 파송해 달라하기 전에 집 지을 돈부터 보내 달라 했는지 물은 데 대하여, 언더우드 목사는 국제 위원회로서는 전문 간사 파송보다 얼마 안되는 돈을 보내는 것이 쉬울 것 같아서 그렇게 말했다고 했으며, 라이언은 전문 간사가 없는 곳에 돈부터 보내 준 예가 없고 돈보다 사람을 먼저 보내 달라고 했더라면 더 좋을 뻔했다고 말했다.

2) 여병현과의 면담 내용

언더우드 목사와 면담한 뒤, 이어 여병현(呂炳鉉)[7]을 만나게 된 것을 라이언은 매우 다행스럽게 생각했다. 여병현은 1867년 황해도에서 태어났다. 미국 광산가의 도움으로 1896년 미국에 가서 약 5개월간 하버드 대학에서 공부하다 그 길로 영국에 건너가 기독교 신자가 되었으며, 3년 반 동안 런던에 있는 할리 대학(Harley College)에서 공부하고 1899년 5월에 귀국했다. 그는 그해 9월에 배재대학 교사로 취임했는데, 라이언은 여병현에게서 대략 다음과 같은 말을 들었다.

약 200명의 한국 사람들이 YMCA에 가입할 의사를 표하고 있는데, 그중 40·50명은 배재대학 계통이고, 약 20명은 정부 고위층 인사들의 자식이라는 것, 도서관이나 독서실을 마련해 놓고 한국어·중국어·영어 서적 등을 갖추어 놓으면 청년들에게 대단히 인기가 있으리라는 것, 서울에는 전·현직 장관이 경영하는 사립학교가 다섯이나 있는데,[8] 그 학교 학생 약 250명이 다 YMCA에 가입할 가능성이 많다는 것 등이다.

3) 헐버트와의 면담 내용

8월 9일 라이언은 헐버트를 찾아가 만났다. 헐버트는 정부 초청으로 내한하여 육영공원 교사가 된 뒤 사범학교[9]와 고등학교[10]를 맡아 가르치고 있었는데, 그와의 면담 내용은 대략 다음과 같다.

자기가 가르치고 있는 사범학교에는 20~35세의 학생 약

---

7) 이장락,《우리의 벗 스코필드》, 20-22쪽에 보면, 여병현이 영국에서 공부할 때 스코필드 박사의 아버지가 교수로 있던 할리 대학 학생이었으며, 스코필드 박사는 어릴 때 자기 집에 찾아온 여병현을 보았다고 했다.

8) 다섯 사립학교란, 1895년 설립된 흥화학교(興化學校, 설립자 민영환), 1895년 설립된 낙영(樂英)(을미乙未)의숙(설립자 미상), 1896년 설립된 중교의숙(中橋義塾, 설립자 민영환) 등인데, 나머지 2개는 기록에 없다. 손인수,《한국근대교육사》(연세대학교 출판부, 1971), 35쪽 참조.

9) 1895년 정부가 설립한 한성사범학교(漢城師範學校).

10) 1900년 정부가 설립한 한성고등학교(漢城高等學校)이며, 현재의 경기중고등학교의 전신이다.

60명이 있다는 것, 한국인 교사가 3명 있고, 영어과와 사범과로 나뉘어 있는데 영어과 학생은 상류층 청년들이고, 사범과 학생들은 대개 시골에서 올라온 청년들이라는 것, YMCA가 설립되면 서울 안의 청년들에게 대단한 인기가 있으리라는 것이었다.

4) 아펜젤러와의 면담 내용
9월 3일 라이언은 아펜젤러[11] 목사를 찾아가 만났다. 청년회 창설에 대한 의견을 묻자 아펜젤러 목사는 대단히 열띤 어조로 대략 다음과 같이 대답했다.

무엇보다 청년회가 생기면 교회가 이때까지 포섭하지 못한 많은 청년을 포섭할 수 있다는 것을 강조한 다음, 이런 이유로 그는 작년에 YMCA 창설을 제창했다는 것을 상기시켰다. 그리고 서울에 와 사는 일본 청년들에게도 큰 인기가 있으리라는 것, 전문 간사는 범세계적인 성격의 소유자가 아니고는 초계급적인 사업을 할 수 없으므로 무엇보다 한국말을 잘 배워야 한다는 것 등을 말했다.

5) 게일과의 면담 내용
9월 3일 점심 때 게일(J. S. Galle)[12]을 찾아가 그와 점심 식사를 한 다음 또다시 YMCA에 대한 질문을 했는데, 그가 강조한 내용은 대략 다음과 같다.

YMCA 사업에 가장 중요한 것은 전문 간사라는 것. 잘 훈련받은 유자격 간사 없이 돈을 들여 회관만 짓는 것은 매우 위험한 일이라는 것. YMCA가 정치적 집단이 되지 않게끔 철저히

11) 1885년 4월 5일 한국 최초의 감리교 선교사로 인천에 상륙했으나, 상륙이 거부되어 일본에 갔다가 5월에 입국. 1886년 배재학당, 1887년 정동감리교회를 창립했으며, 1902년 7월 12일 성경 번역 사업차 목포로 가다가 그 앞바다에서 조난당하여 순사했다. 1899년 언더우드 목사와 함께 YMCA 창설을 건의했다.
12) 1888년 12월 15일 캐나다 토론토 대학 학생 YMCA의 파송으로 내한하여 성경 번역, 한국 역사 집필 등 한국 문화 연구에 공헌이 크다. 그 후 1900년 연동교회 목사가 되고 1903년 황성기독교청년회가 창설되자 초대 회장이 되었다.

감독해야 한다는 것 등이다.

6) 벙커와의 면담 내용

9월 5일 벙커(D. A. Bunker)[13]를 찾아가 만났는데, 그의 의견은 대략 다음과 같다. 서울에서 YMCA 사업을 하면 크게 성공하리라는 것, 한국 사람들은 여가 생활을 즐기는 민족이며 함께 모여 노는 것을 좋아한다는 것, 그렇기 때문에 밤을 이용하여 야학도 할 수 있고 친교회 또는 음악회도 할 수 있다는 것, 서울에는 핵심 회원이 될 만한 기독교 신자가 있다는 것, 사범학교·일어학교·영어학교 등 학생들이 YMCA를 환영하리라는 것, 그러나 야학 사업이 제일 좋으리라는 것, 실무 간사는 사교적인 사람이라야 하며 한국말을 잘 배워야 한다는 것 등이다.

7) 스크랜튼과의 면담 내용

9월 15일 스크랜튼(W. B. Scranton)[14]과 연락했다. 그는 북감리교 선교부의 대표자였으며, 안수 받은 목사인 동시에 의사였다. 라이언은 그가 대단히 보수적인 사람이라고 그의 인상을 말했다. 그의 답변 내용은 대략 다음과 같다.

YMCA 같은 별개 단체에 대해서는 그리 찬성할 수 없다는 것, YMCA가 교회 세력을 약화시킬 우려가 있다는 것, 엡워드회(Epworth League)라는 조직이 있는데, 자기는 그것조차 좋아하지 않는다는 것 그리고 그 엡워드회가 자기 교회에도 있었지만 지금은 없어지고 말았다는 것, 교파 연합 사업이 유익한 줄은 알지만 자칫하면 교회에 유익보다 손해를 끼칠 우려가 많다는 것, 지식층에 대한 전도가 중요하긴 한데 그들을 위해 사람이 필요하다면 선교사들 중에서 뽑을 것이지 밖에서 데려올 필요는

---

13) 1886년 정부 초청으로 내한한 최초의 미국 교사 중의 한 사람이다. 육영공원 교사로 있다가 1894년에 그만두고 감리교 선교사가 되어 배재학당 학당장을 오래 지냈다.
14) 1885년 입국한 한국 최초의 감리교 의료 선교사. 부인은 이화학당 창립자다.

없다는 것, 그러나 어쨌든 정치적 불안 때문에 그런 일은 대단히 위험하다는 것, 국왕은 정치 토론이나 정치 모임을 꺼리기 때문에 그런 모임은 절대로 허락하지 않으리라는 것 등이었다.

이상 7명과의 면담 내용이 YMCA 국제위원회에 정식으로 보고된 것은 더 말할 것도 없고, 이것이 기초가 되어 한국 YMCA 창설 작업이 구체적으로 빨리 진전된 것이다.

3.

전문가의 내한과
창설의 기초 작업

　　이상과 같은 라이언의 조사 보고서는 YMCA 국제위원
회에서 매우 유익하고 충격적인 것이 아닐 수 없었다. 1899년 가
을에 받은 150명의 한국 청년들의 진정서와 언더우드·아펜젤러
두 목사의 청원서와 달리, 라이언의 이번 조사 보고서는 아주 구
체적이며 믿을 수 있는 보고서였기 때문이다. 그리하여 뉴욕 본
부 사무실에서는 두 가지 일에 한꺼번에 착수하게 되었다. 한국
에 파송할 전문 간사를 물색하는 일과, 회관 건축비를 마련하는
일이었다. 이와 같이 두 가지 사업을 한꺼번에 시작하는 것은 보
기 드문 일이었다.

　　우선 실무 간사를 인선함에 YMCA 국제위원회는 라이언
이 보고한 대로 "지식층 청년들을 다룰 수 있고, 신앙이 독실하
고, 한국말을 열심히 배울 수 있으며, 다재다능하고, 대인관계가
좋고, 점잖고, 총각이고, 편협하지 않으며, 신중하고, 범세계적
인 성격이며 사교적인 인물"을 물색하다 마침내 질레트(Philip L.
Gillett, 길예태吉禮泰)라는 사람을 찾아 냈다. 모트(John R. Mott)
는 질레트를 만나보고 나서 보고하기를 "그는 1874년 일리올스

(Illiols)에서 태어나 콜로라도 대학을 졸업했는데, 재학 당시 기독교 신앙운동에 열중하여 콜로라도 스프링스(Colorado Springs)의 부간사가 되었다. 그 뒤 예일 대학에서 1년 반 동안 공부하고 그 대학 YMCA의 전도 사업을 담당하는 부목사가 되었다. 그는 아주 적극적인 성격이고, 능란하고 열정적이며, 운동을 즐겼다. 유망한 Y 간사이며, 학생 합창단과 문학 클럽을 조직했고, 신문 기자 소질도 있는 사람이다"[1]라며 추천한 것이다.

이리하여 YMCA 국제위원회는 실무 간사를 질레트로 결정한 다음, 그를 한국으로 파송하기에 앞서 회관 건축비를 마련해 주기에 힘썼다. 이에 대해 질레트는 다음과 같이 썼다.

> 국제위원회는 중국·인도·일본 등 아시아 여러 나라에서 다년간의 경험을 토대로, 특히 이번 한국에서의 특별 조사 보고를 토대로 하여, 머레이(William D. Murray)·슈넥크(Frederick B. Schneck)·레버링(Joshua Levering) 등 3인으로 외지 위원회(The Foreign Committee)를 조직하고, 본인이 현지에 부임하기 앞서 회관 건축을 위한 기금을 확보해야 한다는 태도를 표명하기에 이르렀다. 이는 독지가들로 하여금 이 사업에 관심을 갖게 하는 것이 목적이었다.[2]
>
> 외지 사무국(The Foreign Department)의 모트와 오버(C. K. Ober)는 한국에 회관을 지어야 한다는 것을 강조했다. 더욱이 모트는, 그 집은 아담하고 쓸모 있는 한국식 건물로 지어야 한다고 했던 것이다.[3] 장로교 선교부의 언더우드 목사와 감리교 선교부의 아펜젤러 목사는 이미 1899년에 YMCA 국제위원회에 Y회관 건축비 보조를 요청한 바 있다. 이 요청에 국제위원회는 아무런 행동을 취할 수 없었다. 유자격 간사가 없는 곳에 회관을 먼저 지어줄 수는 없었기 때문이다.[4]

---

1) 이상의 추천문은 모트가 1901년 5월 17일 질레트를 만나고 나서 쓴 것인데, From the File, International Committee No. 539에 기록되어 있다.
2) P. L. Gillett's Report for 1900~1901.
3) 위의 자료.
4) 위의 자료.

선교사들이 원하는 건물과 외지 사무국 전문 간사들이 건의하는 건물은 5천 달러 정도면 지을 수 있는 규모의 건물이었다. 이 돈은 얼마 안 되는 돈이지만, 한국에서는 노동 임금이 싸고 건축 자재와 땅값이 싸기 때문에, 그리고 한국식 건물은 비교적 간단히 지을 수 있기 때문에 그 정도로 가능하다.[5]

이상과 같은 중대 임무를 띠고 질레트는 1901년 9월 서울에 도착했다. 우선 그는 언더우드·아펜젤러 등 선교사들의 따뜻한 영접을 받으며 무거운 여장을 풀었다. 물론 그가 제일 먼저 해야 할 일은 한국말을 익히는 것이었다.

그는 일요일을 제외하고는 거의 1년 동안 아침 8시부터 저녁 4시 반까지 어학 공부에만 힘썼다. 차츰 선교사들뿐만 아니라 다른 외국인들과도 친숙해지고, 한국 사람들과도 정이 들게 되었다. 6명의 한국 청년을 데리고 등산도 하고, 8-10명의 청년들을 데리고 성경반을 조직하고 운동도 같이 했다.[6] 그는 "하느님께서 나를 이 땅에 보내셨으니 뜻대로 이루소서. 한국 청년들을 위하여 일생을 바치겠나이다"[7]라는 간절한 기도를 올렸다. 그리하여 ① 서울에 있는 외국인들로 하여금 YMCA 사업에 관심을 갖게 하며, ② 회관을 짓기 위한 건축비 모금 운동을 시작하며, ③ 한국 청년들에게 접근할 수 있는 방법을 강구한다[8]는 방침 아래 다음과 같은 행동을 개시하기에 이르렀다.

1) 지도자 초청[9]
한국에 온 지 1년이 조금 지난 그에게는 선배 지도자들의

---

5) 위의 자료.
6) P. L. Gillett's Report to the International Committee for the twelve Months Ending September 30, 1902.
7) 위의 자료.
8) P. L. Gillett's Letter to the Friends in U. S. A., April 6, 1903.
9) 위의 자료.

도움이 절실했다. 그리하여 그는 중국·한국·홍콩 YMCA 전체 위원회(General Committee of YMCAs of China, Korea and Hong Kong)[10]의 총무로 와있던 브로크만(F. S. Brockman)[11]을 한국으로 초청했다. 브로크만은 1903년 3월 서울에 와서 3주간 머물러 있으면서 질레트를 도와주었다.

2) 모금 활동[12]

회관을 짓기까지는 한국 사람에게 모금은 절대로 안 한다는 원칙을 세우고 질레트는 외국인만을 상대로 모금 운동을 시작했다. 1903년 3월 18일 저녁 경성전기회사, 즉 현재 서울 YMCA 옆 장안빌딩 자리에 있던 집으로 외국인 몇 사람과 사회 유지들을 초청했다.[13] 당시 미국 정부의 대리 공사였던 알렌(H. N. Allen)을 비롯하여 영·독·일·중·러 등 각국 공사 또는 그 대표자들, 각파 선교사들, 각파 선교 학교장들, 은행가, 실업가, 세관장, 이민관 등과 한국 정부 측 고관들도 많이 참석했다. 사회는 알렌 미국 공사가 맡고, 주제 강연은 게일 목사와 존스(C. Heber Jones) 박사가 했다. 브로크만은 YMCA 전문가로서 YMCA 운동의 목적과 필요성에 대한 강연을 했다.

3) 한국인 고관들의 지대한 관심[14]

이 모금 운동을 위한 모임으로 얻은 또 다른 수확은, 한국 정부 측 고관들이 협조할 것을 약속한 사실이다. 즉 김사방과

---

10) C. Howard Hopkins, *History of the YMCA in North America*, p.666에 있는 "A second national convention was held in 1899 and another in 1901, Mott being present for the latter, at which Association in Hongkong and Korea were admitted"라는 기사로 보아, 이미 한국 YMCA는 1901년에 정식으로 창설되어 있었다고 볼 수 있다.
11) 위의 책 667쪽에 보면 브로크만은 1900년 라이언이 귀국하자 중국에 가서 1915년까지 총무직에 있었다.
12) P. L. Gillett, 앞의 자료.
13) *The Korean Review*, Vol.3, March 1903, pp.128-129에 보면 3월 18일로 되어 있으나, April 1903, p.113에는 3월 17일로 되어 있어 집회 날짜가 다르게 나와 있다.
14) 위의 책.

같은 양반[15]과 정부 고관의 자제들이 이 운동에 적극 협조할 것을 약속한 것이다.

이러한 질레트의 활동 상황은 그때 초빙되어 한국에 왔던 브로크만 씨의 보고서에서 자세히 엿볼 수 있다. 그는 모트 박사에게 보낸 보고서에서 다음과 같이 말했다.

> 나는 3월 9일 서울에 도착했습니다. 질레트 씨가 나의 한국 방문과 모금 운동을 위하여 아주 훌륭하게 준비해 놓은 것을 보았습니다……. 그는 한국말을 열심히 공부하는 한편, 모든 외국인과 많은 한국인의 총애와 신망을 받고 있다는 사실을 발견했습니다. 이것은 결코 지나친 찬사가 아닙니다. 우리의 이번 모임은 자문위원회를 조직하고, 6천 원이라는 돈을 모금하는 데 목적이 있었습니다. 자문위원회에서는 YMCA 창립총회 준비와 계획이 논의되었습니다. 이 자문위원회는 사실상 서울에서 처음 보는 가장 큰 규모의 대표자들의 국제회의였습니다……. 질레트 씨는 그때 모금 운동 결과에 대해 귀하에게 보고한 줄 압니다만, 이 모금에서는 돈 문제는 의제로 내놓지 않았습니다. 그러나 그 이튿날부터 5,500원을 모금하고, 그 뒤 7,600원으로 증액되었다는 말을 들었습니다. 나는 이처럼 성공적인 모금운동은 처음 보았습니다…….[16]

여기서 질레트의 활동이 어떠했는지 짐작할 수 있다.

그런데 그에게는 어려운 문제가 없지 않았다. 어떤 방법으로 청년들을 회원이 되게 하느냐 하는 것과 어떤 부류의 청년을 상대로 하느냐 하는 것이었다. 당시 서울 시내에 약 5만 명의 청년이 있다고 추산되었는데, 그중 기독교 신자가 된 150~200명의 청년은 거의 다 하류층 청년이며, 그들이 아무리 무식하고 의식화되지 않았다 하더라도 그들을 데리고 YMCA 운동을 하느

---

15) 김사방이 어떤 인물인지는 확실치 않다.
16) F. S. Brockman's Letter to J. R. Mott, May 13. 1903.

냐, 아니면 지식층과 상류 계급의 똑똑한 청년들을 데리고 하느냐 하는 문제로 그는 많은 고민을 했다.[17]

결국 그는 선교사들의 요청도 있고 해서 후자를 택했다. 그러나 문제는, 어떻게 상류 계급 청년들과 접촉하느냐 하는 것이었다. 이에 대해 브로크만은 다음과 같이 말했다.

> 상류 계급 출신 청년들에게 접근하는 일이 얼마나 어려웠는가는 언더우드 박사가 내게 말한 얘기를 통해 잘 알 수 있었습니다. 그는 말하기를, 어떤 귀족 출신 양반이 기독교에 접근해 왔다고 했습니다. 그 양반은 "내가 기독교를 알고 싶은데, 차마 교회당에 나갈 수는 없고 하니 선교사들 중에서 누군가가 내게 와서 잘 설명해 줄 수는 없느냐"고 요구해 왔다는 것입니다. 드디어 그 양반은 변장을 하고 뒷문으로 가만히 교회당에 들어와 앉게 되었습니다. 그리고 언더우드 목사의 설교를 들었습니다. 그때 그는 바로 옆줄에 자기 하인이 앉아 있는 것을 발견하고 질겁했습니다. 만약 그가 자기 하인에게 발각되는 날이면 큰 망신을 당하고, 그의 위신은 땅에 떨어지고 말기 때문이었습니다. 이유인즉, 그가 교회당에 나갔다는 사실뿐만 아니라 자기 하인과 자기를 같이 했다는 것 때문이었습니다.
>
> 언더우드 박사는 이 사건을 예로 삼아 교회가 상류 계급 인사들에게 접근하는 일이 얼마나 어려운지를 나에게 설명해 주었습니다. 나는 그에게 만약 YMCA를 통하여 그들에게 접근한다면 어떤 방법으로 해야 할까 물어보았습니다. 이 질문에 그는 자기 체험담을 또 하나 말해 주었습니다. "뉴욕 본부에 청원서를 내기 전 어느 주일날 오후, 몇 사람의 청년을 나의 집으로 오라고 했습니다. 그때 나는 5-6명 정도의 청년들만 오더라도 큰 성공이라고 생각했습니다. 그러나 뜻밖에도 그들이 너무 많이 온다고 해서 포기하고 말았습니다. 그 많은 사람들을 수용할 만한 응접실이 없었기 때문입니다." 그는 계속 말하기를 "결국

---

17) P. L. Gillett's Report to the International Committee for the twelve Months Ending September 30, 1902.

150명의 청년들이 진정서에 도장을 찍고 YMCA를 조직해 줄 것을 요청했습니다. 그때 도장을 찍은 청년들 중의 한 사람은 현재 한성부윤(漢城府尹)[18]입니다"라고 했습니다.[19]

이상과 같은 이유로, 교회가 아닌 다른 조직이 아니고서는 상류 지식층의 똑똑한 청년들을 포섭할 수 없다는 결론에 이르게 된 것이다. 그리하여 질레트는 외국인학교 학생들과 청년·군인·장교들에게 주로 접촉을 시도했다. 이에 대해 브로크만은 다음과 같이 보고했다.

한국에 머물러 있는 동안 질레트 씨와 같이 덕어(독일어)학교·영어학교·일어학교 선생들과 만났습니다. 그 학교 교장들은 다 질레트 씨와는 가까운 처지였으며, 기독교 신자였습니다. 그들은 즐거운 마음으로 우리를 도와주었습니다. 다른 중요한 관립학교 교장은 우리 자문위원회(The Advisory Committee) 회장[20]이었습니다. 그리고 관립 무관학교가 있는데, 그 학교 학생들이 우리에게 협력할 것을 약속했습니다. 그리고 선교사들이 경영하는 학교가 몇 개 있습니다.[21]

이로써 창립 당시 가담한 청년들의 계층과 성격을 분명히 알 수 있다.

---

18) *The Korea Review*, Vol.3, August 1903, p.363에 보면 민경식(閔景植)이란 사람이 그해 8월 한성부윤을 사임했다는 기사가 있고, 서울특별시사편찬위원회 편, 《향토서울》 제1호 304쪽에 보면 민경식이 광무(光武) 7년 2월 24일부터 동년 10월 18일까지 한성부윤으로 있었던 기사가 있기 때문에 그가 분명하다.
19) F. S. Brockman's Letter to J. R Mott, May 13. 1903.
20) 헐버트(H. B. Hulbert)가 분명하다. 그는 1894년 육영공원이 폐교되자 배재학당에서 교편을 잡는 한편, 1900년 8월 관립 한성사범학교와 한성고등학교 교장이었고(D. W. Lyon, *Twenty-Five Years Ago*:…), 1903년 6월에는 Imperial middle School의 교장(P. L. Gillett's Letter on April 6. 1903.)이라고 했는데, 이 역시 한성고등학교 교장과 동일인임에 틀림없다.
21) F. S. Brockman, 앞의 자료.

4.

미국의 청년운동과
한국에 끼친 영향

무릇 위대한 청년 운동이란 일단 일어나면 그 불길은 일
어난 자리에 머물러 있지 않고, 더 기운차게 번져 마침내 온 세계
를 휩쓸게 되는 법이다. 따라서 그 번져 가는 불길은 최초의 모습
그대로 있는 것이 아니라, 그 땅의 자연과 풍토에 따라 강도와 색
깔이 달라지는 법이다.

YMCA 운동의 최초의 불길은 1844년 영국에서 일어 먼
저 프랑스와 스위스로 번졌고, 이어 대서양 저편 미국과 캐나다
로 번져 갔으며, 또다시 이 불길은 태평양을 껑충 뛰어 건너 아시
아 여러 나라에 번졌다.

이 최초의 불길은 1844년 6월 6일, 런던의 한 피복 공
장에서 직공 생활을 하던 조지 윌리엄스(George Williams,
1821~1905) 등 12명의 청소년에 의하여 점화되었다. 그들은 산
업혁명으로 도탄에 빠진 농촌에서 살길을 찾아 도시로 모여든
농촌 청소년들이었다. 그러므로 "YMCA는 도시의 발생이 없었

던들 결코 창설되지 않았을 것이며,"[1] "YMCA는 어떤 목사나 자선사업가의 도움도 받지 않고 스스로의 힘으로 자기 운명을 개척하려는 기독교 청년들에 의하여, 또 그 긍지와 명예를 위하여 창설된 것이다."[2]

이 최초의 불길이 일어난 지 4년 뒤인 1848년에는 유럽 사회에서 두 가지 큰 사건이 일어났으니, 하나는 카를 마르크스의 소위 공산당 선언이요, 또 하나는 프랑스 인민들의 소위 제2차 프랑스 대혁명이다. 그런데 공산당 선언은, 학자이자 사회 혁명가인 독일인 카를 마르크스가 제 나라 아닌 영국에 갔다가 영국 노동자들의 처참한 생활상에 분개하여 일으킨 운동이고, 프랑스 대혁명은 인민과 특권 계급 간의 순전한 권력 투쟁 형식으로 일어난 운동인 데 반하여, YMCA 운동은 처음부터 지도자나 정치적 배경 없이 청년들 자신이 스스로의 자유와 생명을 수호하기 위해 함께 뭉쳐 기도하고 성경을 읽다가 일으킨 기독교 신앙적 혁명 운동이다.

이 신앙적 혁명 운동의 불씨는 마침내 대서양 저쪽 북미 대륙까지 튀어가 불붙게 되었다. 1851년 런던에서 열린 세계 산업박람회에 구경 갔던 북아메리카 청년들이 런던 YMCA에 들렀다가, 필요한 모든 문헌과 자료를 가지고 돌아와서, 하나는 미국 보스턴에서, 다른 하나는 캐나다의 몬트리올에서 각각 YMCA를 창설하게 된 것이다.

그러나 이보다 앞서 기독교의 불씨는 이미 북미 대륙에 떨어져 큰 불이 붙고 있었다. 1620년 퓨리턴들에 의해 점화된 신앙의 불길은 신대륙의 대자연과 바람으로 해서 맹렬한 기세로 화염을 뿜고 있었다. 이를 흔히 19세기의 개척 정신(Frontier Spirit)이라고도 하고, 선교 정신(Missionary Spirit)이라고 한다. 이 개척 정신과 선교 정신의 주인공들은 먼저 아메리칸 인디언들

---

1) John W. Fuhrer, *Source Book of George Williams College*(Chicago), p.9.
2) 위의 책.

에게 복음을 전했고, 다음에는 태평양을 껑충 뛰어 건너가 아시아 여러 이방 세계에 복음을 전했다.

이 개척 정신과 선교 정신의 불씨가 제일 먼저 떨어진 곳은 대학 사회였다.[3] 1806년 미국 윌리엄스 대학(Williams College)에 형제회(Society of Brethren)가 조직되었는데,[4] 이 형제회의 목적은 "각 회원으로 하여금 이방 사회에 선교함"[5]에 있었기 때문에, 학생들은 방학이 되면 열띤 전도운동을 일으킴으로써 드디어 앤도버 신학교(Andover Seminary)에 불이 붙었다. 다음에는 뉴잉글랜드에 있는 모든 대학에 불이 붙어 마침내 1810년에는 미국 외지선교회(The American Board of Commissioners for Foreign Mission)가 조직되었다. 이 학생 선교운동의 회원들은 열심히 선교운동을 계속하는 한편, 일반 교회로 하여금 이 운동에 동조하게끔 노력했다. 그리하여 당시 학생운동의 중심인물이던 모트 박사는 이 운동을 회상하는 글에서 "미국과 캐나다 학생들의 사명은, 19세기의 4분의 3이 이 목적과 이상을 달성케 하는 데 있었"[6]고 말하기에 이르렀다.

이 운동의 최초의 큰 불길은 1886년 7월 6일부터 8월 1일까지 미국 매사추세츠 주 마운트 허먼(Mount Hermen)에서 열린 제1회 학생 하령회(夏令會)에서 일었다. 이 불길은 유명한 전도자이며 시카고 Y의 지도자였던 무디(Dwight Lyman Moody, 1837~1899) 주도하에 일었다. 이 하령회에는 미국과 캐나다의 87개 대학에서 251명의 학생이 모였다. "모두 다 가자, 그리고 모두 다에게로(All should go, and go to all)"[7]라는 구호를 외치면서 그들은 외지 선교열에 불타게 되었다.

---

3) Lak-Geoon George Paik, *The History of Protestant Mission in Korea 1832~1910*(Yonsei University Press), p.72.
4) 위의 책.
5) Address and Papers of John R. Mott, Vol.1, "The Student Volunteer Movement for Foreign Mission", p.3.
6) 위의 자료, p.4.
7) 위의 자료, p.5

그리하여 이 하령회 때 외국 선교사를 자원한 학생들이 50명이었고, 4명의 학생 대표를 선출하여 전국 대학을 두루 순방하게 했다. 그러나 이들 대표 중 한 사람밖에 순방길에 오를 수 없는 난관에 봉착하여, 당시 YMCA 국제위원히 대학생 사업 담당 간사인 위샤드(Luther Wishard)와 오버(C. K. Ober) 두 사람을 대신 보냄으로써 이 문제가 해결되었다.[8]

이 하령회가 있은 지 3년째 되는 해(1888~1889)에는 유명한 학생 외지 선교 자원단(Student Volunteer Movement for Foreign Missions)이 정식 발족하였다. 대학 YMCA·대학 YWCA·미국 신학교 선교연맹(American Inter-seminary Missionary Alliance)·캐나다 대학선교연맹(Canadian Inter-Collegiate Missionary Alliance) 등 4개의 초교파 학생 연합 단체로 구성되었으며, 각 단체에서 1명씩 대표가 나와서 실행위원회를 조직하게 되었다. 그리하여 YMCA 국제위원회는 모트를 대학 YMCA 대표로 파송했으며, YMCA 국제위원회는 던(Nettie Dunn)을, 미국과 캐나다의 두 학생연맹은 공동대표로 윌더(R. P. Wilder)를 파송하여 3인 실행위원회를 구성하게 되었다. 이때부터 모트는 30년간 계속 위원장을 맡았으며, 1900년 한국에 왔다가 한국 YMCA 창설을 위한 조사 보고서를 쓴 바 있는 라이언은 1892년부터 미국과 캐나다의 두 학생연맹 대표로 파송되어 있었다.[9]

이리하여 이 학생 외지 선교 자원단은 문자 그대로 외국에 선교사를 파송하는 선교운동의 중심 세력이 되었는데, 1890년 모트는 "최소한 320명의 학생들이 이미 여러 선교 단체의 후원을 얻어 외국을 향해 배를 탔으며, 어떤 유명한 선교사의 말에 의하면 일반 교회 관계 지망자들은 불과 2퍼센트만이 출발한 데 비해 학생들은 5퍼센트가 출발했으며, 그중 캐나다 학생들은 10

---

8) 위의 자료, pp.6-7
9) 위의 자료, p.9.

퍼센트가 출발했다. 그리고 나머지 학생들은 거의 다 출발 준비를 갖추고 있다"[10]고 말했다. 당시 통계에 의하면, 아시아 여러 나라에 파송되어 온 학생 출신 선교사들이 모두 229명인데, 그중 중국에 69명, 일본에 46명, 한국에는 7명이 파송되었다.

　　이와 같이 학생 선교운동이 대대적으로 번져 나간 배후에는 YMCA가 있었다는 사실을 잊어서는 안 된다. 1886년 마운트 허먼에서 학생들이 제1회 학생 하령회를 열기 20년이나 앞서 미국 YMCA는 하버드 대학과 코넬 대학에 처음으로 대학 Y를 창설했고, 1872년에는 캐나다 토론토 대학 Y를 창설했으며, 1877년에는 대학생 사업부를 신설하고 위샤드(1864~1925)를 초대 학생부 간사로 임명하여 대학 Y 운동을 조직적으로 추진했다.[11] 1885년부터는 모트(1865~1955)가 처음으로 YMCA 학생운동에 가담했고, 1895년에는 세계기독학생협의회(World's Student Christian Federation)가 정식으로 조직되었으며,[12] 1897년에는 미국 대학 Y 전국 연맹(Inter-Collegiate YMCA)이 조직되었다.

　　한편 YMCA는 1875년부터 독자적으로 전문 간사를 외국에 파송하기 시작하여, 1875년에 체임벌린(Jacob Chamberlain)을 인도에 파송하여 봄베이 YMCA를 창설했고, 1888년에는 스위프트(John Trumbull Swift, 1861~1928)를 일본에 파송했고, 1895년에는 위에서 언급된바 라이언(1870~1949)을 중국에 파송하여 톈진 YMCA를 창설하게 되었다.

　　이와 같이 YMCA는 대학 사회에서 언제나 지도적인 역할을 했다. 앞서 말한 바와 같이 1806년에 개척정신과 선교정신이 대학 사회에 불붙었지만, 대학생들의 본질적인 비조직성과 산발성, 경제적인 비독립성 때문에 좌절된 경우가 많았는데, 그때

---

10) 위의 자료, p.28.

11) C. Howoard Hopkins, *History of the YMCA in North America*, p.272.

12) 위의 책, p.630.

마다 YMCA는 지도력과 경제력으로 그들을 도와주었다.

위에서 말한 바와 같이 1886년, 학생들이 마운트 허먼에서 제1회 대학생 하령회를 열고 4명의 대표자를 뽑아 미국과 캐나다의 모든 대학을 순방하게 하였으나 그중 3명이 탈락하고 1명만이 순방길에 오를 수밖에 없는 난관에 봉착했을 때, YMCA는 이미 1877년부터 대학생 사업부를 개설하고 전문 간사들이 조직적으로 대학 Y 운동을 추진하고 있었기 때문에 그 담당 간사를 보내 줌으로써 대학생 운동이 좌절되지 않도록 지원해 준 것이다.

어쨌든 일반 대학생 선교운동과 YMCA는 밀접한 관계를 가지고 발전해 왔다. 전자를 선봉이라 하면 후자는 후방 부대라고 할 수 있으며, 전자를 게릴라 부대라 하면 후자는 정예 부대라 할 수 있는데, 어떤 때는 단독으로, 어떤 때는 연합해서 외국 선교를 계속했다.

한국 YMCA가 창설될 때 관계한 외국인 지도자들은 거의 다 이 두 운동과 관련 있는 사람이다. 우선 한국 YMCA 창설을 처음부터 도와준 모트는 말할 것도 없고, 1900년 서울에 3개월간 머물러 있으면서 조사 보고서를 쓴 라이언은 1891년에 우스터(Wooster) 대학을 졸업하고, 1892년 맥코믹(McCormic) 신학교 재학 중 미국과 캐나다의 두 학생 연맹 공동 대표로 파송되어 학생 외지 선교자원단의 실행위원이 되었으며, 1894년 같은 단체의 초대 교육부 간사로 취임하여 그 기관지 〈The Student Volunteer〉의 편집장을 지냈다. 그는 그 뒤 중국에 파송되어 톈진 YMCA를 창설했고, 1896년 상하이에서 제1회 전국 대회를 열었으며, 1899년에는 의화단 폭동이 일어나자 서울로 피난했다가 귀국한 뒤 건강이 나빠져서 다시 오지 못했다.

한국 YMCA 창설에 공헌한 사람들 중에는 브로크만(1867~1944)이 있다. 그는 라이언이 귀국하자 후임자로 중국에

와서 1901년 중국 YMCA 총무로 취임하여 1915년까지 시무했
다. 그도 밴더빌트(Vanderbilt) 대학 시절 모트를 만나 대학 Y 운
동에 가담했고, 그 뒤 고등학교 교장을 하다가 내놓고 YMCA
국제위원회 학생부 간사가 되었다. 1915년에는 중국 YMCA
총무 직을 내놓고 귀국하여, 그해 YMCA 국제위원회 부총무
로 취임했다. 당시 총무는 모트였다. YMCA 역사가 홉킨스(C.
H. Hopkins)는 "브로크만 씨만큼 전 세계 청년회 협력 사업계에
서 존경받는 사람은 없을 것이다. …… 그는 공자의 정신과 그리
스도의 정신을 잘 융화시켜 살았다"[13]라고 평했는데, 그는 윤치
호(尹致昊)가 밴더빌트 대학 재학 당시 만났기 때문에 그의 동창
생이며 친우이기도 하다.[14] 이런 사람이, 1903년 3월 질레트가
YMCA 창설을 위한 자문위원회를 조직할 때 후원 차 서울에
온 것이다. 그는 1905년 내한하여 1914년부터 1916년까지 한국
YMCA 연합회 총무를 역임하면서 1927년까지 일한 브로크만
(Francis Marion Brockman)의 친형이다.

　　　　YMCA 국제위원회와는 관계없이 대학 YMCA가 파송
해서 한국에 온 선교사가 있었다. 하나는 게일(James Searth
Gale, 1863~1937)이요, 또 하나는 하디(R. A. Hardie)다. 전자는
캐나다 토론토 대학 YMCA에서 파송 받아 왔고, 후자는 같은
대학의 의과대학 YMCA에서 파송되어 왔다. 우선 게일의 경우
부터 말하자면, 그는 1888년 토론토 대학 졸업반일 때, 프린스
턴 대학 학생 대표인 윌더(R. P. Wilder)와 포만(J. N. Forman)에
게서 큰 감명을 받았다. 그 두 사람은 미국과 캐나다의 여러 대
학을 순방하면서 외지 선교의 필요성을 부르짖고 있었다.[15] 이미

13) C. Howard Hopkins, 앞의 책, p.667.
14) Francis Marion Brockman, *Twenty-four Years in Korea, Sir, Builder, Peacemaker, Friend*.
15) Richard Rutt, *A Biography of James Scarth Gale and A New Edition of History of the Korean People*, p.10.

1872년부터 토론토 대학에서는 대학 YMCA가 조직되어 학생들이 선교열에 불타고 있었는데, 게일은 또 다른 두 불덩어리 학생들을 만나게 되자 감동하여 한국 선교를 결심하게 된 것이다.

그는 연봉 500달러에 8년 계약으로 1888년 12월 15일 부산에 도착했다.[16] 그때 그는 목사도 아닌 25세의 일개 총각으로, 어떤 선교부나 교회의 지원도 없이 대학 Y 친구들의 요구에 따라 단신으로 한국 땅에 뛰어들었다. 게일도 무디의 감화를 많이 받았으며, 중국 오지 선교의 개척자인 테일러(Hudson Taylor) 목사의 감화도 받았다.[17] 그가 한국에 와있는 동안 토론토 대학 Y의 경제적 뒷받침이 잘 되지 않아 결국 1892년부터 그와는 관계를 끊고 장로교 선교부 소속 선교사가 되었지만, 토론토 대학 Y가 파송할 때 지녔던 초교파적 정신 자세만은 끝내 포기하지 않았다.[18]

하디는 토론토 대학 의과대학을 졸업하고 의과대학 YMCA의 파송으로 1892년에 게일을 뒤따라 왔다. 그는 게일과 부산, 서울, 원산을 전전하면서 그의 동역자가 되었다. 1898년 원산에 있을 때 그도 대학 Y와의 관계가 끊기고 남감리교 선교부의 선교 의사가 되었다.[19] 그는 원산에 주재하면서 강원도 오지 선교를 개척한 최초의 선교사가 되었다.[20] 1903년에 부흥의 불씨, 다시 말하면 성신을 받음으로써[21] 그는 한국 교회 대부흥운

---

16) 위의 책, pp.10-12.
17) 위의 책, 그리고 1934년 장로교 선교 50주년 기념 때 발행한 *Fifth Anniversary Celebration, Korea Mission, Presbyterian Church, U.S.A.*, p.10에 쓴 게일 목사의 회고록 "These Fifty Years" 에 보면, "These fifty years began when four noted saints were in the world, Dwight L. Moody, Hudson Taylor, Frances Ridley, and Fanny Crosby, two to speak and two to sing"이라고 찬양한 기사가 있다.
18) Richard Rutt, 앞의 책, pp.11-12.
19) Lak-Geoon George Paik, 앞의 책, p.276.
20) 위의 책, p.284.
21) 위의 책. 여기서 '성신을 받음'이란 용어는 전계은 등 초대 교인들의 기도회에서 비롯한 용어이고, 원산에서 처음 부흥의 불길이 붙어 났다 함은 오로지 토착교인들의 기도 운동에서 비롯한 것이며, 이것이 전국에 번져 1907년 대부흥운동이 되었다.

동의 장본인의 한 사람이 되었다.[22]

한국 YMCA 창설에 공이 큰 두 평신도가 있다. 헐버트 (Homer B. Hulbert, 1863~1949)와 알렌(Horace Newton Allen, 1858~1932)이다. 알렌은 1883년 마이애미 의과대학을 졸업하고 중국 상하이에 의료 선교사로 갔다가 1884년 9월 20일 한국에 입국한 최초의 프로테스탄트 선교사다. 그때는 기독교 신앙을 엄금하는 시기였던 만큼 주한 외국공사관의 공의(公醫)를 가장하고 입국했다가 그해 12월 4일 갑신정변 때 의공(醫功)을 세워 일약 국왕의 시의(侍醫)가 되고, 광혜원(廣惠院, 세브란스 병원의 전신)을 창설했다. 1903년 한국 YMCA가 창설될 시기에는 주한 미국 대리공사로 있었으며, 그해 3월 18일 자문위원회를 조직할 때에도 주동 역할을 했고, 1905년 을사늑약의 부당성을 본국 정부에 고발하다 미움을 받아 소환되어 갔다. 그는 목사가 아니면서 한국 교회와 YMCA 창설에 큰 공헌을 했으며, 역시 대학생 선교운동의 영향으로 한국에 온 사람이다.

헐버트는 알렌보다 2년 뒤인 1886년 내한했다. 그는 1884년 다트머스 대학(Dartmouth College)을 졸업하고 유니언 신학교 재학 당시 한국 정부의 정식 초청으로 육영공원 교사가 되었다. 1894년 육영공원이 폐교되자 미 북감리교 선교부 소속 선교사가 되면서 〈The Korea Review〉, 〈History of Korea〉 등 잡지와 저서를 낸 교육가요, 언론인이며 학자요 역사가다. 그는 1905년과 1907년 두 차례에 걸쳐 고종 황제의 밀사로 미국과 유럽에 가서 활약한, 한국 민족의 은인이다. 그 공로로 해방 후 이승만 대통령은 그를 정식 초청했다. 그는 1949년 한국에 왔다가 서울에서 사망했다. 1909년 한국에서 추방된 뒤 미국과 유럽 각지를 순방하며 한국과 한국 YMCA를 위해 연설을 했는데,[23] 그도 미국 대학생 선교운동의 영향으로 한국에 왔다.

---

22) 위의 책, pp.367-368.
23) C. N. Weems, *Hulbert's History of Korea*, Vol.1(Editor's Profile of Hulbert), pp. ED 55, 57.

1899년 YMCA 국제위원회에 한국 YMCA의 창설을 요청한 언더우드(Horace Grant Underwood, 1859~1916) 목사는 네덜란드 계통 개혁파 교회의 신학교를 졸업하고 1885년 4월 5일 장로교 최초의 선교목사로 입국했다. 그리고 아펜젤러(Henry Gerhart Appenzeller, 1858~1902) 목사는 1884년 투루 신학교 재학 당시 한국 선교사로 지명되어 언더우드 목사와 같은 날 같은 배로 인천에 상륙했다. 그러나 부인을 동반했던 관계로 서울에 들어오지 못하고 일본에 갔다가 5월에 다시 입국하여 감리교 최초의 선교 목사가 되었는데, 1902년 성경 번역위원회에 참석하기 위해 목포로 가다가 그 앞바다에서 배가 파선되는 바람에 순사했기 때문에 더 이상 YMCA 운동에 공헌하지 못했다. 언더우드 목사는 1916년 별세하기까지 YMCA 회장 또는 이사로 크게 공헌했다. 이 두 선교사 역시 미국 학생 선교운동의 영향으로 한국에 온 것이 틀림없다.[24]

이와 같이 한국 YMCA 창설에 공헌한 선교사들은 전부 미국이나 캐나다의 학생 선교운동 즉 학생 외지 선교자원단과 직·간접으로 관계된 사람들이거나,[25] 아니면 대학 Y 또는 YMCA 국제위원회에서 직접 파송 받아 온 사람들이다.

---

24) 이 책 47쪽에서 말한 바와 같이 한국에 파송된 7명의 학생 출신 선교사들이 있었는데, 그때까지 미국과 캐나다에서 온 선교사들을 보면 알렌, 언더우드, 아펜젤러, 게일, 스크렌튼, 하디, 헤론(Heron) 등이 있다. 그리고 정부 초청에 의하여 교사 자격으로 온 헐버트, 벙커, 길모어 등 3명까지 합하면 10명이 되는데, 그중 누가 학생 선교운동과 관계가 없는지는 확실치 않다.
25) Lak-Geoon George Paik, 앞의 책, p.96에 보면, 1880년에 처음으로 American Inter Seminary Alliance가 조직되었다고 했고, "After that, the Alliance held Conventions every year at theological seminary centers until it merged with the Inter-Collegiate YMCA in 1897. Among the early missionaries to Korea, as we shall see, many made their decisions for foreign mission work either during of following these conventions"라고 했다.

제2부

창설기 (1903~1906)

황성기독교청년회 창설과 민족사적 의의

———— 한국 YMCA의 창설 연대를 1901년으로 잡느냐 아니면 1903년으로 잡느냐 하는 문제가 있다. 전자는 기독학생회의 연대이고, 후자는 황성기독교청년회의 연대이다. 전자는 배재학당 학생 YMCA의 연대이고, 후자는 그것까지 포함한 일반 YMCA의 연대이다. 어쨌든 전자는 후자에게 흡수되어 1903년 10월 28일 황성기독교청년회가 창설된 것이 사실이다. 그런데 황성(皇城)과 청년(靑年)이란 낱말은 다 같이 새 말이다. 황성이란 말은 민족 독립과 애국의 상징어였고, 청년이란 말은 구세대에 대한 혁신의 상징어였다.

이러한 두 가지 뜻을 가지고 태어난 황성기독교청년회는 나면서부터 침략과 전란을 겪어야 했다. 우리 민족은 1903년부터 1904년까지 러일전쟁을 겪었고, 일본이 승리한 뒤에는 완전히 일본 지배하에 들어갔다. 그러나 YMCA만은 끝끝내 버티고 성장을 계속했다. 더욱이 1904년 독립협회 지도자들이 감옥에서 풀려나와 집단적으로 가담한 뒤 YMCA는 더 조직화되고 기능화되었다. 그리하여 모든 애국지사와 청년은 YMCA에 유일한 희망을 걸고 모여들게 되었다.

5.

기독학생회 창설과
그 주변

한국의 학생운동은 배재학당의 협성회(協成會)에서 시작되었다고 할 수 있다. 그것은 1896년 독립협회 운동과 함께 일어났으며, 한국 역사상 최초의 학생조직이기 때문이다. 배재학당은 일찍이 1885년 창설되었고, 9년 뒤인 1894년부터는 더 본격적인 민주 교육 단체로 발전하게 되었다. 그 이유로는 무엇보다 당시 호평 받고 있던 육영공원이 1894년에 이르러 폐교되면서 많은 학생이 배재학당으로 몰려왔으며, 육영공원의 유명한 교사이던 헐버트와 벙커(D. A. Bunker) 등이 배재학당으로 옮겨 온 사실 등을 들 수 있다.[1]

더욱이 놀라운 사실은, 1884년 갑신정변의 주동 인물 중 한 사람이던 서재필이 미국에 망명 갔다가 귀국하여 배재학당에서 강의하기 시작했다는 것이다. 그는 조국을 떠난 지 12년 만인 1896년에 귀국하여 배재학당 창립자인 아펜젤러의 집에 거처를 정하고, 당시 정동에 있는 주한 외국 공사촌에 들어가 살면서 정

---

1) 전택부, 《인간 신흥우》(대한기독교서회, 1971), 38쪽 참조.

세를 두루 살폈다.

　　우선 그는 언더우드·아펜젤러 등 선교사들과 친밀하게 지내는 한편, 미국 공사 실(H. B. Sill, 施逸), 프랑스 영사 플랑시(C. V. Plancy)를 비롯하여 다이(M. Dye), 르장드르(C. Legendre, 李仙得) 등 각국 외교관들과, 일찍이 외국을 다녀온 윤치호·민영환·이상재·이완용·이채연(李采淵)·유길준·박정양 등 저명인사들로 구성된 소위 정동구락부(貞洞俱樂部)라는 일종의 정치 단체에 가담하게 되었다.[2]

　　이 정동구락부가 곧 독립협회의 전신이다.[3] 서재필은 미국 시민이었으므로 한국 정부의 정식 관리는 못 되고 중추원 고문이라는 명예직에 있었으나, 정동구락부라는 세력을 업고 우선 〈독립신문〉을 펴내기 시작했다. 유길준·박정양 등 정부 고관의 사전 준비로 된 5천 원의 정부 보조금으로 시작된[4] 〈독립신문〉은 한국 역사상 최초의 한글판 신문이 됐다. 그는 독립협회를 창설하고, 옛날부터 중국 사신들을 영접하는 데 쓰던 영은문(迎恩門)을 헐고 그곳에다 독립문을 세우고, 모화관(慕華館)을 독립관으로 개수하여 민족의 부끄러움과 수치를 씻어 버리려는 용단을 감행했다. 이것이 곧 독립협회 운동의 시작이다.

　　그런데 우리나라는 1876년부터 1896년까지 약 20년간 청·일·러 등 세 나라의 침략과 각축전 속에서도 독립과 개혁을 위해 투쟁을 계속했다. 이 투쟁의 역사는 다음 네 가지로 분석할 수 있는데,[5] ① 민영익이 중심이 되어 정부 안에서 기존질서를 바탕으로 개화를 추진한 보수 세력, ② 김옥균 등이 중심이 되어 일본의 힘을 빌려 개혁을 시도한 개화당 세력, ③ 전봉준 등 천도교도들이 이끄는 민중 세력, ④ 서재필·윤치호·이상재 등이

---

2) 최영희(崔永禧), 〈자주와 민권운동…독립협회〉《한국현대사 2》(신구문화사, 1969), 184쪽.

3) 〈호암(湖岩) 문일평(文一平) 유고(遺稿)〉, 《한말오십년사》(조광사, 단기 4278), 197-199쪽.

4) 《한국현대사 2》, 186쪽, 최준(崔俊), 《한국현대사》, 증보개정판(일조각, 1974), 53쪽.

5) 《한국현대사 2》, 181쪽.

주도하던 독립협회의 민중 세력이다. 이 넷 가운데 "독립협회 회원들의 헌신적이며 뜨거운 개혁운동과 투쟁은 우리 근대사의 가장 자랑스러운 대목이다."[6]

이런 자랑스러운 운동의 주동 인물이 곧 서재필인데, 서재필이 배재학당 교사가 된 것은 범상한 일이 아니다. 그는 독립협회와 배재학당을 번갈아 왕래하며 강의도 하고 연설도 했다. 이때까지 한국 사람으로서는 듣지도 보지도 못한 '인간의 권리와 의무', '정부의 기원과 그 본질' 등 일련의 민주주의 기본 사상을 고취하는 내용으로 제퍼슨(T. Jefferson), 로크(J. Locke), 루소(J .J. Rousseau), 몽테스키외 (C. de S. Montesquieu) 등의 민주 사상을 소개했다.[7] 그리고 배재학당 학생들의 학생회 조직을 지도했는데 이것이 곧 협성회다.[8] 우선 학생들에게 회의하는 방법부터 훈련시켰다. 이 사실에 대해 〈독립신문〉의 기사는 이렇게 말했다.

> 비저학당 학도들이 학원 즁에서 협성회를 오와 일쥬 간에 혼번식 모와 의회원 규칙을 공부하고 각석 문제를 내여 학원들이 연설 공부들을 혼다니 우리는 듯기에 너무 즐겁고 이 사롬들이 의회원 규칙과 연설하는 학문을 공부하야 죠션 후셩들의게 션성들이 되야 만亽를 규칙이 잇게 의론하며 즁의를 좃차 일을 결정하는 학문들을 퍼지게 하기를 브라노라.[9]

또 그 논설에 보면,

> 비저학당 학도들은 근일에 협성회를 모아 의회원 규칙과 연설하는 공

---

6) 위의 책.
7) Channing Liem, *America's First Gift to Korea, The Life of Philip Jaison*, p.51.
8) 《배재학당 80년사》(배재중고등학교, 1965), 196쪽.
9) 〈독립신문〉, 1896년 12월 1일자 기사.

부들을 ᄒ는ᄃᆡ 규칙을 엄히 직히고 속에 잇는 말을 두려움이 업시 ᄒ
며 일 의론 홀재에 거죠가 졔졔 챵챵ᄒ야 혼잡ᄒ 일이 업고 쏙 즁의를
좃차 대쇼 ᄉ무를 결졍ᄒ니 우리 셩각에는 의졍부 대신네들이 ᄇᆡ재학
당에 가셔 이 ᄋ해들의게 일 의론ᄒ는 법을 ᄇᆡ화 가지고 가셔 일을 의
론ᄒ면 죠흘 듯ᄒ더라.[10]

고 했는데, 이것이야말로 한국 역사상 최초의 근대적인 민주주
의 운동의 모습이다.

　　그 뒤 협성회는 학교 밖으로 뛰쳐나가 독립협회에 합류
했고, 독립협회가 만민공동회로 발전할 때는 배재학당 학생들이
앞장섰다. 만민공동회가 현직 정부 고관들을 비롯하여 백정과
같은 천민에 이르기까지 모든 신분 계층을 망라한 범국민적 민
권운동으로 확장할 때 이승만·유영석(柳永錫)·양홍묵(梁弘默)·
정교(鄭喬)·주상호(周相鎬, 뒤에 시경時經이라 함) 등 배재학당 학생
들이 선봉을 섰으며, 일어학교·법어학교·아어학교·한성의숙 등
의 학교들까지 가담함으로써[11] 기세를 떨치게 된 것이다.

　　이상 학생운동은 독립협회가 1898년 12월 25일을 기하
여 해산됨과 동시에 치명상을 입게 되었다. 독립협회가 해산되기
두 달 전인 11월 5일에는 이상재·정교·남궁억 등 독립협회 지도
자 17명이 모조리 체포되었고, 거의 한 달 뒤인 1899년 1월 12일
에는 배재학당 학생이던 이승만이 체포된 것이다.

　　이런 상태에서 학생운동은 19세기의 고개를 넘어 20세기
에 들어섰다. 이때는 정치 지도자들이 감옥에 있을 때였다. 반면
홍종우(洪鐘宇), 길영수(吉永洙) 같은 보수파 지도자들이 정치계
에서 판을 치고 정상배들이 외세를 이용하여 마구 날뛸 때였다.
이를 보고 참다못해 다시 학생들이 일어났다. 1898년 만민공동

10) 위의 신문, 1896년 12월 3일자 논설.
11) 《한국현대사》, 211-212쪽.

58

회 사건 때는 너무 어려서 체포되지 않은 채 밖에 남아 있던 신흥우는 1900년에 그 학당을 졸업하고 1901년에 다시 덕어학교에 입학하여 다시금 학생운동을 시작했다.[12] 이에 대하여 신흥우의 말을 들어 보자.

> 내 생각이 너무 어려서 그랬는지는 모르나 예전에 하던 것을 좀더 하고 싶은 생각이 났단 말이에요. 그래서 어느 날 학교 교장인 모리안 씨를 만나 우리가 공부하는 것도 좋지만 우리의 의견을 좀더 넓히는 것도 좋겠으니 학생회를 만드는 것이 어떠냐고 했습니다. 그랬더니 좋다고 하기에 그의 승낙을 받고 한국인 선생에게도 말하고, 그때의 학부(學部) 즉 지금의 문교부에 가서 학무국장의 구두승낙도 받았습니다. 그래서 회 하나를 만들었습니다. 그래서 회장 부르고 회의하는 것이 전부 없어졌다가 우리 학생회가 다시 생기니까 소문이 나서 시내에 있는 각 학교에서 모두 모여 왔습니다. 영어학교와 일어학교 사람들, 여러 군데에서 와서 토요일 오후 두 시가 되면 모이는 것인데, 두 시가 되기 정각 한 반 시간 전부터는 학교 마당이 부듯하게 학생들이 모여 왔습니다. 대낮에 학생들이, 그걸 내가 먼저 제안을 해서 그랬던지, 다행인지 불행인지 내가 회장이 되었단 말이에요. 그래서 내가 사회를 보게 되었는데, 다섯 주일을 하고 보니까 참 말썽 많은 세상인지라, 우리 서울 안에 청년계의 화젯거리가 되었어요. 그때 학부대신, 즉 문교부 장관이 고종 황제에게 가서, 지금 학생놈들이 그 유신운동을 또다시 일으키려고, 일본으로 망명간 박영효와 연락해서 정부를 전복시키려고 한다고 했습니다……[13]

이것이 곧 학생운동 하나만으로 정치 문제화된 역사상 최초의 학생 사건이다. 이 학생운동으로 신흥우 등 학생들이 체포되었다. 그는 1901년 11월 23일 체포되어 3년 징역을 언도받았

---

12) 전택부, 앞의 책, 52-54쪽.
13) 신흥우, 방송 녹음 기록, 29-32쪽.

고, 일어학교 학생 윤시용(尹始鏞)은 1년 6개월의 언도를 받게 되었다.[14]

　　배재학당의 기독학생회가 시작된 것은 이런 환경 속에서였다. 다만 당초에는 협성회였던 것이 어찌하여 학생회 또는 학숙청년회(學塾靑年會)[15] 또는 기독학생회가 되었는지, 또 언제 그렇게 변했는지는 정확하게 알 수 없으나, 배재학당에 기독학생회가 조직되어 있었던 것은 사실이다. 그 증거로 1900년 6월부터 약 3개월간 라이언(D. W. Lyon)이 한국에 와서 YMCA 창설에 대한 조사를 할 때 언더우드는 "회관은 아펜젤러 씨에게 빌려 썼으며"[16]라고 한 바 있으며, 여병현은 "당시 YMCA 회원이 되기를 원하는 약 200명 중 4, 50명이 배재학당에서 나올 것"[17]이라 했으며, 아펜젤러가 "대부분의 정회원은 배재학당에서 나올 것"[18]이라고 한 것으로 미루어보아 1901년쯤 학생 YMCA가 배재학당 안에 조직되어 있었으리라는 것은 무리한 억측이 아닐 것이다. 다만 그것이 완전한 체제를 갖춘 학생 YMCA냐 하는 문제가 있었을 뿐, 기독교적 목적을 띤 학생회였다는 것은 의심할 여지가 없다.

　　더욱이 그 기독학생회가 1901년에 조직되어 있었다는 엄연한 사실은 다음 기사에서 알 수 있다. 홉킨스가 지은《북미주 YMCA사》에 보면, 중국 학생 Y의 제1차 전국 대회는 1896년 11월 3~5일 상하이에서 열렸고, 제2차 전국 대회는 1899년, 제3차 전국 대회는 1901년에 열렸는데, 마지막 제3차 전국 대회

---

14) 정교(鄭喬),《한국계년사(韓國季年史)》하권,《대한계년사(大韓季年史)》권지6(국사편찬위원회, 단기 4290), 87쪽. 전택부, 앞의 책, 54쪽. 1899년 이승만이 체포된 것은 순 학생운동의 결과라기보다 만민공동회 운동 때문이었다.

15) 학숙청년회라는 명칭은 1896년 중국 YMCA가 학생 YMCA를 창설함과 동시에 사용하기 시작했다. 梁小初, 中國基督敎靑年會 五十年簡史(中華基督敎靑年會五十周季記念用), p.90.

16) D. Willard Lyon, Twenty-five Years Ago: Notes on Early Steps in the Establishment of the Young Men's Christian Association in Korea, p.2.

17) 위의 책, p.3

18) 위의 책.

때는 홍콩 학생 Y와 한국 학생 Y가 정식으로 가맹되어[19] 중국·
한국·홍콩 YMCA 전체위원회(General Committee of YMCAs
of China, Korea, and Hong Kong)가 구성되었다.[20] 그리고 앞에
서 말한 바와 같이 질레트는 한국 YMCA 조직의 임무를 띠고
1901년 9월경 내한했는데, 그는 오자마자 배재학당 안에 학생
YMCA를 조직하는 데 성공했다[21]는 보고를 했다.

　　이에 대하여 당시 배재학당에 재학중이던 윤성열(尹聲
烈)[22] 목사는 "초대 회장은 민찬호(閔贊鎬),[23] 사찰에는 육정수(陸
定洙),[24] 나는 보통 회원이었는데, 질레트가 가끔 학교에 와서 지
도해 주었고, 한 달에 한 번씩 토요회를 열었다"고 말한다. 그러
므로 학생 YMCA가 1901년에 이미 조직되어 있었던 것이 확실
하다. 이때 학생 YMCA의 공식 명칭은 '학숙청년회'였다.[25]

19) O. Howard Hopkins, *History of the YMCA in North America*, pp.665-666.
20) 당시 중국 YMCA 총무는 브로크만(F. S. Brockman)이었고, 모든 공문서는 'General
Committee of YMCAs of China, Korea and Hong Kong'이란 제목의 용지에 작성되어 있다.
21) P. L. Gillett's Report to the International Committee for the twelve Months, Ending
September 30. 1902. 그리고 P. L. Gillett's Letter to J. R. Mott, July 18. 1902. Lak-Geoon
George Paik, *The History of Protestant Missions in Korea*, p.310에 보면, "In the same year, by
the assistance of Mr. P. L. Gillett, general secretary of the Young Men's Christian Association
in Korea, the students of Pai Chai have organized among themselves a Young Men's Christian
Association, thus claiming the honour of having the first of the kind in Korea"라는 M. E. North
Report for 1904, p.309의 기사를 인용한 바 있다.
22) 윤성렬은 1885년 9월 13일 경기도 여주에서 태어나 1897년 배재학당에 입학하여 1902년 졸
업했다. 1910년 목사 안수를 받고 목회생활을 하다가 1977년 8월 3일 별세했다.
23) 민찬호는 서울에서 태어나(생년월일 미상) 1895년경 배재학당에 입학했다. 일찍이 하와이에
이민 가서 목사가 됐다. 1909년 국민회(國民會)를 조직하고, 흥사단 이사장이 되었으며, 1918년에
는 국민회 대표로 강화회의에 파송됐다.
24) 육정수는 1885년 2월 25일 충북 옥천 생으로, 1896년 배재학당에 입학하여 제1회 졸업생이
되었다. 1905년부터 YMCA에 투신하여 종신 봉사하다 1949년 4월 4일 별세했다.
25) 학숙청년회 기준헌장은 1902년 발표되었다. 〈학숙청년회전장식(學塾靑年會典章式,
Constitution of the Young men's Christian association of China, Korea, and Hongkong)〉 참조.

6.

황성기독교청년회 창설과
그 구성 및 정신

　　1903년 10월 28일 황성기독교청년회가 창설되었는데, 이
는 러일전쟁이 일어나기 약 6개월 전이다. 한국 YMCA는 조국
이 다른 나라 싸움판에서 시달리던 때 창설된 것이다. 불과 2년
남짓한 짧은 기간이나마 민족의 찬란한 불꽃을 보여 준 독립협
회가 무지한 반동 세력과 정치 깡패들의 방망이에 맞아 좌절된
후, 조국은 제국주의 강대국들의 압력에 신음하고 있었다. 결국
러시아는 한국 영토를 북위 39도선에서 끊어, 그 이북은 중립 지
대로 삼아 만주와 그 연안은 일본이 간섭하지 말라는 홍정조의
조건을 내세웠고, 일본은 한국 영토에 38선을 그어 놓고 러시아
와 일본이 남과 북을 나누어 먹자는 제안을 했다.

　　이처럼 자기 살과 피를 빨아먹으려는 곰과 이리의 싸움을
보고도 어쩔 도리가 없었던 미약한 대한제국 정부는 하는 수 없
이 영세중립국임을 선언하게 되었다. 대한제국 황실과 정부는 그
래도 주권 국가의 체통을 유지할 양으로 영세중립이라는 회피책
을 마련하여 황제의 밀사를 청국에 파송했다. 그리고 대한제국
은, "러·일 양국 간에 일고 있는 분규로 미루어 보든지, 나아가

평화를 가져오기 위한 협상이 성공하기 어렵다는 점으로 미루어 보든지, 대한제국 정부는 두 강대국과 더불어 사실상 약속된 예비 교섭의 결과가 어떻게 되든지 우선 황제의 명령으로 엄정 중립을 지키겠다는 확고한 결정을 지었음을 이에 성명하는 바다"[1] 라고 영세중립을 일방적으로 국내외에 선포하기에 이른 것이다.

그러나 대한제국 황실과 정부의 애절한 노력에도 불구하고 러시아와 일본 해군은 끝내 1904년 4월 20일을 기하여 인천 앞바다에서 포화를 터뜨리고 말았다.

이런 환경에서 한국 YMCA가 창설되었다. 그러면 어찌하여 한국 YMCA는 황성기독교청년회라는 명칭을 가지고 발족되었던가? 본래 황성(皇城)이란 말은 없던 말이다. 예전부터 수도 서울은 한성(漢城) 또는 경성(京城)이라 했지 황성이라 하진 않았다. 한성은 조선 태조가 등극할 때부터 쓰던 말이며, 경성은 주로 을사늑약 이후부터 쓰던 말이다. 조선 역대 임금은 외부의 적을 막기 위해 뒤에는 북한산과 도봉산 줄기를 등지고, 앞에는 한강을 내다보는 그 사이에 자리잡고 먼저 남산과 북악산과 인왕산을 잇는 약 20킬로미터의 성곽을 쌓고 그것을 한성이라 했다. 그리고 북에는 북한산성, 남에는 남한산성을 두어 적이 침범해올 때마다 재빨리 남 또는 북으로 피난갈 수 있는 채비를 마련해 두고 있었다.

그러나 1897년 10월 12일 국호를 대한(大韓)이라 고치고 국왕의 칭호를 황제라고 부르기 시작한 때부터는 한성 대신 황성이라 부르기 시작한 것이니, 더욱이 독립협회 지도자들은 이 황성이란 용어를 독립과 자유의 상징어로 즐겨 썼으며, 신문 이름에도 황성 두 자를 붙여서 〈황성신문〉이 나오기도 했다.

청년(靑年)이란 말도 황성이란 말과 같이 그때까지 없던

---

1) 이선근(李瑄根), 《민족의 섬광》 하권(민중서관, 1968), 334쪽.

새 말이다. 예전부터 한국의 젊은이는 소년이었다. 한국의 젊은 이는 소년으로 있다가 장가들면 껑충 뛰어 장년 아니면 노년이 되었지 청년이란 없었다. "학도야 학도야 청년 학도야"라는 노래 가 있지만, 이 노래는 1910년경에야 비로소 불린 노래다. 그전에 는 "소년이 이로(易老)하고 학난성(學難成)하니, 일촌의 광음인들 불가경이라"라는 노래가 있었을 따름이며, 젊은이들이 제복을 입고 군사놀이를 할 때도 "무쇠 골격 돌근육 소년 남자야…… 소년의 활동 시대 다다랐네"라고 했지, "청년 남자야"라든가 "청 년의 활동 시대"라고 하지 않았던 것이다.

'청년'이란 말을 먼저 썼음직한 단체가 몇 개 있다. 가 령 장로교회가 1910년 새문안교회에 만든 면려회(勉勵會, The Young Pepple's Society of Christian Endeavor)[2]와 1897년 감리 교회가 정동교회에 만든 엡워드회(The Epworth League)[3]는 문자 그대로 면려회 또는 엡워드회였지 그것이 면려청년회 또는 엡워 드청년회가 되기는 훨씬 뒤에 가서였다. 1901년 조직된 배재학당 안의 학생 YMCA도 처음에는 단순한 기독학생회였지, 청년이란 말을 붙여서 학생청년회 또는 학숙청년회 등으로 부르기 시작한 것은 훨씬 뒤에 가서였다.[4] 그 밖에 청년이란 말이 붙어서 된, 상 동교회 전덕기(全德基) 목사의 청년학원(青年學院)은 1904년의 일 이고, 안창호의 청년학우회(青年學友會)는 1908년의 일이다.

그런데 청년이란 새 말을 누가 먼저 썼느냐 하는 문제보다 그 용어의 역사적 의미와 사회변동에 끼친 바 큰 힘이 문제다. 다 시 말하면 YMCA가 이때까지 없던 '청년'을 발견하고 그 '청년' 을 발전시키자 마치 기름에 불붙듯이 사회에 큰 물의가 빚어진 것이다. 종로 네거리에 붙은 '황성기독교청년회'란 새 간판이 큰 화젯거리가 되었다. 그리하여 YMCA와는 아무 관계가 없는 다

---

2) 전택부, 《강아지의 항변》(향린사, 1967), 213쪽 참조.
3) 김주병 편, 《감리교 청년운동 지침》(대한감리교 총리원 교육부, 1960), 18쪽.
4) 이 책 60쪽 참조.

른 단체들이 각기 그 명칭을 흉내 내어 자기네 명칭으로 삼았다. 말하자면 YMCA 즉 기독교청년회라는 세계적인 단체명을 함부로 남용하는 일이 벌어진 것이다. 서울만 아니라 지방에서까지 그 명칭을 자기네 단체명으로 삼는 일이 생겼다. 이에 당황한 황성기독교청년회 당국은 정부에 그것을 금지해 주도록 진정서[5]를 낼 수밖에 없었다. 1905년 11월의 일이다. 그만큼 청년이란 용어는 우리 개화기에 가장 인기 있는 유행어였다. 한국 YMCA는 역사상 처음으로 청년이란 개념을 발견하고 이를 유지 발전시킨 단체다.

그러면 어떤 사람들이 한국 YMCA를 창설하는 데 공헌했는가? 위에서 말한 바와 같이 1899년 진정서에 서명 날인한 150명 청년들이 있으나 아깝게도 그 진정서 원문을 찾아볼 수 없기 때문에 명단을 낱낱이 열거할 수 없다. 그러나 1900년 라이언의 조사 보고서[6]와 1903년 브로크만의 보고서[7]를 보면, 문제의 150명은 교회 밖 청년들, 즉 정부 고관과 지식층 인사들의 자제들로 영어학교·덕어(독어)학교 등 외국어 학교와, 민영환이 설립한 흥화학교(興化學校), 배재학당 등 사립학교와 한성사범학교·한성고등학교 등 관립 학교 학생들 중에서 나온 것이 확실하

5) 敬啓者 現今 大韓各處에서 基督敎靑年會 名稱을 昌稱하고, 會를 組織한다는 所聞이 浪藉하고 且 靑年會 德育智育上의 目的을 接하고 外地事件에 干涉이 有하다 하니 誠甚怪訴라 大凡 靑年會를 論할진대 本會의 名稱으로 會를 組織함이 不可한 것은 本會의 正當한 司事委員과 總務가 有하여 會의 諸般事務를 管轄하는 者인즉, 韓國에는 但 皇城內에만 組織이 되었고, 外地各處에는 本會에서 組織함은 無하고 管轄함은 無하나니, 故로 如此히 說明함은 皇城基督敎靑年會 司事委員들이 此 事狀으로 本會를 贊成하는 僉君子에게 如左仰布하여 辨明하오니, 各處에서 本會 名稱을 昌借하여 會를 組織함이 無케 勸先하시기를 千萬萬望하오며, 本會의 英文과 漢文의 名稱을 大美合衆國 公使와 大韓國 內部의 認함을 得하고, 大韓國 內部로서 各道 各郡 觀察郡守에게 訓令하여 本會는 但 皇城內에만 設立되고 會長은 奇一氏요, 副會長은 訖法氏요, 會計監督은 前韓國海關總務司 拍貞安氏요, 會計는 裏額氏로 組織된 會인 줄로 聲明하고, 其外 他靑年會에 昌稱하는 폐를 無케하며, 本會 管轄된 會가 無함을 洞知케 할지니, 伏惟 僉君子는 此事情에 대하여 확실히 辨白하시고 本會를 特別히 贊成하심을 爲要함. 餘는 顧此不敬統希 照亮, 光武九年十一月, 皇城基督敎靑年會委員 奇一, 丹魚, 吉禮泰. 이 전문은 질레트 총무가 주한 미국 공사 모건에게 보낸 공한(公翰)에 첨부된 서류다.
6) D. W. Lyon, *Twenty-Five Years Ago, Notes on Early Steps in Establishment of Young Men's Christian Association in Korea.*
7) F. S. Brockman's Letter to Mr. J. R. Mott, May 13. 1903.

다. 그중에 민영환의 아들[8]과 한성부윤이 된 민경식(閔景植)은 명기된 바 있으며, 기록에는 없지만 한성사범학교 학생이던 김창제(金昶濟)[9]도 들 수 있다.

둘째로 1901년 배재학당에 조직된 기독학생회 회원들이다. 그중에서 초대 회장 민찬호(閔贊浩), 사찰 육정수, 회원 윤성렬 등은 한국 YMCA가 국제기구에 정식 가입하는 데 공헌이컸다. 그리고 이때 결정적인 구실을 한 사람은 여병현이다. 이미 말한 바와 같이 여병현은 일찍이 영국에 가서 YMCA 활동을 살펴보고 돌아와 배재학당 교사로 있었는데, 1899년 언더우드·아펜젤러 두 선교사가 YMCA를 조직하려 할 때는 그를 초대 간사로 내정했으며,[10] 1900년 라이언 씨가 내한하여 YMCA 창설 가능성 여부를 조사할 때는 그와의 대화 중에 "YMCA 회원이 되기를 원하는 200명 중에 40~50명이 배재학당에서 나왔고 약 20명은 고관의 자식들이었다"[11]라고 증언했다.

다음은 국내·국외 YMCA 실무자들의 공헌이다. 이미 말한 바와 같이 우선 YMCA 국제위원회 총무이던 모트는 1900년 라이언으로 하여금 한국 YMCA 창설 가능성 여부를 조사 보고하게 한 후, 1901년 질레트를 한국에 파송했다. 질레트는 YMCA 창설 준비 작업으로 세 가지 일을 했는데, 첫째는 앞에서 말했듯이 배재학당의 기독학생회를 학생 YMCA로 개편하여 중국·한국·홍콩 YMCA 전체위원회에 정식 가입하게 했으며, 둘째로 1903년 3월에 소위 "서울에서는 처음 보는 대표자회의"를 열었다. 이때 그는 중국·한국·홍콩 YMCA 전체위원회 총무 브로크만을 연사로 오게 했다. 여기 모인 사람들은 주한 미국 공사 알렌을 비롯하여 영국인 브라운(J. M. Brown), 헐버트

<hr>

8) D. W. Lyon, 앞의 책.
9) 김창제(1877~1948)는 한성사범학교를 졸업하고 곧 YMCA 교육부 간사로 들어와 해방 뒤까지 YMCA 활동에 커다란 공헌을 했다.
10) D. W. Lyon, 앞의 책.
11) 위의 책.

등 각국 선교사·은행가들이었으며,[12] "회의의 주목적은 자문위원들과 같이 6천 원의 모금 계획을 세우는 데 있었다."[13] 셋째로 질레트는 이때 YMCA 자문위원회를 조직했다. 위원장은 헐버트이고 위원으로는 위에서 말한 "서울에서는 처음 보는 대표자 회의"에 모인 사람들과[14] 몇몇 한국 고관들이었다.[15]

    창립총회에 대해서는 헐버트가 자세히 전해 준다.[16] 그가 쓴 기사 내용을 줄잡아 보면, 10월 28일 하오 8시 서울 안의 저명인사들이 황성기독교청년회를 조직할 목적으로 서울 유니언(Seoul Union)[17]에서 모였다. 이 모임은 여러 달 동안의 노력과 준비 끝에 이루어졌다. 드디어 다수 청년들에게 접근하고 싶어 하는 사람들의 기대와 사업을 충족시켜 주었다. 지난 3월에는 서울에서 회합을 열고[18] 이 문제로 공개 토론을 한 바 있다. 한국에 있는 외국인들과 미국에 있는 YMCA 국제위원회는 현재까지 거의 5만 원의 재정을 확보했다. 외국인 간사 질레트를 도와주고 있던 자문위원회는 헌장 초안을 작성했다. 자문위원회 회장 헐버트가 의장으로 선출되어 이 모임의 취지를 간단히 설명한 뒤 이 모임을 기독학생회 창립총회로 만장일치 결정했다. ……게일 목사가 헌장 초안을 낭독한 뒤 이를 만장일치로 통과시켰다. 의장이 10분간 휴회를 선언한 후 통과된 헌장에 서명 날인하니 정회원이 28명이요, 준회원이 9명이었다.

12) 이에 대해서는 브로크만의 편지(F. S. Brockman's Letter to Friends in USA on May 9.1903, and on May 9. 1903)와 *The Korea Review*의 기사(Vol. 3, January 1903, p.31)에서 알 수 있는데, 사회는 주한 미국공사 알렌이 했고, *The Korea Review*의 주필 헐버트를 비롯하여 브라운(J. Mcleavy Brown), 다카키(高木正義), 게일, 존스(C. Heber Jones), 언더우드, 에비슨 등과 다른 외국인이 있었다.
13) F. S. Brockman's Letter to Mr. J. R. Mott, on May 13. 1903.
14) 위 각주 12 참조.
15) P, L, Gillett's Letter to Friends in USA, on April 6. 1903에 보면 여병현·김사방 등의 이름도 나온다.
16) *The Korea Reuiew*, Vol. 3, October 1903, pp.461-462에 자세한 기사가 있다.
17) 《대한황성종로기독교청년회 약사(略史)》에는 정동공동서적실(貞洞共同書籍室)이라고 했는데, 이는 보통 말하는 정동 유니언 클럽이다.
18) 위에서 말한 바 있는, 1903년 3월 18일 있었던 소위 "서울에서는 처음 보는 대표자회의"를 말함.

다시 개회하여 헌장대로 12명의 이사 선거에 들어갔다. 천거 위원이 보고한 이사 후보자 명단에 따라 투표하니, 당선 된 이사는 브라운(J. Mcleavy Brown, L. L. D.)·다카키(高木正義, Ph.D)·에비슨(Dr. O. R. Avison)·터너(Rev. A. B. Turner)·언더우드(Rev. H. G. Underwood D.D.)·켄뮤어(A. Kenmure, Esq)·게일(Rev. J. S. Gale)·하운쉘(Rev. C. G. Hounshell)·샵(Rev. R. A. Sharp)·김필수(P. S. Kim, 金弼秀)[19]·여병현(P. H. Yer, 呂炳鉉)·헐버트(H. B. Hulbert, Esq) 등이었다. 헌장에 따라 외국인 간사 질레트도 이사가 되었다. ……창립총회는 가장 고무적인 방법으로 가장 적당한 시기에 이루어졌다는 것이 일치된 견해였다. 참석한 회원들은 미국인, 영국인, 일본인, 중국인, 한국인들이었다.

위와 같이 창립총회[20]에 참석한 28명의 정회원과 9명의 준회원은 한국인, 미국인, 영국인, 캐나다인, 중국인, 일본인 등 6개국 국민이었고, 이사회 구성은 영국인 3명, 미국인 4명, 캐나다인 2명, 일본인 1명, 한국인 2명이며, 총무 질레트까지 포함하면 미국인이 5명으로 가장 많다. 그런데 이 창립총회 때 이사회 임원 조직을 했다는 기사는 찾아볼 수 없다. 다만 위에서 말한 바와 같이 창립총회의 사회는 자문위원회 위원장 헐버트가 했다고만 했고, 거의 1년이 지난 1904년 가을에 가서 회장에 게일, 부회장에 헐버트가 각각 피선되었다는 기록이 있다.[21] 그리고 2년이 지난 1905년의 기록에도 회장에 게일, 부회장에 헐버트, 회계에 베크(S. A. Beck), 재정위원장에 브라운(J. Mcleavy

---

19) P. S. Kim이 김필수가 확실하냐는 문제가 있는데, 김필수는 1872년 2월생으로 일찍이 신자가 되어 남장로교 선교사 레이놀즈(W. D. Reynolds) 목사의 어학 선생으로 전주 지방에 가 있다가 그를 따라 1902년부터 서울에 와 있었다.

20) 창립총회에 관한 기사로는 1908년 발행된《대한황성종로기독교청년회 약사》가 있는데, 여기에는 "(1) 其後 一千九百三年 十月二七日 木曜夜에 貞洞共同書籍室에서 第一回 開會式을 行하얏스니, (2) 創立員이 四十八이요 (3) 翌年 秋에 本會事務를 擴張ᄒ기 爲ᄒ야 組織하엿스니 時에 被選된 諸任員은 會長 奇一 牧師, 副會長 訖法 教師, 記事 奉武氏, 掌財 高木 先生, 保財委員長 柏卓安氏더라"라고 했는데, 5년 후의 기사인 만큼 헐버트의 기사보다 정확성이 떨어진다 할 수 있다.

21) "翌年 秋에 本會事務를 擴張ᄒ기 爲ᄒ야 組織하엿스니 時에 被選된 諸任員은 會長 奇一 牧師, 副會長 訖法 教師……" 위에서 말한《대한황성종로기독교청년회 약사》에서.

Brown)으로 되어 있다.[22]

그러므로 창립총회 직후에는 이사회 임원 조직을 하지 않은 채 거의 1년을 지나다가 1904년 가을에 가서 정식으로 조직했으며, 창립총회 당시 이사가 아니었던 베크라는 새 인물이 등장한 것으로 미루어 보아 최초의 헌장도 현재와 같이 3년조 이사, 2년조 이사, 1년조 이사의 구별이 있었던 것이 확실하며, 창립총회 때 의장 헐버트를 한국 YMCA 초대 회장으로 봄이 옳을 것이다.[23]

수	이 름	국 적	직 업
1	여병헌(呂炳鉉)	한국인	배재학당 교사
2	김필수(金弼秀)	한국인	남장로교 레이놀즈(W. D. Reynolds) 선교사의 한국어 선생
3	언더우드 (H. G. Underwood)	미국인	장로교 선교사, 새문안교회 목사
4	헐버트(H. B. Hulbert)	미국인	전 육영공원 교사, 한성사범과 고등학교 교사
5	하운쉘(C. G. Hounshell)	미국인	감리교 선교사, 배재학당장
6	샵(R. A. Sharp)	미국인	장로교 선교사
7	브라운(J. Mcleavy Brown)	영국인	전 한국회관 총세무사, 재무고문
8	터너(A. B. Turner)	영국인	성공회 주교
9	켄뮤어(A. Kenmure)	영국인	영국성서공회 대표
10	에비슨(O. R. Avison)	캐나다인	장로교 선교사, 전 제중원 의사

22) "회장은 奇一 氏요, 부회장은 訖法 氏요, 회계감독은 前韓國會關 총세무사 柏貞 安氏요, 회계는 裵額氏(De. Jas. S……Gale is President, Prof. H. B. Hulbert Vice-president, Rev. S. A. Beck Treasurer and Dr. J. Mcleavy Brown Chairman of the Board of Trustee)"라고 씌어 있는데, 이것은 이미 말한 질레트가 주한 미국 공사 모건(Edwin V. Morgan)에게 보낸 1905년 10월 30일자 공한에 있다. 그리고 백낙준 박사는《한국개신교사》(연세대학교출판부, 1973), 354쪽에서 "1903년 10월 28일 동(同) 청년회가 정식으로 조직되어 헌장을 채택하고 헐버가 회장에, 질레트가 총무로 각각 선출되었다"라고 한 것으로 보아 초대 회장은 헐버트로 봄이 옳을 것이다.

23) 백낙준,《한국개신교사》(연세대학교출판부, 1973), 354쪽 참조.

11	게일(J. S. Gale)	캐나다인	장로교 선교사, 연동교회 목사
12	다카키(高木正義)	일본인	제일은행 경성지점장, 전 도쿄 YMCA 간부
13	질레트(P. L. Gillett)	미국인	YMCA 간사, 예일대학 출신

　　끝으로, 창립총회와 이사회 조직까지 4년간의 과정에서 몇 가지 특징을 찾아볼 수 있다. 첫째, YMCA를 다만 전도기관으로 만들려던 언더우드·아펜젤러 두 선교사의 당초 의도와 달리 YMCA는 일반 사회 단체적인 성격으로 등장하게 되었으며, 둘째, 이사 12명 중 한국인은 2명뿐이고 그 외 전부가 외국인으로, 모두 4개 국민이 섞여 있으며 총회원은 5개 국민으로 구성되었으며, 셋째, 창립총회가 성립될 때까지 미국인과 캐나다인으로 조직된 YMCA 국제위원회의 뒷받침이 컸고, 한국 YMCA를 국제기구에 가맹시키는 일을 우선적으로 서둘렀으며, 넷째, 국내에서는 각국 외교관·은행가·실업가·교육가·선교사들을 망라하여 조직된 자문위원회가 생겨서 이를 힘차게 밀어주었다는 것 등이다.

　　그러면 어찌하여 YMCA는 이런 여러 가지 특징을 지니게 되었던가? 이미 말한 바와 같이 YMCA가 창설된 뒤 3, 4년간 조선왕조는 패망기에 있었다. 그리하여 피끓는 청년들은 소망을 잃고 거리를 방황하는가 하면, 똑똑한 청년들은 무엇이든 새것이라면 빨리 받아들여 나라의 독립과 자유를 지탱해 보자는 염원이 간절했으며, 불쌍한 황실과 정부 당국은 영세중립국이라도 만들어서 나라의 생명을 유지해 보려고 온 힘을 다한 것이다. 이러한 때 한국에 우호적인 국내의 외국인들은 한국을 위해 무엇인가 하지 않을 수 없었다. 그들은 마침내 "서울에서는 처음 보는 대표자 회의" 즉 한국 역사상 최초의 국제회의를 소집하여 자문위원회를 조직하는 동시에 한국 청년운동 단체를 창립하는 데 밑받침이 되어 준 것이다. 아니, 영세중립이란 제안도 이런 데서 나왔다. 한국 YMCA 창설에 결정적인 영향을 끼친 사람들은 단순한 선교사들이 아니었다.

이미 말한 바와 같이 선교사들이 발의하기 전에 사회 분위기는 벌써 무르익어 150명의 똑똑하고 열렬한 청년들이 있었으며, 일찍이 개화된 우리 정부 고관들과 지식층 지도자들은 하루 빨리 국제적 새 기운이 발동되기를 간절히 바랐다.

이러한 요구와 분위기를 민감하게 받아들인 3명의 기독교 평신도가 있었으니, 그중 한 사람이 여병현이다. 그는 일찍이 "5개월간 미국 하버드 대학에서 공부하다 영국으로 건너가 기독교 신자가 된 뒤 3년 반 동안 할리 대학에서 공부하고 돌아와 배재대학에서 교편을 잡고 있었던 사람이다."[24] 한국 사람으로서는 YMCA에 대한 유일한 목격자이며 증인이다.

두 번째 인물은 질레트인데, 그는 예일 대학 출신으로 "다재다능하고 사교적이고 범세계적인 성격의 소유자였다."[25]

세 번째 인물은 헐버트다. 그는 프린스턴 대학 출신으로 일찍이 한국 개화의 임무를 띠고 한국 정부의 초청으로 온 교육가이며 언론가·문필가인 석학이었다. 그는 자문위원회 회장으로 창립총회 사회자였으며 한국 최초의 YMCA 이론가였다. 그 뒤 그는 두 차례나 고종 황제의 밀사로 활동하다 일제의 탄압으로 추방당했는데, 그 어려운 시기에 YMCA를 변호한 기사 하나를 소개한다. 이 기사는 그가 주필로 있던 The Korea Review의 사설인데, YMCA 창설 의의를 정부 당국은 물론 선교사·기성 교회·정치계·국제 사회 등에 대하여 변호한 것으로, 비록 외국인의 기사이긴 하나 한국 YMCA 창립 정신과 그 성격을 이해하는 데 큰 도움이 된다.

지난 호에서는 YMCA 문제로 3월 17일 모였던 회의에 대하여 극히 간

---

24) D. W. Lyon, 앞의 책.
25) 위의 책.

단한 설명밖에 할 수 없었다. 그러나 다시금 이에 대한 설명이 필요하다고 본다.

2, 3년 전 서울에 있는 외국인 몇 사람이 서울에서 청년회 사업을 성공시킬 목적으로 미국 YMCA 국제위원회에 전문 간사를 파송해줄 것을 요청한 바 있다.

얼마 동안 지연되다가 질레트 씨란 사람이 오게 됐다. 그는 YMCA의 전형적인 인물로, 몸이 건강하고 사교적이며 독실한 신자다. 그는 인간관계가 좋은 젊은이다. 그러나 그 사람이 YMCA 그 자체는 아니다. 그는 YMCA 열성 회원들을 모이게 하는 사람이다. 유명한 교육가 홉킨스(Mark Hopkins) 씨는 항상 다음과 같이 말했다. "착한 스승과 착한 제자가 서로 마주 앉은 판잣집은 마침내 대학이 된다."

또한 그는 "착한 스승이 판잣집 한구석에 앉으면 오래 가지 않아서 다른 구석이 가득히 채워진다"라고 했다! 질레트 씨는 판잣집 한구석에 앉았기 때문에 오래지 않아서 한국 사람들이 다투어 다른 구석을 차지할 것이다. …… (중략) …… 한국 청년들은 점차 사회적이 되어 간다. 그러나 서로 즐기며 사귈 만한 장소가 없기 때문에 그들은 좋아지기는커녕 더 나빠진다. 가정집은 비좁고 사교장으로는 쓸모없는 곳이다. 친구 집 사랑방에서 허송세월하지 않으면 거리나 유흥가에 가서 허랑방탕할 수밖에 없다. 공원도 없고, 글방도 도서관도 운동장도 없고, 마음에 드는 운동 경기도 없다. 사회 풍조는 나쁜 방향으로 치닫고 있다. 우리는 매일 거리를 쏘다니고 있는 수백 명의 청년들을 보는데, 그들은 다 유망한 청년들이다. 구습(舊習)에서 벗어날 수 있는 기회와 자극만 받으면 과거 30년간 일본이 발전한 것처럼 가장 유망하고 열렬한 청년들이 될 수 있다. 그러한 청년들에 대하여 Y는 무엇을 의미할 것인가?

먼저 Y는 그들이 서로 만날 수 있는 장소가 되게 하며, 두 시간씩 담화하거나, 더욱이 여러 가지 책을 읽게 함으로써 꿈과 서광을 보게 할 것이다. 그들에게 운동하고 목욕할 수 있는 장소가 되게 할 것이다. Y는 그들에게 역사 · 과학 · 종교 문제를 강의해 줌으로써 스스로 향상

할 수 있는 자극을 줄 것이다. 그리하여 그들은 가장 순수하고 자랑스러운 방법으로 기독교에 접근하게 될 것이며, 예수의 생활과 교훈을 통하여 그의 아름다움과 참됨을 배우게 될 것이며, 예수의 위대하고 신비로운 죽음과 부활이 그들을 사로잡게 될 것이다.

한동안 선교사들 중에는 다음과 같은 반대 여론이 있었다. 즉 Y 사업은 기성 교회를 멀어지게 할 것이며 교회 세력을 약화시킬 우려가 있다고! 이 같은 우려는 큰 잘못이다. Y는 교회가 아니며, 동시에 Y가 바로만 운영된다면 교회에 유익이 되면 됐지 절대로 방해가 되진 않을 것이다. Y는 교회로의 통로다. Y는 어떤 목적을 위한 수단이지 목적 그 자체는 아니다. 만약 Y가 이런 봉사기관으로서 사람들을 끌어들인다면 교회는 어떤 성공을 하게 될 것인가? 무릇 산 교회란 모든 감화력의 중심이며, 이 감화력으로 해서 사람들은 기독교를 받아들이게 되는 법이다. 그리고 한 인간이 진정한 의미의 감화를 받게 될 때는 교회를 떠날 수 없게 된다. 이는 마치 만유인력의 원칙과 같다.

만약 Y의 사업 목적이 회원들의 사교적·문화적 그리고 소위 윤리적 향상에만 그치고, 기독교를 하나의 순수한 생활 원칙으로 받아들이게 하는 데 부족하다면 Y는 근본 목적을 상실했다고 할 것이며, 궁극적 의미의 최선을 다했다 볼 수 없을 것이다. ……즉 이것이 이 사업에 관심 있는 모든 사람의 확실한 염원이며 결심이다. Y의 유일한 기능은 사람들로 하여금 기독교를 하나의 역사적 사실 또는 하나의 행동 원칙으로 받아들이게 하는 데 있다. 모든 Y 조직은 이 목적을 위하여 운영되어야 할 것이다. 기독교가 사람에게 호소하지 않는 한 결코 사람에게 매력적인 것이 못 될 것이다. 그리고 Y의 모든 목표는 사람들을 불러들여 그들에게 고상한 토론을 할 수 있는 기회를 마련해 주는 데 있다. 그러므로 서울 YMCA 회관에 들어오는 모든 한국 사람은 무엇보다 먼저 이 사실을 알게 해야 할 것이다. 어떤 방법으로라도 기독교를 받아들일 수 있게끔 호소해야 할 것이다.

그 모임에서 신중히 논의된 또 다른 문제가 있다. YMCA가 일반적인 정치 단체가 되어서는 안 된다는 것을 확실히 하자는 문제였다. 진정한 의미의 개혁은 안에서부터 나오는 것이지, 밖으로부터 들어오는 것은 아니다. 개혁이 필요하다는 여론이 성숙해지면 개혁은 마치 태양이 자연스럽게 솟아오르듯 소리없이 이루어지는 법이다. 이것은 즉 교육 문제다. 그러므로 한국의 애국자는 개혁자라기보다 먼저 계몽자라야 한다. 이것이 서울의 입장이며, 서울에 있는 YMCA의 목적은 교육과 계몽과 설교에 두어야 한다.[26]

이상과 같이 헐버트는 서울 YMCA의 창립 목적을 교육과 계몽과 선교, 세 가지에 두었다. 나라의 운명과 현실 문제를 외면하기 쉬운 기성 교회 및 선교사들에 대하여, 청년들과 민중에게 교회 문을 개방해야 한다는 것을 강력히 주장하는 한편, Y는 그 통로 구실을 하고 인도자 구실을 하며, 나아가서는 국가적 요구이며 민족적 요구인 개혁과 독립을 위해 먼저 교육자·계몽자·선교사 구실을 해야 한다는 것이 그의 결론이다. 여기서도 우리는 창립 당시 Y의 이념을 찾아볼 수 있다.

---

26) *The Korea Review*, Vol.3, April 1903, pp.163-165.

7.

일본의 침략과
민족의 항거

1900년 5월, 소위 부청멸양(扶淸滅洋)이란 구호 아래 청인
(淸人)이 외국인에 대하여 폭동을 일으켰다. 다른 나라들은 군대
를 만주에 파송했다가 폭동을 진압시킨 뒤에는 점차 철병했지만,
러시아만은 동만(東滿)철도를 보호한다는 핑계로 사실상 만주를
점령하고 있었다. 그뿐만 아니라 러시아는 한반도에 야욕을 품
고, 1903년 4월에 어처구니없는 구실 아래 100명에 가까운 정
규군과 만주족의 혼성 부대로 하여금 한만 국경의 요지인 용암
포(龍岩浦)를 덮치게 했다. 그리고 거기에다 병영을 차리고 토지
를 매수하고 전선을 부설하는 등 영구 시설을 착수하게 되니, 당
시 러시아의 실권자이며 정치·경제계 협잡꾼으로 이름난 베조
프라조프라는 자는 때마침 러시아 공사관에 감금되어 있던 고종
임금을 협박하여 압록강 상류의 목재 채벌권을 얻게 되었다.

이 소식이 일본 조야에 알려지자 일본은 그해 6월 긴급
국무회의를 열고 결국 러시아와의 전쟁을 결심했다. 1904년 2월
8일, 일본 해군이 인천 앞바다에서 먼저 포문을 엶으로써 러일
전쟁이 터졌다. 마침내 러시아 함대 두 척이 포화에 맞아 침몰되

고 9일부터는 일본 군대가 우리 국토에 무단 상륙하여 경인 지대를 짓밟고 수도 서울을 휩쓸게 되었으니, 이 어찌 5백 년 왕조의 주권이 땅에 떨어지는 순간이 아니겠는가? 우선 일본은 우리 정부를 위협하여 1904년 2월 22일 한일의정서(韓日議定書)에 도장을 찍게 했다. 그리하여 일본은 군대 주둔권, 외교 통제권, 재정 감독권, 통신 교통 기관의 시설권, 척식 사업과 식민권 등을 얻게 되었다. 그리고 1905년 5월 일본이 러시아 해군을 완전 격파한 뒤에는 그해 11월 9일 침략의 원흉 이토 히로부미란 자가 한국에 와서, 치욕의 을사늑약을 체결하기에 이르렀다.

이때 영·미 양국의 태도는 어떠했던가? 일찍이 영국은 러시아 세력을 막기 위하여 1902년 1월 영일 동맹을 맺고 일본을 적극 도와주고 있었다. 일본이 러일전쟁에서 승리한 이면에는 영국의 배후 원조가 컸음은 부인할 수 없다. 한편 미국 정부는 러일전쟁이 터지자 그 두 나라에 청국의 주권과 중립을 주장했다. 그러나 한국의 주권과 중립에 대해서는 일언반구도 하지 않았다. 도리어 미국 대통령 테오도르 루스벨트는 "우리는 아무리 해도 한국을 위하여 일본의 이익에 저촉되는 간섭을 할 수 없다"[1]고 했으며, 20년 이상이나 한국에 살며 친한파 미국인으로 알려진 주한 미국공사 알렌을 소환하고 말았다. 알렌이 일본 정부의 침략 행위를 꼬집어 본국 정부에 고발했기 때문이다. 루스벨트가 일본과 비밀거래를 하는 데 알렌은 항상 말썽꾼이 되었기 때문이다.

미·일 비밀거래란 1905년 7월 27일 루스벨트 대통령의 개인 사절 태프트(Taft)와 일본 수상 가쓰라(桂太郞) 간에 체결된 소위 미·일 비밀협정으로, 미국은 러시아 세력을 막기 위해 일본을 도와주고 한국 침략에 대해서는 눈감아 줄 테니 일본은 필리핀 문제에 간섭 말라는 내용을 골자로 한 흥정이다.[2] 말하자면

---

1) 백낙준, 《한국개신교사》(연세대학교출판부, 1973), 282쪽.
2) 위의 책.

미국은 자기네 이권을 위해 한국을 희생시켜 을사늑약을 뒤에서 밀어 준 셈이다. 사태가 이렇게 되자 우리 애국지사들은 가만히 보고만 있을 수 없었다. 우리의 친구이며 한국 정부를 도와주던 친한파 외국인들도 가만히 있지 않았다. 우선 1905년 11월 18일 을사늑약이 체결될 때, 당시 참정대신이던 한규설(韓圭卨)이 이를 반대하다 파면되었다는 소문이 만천하에 알려지자 당시 황성신문사 사장 장지연(張志淵)은 '시일야방성대곡(是日也放聲大哭)'이란 사설에서 "……천만 뜻밖에 어데로부터 제출 하였는고……대황제 폐하의 강경하신 성지로 거절했음에도 불구하고…… 우리 2천만 동포가 노예가 되었으니 동포여 살았는가 살았는가, 통재라 통재라 ……" 하며 땅을 치고 통곡했던 것이다.

나라의 운명이 이렇게 되었을 때 황성기독교청년회 관계 지도자들은 무엇을 했던가? 차례로 몇 가지 예를 들면, 제일 먼저 민영환(閔泳煥)의 경우다. 그는 11월 4일 자결하기에 앞서 "영환(泳煥)은 사이불사(死而不死)라. 기필코 구천(九泉) 지하에서라도 제군을 원조할 것이니, 2천만 동포 형제여! 지기(志氣)를 굳게 하고 학문에 힘쓰며, 마음으로 단결하고 힘을 모아 자유 독립을 회복할 것이요, 추호도 실망하지 말라"고, 마치 산 사람이 후배들에게 타이르는 듯한 유서를 남겼다. "그는 YMCA에 대한 가장 강력한 지지자의 한 분이며 가장 다액 기부자의 한 분이었다."[3] 그리고 그는 "한국의 유일한 희망은 기독교에 있다. 다른 나라들도 기독교의 진리를 통해서만 부강한 나라가 되었다"[4]고 말한 사람이다.

다음은 하와이 동포들의 경우다. 당시 하와이에는 약 8천 명의 우리 동포가 살고 있었다는데,[5] 그들은 미·일 간의 비밀 거

3) L. H. Underwood, Min Young Whan, *The Korea Review*, Vol. 6, January 1906, p.9.
4) 위의 책.
5) 하와이 이민에 대한 기사로는 〈호암(湖岩) 문일평 선생 유고〉, 《한말오십년사》(조광사, 단기

래가 있는 것도 모르고 순진하게만 살았다. 이들이 1905년 6월 12일 교민 대회를 열고 미국 대통령에게 진정서를 냈다. 내용을 요약하면 대음과 같다.

> 대통령 각하, 아래 서명 날인자들은 1905년 6월 12일 하와이에 거주하는 8천 명의 한국인들로서 시민대회를 열고 호소하는 바입니다. ……러일전쟁이 터지자 우리 정부는 곧 한일의정서를 체결했습니다. 이 조약의 목적은 한일 두 나라의 독립을 보존하고 나아가 극동아시아를 침략에서 방어하자는 것이었습니다.…… 그러나 유감스럽게도 일본은 러시아처럼 침략자가 되었습니다. ……우리는 귀 국민이 공명정대하고 정의를 사랑하는 국민이라 믿습니다. ……우리는 한미수호조약의 정신에 따라 귀국의 원조를 요청할 권리가 있습니다……[6]

이 진정서는 윤병구(尹炳球)·이승만 두 사람 명의로 발송된 것인데,[7] 윤병구는 그 뒤 목사가 되었으며 이승만은 하와이의 누아누(Nuanu) YMCA를 창설한 Y맨이다.[8]

다음은 외국 친구들의 항거인데, 이미 말한 바 있는 주한 미국 공사 알렌의 경우다. 그는 일본의 야망과 침략상을 본국 정부에 고발하다가 1905년 3월에 소환되어 갔다. 더 말할 것도 없이 그를 미워하는 일본 정부의 고자질이 발효되어 그처럼 아무런 절차도 없이 소환되고 만 것이다. "이때 불쾌하게 생각한 것은 소환된 알렌 공사 한 사람만이 아니다. 재경(在京) 미국인 전체

4278)가 있는데, 이 책 228쪽에 보면 "한국 정부에서는…… 수민원(綏民院)이란 관(官)을 두어 민영환을 총재로…… 1902년부터 5년까지 이민 간 사람이 4,600명에 달했다"고 했고, The Korea Review에 보면 "1903년 1월부터 1905년 12월까지 7,394명이 신청하여 …… 현재 약 5,700명의 한국인이 섬에 살고 있다"고 했다.

6) F. A. McKenzie, 앞의 책, pp.311-312, Petition from the Korean of Hawaii to President Roosevelt.

7) 위의 책.

8) Geo. Heber Jones, The Koreans in Hawaii(The Korea Review, Vol. 6, November 1906, p. 401)라는 하와이 방문기에 보면 당시 하와이 동포 3분의 1 이상이 기독교 신자들이었다(p.405).

는 알렌같이 20여 년 동안이나 수고한 원숙한 외교관을 그처럼 소환한다 하여 미국인 시민대회를 열고 소환 반대안을 결의하여 워싱턴 정부에 제출하게 되었던 것이다"9, "1903년 한국에 거주하는 미국인이 250명가량이었는데, 그 절반이 선교 단체에 관계된 사람들이었다. 실제로 선교 사업의 거의 전부가 미국인에 의하여 운영되고 있고 모두가 굉장한 성공을 거두고 있었다는 사실은 미국인 간에 대한(對韓) 동정심을 조장시켜 주었다"10는 기사로 보아도 당시 재경 미국인들이 얼마나 격분했는지 짐작할 수 있다.

그중에도 제일 격분한 사람은 헐버트였다. 그는 YMCA 전 회장이며 창립총회 때 사회를 맡은 Y 창립의 공로자다. 그는 누구보다도 고종 황제의 뒷받침을 받아 몇 차례 황제의 밀사로 활약한 우리 민족의 은인이다. 당시 실정을 그가 쓴 기사를 통해 살펴보자.

1905년 초가을부터 황제는 일본인들에게 강요당했으나 이를 완강히 거절했다. 일본인들이 각 부처에다 강제로 자기네 고문을 배치하는 것쯤은 참을 수 있었다. 그러나 나라를 송두리째 일본에 넘겨준다는 것은 참을 수 없어 이를 단호히 거절한 것이다. 황제는 일본이 장차 그 야욕을 강행하리라는 것을 잘 알고 있었다. 동시에 황제는 자기 혼자만 든든히 서서 거절한다면 그네들이 성공하지 못할 것이며, 비록 그네들의 야욕이 성공된다손 치더라도 반드시 전 세계의 분개를 도발시키고 말리라는 것을 알고 있었다.

그는 일본 측이 최후 폭력을 쓰기 전에 먼저 손을 써서 워싱턴에 항의문을 전달하기로 결심했다. 1882년 체결된 한미수호조약 제1조에 명시된 대로, 쌍방 중 어느 일방이 제3국에 침략당했을 때는 다른 일방은 이에 간섭하여 우호적으로 이를 해결해 주어야만 했다. 그런데 이

---

9) 호암 문일평, 앞의 책, 223쪽.
10) 위의 책, 또한 백낙준, 앞의 책, 281-282쪽.

항의서를 한국 외교관을 통해 워싱턴에 전달할 수는 없었다. 당시 외교권은 일본인의 "소매 속에서" 철통같이 통제되어 있었기 때문이다. 밀서를 미국 대통령에게 전달할 수 있는 유일한 방법은 개인적이며 비밀적인 통신뿐이다. 이것만이 한국에 대한 일본의 만행을 저지하며, 미국 대통령이 이 사건을 조사한 다음 한국을 도와주게 할 수 있는 유일한 방법이었다.

드디어 그 밀서는 필자(H. B. Hulbert)의 손에 의하여 10월에 한국에서 발송되었다. 그러나 일본인은 무엇이 진행되고 있는지 눈치채고 있었다. 요코하마에서 출항한 기선에는 일본인 정탐꾼이 타고 있었고, 그는 그 밀서가 워싱턴에 언제 도착할지 정확한 정보를 알고 있었으며, 바로 그 순간부터 그들은 한국 수도에서 해야 할 자기네 비밀공작을 서둘렀던 것이다.

이토(伊藤)가 최후 훈령을 받아 서울에 파송되었다. 한국은 그를 통해, 국가의 생존권을 스스로 포기하도록 강요당했다. 일본인 괴수들과 한국 정부 수뇌들은 여러 차례 회담을 했으나 아무런 진전을 보지 못했다. ……황제와 모든 대신은 완강한 태도로 이를 거절했기 때문이다. ……황제는 회의 도중 신변의 위험을 느끼고 잠시 옆방으로 피신했다. 대신 중 가장 완강하게 반대한 사람은 한규설 참정대신이다. ……그도 황제가 계신 방으로 가려 했으나 일본인 무장 군인에게 걸려 다른 방으로 끌려갔다. ……이토는 참정대신이 공석인 회의 장소, 즉 다른 대신들 앞에 돌아왔다. ……드디어 외무대신이 조약 문서에 도장을 찍고 봉인했다. 어떻게 이런 일이 성립되었는지 의문이다.

어떤 사람은 말하기를, 일본 사람들이 도장을 훔쳐다가 찍었다고 한다. ……이 일이 있자 일본 관리는 워싱턴에서 공포하기를, 한국이 자발적으로 자기 국토 보호 문제를 일본에 넘겨주었다고 했다. 그리고 미국 정부는 일본인의 공포에 대한 사실 여부를 한국 정부에 알아보지도 않고 일본인의 주장이 정당하다고 인증하고, 서울 주재 미국 공사관을 철수시키는 동시에 워싱턴 주재 한국 공사관에 대하여, 앞으로는 한국과의 외교 관계는 도쿄를 통해 수행할 것이라는 통고를 했다. 황제의 밀서는 미국 정부의 공포가 있은 뒤에야 도착했다. 그러나 비록 이 밀서가 그 전에 대통령에게 전달됐다 하더라도, 이 흉계가 다 끝나기 전에는 접수되지 않았을 것이며, 그때는 벌써 늦었을 것이다. 후대에 가서 역사가들이 과거를 돌이켜볼 때 한국 민족의 생명 문제에 대한 미국 정부의 이 같은 치욕적이며 경솔한 행동을 어떻게 보겠는가! 공정한 눈으로 관찰할 때, 그들은 미국인의 역사에 찬사를 던지는 따위의 말은 절대로 할 수 없을 것이다.[11]

그는 이렇게 비통한 소리를 외쳤다. 계속하여 다음과 같이 비장한 글을 썼다.

민영환 씨, 즉 내가 아는 동양인 중 가장 식견이 높고 공명정대한 인물인 그는 조국 독립을 지키기 위하여 끝까지 싸우다 실패로 돌아가자 자결하고 말았던 것이다. 그의 기념비와 그의 뒤를 따라 순국한 다른 애국자들의 기념비는 한국 국민들 앞에 확실한 증거로 남아 있게 될 것이며, 아무리 눈이 어두워지고 중상모략만 일삼는 사람들이라 하더라도 dulcit pro patria mori 곧 "주검은 애국자의 영광"이다.[12]

---

11) H. B. Hulbert, *The Passing of Korea*, pp.220-224. 그리고 그는 황제의 밀사가 되어 1905년 10월에 한국을 떠났다가 8개월 후인 1906년 6월 초에 돌아왔다. *The Korea Review*, Vol. 6. June 1906, p.238.
12) 위의 책.

8.

독립협회 운동의
계승자

      1898년 12월 25일을 기하여 독립협회가 해산되기 이전
과 이후, 그 지도자들은 몇 차례에 걸쳐 무더기로 체포되어 감옥
살이를 했다. 1898년 11월 5일 새벽에 이상재·정교·남궁억·홍
정후 등 17명의 지도자들이 체포되었다가 석방되었으며, 1899
년 1월에는 청년 투사 이승만이 체포되었고, 1901년 11월 23일
에는 신흥우 등 외국어학교 학생들이 체포되었고, 1902년 6월
에는 다시 이상재·김정식·유성준·이승인 등 지도자들이 체포
되었다. 이보다 먼저 서재필은 1898년 5월 13일 미국으로 추방
당하였고, 윤치호는 간신히 체포를 모면한 대신 지방으로 좌천
당하여 덕원·원산·목포·천안 등지를 전전하며 살아야 했으니,
이 얼마나 통탄스러운 일이던가?
      이와 같이 짧은 기간이나마 민족의 불꽃을 보여 준 독립
협회의 지도자들이 섬멸당하다시피 하니 제국주의 강대국들은
주인 없는 집과 같은 국토에서 판을 치게 되었고, 그중 러시아와
일본은 한국을 놓고 쟁탈전을 벌이게 된 것이다. 정말 그때는 20
세기가 동터 오는 시대였건만 이 땅은 반대로 먹구름에 덮여 암

혹천지가 되어 있었다. 그러나 러일전쟁이 끝나면서 햇빛이 나타나는가 싶었다. 1904년 3월 9일부터 민영환이 학부대신으로, 윤치호가 외부대신 서리로 등용된 것이다.[1] "이는 대단히 상서로운 징조였다. 확실히 좋은 변화가 일어나고 있었다. 민영환·김가진(金嘉鎭)·이도재(李道宰)·윤웅렬(尹雄烈)·심상훈(沈相薰), 기타 몇몇 중진들이 정계에 등장하면서 정치계와 일반 사회는 전면적인 변화의 징조를 보여 주었다."[2]

더욱이 반가운 것은 오랫동안 감옥에 갇혀 있던 독립협회 지도자들이 석방되어 나온 사실이다. 3년 동안이나 갇혀 있던 이상재·홍재기·김정식·이원긍·유성준·안국선 등이 1904년 3월 12일 석방되어 나오고,[3] 8월 7일에는 6년 이상 갇혀 있던 이승만이 120명의 죄수와 함께 석방되고,[4] 1904년 늦은 봄에는 신흥우 등 학생들이 석방되어 나왔다.

이 기쁨은 단순한 정치범의 대거 석방이라는 데 있는 것이 아니라 러시아 세력만 믿고 날뛰던 정상배들의 세력이 이 땅에서 완전히 밀려나간 데 있었다. 그리고 독립협회 지도자들을 비롯한 정치 지도자들이 기독교 신자가 되어 석방되어 나왔다는 데 의의가 컸다. 이것은 역사가 이능화가 말하는 '시위관신사회신교지시(是爲官紳社會信敎之始)'였다.[5] 이때까지는 하류 계급 무식층만이 기독교를 받아들였는데, 독립협회 지도자들이 기독교 신자가 됨으로써 비로소 상류 계급에도 기독교가 들어가게 되었다는 말이다.

그리고 그들은 게일 목사가 목회하는 연동교회에 무더기로 입교하였다. 이에 대하여 러트(Richard Rutt)[6]라는 성공회 신

---

1) *The Korea Review*, Vol. 4, Feb. 1904, p.126.
2) 위의 책.
3) 위의 책, April 1904, p.173.
4) 위의 책, August 1904, p.364.
5) 이능화,《조선기독교급(及)외교사》(조선기독교창문사, 1928), 204쪽.
6) 러트는 영국 태생으로 1954년에 와서 성공회 신부직에 있었다. 한국사·한국문학 등의 연구서를 냈으며, 게일의 전기를 저술하기도 했다.

부는 다음과 같이 말했다.

"연못골교회(연동교회蓮洞敎會)는 새로 기독교에 입교한 12명의 독립협회 회원들의 집합처가 되었다. 그들은 일찍이 과격한 정치 운동을 하다가 유죄 판결을 받고 징역살이를 하던 사람들이다. 그들 대부분은 게일·벙커(D. A. Bunker) 등의 전도를 받아 옥중에서 기독교 신자가 됐다. 게일은 특히 이원긍(李源兢), 즉 학자이며 황제의 총애를 받고 있던 유명한 사학가 이능화의 부친을 좋아했으며, 일찍이 경무관 벼슬을 지낸 바 있는 김정식(金貞植), 초대 우정국장이며 한국 초창기 신교육과 독립협회 창설에 주동 역할을 한 이상재에게 큰 관심을 가졌다. 또한 게일은 이승만을 주목했다. …… 이 개화파 지도자들은 상류 지식인들로 기독교 신자가 된, 한국 역사상 최초의 주요 인물들이다. 그들 중 몇 사람은 다년간 연못골교회에 교적을 두고 있었다. 그런데 게일이 그들에게 매력을 느끼며 확신을 갖게 된 점은 그들의 교육 사상과 종교 사상이었다. 게일과 다른 동료 선교사들이 가르치는 프로테스탄트 기독교 사회 운동은 이 지도자들이 원하는 개화 및 교육 사상과 완전히 일치되어 있었다. 그리고 근대적인 과학적·사회적 사상에 대한 한국인의 자각은 이미 성숙기를 지난 감이 없지 않았다."[7]

연동교회에 입교한 이들 독립협회 지도자들은 황성기독교청년회에도 단체로 가입했다. 게일이 연못골교회 담임목사인 동시에 황성기독교청년회 창설자였다는 이유도 있겠지만, 그보다 그들은 YMCA를 거점으로 무엇인가 운동을 재개하고 싶었기 때문이다. 본래 선교사들은 교회와 달리 상류 계급 지식층을 포섭하기 위해 YMCA를 창설한 것도 사실이지만, 독립협회 관계자들이 볼 때 거기 관계된 외국인이 전부 독립협회와 밀접한 관계가 있던 정동구락부 회원이기 때문에 무조건 친밀감을 느낄

---

7) Richard Rutt, *A Biography of James Scarth Gale and A New Edition of History of the Korean People*, pp.33-34.

수밖에 없었다.

정동구락부란 처음에는 일종의 사교단체였다. 1894년 조선 정부의 고관 민영환·윤치호·이상재·이완용 등과 미국 공사 실(H. B. Sill, 施逸), 프랑스 공사 플랑시(C. V. Plancy)를 비롯하여 다이(M. Dye, 多爾)·르장드르(C. Legendre, 李仙得)·언더우드·아펜젤러 등이 주요 회원이었다.[8] 이 구락부는 처음에는 일찍이 서양에 다녀온 한국인과 한국을 동정하는 외국인끼리의 친목 단체로 시작되었으나, 명성황후가 일본인에게 시해당한 순간부터는 노골적으로 반일적인 성격을 띠게 되었다. 고종의 신임이 두터웠던 알렌은 "고종의 신변을 보호하기 위하여 권총을 휴대하고 항상 측근에서 호위하고 있었기 때문에 이들 구미인들의 친한(親韓) 분위기와 함께 바로 정동구락부 결성의 동기가 되었으며,"[9] 1896년 서재필과 윤치호가 귀국하여 이 구락부에 가담하면서 경성 외교계의 주요 기관이 되어 궁중과 기맥(氣脈)을 통하여 모종의 획책을 꾀하였는데, 그중에서도 가장 큰 문제는 명성황후의 뜻을 받들어 조선을 중립국으로 만들고자 한 것이었으며, 정동구락부는 이 중립안에 대하여 피차의 토의를 거듭한 단체였다.

어쨌든 이 구락부는 친한파 외국인의 모임이어서 "당시 일본의 침략을 막기 위하여…… 고종과 명성황후는 비밀리에 신하들을 이 사교장에 보내 친분을 맺게 하고 또 시종(侍從)들을 보내 호의를 베풀기도 한"[10] 뜻깊은 기관이었다. 서재필은 귀국하자 이 구락부를 거점으로 독립협회를 창설했는데, 독립협회 지도자들이 오랫동안 감옥에 있다가 석방되어 보니, 옛날 정동구락부에 있던 외국인 친구들이 전부 황성기독교청년회에 집결되어 있어 놀라지 않을 수 없었다. 그때는 더욱이 일본 세력이 강

---

8) 〈호암 문일평 유고(遺稿)〉, 《한말오십년사》(조광사, 단기 4278), 198쪽.
9) 최영희(崔永禧), 《근대화의 횃불, 한국현대사》(신구문화사, 1969), 185쪽.
10) 이홍식(李弘植) 편, 《국사대사전》(지문각, 1963), 1344쪽.

화되어 판도가 달라져 있었다. 국내에서 노골적으로 정치운동을 한다는 것은 어려울 뿐만 아니라, 양심적이고 유력한 외국인들의 도움 없이는 나라의 독립을 유지하기 어려웠던 것이다.

이런 동기로 감옥에서 석방되어 나온 독립협회 지도자들은 한 사람도 빠짐없이 YMCA에 집단적으로 들어오게 되었다. 그리고 지방에 좌천되어 있던 관계로 창립 당시에는 가담하지 못했던 윤치호와 미국에서 돌아온 김규식[11]이 합세했다. 이로써 황성기독교청년회는 명실 그대로 한국 사람의 기관이 되기 시작했다. 그리하여 한국 YMCA는 선교사들의 당초 기대 이상으로 최고 민족 지도자들이 가담한 강팀이 되었다.

이에 대하여 당시 총무이던 질레트는 "황성기독교청년회에서 주동 역할을 하는 한국인들의 세력과 지위와 능력에 대한 보고"라고 전제한 다음, 아래와 같은 보고서를 썼다.

"청년회의 가장 유력한 동지들 중에는 외무대신 서리가 된 윤치호(미국 대학 시절 브로크만과 동기동창), 학무대신 민영환, 한성부 경무관을 지낸 바 있는 김정식, 미국 공사관 통역관 여병현과 그 밖의 인물들이 있다. 이들은 한국에서 가장 유력한 기독교 신자다. 그들은 가장 양심적인 애국자이며, 청년회에 대한 그들의 성의와 관심은 장차 우리 청년회가 크게 발전하고 그 사업이 크게 일어나게 할 것이 틀림없다."[12]

질레트의 이 보고에서 이상재·이원긍·유성준 등 다른 동지들의 명단을 찾아볼 수 없는데, 이는 다만 생략한 것뿐, 확실히 가담되어 있다는 사실을 다른 기사에서 찾아 볼 수 있다. 즉 이상재와 그 밖의 다른 동지들이 다 한꺼번에 가담한 것은 틀림없다.[13]

---

11) 이정식(李庭植)은 '우사(尤史) 김규식'이란 이름의 김규식 전기(1970, 초고)에서 1967년 5월 24일 서내호(徐內浩)와의 면담으로 김규식은 1904년에 귀국했다고 말했다.

12) P. L. Gillett's Report to the International Committee for Year Ending September 30, 1904.

13) L. H. Underwood, *Underwood of Korea*, p.249에 다음과 같은 기사가 있다. "He(이상재) …… at one time excused himself from the cabinet to attend an important Committee meeting of the Association. He became, later, Religions Work Director of the YMCA……."

　　이러한 일련의 사실로 미루어보아 황성기독교청년회 운동은 독립협회 운동의 계승자 및 그 후신이라 해도 과언이 아니다. 이는 너무나 분명한 사실이다. 다만 서재필이 미국으로 다시 망명을 갔기 때문에, 문일평의 이른바 "독립협회 3거두" 중 창시자인 서재필만 없고, 그의 계승자인 윤치호와 그 확충자인 이상재 등이 가담하여 한국 YMCA 지도자가 되었을 뿐 아니라, 남궁억(南宮檍)·현흥택(玄興澤)·이채연 등도 가담했으며, 그 밖의 사람들은 그 자제들과 함께 뒤이어 가담했던 것이다. 개화파 또는 실학파 계몽의 거물 박정양·김가진·박영효·유길준 등은 간접적으로 또는 그 자제들이 가담했다.

9.

회관 마련과
사업 착수

창립총회를 치른 뒤 이사회가 무엇보다 먼저 해야 할 일
은 회관을 마련하는 일이었다. 질레트 총무는 총회 직후 24일
간 상하이에 가서 결혼식을 치르느라 서울에 없었다.[1] 그러나
이사회는 헐버트를 책임자로 하여 켄뮤어(A. Kenmure)와 고든
(Gordon) 등으로 특별위원회를 조직하고 회관을 마련하려 했다.[2]
드디어 그들은 "1903년 11월 11일 인사동(현 중앙예배당 자리)에
임시 회소(會所)를 정하게 되었다."[3] 이 장소는 본래 헌종(憲宗)의
후궁 김씨가 살던 태화궁(太華宮)이라는 고궁이다.[4]

건축 전문가인 고든은 이 집을 수리하고 고쳐 주었다. 우
선 중앙에 응접실을 두고 조그만 체육실 겸용의 공작실 하나, 도

---

1) P. L. Gillett's Report to the International Committee for Year Ending September 30. 1904.

2) P. L. Gilliett, 앞의 자료, June 2. 1904.

3) 〈청년〉 1928년 11월호, "조선 유일의 청년운동을 소개하면서", 중앙기독교청년회 창립 25주년
기념.

4) 이 고궁에는 잠시 이완용이 살기도 했지만, 그 사랑채가 비어 있는 것을 고종의 호의로 YMCA가
쓰게 됐다. 민충식(閔忠植)과 1971년 8월 5일 면담. 그리고 이 집의 본궁은 1920년 남감리교 선교
사가 매입하여 현재의 태화여자기독교 사회관을 건립하였다. ……양주삼(梁柱三) 편, 《조선남감리
교회 30년 기념보(記念報)》, 118-120쪽.

서실 하나, 사무실 하나, 기도실 겸용의 교실 하나, 친교도 할 수 있고 게임도 할 수 있고 강연이나 전도도 할 수 있는, 100명가량의 인원을 수용할 수 있는 강당을 꾸몄다.[5] 계속하여 이사회는 위원회를 조직했다. 초대 체육위원장에는 성공회 신부 터너(A. B. Turner)가, 초대 교육위원장에는 켄뮤어가 임명되었다. 이 두 위원회는 각종 필요한 비품을 미국과 상하이에다 주문하기로 했다. 그러나 이 계획은 러일전쟁이 터지는 바람에 수포로 돌아가고, 국내에 있는 각 교파 선교사들과 각국 영사관에서 모았다.

이만하면 우선 사업을 시작할 수 있었다. 제일 먼저 각국 영사관에서 자기네 수위병들을 위한 사업을 청해 왔다. 그중에도 일본 군인들이 인천에 대거 상륙하면서 군인 봉사사업이 긴급히 요청되었다. 질레트 총무의 입장은 매우 난처해졌다. 그러나 이것도 하나의 사회적 요구인 만큼 우선 그 임무를 일본인 이사인 다카키(高木正義)에게 담당시켰다. 그리고 자기는 회관 안에서, 또 어떤 때는 다른 건물을 빌려 가지고 노래·접대·게임 등 사교 프로그램을 시작했다. 매주 일요일 저녁에는 6, 70명의 군인이 모였다. 그는 이 군인들을 상대로 기도회와 친교회와 음악회 등을 마련했다. 어떤 때는 선교사 부인들까지 동원되어 각국 군인 봉사사업에 협조하게 했다.

이와 같이 창립 직후의 사업이란 별로 뚜렷한 것은 없었다. 군인 봉사사업도 주로 일본 군인을 상대했으니 기형적인 사업이라 아니할 수 없다. 그러나 아무리 침략국 군인이라 하더라도 YMCA가 국제기구라는 입장에서 볼 때, 더욱이 외국인이 대부분이던 당시 YMCA 이사로서는 불가피한 현상이라 아니할 수 없었다. 어쨌든 전쟁도 끝나고 질레트 간사가 장티푸스에 걸려 두 달 동안이나 병석에 있었기 때문에[6] 그 최초의 사업은 흐지부

5) P.L.Gillett's Letter to the Friends in USA, June 2. 1904.
6) P.L.Gillett's Report to the International Committee for Year Ending September 30. 1904.

지되고 말았다. 그러나 이사들은 기초 작업을 열심히 했다. 그중에서도 재정위원장 브라운(J. Mcleavy Brown, 柏正安)의 활동은 놀라운 것이었다.

브라운은 영국인으로, 일찍이 한국 정부의 재정고문으로 와서 "황실과 정부의 불요불급한 경비를 절약하며 수지의 균형을 잡도록 노력하고, 나아가 일제에 대한 국채 상환에도 남다른 수완을 보여, 기한 전에 완불할 수 있어 일반 국민의 찬양을 받게 된 반면,"[7] 러시아의 책동으로 고문 자리에서 축출당한 인물이다. 이런 인물이 YMCA 이사 겸 재정위원장이 되어 활약했다. 우선 그는 자기 돈 8천 원을 선불하여 새 대지를 사들이는 데 성공했다.[8] 이 대지에는 민가 열 채가 있어서, 집 주인들과 흥정하느라 두 달 동안이나 애를 먹었다.[9] 결국 거간꾼들에게 돈을 얼마 떼어먹히기까지 하다가 1904년 3월 30일부터 시작하여[10] 5월 말경에 가서 이 집터를 사는 데 성공했다. 이것이 오늘날 서울기독교청년회 회관이 서 있는 종로 2가 9번지의 대지이다.[11]

한편 이사회는 실무 진용을 짜는 데 힘써, 1904년 후반기에 이르러 한국인 간사들을 임명했다. 감옥에서 나온 독립협회 지도자의 한 사람인 김정식(金貞植)을 수석간사로 하여, 배재학당 출신인 최재학(崔在鶴)을 서무간사 겸 통역으로, 김규식(金奎植)[12]·육정수[13]·이교승(李敎承)[14] 등을 교육부 간사로, 김종상(金

7) 이선근(李瑄根), 《민족의 섬광》 하 (민중서관, 1968), 276쪽.
8) P. L. Gillett's Letter to the Friends in USA, June 2, 1904.
9) 위의 자료.
10) "조선 유일의 청년운동을 소개하면서"(중앙기독교청년회 창립 25주년 기념), 〈靑年〉 1928년 11월호, 39쪽.
11) 현재 이 대지는 978평인데, 이때 사들인 대지는 일부다. 이 대지에는 본래 쌀·잡곡 등을 파는 싸전들이 있어 상미(上米) 거리라 했으며, 본래 소유권 문서에는 '한성부중서(漢城府中署(部)) 견평방(堅平坊) 수전동(守典洞)'이라 했고, '광무(光武) 10년(1906) 6월 29일 부동산소유권등기문서'라 했다.
12) 김규식(1881~1952)은 언더우드 목사의 주선으로 1896년 미국 버지니아 주 세일럼(Salem)에 있는 로노크(Roanoke) 대학에서 공부하고 1904년 귀국했다. 이정식, 〈우사 김규식〉(초고) 참조.
13) 육정수(1885~1949), 배재학당 졸업. 재학시 학생 YMCA 창설자의 한 사람.
14) 이교승은 수학에 능한 수재형 교육자이며, 게일의 한문 선생이기도 했다.

鍾商)[15]은 운동부 간사로 각각 임명했다. 그리고 1905년 11월에는 미국인 브로크만[16]이 협동간사로 추가되었다. 그리하여 한국 YMCA 실무진은 쟁쟁한 한국인으로 강팀을 이루게 되었다. 한국인 수석간사는 김정식, 외국인 수석간사는 질레트, 그 뒤 질레트는 미국인 총무라 하고 김정식은 한인 총무라 하고, 또 질레트는 총무, 김정식은 부총무라고 했지만 어쨌든 독립협회 지도자의 한 사람을 총무로 받아들였다는 데 의의가 있다. 이에 대하여 게일은 다음과 같이 썼다.

> YMCA회관이 일반 시민에게 공개되었다. YMCA는 이제 시민 소유가 되었다. 그 회관은 상가와 관가 중심부에 자리잡고 있고 대지는 훌륭한 것이었기에 누구나 쉽게 찾아올 수 있다. 무엇보다 흐뭇한 일은 많은 사람이 이리로 찾아온다는 사실이다. 1년 동안 내처 더 큰 회관의 필요성을 느끼게 된다.
>
> 나는 이제 YMCA를 통하여 다년간의 소원이던 청년들을 만나게 되었다. 천민들의 자식, 상인들의 자식, 선비 또는 양반들의 자식이 한자리에 앉게 되었으며, 밤마다 더 많은 사람들이 찾아오고 있다. 질레트 씨가 별도로 각종 교육사업과 강연 등에 관한 보고를 했거니와, 무슨 사업을 하든지 처음 프로그램을 시작할 때는 반드시 기도하고 그리스도를 증거한다.
>
> 성경공부는 계동(桂洞)에 사는 양반 집에서 금요일마다 한다. 당시 한성판윤이던 김씨는 성경공부를 하는 데 자기 집 사랑채를 내어 준 것이다. 계동에서 찬송가 소리가 나기는 이것이 처음 일이며, 성경공부를 하기도 이것이 처음이다. ……어제는 민영환 공이 내게 "YMCA가 우리 청년들을 위해 힘쓴다는 것은 참말로 반가운 일이며 진실로 축하한다"며 새 회관의 필요성을 강조했다.
>
> 전 일본 특명대사 김가진 씨도 우리 사업에 큰 관심이 있다. 그의 아

---

15) 김종상(1885~1872), 관립 영어학교 졸업. 재학 시절부터 축구 · 야구 · 육상 선수였다.
16) Frank M. Brockman(巴樂萬, 1878~1927), 미국인 브로크만(Fletcher S. Brockman)의 친동생.

들은 가장 열성적인 회원의 한 사람이며, 그는 노인인데도 운동경기 등 모든 사업에 흥미를 느끼고 자주 찾아온다. 다시 말하면 지금 이 때야말로 한국이 천시(天時)를 만났다고 할 수 있다. YMCA는 이 도시 청년들의 유일한 집회 장소이자 실질적인 사교 장소로서 의의가 크다. 미신은 서구적인 세력에 밀려 무너져 가며, 국민 생활은 전면적으로 변화하고 있다. 청년들이 천시를 만나고 국민 생활이 변하고 있다는 것, 평생 나라를 위해 몸 바쳐 일하던 애국자들에 대해서는 다시없는 기쁨이요 힘이 아닐 수 없다. 신자들이 이처럼 많이 모여드는 것을 볼 때, 하느님이 이 나라를 버리시지 않으며, 도리어 큰일을 예비하사 YMCA를 통하여 그의 목적을 성취하려 한다는 사실을 우리는 확신하게 된다.[17]

게일의 이 편지는 1905년 6월에 쓴 것인 만큼 6월 15일에 열린 두 번째 총회[18] 즉 제2회 정기총회 직전이나 직후에 쓴 것이 분명하다. 이 제2회 정기총회 때는 2대 회장으로 게일, 부회장에 헐버트, 기사(記事) 즉 서기에 켄뮤어, 장재(掌財) 즉 회계에 다카키, 보재(保在)위원장 즉 재정 또는 재단위원장에 브라운 등이 당선되었다. 이때 비로소 이사회가 조직되었으니, 1903년 10월 28일 창립 이후 약 7개월간은 준비 기간으로, 총회 때 사회자였던 헐버트가 YMCA 대표자였다. 그동안에는 러일전쟁도 있었고, 헐버트가 황제의 밀사로 다사다난했던 일도 있었으며, 실무 간사 질레트는 결혼과 신병 등 개인 사정으로 한동안 실무를 보지 못하고 있었던 것이 사실이다.

17) J. S. Gale's Letter to the International Committee, YMCA, New York, on June 1905.
18) P. L. Gillett's Report on May 3. 1905.

10.

미신화된
YMCA의 신흥 세력

1905년 겨울부터 1906년 6월에 이르는 약 9개월간은 한국 YMCA가 일반 사회에 크게 물의를 일으킨 시기였다. 이 사실에 대하여 1906년 5월 30일자 질레트 총무의 보고서를 중심으로 그때의 상황을 줄잡아보면 다음과 같다.

1) 회원 급증과 회관의 제한성

최대 200명밖에 수용할 수 없는 회관임에도 회원이 700명으로 갑자기 늘었다.[1] 그중에는 정부 고관들이 50명 이상이나 있었기 때문에 많은 청년이 이리로 모여들게 되었다.[2]

2) 강팀으로 조직된 교육부 위원회

처음에는 켄뮤어라는 외국인 이사를 위원장으로 하여 조직되었던 교육부 위원회는 이상재를 위원장으로 하여 구성원을 대폭 한국인으로 개편하였다. 이상재는 1905년 을사늑약 직후

---

1) P. L. Gillett's Report on May 30. 1906.
2) 위의 자료.

의정부(議政府) 참찬(參贊)에 취임했다. 본래 그는 고종의 하명을 듣자 "신은 비록 일만 번 주륙(誅戮)을 당할지언정 이러한 매국하는 도적들과는 한 조정에 설 수 없사온즉, 폐하께서는 만일 신이 그르다고 생각하시거든 신의 목을 베사 모든 도적에게 사례하시고, 만일 신의 말이 옳다고 여기시거든 모든 도적의 목을 베사 모든 국민에게 사례하소서"[3] 하는 강력하고 담대한 상소문을 올리고 이를 완강하게 거절했으나, 고독한 임금님의 하명을 끝끝내 물리칠 수 없어 그 직위에 취임한 것이다. 그러나 그는 정부보다 YMCA에 더 큰 기대를 걸고, 자주 각의(閣議)에 결석하면서까지 YMCA 사업에 더 열성을 냈다.[4] 그리고 "내부(內部) 요직에 있던 유성준(兪星濬)과 최근 관찰사로 등용된 이원긍도 교육부 위원이었다."[5]

3) 정부 고관들의 적극 지원

"전 외부대신(外部大臣) 서리로 있던 윤치호가 이사로 당선됐다."[6] 그는 월례회 때는 거의 언제나 사회를 보았으며, 한 달에 한 번씩은 정규적으로 강연을 했다. 그 밖에 많은 고위층 지도자들과 정부 고관들이 Y 사업을 지원해 주었다. 각국 공사와 고문관들도 협조했다.[7] 김정식은 관찰사의 하명을 거절하면서까지 Y 간사직에 충실했다.[8] "두 주일 전에는 문부대신이 그를 한성부 경무관으로 임명했지만, 현재의 YMCA 간사직이 더 중요할 뿐 아니라 보람 있는 직책이라며 이를 거절했던 것이다."[9]

---

3) 〈나라사랑〉 제9집, 1972, 23쪽.
4) P. L. Gillett, 앞의 자료.
5) 위의 자료.
6) 위의 자료. 그리고 김영희(金永羲), 《좌옹(佐翁) 윤치호 선생 약전(略傳)》(기독교감리화총리원, 1934), 216쪽에 보면 윤치호는 1905년 5월 31일 이사로 취임했다 했는데, 초대 이사였던 김필수(金弼秀)가 지방으로 가매 그 후임으로 보선된 것 같다.
7) 위의 자료.
8) 위의 자료.
9) 위의 자료.

4) YMCA의 명칭을 일반 사회단체가 남용

이와 같이 민족 최고 지도자들이 모여들어 열성을 내자 "지난 가을과 겨울 동안에는 서울과 다른 지방 도시의 20여 개 청년 단체가 '기독교청년회'란 명칭을 제멋대로 사용해 가지고 황성기독교청년회의 종교 사업과 교육 사업을 모방했다. 그러나 YMCA 당국은 그들을 감당하기 어려워 YMCA 명칭 사용을 거절했다."[10]

결국 YMCA 당국은 이런 혼란을 단독으로는 막아 낼 도리가 없어 내부 당국과 미국 공사관의 힘을 빌려 이를 금지시키려 애를 썼다.[11]

5) 귀족이 성경반을 인도

고종 임금의 누님의 아들이 예수를 믿고 YMCA의 성경반을 인도하는 일이 생겼다. 그는 대원군의 외손자 조남복(趙南復)이다.[12] 그는 YMCA 의사부(議事部) 위원으로도 오래 봉사한 열성적인 평신도인데, 한 주일에 두 번씩 YMCA 회관에 와서 성경반을 인도했다. "이 청년은 성경반을 조직하여 1905년 가을부터 이듬해 봄까지 회원들에게 성경을 가르쳤다."[13]

6) 민중의 미신화된 기독교

YMCA가 이처럼 사회적 물의를 일으키게 되니까 일반 민중은 기독교를 미신적으로 쳐다보게 되었다. 이런 현상은 YMCA 안에서뿐만 아니라 한국 기독교회 전체의 현상이었다. "을사늑약을 전후하여 거세어 지기 시작한 일제의 침략에, 한국 민은 한편으로는 의병 봉기와 같은 저항적인 면으로 돌아갔고,

---

10) 위의 자료.
11) 위의 자료.
12) 1971년 7월 8일 민충식과 면담. 조남복은 대원군의 사위 즉 고종의 매부의 아들이다. 그는 오랫동안 YMCA 의사부 위원으로 있었다. 《대한황성종로기독교청년회 약사》(1908), 1쪽.
13) 위의 책.

다른 한편으로는 감상적이고 절망적인 상태에 빠지기도 했다. 좌절감에 빠져 있는 사람에게 필요한 것은 안정감과 위안과 확신 등을 통한 새로운 삶에 대한 가능성이다. 그때 교회는 한국민의 이 같은 감정에 크게 호소했으며, 이들은 이 나라의 이러한 소망을 교회에서 찾으려 했다."[14] 그리하여 YMCA 이사이며 장로교 선교사이던 샵(Sharp)은 사경회 저녁예배에 참석했다가 소감을 피력하게 된 어떤 한국인 지방 감사의 "지금 우리는 기독교의 하느님을 믿는 길 외에는 다른 도리가 없는 처지에 있다"[15]라는 말을 인용하여 한국인의 심적 상태를 선교본부에 보고했다. 그리고 질레트의 말을 빌려 보면, 다음과 같은 것을 알 수 있다.

> 한국의 정국이 이와 같이 되니까, 애국지사들의 눈은 기독교에 쏠리지 않을 수 없었다. 일반 민중은 기독교야말로 유일한 희망이며 구원이라고 생각하게 되었다. 그네들은 기독교 국가가 세계에서 가장 강대한 나라이며 기독교만이 조국을 부강하게 만들 수 있다고 확신했다. 이것을 그네들은 거의 미신처럼 확신했다. 그뿐만 아니라 그네들은 기독교회가 이 나라에서 가장 강력하고 조직적이고 실속 있는 단체인 것을 알고 있었다. 물론 기독교 지도자들은 정치와 관계하는 것을 신중히 했지만, 사실상 기독교회는 오늘날 한국인의 생활에서 가장 힘 있고 영향력 있는 단체다. 그것은 기독교인들이야말로 진정한 의미의 애국자이기 때문이다.[16]

이와 같은 상태에서 황성기독교청년회는 1906년 6월 15일 제3회 정기총회를 맞이하게 되었다. 우선 "정기총회를 대비하여 5월 월례회에서 12명의 준비위원을 뽑았다. 준비위원장으로

---

14) 《한국사론》(서울대학교, 한국사학회 간) 제1집 수록, 이만열, 《한말 기독교인의 민족의 인식 형성 과정》(1973), 378-379쪽.
15) 위의 책, 379쪽. 저자 이만열은 *Sharp's Letter to the Board of Foreign Missions of the Presbyterian Church USA* (장수근, 《한국장로교회사》, 101쪽 수록)를 인용하였다.
16) Facts of Encouragement from the Report of P. L Gillett, Year Ending September 30. 1906.

는 당시 유명한 고관의 아들인 남씨[17]를 선출했다. 다른 위원들은 거의 다 유력한 회원이었다. 준비위원회가 모여 전례 없는 대집회를 마련하게 된 것이다. YMCA 당국은 그 많은 회원을 다 수용할 수 없기 때문에 뜰 안에 포장을 치고 강대를 가설했다. 그리고 교육부는 반별로 앉게 하고, 각 클럽은 클럽별로 앉게 하여 각기 반 기 또는 클럽 기를 각자 위치에 세우게 했다. 강대 위에는 회장 게일 박사가 좌정하고, 그 옆에는 총리대신 민영익, 문부대신, 외부대신, 서리 등이 차례로 앉았다. ……회장이 나서서 연설을 하고 ……민영익이 축사와 더불어 200원을 기부했다. ……회장과 귀빈들의 연설이 끝난 다음, 회원들의 사업 보고가 있었다. 영어반·토론반·금주반·성경반·운동반 등이 차례로 등단하여 열띤 보고를 했다. ……맨 나중에 김정식 한인 총무가 보고하기를, 여러 방면의 한국인들로부터 회관 건축 기금으로 약 1,500원이 수금되었다고 했다."[18]

이때 이사 명단을 보면, 회장은 게일, 부회장은 헐버트, 보재위원장은 브라운, 장재 즉 회계는 베크(裵額), 기사 즉 서기는 김규식이 당선되었다. 실무자로서 총무는 질레트, 부총무는 브로크만, 한인 총무는 김정식이었다.[19] 이미 말한 바와 같이 윤치호는 김필수 대신 1905년 5월 31일 이사로 당선되었고, 김규식이 새로 이사가 되었기 때문에 이때부터 한국인 이사가 3명으로 늘었다.[20] 수로 보아 한국 이사 세력이 아직 미미한 것처럼 보이기는 하나 실제로는 이때부터 한국인의 주동 역할이 활발해진 것이 사실이다. 즉 당시 이사회는 사사부(司事部)란 명칭을 사용했는데, 사사부 외에 의사부(議事部)라는 부서가 따로 있어서, 모

17) 조남복(趙南復)을 영어식 기명(記名)으로 남복 조(南復 趙)라 하다가 남씨로 잘못 쓴 것이 아닌가 추측된다.

18) Facts of Encouragement from the Report of P. L. Gillett, Year Ending September 30, 1906.

19) P. L. Gillett's Letter to Mr. Edwin V. Morgan, American Legation on October 30, 1905.

20) 김영희, 《좌옹 윤치호 선생 약전》(기독교조선감리회총리원, 1934), 219쪽.

든 여론과 사업 정책이 여기서 이루어지고 있었다.

　　　그런데 이 의사부 위원들이 전부 유력한 한국인만으로 구성되어 있었다는 사실이 중요하다. 불행하게도 1906년도 기록을 찾아볼 수 없기 때문에 그때의 명단은 알 수 없으나 1908년도 명단을 보면, 의사부 위원장에는 이사 중의 한 사람인 여병현이 되고, 위원으로는 전덕기·김명준(金明濬)·김규식·조남복·고찬익(高燦益)·민준호(閔濬鎬)·김원선(金瑗善)·이익채(李益采)등 8명이었다.[21] 이들 구성원을 보면 상하 계급별, 종교별, 연령·학식별로 고루 섞여 있는 것을 볼 수 있다. 이만큼 의사부는 민중과 사회를 대표할 수 있는 사람으로 구성되어, 이사회에 강력한 영향력을 행사하는 기구였다.

---

21) 《대한황성종로기독교청년회 약사》(1908), 1쪽.

제3부

회세 확장기 (1906~1909)

조직 증대와 사업 확장

———— 1906년 하반기부터 1909년 상반기에 이르는 3년 동안은 조선 왕국이 완전히 패망하기 직전이다. 반면 황성 YMCA는 창설된 지 불과 5, 6년밖에 안 되는 유년기였다. YMCA는 그럴수록 더 힘을 내어 대규모 회관을 짓고 사회에 큰 물의를 일으켰으니, 그 회관에 대하여 《매천야록(梅泉夜錄)》의 저자 황현(黃玹)은 "그 집은 높기가 산과 같고 종현(鐘峴)의 천주교당과 함께 남과 북에 우뚝 마주 서서 서울 장안 가운데 제일 큰 집이 되었다"라고 했으며, 회세(會勢)에 있어서는 평민과 천민 출신 애국지사들이 대거 가담함으로써 먼저 들어와 있던 독립협회 계통의 상류층 지도자들과 합세하여 민족 사상 최대의 연합 세력을 구축하기에 이르렀다.

한편 외세의 침략을 받아 패망 직전에 허덕이던 대한제국의 황실과 정부 당국은 황성기독교청년회에 일루의 희망을 걸고 직·간접으로 밀어주었으며, 침략자 일본은 무슨 방법으로든지 이 세력을 꺾을 목적으로 온갖 술책과 침략의 검은 손을 쓰게 되었다.

11.

회원 급증과
연합 세력 형성

1905년 가을부터 1906년 봄까지 약 반 년 동안에는 회
원이 부쩍 늘었다. 한 보고에 의하면 그때 회원이 800명을 돌파
했다[1] 했고, 다른 기록에 보면 900명이라[2]고 했는데, 이와 같이
회원 수가 엄청나게 늘었기 때문에 YMCA 당국은 이를 감당할
수 없어 1906년 가을부터는 회원을 엄선하는 정책을 쓰게 되었
다. 그 결과 1906년 9월에는 633명으로 감소했다가 또다시 증
가 추세를 보여 1907년 4월에는 935명이 되었다.[3]

그러면 어찌하여 이처럼 회원과 집회 수가 늘게 되었는
가? 그 원인에 대해서는 이미 말한 바 있지만, 또 다른 이유가 있
다. 평민 계급의 교회 세력이 강해졌기 때문이다. 한 예를 들면,
1904년 전덕기는 YMCA의 자극을 받아 상동교회 구내에 청년
학원(學院)을 설립했다. 이 학원은 처음부터 그리스도의 복음을
전하는 게 목적이었지만 실질적으로는 청년들에게 독립과 애국

---

1) P. L. Gillett's Report for Year Ending September 30. 1906.
2) 《대한황성종로기독교청년회 약사》.
3) P. L. Gillett's Report for Year Ending September 30. 1907.

정신을 고취하는 데 주목적을 두고 있었다.

전덕기는 자기 전도사 사택 사랑방에다 청년지사들의 집합처를 마련하고 그들과 밀의를 거듭했다. 최남선은 "내가 기독교 신앙을 배운 것은 이 전덕기 목사의 사랑방에서이며, 헤이그 밀사 사건도 결국 그의 사랑방에서 꾸며졌다"[4]라고 했는데, 거기에는 이준(李儁, 1858~1907, 함남) · 이갑(李甲, 평남) · 이동휘(李東輝, 1873~1928, 함남) · 이승훈(李昇薰, 1864~1930, 평북) · 김구(金九, 1873~1949, 황해도) 등 주로 관서 · 관북 지방에서 올라온 평민 출신 청년지사들이 모여들었다. 전덕기 자신부터가 숯장수 출신이다. 이러한 평민 또는 천민 출신 지도자들이 우글우글 모여들어 소위 상동파(尙洞派)라는 신흥 정치 세력을 형성하게 되었으니, 그때 청년학원에서는 성경이나 복음전도에 힘쓰는 한편 애국정신 고취와 군사훈련 등에 주력했다. 학생들에게 군복 같은 정복을 입히고 운동 시간에 체조를 가르친다는 구실로 군가를 부르면서 총대를 메게 하고 군사훈련을 맹렬히 시킨 것이다. 그때 부르던 군가를 하나 소개하면 다음과 같다.

무쇠 골격 돌근육 소년 남자야
애국의 정신을 분발하여라
다달았네(다다랐네) 다달았네 우리나라에
소년의 활동 시대 다달았네.
만인 대적 연습하여
후일 전공(戰功) 세우세.
절세 영웅 대사업이
우리 목적 아닌가.

---

4) 황성기독교청년회가 간판을 붙이자 지방의 20여 개 단체들이 기독교청년회란 명칭을 남용한 사실을 보았다. 1956년 2월 육당 최남선과의 면담.

102

YMCA 회원 증가 현황

종류 \ 연도	1906년 9월	10월	11월	12월	1907년 1월	2월	3월	4월	5월	6월	총계	평균
회원 총수	633	633	745	873	908	940	929	935	928			
연평균, 교육부 교실		17	19	21	21		21	16	15			
연평균 동, 학생		208	352	439	342		295	256	189			
토론회	2	4	4	5	4	4	4	4	3	3	37	
동, 참가자	160	173	501	188	160	120	446	436	328	685		319
강연회	3	8	8	6	10	8	9	17	7	7	83	
동, 참가자	265	282	546	135	694	374	421	512	310	364		390
축구경기			8	8	9	8	8	8	7		56	
동, 평균 참가자					30	33	31	41	48			
실내 운동		4	3	17					5	4	33	
친교회		1	1	2	1	2	2	2	2	1	14	
동, 평균 참가자		120	118	198	98	95		48	295	189		115
월간 사무 집회 참가자			120	155	98	93	185	67	40	192		119
원회 집회		5	4	3	2	5	3	3	3		28	
성경반 집회	1	4	6	9	7	15	14	13	16	4	89	
종교 집회	2	6	6	5	4	4	5	3	4	4	43	
동, 평균 참가자	82	95	132	90	75	178	515	117	201	129		161
주간 평균 회관 내방자	27	141	304	243	446	441	317	320	244	165		265
야간 평균 회관 내방자	163	132	296	107	131	102	98	308	161	281		188
학관 예배							10	22	23	9	64	
기독교 신자로 결심자			30	17		322	30	46	27	3	475	

이런 노래를 부르면서 정복 입은 학생들이 나무총을 메고 북을 둥둥 두드리며 군사훈련을 받은 것이다. 일제는 이를 보고 있을 수 없었다. 1905년 을사늑약이 체결된 직후부터 일제는 날카로운 감시의 눈으로 탄압하게 되었으니, 이때부터 청년학원은 치명상을 입고 교육기관으로서의 면목조차 유지하기 어렵게 되었다. 아울러 상동교회 사랑방 청년지사들의 밀회처를 학생 헌병대가 마구 쑤시는 통에 더 이상 모이지 못하고 말았다.[5]

이에 하는 수 없이 상동교회 청년지사들은 밀회처를 다른 데로 옮길 수밖에 없었다. 그곳이 YMCA였다. 당시 YMCA는 치외법권인 장소였기 때문이다. YMCA는 국제기구일 뿐만 아니라, 일제가 영국과 영일동맹을 맺고 미국과는 비밀조약을 맺고 있었던 만큼 영미 양국의 유력한 인물들로 조직된 YMCA를 함부로 다칠 수 없었던 것이다. 그래서 상동파 인물들은 YMCA 안으로 피신해 들어갔다. 그들은 먼저 들어와 있던 독립협회 인물들과 YMCA에서 만나게 됐다. 다시 말하면 양반 그룹과 상민 그룹이 만난 것이다. 독립협회 지도자들이 변질되어 형성된 소위 기독교 귀족 클럽과, 지방 평민과 천민 출신 애국지사들로 형성된 이른바 상동파가 YMCA라는 국제조직에서 합류하여 하나의 새로운 민간 세력을 형성하기에 이른 것이다.

독립협회도 창설 당시에는, 외국을 다녀와서 일찍이 개화된 정부 고관들이 중심이 된 소위 건양협회(建陽協會)[6] 또는 정동구락부처럼 그 뒤 배재학당 학생들과 일반 서민이 가담하여 소위 만민공동회라는 범민족인 정치 세력으로 변질된 것처럼, YMCA는 그 정동구락부의 후신이라 할 수 있는 기독교 귀족 클럽의 평민들과 천민들이 중심이 되어 구성된 소위 상동파 애국

---

5) P. L. Gillet's Report for 1907에 보면 1907년에는 모든 한국인 사회 단체가 폐쇄되었다는 기록이 있다.
6) 이만열,《한말(韓末) 기독교인의 민족의식 형성 과정》, 363쪽.

청년들과 합류하여 황성기독교청년회라는 하나의 국제적인 민간 단체로 변질된 것이다.

　　이런 의미에서 황성기독교청년회는 또 다른 의미의 독립협회 또는 만민공동회라 할 수 있다. 언뜻 보면 만민공동회에 비해 약체화되고 후퇴한 것처럼 보이지만, 사실 기독교라는 신흥종교 속에서 굳게 결속되었으며, 한국 사람뿐만 아니라 각국 지도자들이 YMCA라는 국제기구에서 연결된 점에서 만민공동회보다 더 강력하고 의식화되었다고 할 수 있다. 더구나 이번에는 '청년'이라는 새로운 인간성의 발견으로 더욱 생동화되었다는 사실이 중요하다. 무엇보다 중요한 것은 이 기구가 역사상 최초의 민주적이며 근대적인 조직이라는 것이다. 독립협회와 만민공동회는 상하 계급과 지식층·무식층이 망라된 단체로는 충분히 근대적인 성격을 구비한 단체라고 할 수 있지만, 황성기독교청년회만큼 조직이 근대적일 수는 없다고 할 수 있다. 이는 1908년 이사회와 각 위원회의 조직7으로 알 수 있다.

---

7) 1908년 발행《대한황성종로기독교청년회 약사》.
　　1. 사사부(司事部, 이사회)
　　　회장: 터너(A. B. Turner), 부회장: 윤치호.
　　　서기: 김규식, 장재(掌財): 베크.
　　　이사: 薩頓(?), 와다(和田), 여병현, 하운셀(L. G. Hounsell), 에비슨(O. R. Avison), 벙커(D. A. Bunker), 밀러(E. H. Miller), 모리스(Morris).
　　2. 의사부(議事部) 위원장: 여병현.
　　　위원: 이익채(李益采), 김원선(金瑗善), 민준호(閔濬鎬), 고인익(高燐益), 조남복(趙南復), 김규식(金奎植), 김명준(金明濬), 전덕기.
　　3. 재정부 위원장: 에비슨.
　　　위원: 모리스, 薩頓賀田, 裵額, 질레트.
　　4. 종교부 위원장: 최병헌.
　　　위원: 서상륜, 한태정(韓泰廷), 송순명(宋淳明), 고인익, 전덕기.
　　5. 교육부 위원장: 이상재.
　　　위원: 유성준(兪星濬), 윤치호, 이원긍, 이익채, 여병현, 홍재기(洪在箕), 이상필(李相弼), 김규식.
　　6. 친접부(親接部) 위원장: 조남복.
　　　위원: 육정수, 김완진(金完鎭), 최상호(崔相浩), 현동철(玄東轍), 이태순(李台淳), 김원선, 방규영(方圭榮), 장성환(張成煥), 김홍배(金洪培), 신윤민(申允敏), 민영성(閔泳星), 이제봉(李濟鵬), 정충수(鄭充洙).
　　7. 운동부 위원장: 이상필.

① 5개국 국민으로 조직된 기구이다.

② 이사회에는 한국 사람이 불과 3인밖에 없지만 의사부는 순 한국인으로 조직되어 있는 동시에 구성 위원은 상하 계급별, 직장별 다원적 조직이다.

③ 교육부는 거의 다 독립협회 출신 지도자들이다.

④ 종교부는 평민 또는 천민 출신 지도자들만 있다.

⑤ 운동부와 친접부는 각계각층 신진들이 고루 섞여 있는 동시에 외국을 다녀온 지도자들의 자제가 여러 명 있다.

⑥ 실무진은 일찍이 신학문을 배운 선비 또는 천민 출신들과 외국인들이 섞여 있다.

이로써 황성기독교청년회가 한국사상 최초의 민주적 조직이며, 규모로 보나 구성원의 범국민적인 성격으로 보나, 국제적인 성격으로 보아, 민족사의 새로운 국면을 개척한 단체라고 하지 않을 수 없다.

위원: 현동철, 김선균(金宜均), 쀌릭마여, 곽한승(郭漢承), 현동식.
8. 간사위원
　총무: 질레트, 공동총무: 브로크만(F. M. Brockman), 부총무: 김린(金麟), 비서총무: 최재
　학, 운동간사: 이태순, 학감: 그레그, 영어과: 藥利亞(?), 부학감: 육정수.
9. 교사부
　교사 : 이교승(李教承), 미야가와(宮川總三郎), 소다 가이치(曾田嘉伊智), 김규식, 홍석후
　(洪錫厚), 박서양(朴瑞陽), 통역: 김동승(金東昇).

12.

신교육으로
사회 혁신 기도

1894년의 갑오개혁은 교육 혁신을 가져왔다. 이는 수천
년에 걸쳐 이 나라를 지배해 오던 교육 질서에 종지부를 찍고, 근
대식 교육제도가 등장함을 의미했다. 고종 황제는 종래의 예조
(禮曹)를 폐지하고 교육 문제를 전담하는 학무아문(學務衙門)을
두는 동시에, 1894년 12월을 기하여 한국 최초의 근대적인 정강
정책이라고 할 수 있는 홍범(洪範) 14조를 선언하였으며, 1895년
2월에는 전국민에게 교육입국(敎育立國)의 조서(詔書)를 내렸는
데, 여기서 고종 황제는 "우내(宇內)의 형세를 보건대, 부하고 강
하고 독립하여 웅시(雄視)하는 모든 나라는 국민의 지식이 개명
하였다. 지식의 개명은 교육의 선미(善美)로 되었으니, 교육은 실
로 국가를 보존하는 데 근본이다"라고 말했다. 이에 대하여 〈독
립신문〉은 다음과 같이 논평했다.

정부에셔 학교를 지여 인민을 교휵ᄒᆞᄂᆞᆫ 거시 정부의 제일 소중ᄒᆞᆫ 직
무요, 다른 일은 아즉 못ᄒᆞ드릭도 정부에셔 인민교휵은 ᄒᆞ여야 홀거
시라. 나라히 지금은 이러케 약ᄒᆞ고 빅셩이 어두워 만ᄉᆞ가 눕의 나라

에 업수히 넉임을 밧으나 죠선도 인민을 교휵만 ᄒ면 외국과 굿치 될 지라…… 지금 ᄌ식들 교육ᄒᄂ 거시 곳 봄에 씨 쑤리ᄂ 거시니 츄수ᄒ 고 스폰 부모ᄂ ᄌ식을 교휵을 시키기를 봄에 씨 쑤리ᄂ 줄로 성각ᄒ 기를 ᄇ라노라.[1]

그러나 이러한 교육 혁명은 하루아침에 이루어지는 것은 아니었다. 갑오개혁이 있은 지 10년이 지난 1904년에도 교육의 실태는 한심하기 그지없었다. 이에 대하여 당시 교육 전문가이 며 언론가였던 헐버트는 〈한국의 교육적 요구(The Educational Needs of Korea)〉라는 논문에서 "어떤 국가든지 청년 교육의 방 법과 교과목을 뿌리부터 개혁한다는 것은 아주 어려운 작업의 하나다"[2] 라고 전제한 다음, 한국의 전통적인 교육 태도를 이렇게 말했다. 즉 한국인은 ① 제 나라보다 중국 연구에 더 치중하며, ② 오늘이나 내일보다 과거를 더 예찬하며, ③ 산 사람보다 죽은 사람을 더 중히 여기며, ④ 광산에서 금을 캐든지 하와이 설탕밭 에서 노동하면서 배불리 먹으며 사는 것보다 굶으면서라도 벼슬 하는 것을 원한다……고 논평했던 것이다.

이런 논평을 외국인의 흑평이라고만 나쁘게 생각할 수는 없다. 더군다나 헐버트는 갑오개혁 이후의 교육계 상황을 낱낱 이 목격한 사람이다. 예를 들면 "정부가 경영하는 관립학교 교사 의 월급은 약 30냥 즉 15원 정도인데, 이것은 보통 노동자 월수 입과 맞먹는 보잘것없는 수입이다"[3], "정부의 교육비 예산은 1년 에 6만 달러에 불과한데, 이것은 군사비 4백만 달러에 비하면 쥐 꼬리만 한 예산이다"[4], "서울에 국민학교가 7, 8개 있는데, 생도 가 한 학교에 약 40명씩 있다. 이는 곧 20만 서울 인구 중에 국민

---

1) 〈독립신문〉, 1896년 5월 12일자.
2) *The Korea Review*, Vol.4, October 1904, p.443. (The First Paper of the Educational Needs of Korea)
3) 위의 책, November 1904, p.482.
4) 위의 책, p.482.

학교에 다니는 생도가 적어도 6천 명은 되어야 할 터인데 5백 명도 못 된다는 말이다. 중학교가 있지만 8명의 선생과 약 30명의 생도가 있을 뿐이며, 20~80명의 생도가 있는 외국어 학교가 몇 개 있지만, 이는 누구나 다닐 수 있는 국민 교육기관이라고 할 수 없다. 그리고 여러 가지 사립학교가 있는데, 이는 몇 달씩 경영하다 폐교되곤 하는 불안정한 교육기관이다. 그러므로 신교육을 제대로 받은 청년의 수는 응당 교육을 받아야 할 청년의 1퍼센트밖에 안 된다는 결론이 된다"[5]라고 논평했다.

헐버트는 계속하여 과거제도의 폐지로 야기되는 여러 가지 사회 문제를 지적했다. 과거제도는 고려 광종(光宗) 9년 즉 958년부터 시작하여 조선 말기에 이르러 폐지된, 거의 1천 년의 전통이 있는 제도인데도 아무런 대책 없이 폐지되었다. 그래서 그는 그때의 상황을 이렇게 말했다.

"청년들은 본래부터 악해서가 아니라 할 일이 없기 때문에 악해진다. 그들의 집은 우중충하고 마음에 들지 않는다. 모일 만한 장소도 없고 클럽이나 사교장도 없다. 그저 마음 내키는 대로 혈기를 따라 가면 거기가 곧 범죄의 소굴이었다. 우리는 16세부터 22세 정도의 청소년들이 우글우글 거리를 쏘다니면서 허송세월만 하는 것을 볼 수 있다. 이들은 학교에 다녀야 할 청소년들이며, 적당한 시설만 있으면 거기 가서 그들의 정열과 취미를 쏟을 수 있는 청소년들이다."[6]

위와 같은 사회 환경 속에서 YMCA의 교육사업이 시작되었다. 헐버트는 청년 교육을 위해서는 교재의 필요성·한글 사용·정신적 구심점의 필요성을 주장하면서 이렇게 말했다.

"우리는 정부에 기대할 수는 없다. ……성경이 순 국문으로 출판되었다는 사실은 대단히 뜻깊은 일이다. 기독교인들을

5) 위의 책.
6) 위의 책.

중심으로 강력한 정신적 구심점이 형성되고 있다. ……일부러 장님이 되지 않고서는 한국 개신교회가 이 나라의 가장 유망하고 진보적이고 성실한 사람들을 포섭하고 있다는 사실을 부인할 수 없을 것이다. ……이 도시는 어떤 자극만 받으면 향학열에 불타는 청년들로 들끓게 될 것이다. 그들은 불안과 초조 속에 살고 있으며, 무엇을 원해야 할지 모르고 있다. 그들의 꿈과 사상을 가로막는 장애물을 제거하기 위해서는 아주 간단한 교육 방법이 가능하다. 그 방법의 하나로, 최근 창설된 YMCA가 큰 도움을 줄 것이다. 교수 과정이 준비되어 있다. 이때까지 한국인이 개척하지 못한 지식 분야를 열어 줄 것이며, 한국 청년의 정신을 고취하는 데 큰 도움을 줄 것이다."[7]

그리고 그는 이와 관련해서 다음과 같이 말했다. "그러나 교과서가 제일 긴급히 요청된다. 이와 관련하여 한국인과 외국인으로 구성된 The Korea Educational Association(교육협회)이 있게 된 것은 매우 고무적인 일이다. 이 회는 학술용어를 만들기 위하여 다수 위원들을 위촉하여 정상적인 작업을 서두르고 있다. 각 위원들은 교과목을 분담하고 그 교과목에 관한 전문용어와 어휘 선정에 열중하고 있다."[8]

위의 The Korea Educational Association에 대해 헐버트는 더 이상 자세히 말하지 않았다. 그러나 연동교회(연못골교회) 목사이던 게일의 전기작가 러트(Richard Rutt) 신부는 "연못골교회는 새로 기독교에 입교한 12명의 독립협회 회원들의 집합처가 되었다"[9]고 전제한 다음 "그런데 게일이 그들에게 매력을 느끼며 확신한 것은 그들의 교육 사상과 종교 사상에 있었으며…… 1904년에 게일은 이원긍·유성준(兪星濬)·김정식 등과 교

---

7) 위의 책, October 1904, p.451.
8) 위의 책, p.448
9) Richard Rutt, *A Biography of James Scarth Gale and A New Edition of History of the Korea People*, pp.33-34.

110

육협회라는 교육 단체를 창설했다"[10]고 말했다.

이에 대하여 차재명(車載明)은 더 구체적으로 기사를 썼다. 그는 《조선예수교장로회 사기》에서 "동년 추(秋)에 이원긍·홍재기(洪在箕) 라는 동지 제인과 선교사 게일의 찬조를 얻어 교육협회를 조직하여 차(此)가 조선교육 장려기관의 효시라……"[11]고 했던 것이다. 여기서 분명한 사실은 독립협회 지도자들이 감옥에서 석방되자 먼저 '교육입국'을 부르짖고 나섰다는 점이다. "선교사 게일의 찬조를 얻어……" 운운한 것은 다만 후원에 불과했지, 그 주동 인물들은 어디까지나 독립협회 지도자들이었다는 것이 확실하다. 그들은 감옥에 있을 때부터 감옥 안에다 학교를 설립하고 신교육을 실천했기 때문이다. 이 사실은 당시 감옥에 갇혀 있던 신흥우의 부친 신면휴(申冕休)가 〈옥중개학전말(獄中開學顚末)〉이란 책에서 상술했다. 그는 "옥중에 학교가 설립되었다는 것은 옛날에는 없는 일"[12]이라고 전제한 다음 이렇게 썼다.

"본 감옥 서장인 김영선(金英善)이, 그들이 배움에 힘쓰는 것을 가상히 여겨 특별히 무휼(撫恤)을 베풀었으니, 그가 동정심을 가지고 생각해 주는 것이 다른 죄수에게까지 미치게 된 것이다. 동료 관리끼리 의논한 끝에 옥중에다 학교를 세우게 하고 교사를 골라서 개과천선하는 방도를 가르치기로 작정하고, 그들이 자기 봉급에서 얼마씩 떼어서 돈을 모아 과정을 짜고 서문과 자세한 기록을 남겼으니…… 며칠 전에 외국 사람들이 옥중에 학교가 설립되었다는 소문을 듣고 기뻐하면서, 서양의 개명한 나라에도 그런 일은 없다며 서적과 식품을 많이 가지고 들어가서 여러 학생들을 모아놓고 일장 연설을 하고, 극구 찬양도 하고 갔으니, 이 일은 또한 해외 여러 나라에까지 자랑거리가 된 것이

---

10) 위의 책. 또한 《연동교회 80년사》, 1974, 35쪽.

11) 차재명, 《조선예수교장로교 사기(史記) 상》 (조선기독교창문사, 1928), 122쪽.

12) 신면휴, 《잠훈편람(箴訓編覽)》 중 〈옥중개학전말〉의 한 절.

다."[13]

　　이와 같이 신교육의 정신과 실천은 선교사나 외국인이 먼저 한 것이 아니라, 우리 독립협회 지도자들이 감옥 안에서부터 시작했으며, 감옥에서 풀려나온 뒤에는 먼저 교육협회를 조직하여 교과서 편찬·교과목 제정·전문 학술용어 선정 등을 서두르는 한편, 교육을 통한 나라의 독립을 기도했다는 사실을 알 수 있다. 당시 만든 교과서와 교과목 등이 무엇이었는지 자세한 기록을 찾아볼 수 없어 유감이지만, 우리나라 교육협회는 연동교회와 YMCA에 가담한 독립협회 계통 지도자들의 독창적이며 자주적인 기관이었다는 데 의의가 크다.

　　어쨌든 한국 YMCA는 교육사업을 상위에 놓고 출범한 것이 사실이다. "중국 Y는 운동식, 일본 Y는 교회식인데 반하여 조선 Y는 학교식"[14]이라는, 당시 국제적으로 유행하던 말이 이를 뒷받침해 준다. 이리하여 YMCA의 교육사업은 1904년 가을부터 시작하여 1905년 이상재가 제2대 교육부 위원장으로 취임하면서 본격화되었다. YMCA 당국은 1906년부터 윤치호를 교육부 실무 책임자로 삼고 더 조직적인 교육사업을 추진하려 했으나,[15] 윤은 송도(松都)에다 한영서원(韓英書院)을 설립할 계획이었기 때문에, 그 대신 캐나다 태생인 그레그(George A. Gregg, 具禮九)라는 교육 전문가를 불러옴으로써 그 계획을 밀고 나갔다.

　　그레그는 드디어 1906년 가을에 도착했다.[16] 그는 일찍이 기계 제작 수련공이었으며, 다년간 실무 경험을 통하여 하트포드 공업학교(Industrial Institute in Hartford) 교장을 거쳐 YMCA 국제위원회 산업교육부의 전문가로 일하던 사람이다.

---

13) 위의 책.
14) 1971년 3월 2일 김종상(金鍾商)과의 면담.
15) F. M. Brockman's Report to Mr. J. R. Mott, 1906.
16) K. S. Latourette, *World Service*, p.191.

사진 기술자이기도 했던 그는 도착 즉시 "한국인만으로 조직되었고, 외국인 간사의 간섭 없이 독자적으로 교육사업을 원하는 강력한 교육부 위원회의 협력과 지지를 받으면서 12명의 교사(한국인 7명·일본인 2명·중국인 미국인 캐나다인 각 1명씩)와 함께 일하기 시작했다."[17]

이때 개편된 학제와 학과정을 보면 다음과 같다.

1) 보통과(2년제)

1학년(등록생 37명): 학과정은 초급 산수 8시간, 한국 지리 4시간, 국사 4시간, 물리 3시간, 성경 2시간, 영어 또는 일어 6시간 — 총 24시간(매주)

2학년(등록생 25명): 학과정은 상급 산수 6시간, 만국 역사 3시간, 만국 지리 3시간, 부기 3시간, 성경 2시간, 영어 또는 일어 6시간 — 총 24시간(매주)

2) 일어 특별과

1학년(등록생 18명): 24시간(매주)
2학년(등록생 19명): 24시간(매주)

3) 영어 특별과

1학년(등록생 48명): 24시간(매주)
2학년(등록생 10명): 20시간(매주)
3학년(등록생 14명): 18시간(매주)

(이상 5개 학급에서는 매주 2시간씩 성경은 필수과목으로 되어 있으며, 상급반 학생들은 영어나 일어 교수를 받는다.)

---

17) P. L. Gillett's Report for 1907. 외국인 간사의 간섭 없이 독자적으로 사업을 해야 한다는 주장이 강했기 때문에, Advisory Committee의 무용론이 대두하여 한때는 외국인들이 참석을 거부당한 일도 있다.

4) 직업과

과목은 "염색·비누와 양초 만들기·가죽 이기기·용기에
다 그림 그리기·도자기 굽기·목공·철공·화공·생리학·부기·산
수 등이었다."[18]

이상 교육과목 중 직업교육은 새로운 교육이었다. 1907
년에 가장 역점을 둔 교육은 직업교육, 즉 보충교육이다.[19] 이에
대하여 당시 통감부의 이토 히로부미도 '한국의 행정 개혁'이란
보고서에서 "한국은 일찍이 천 짜기·도자기 만들기·주물업 등
이 발달한 나라다. 한국인의 기술을 일본이 적지 않게 배워 갔
다. 그러나 중세기에 이르러 한국인들이 엎치락뒤치락 정치 파동
을 겪는 동안 오늘날에 와서는 그 산업이 부진 상태에 있다"[20]고
했다.

1907년도의 등록 학생 수는 352명이었으며,[21] 강연회가
또한 유명했다. 교육 강연은 주로 한국인 강사들이 했는데, "산
업 교육의 필요성·한글의 기원·과학 교육의 필요성·산업 진흥
과 국가 발전·기업과 사회 발전·법치사회 건설·한국의 사회적
기구 개혁의 필요성"[22] 등을 다루었으며, 외국인 학자들은 "종교
와 사회 복지·종교와 사회 개혁·종교와 국가의 복리 향상"[23] 등
을 다루었다.

토론회도 굉장한 인기였다. "토론회는 매일 열렸다. 강당
은 전보다 배로 확장되었지만 언제나 꽉꽉 찼다. 토론 제목을 보
면, '자식은 낳기보다 교육하기가 더 어렵다', '신문은 학교나 독
서보다 국가 발전에 큰 구실을 한다' 등이었다. 이와 같은 토론을

---

18) F. M. Brockman's Annual Report for the Year Ending September 30. 1907.
19) 위의 자료.
20) 위의 자료.
21) P. L. Gillett's Report for 1907.
22) F. M. Brockman, 앞의 자료.
23) 위의 자료. 이 강연은 예일대학 라드(Ladd) 교수의 강연 제목이다.

통해 청년들은 사회에 깊숙이 참여했다. 가령 '가난한 사람이 부
자에게 의지하기보다는 자력으로 사는 것이 더 좋다'는 등의 토
론을 통하여……말이다."[24] 이에 대하여 질레트는 다음과 같이
보고했다.

> YMCA의 강연회와 토론회는 다른 데서는 찾아볼 수 없고, 미국에서
> 도 그 실례를 찾아볼 수 없다. 37회의 토론회와 83회의 강연회에는
> 300-400명의 관중이 모여들어 강당은 언제나 꽉꽉 찼다. 강연 제목
> 은 '신시대에 처한 기독교의 사명', '한국인의 임무', '교육과 기독교',
> '재래식 혼인 관습의 개혁', '기회는 기다리지 말고 만들자', '위대한 민
> 족성의 5대 요소', '청년이 할 수 있는 일', '자기 시련' 등이 있고, 토론
> 제목 중에는 '덕망이냐 지위냐', '경험이냐 교훈이냐', '도의냐 법률이
> 냐' …… 등이 있었다.[25]

---

24) 위의 자료.
25) G. A. Gregg's Annual Report, Year Ending September 30. 1907.

13.

사업 확장과
새 회관 건립

앞 장에서 말한 바와 같이 교육사업이 급작스럽게 확장되었을 뿐 아니라, 체육사업과 종교사업도 확장되었다. 1906년 9월부터 이듬해 6월까지 10개월간의 통계를 보면, 축구 경기가 56회, 실내 운동이 33회 있었다. 그리하여 "체육부 간사는 다른 학교들과 외국인 운동 선수들과 시합을 하여 큰 인기를 끌었다…… 실내 경기는 체육실이 비좁아서 실외로 나가 만원을 이루었다."[1]

성경 연구반은 1906년 9월에는 1회밖에 모이지 않았는데 그해 12월에는 9회나 모였고, 이듬해 5월에는 14회 모였다. 종교 집회는 1906년 9월부터 이듬해 6월까지 10개월 동안 43회 모여, 회마다 평균 1,611명이 모인 셈이다. "이와 같은 종교 집회를 통하여 YMCA는 온 장안을 뒤흔들어 놓았다."[2] "학생들을 위한 세계 기도 주간 때는 이상재가 주관했는데, 3천여 명의 학생

---

1) F. M. Brockman's Annual Report for the Year Ending September 30. 1907.
2) 위의 자료.

이 참석했다."³ 그리고 모트(J. R. Mott)가 1907년 2월 9일 종교
집회를 가졌을 때는 6천 명의 관중이 모여 온 장안 사람들을 놀
라게 했다.⁴ 그때의 광경을 그는 이렇게 말했다.

> 마닐라로 가는 길에 한국을 처음 방문했다. …… 서울에 머물러 있는
> 동안 주로 YMCA 실무자들, 이사들과 여러 가지 당면 문제를 논의했
> 다. 그때 청년회 회원은 9백여 명이나 되었는데, 대부분이 일반 사회·
> 문화·정치계에서 유력한 상류층 지도자들이었으며, 이처럼 많은 관
> 중이 모이기는 동서양을 통하여 참말 드문 일이었다. …… 그때 전도
> 강연을 두 차례 했는데, 추운 겨울 날씨였으나 사람들이 너무 많이 모
> 여들어 두 번 꺾어서 한 번은 실내에서, 한 번은 실외에서 했다. ……
> 제일 놀란 것은 관중을 제한하기 위하여 사전에 입장권을 발행한 사
> 실이다. 집회 시간은 오후 2시였건만 관중은 아침 9시부터 모이기 시
> 작하여 12시경에 벌써 만원이 되어 창문과 창밖에까지 가득 차게 되
> 었다. 통역은 윤치호가 했다. 3시간 동안의 긴 강연이었다. ……그 결과
> 2백여 명의 청년이 입교하기로 결심하게 되었다. ……한국을 떠나기
> 전에 국왕께서 알현을 허락하셨으므로 입궐하여 여러 가지 질문을
> 받았다. 국왕께 YMCA 사업과 다른 나라의 경우를 잘 설명할 수 있는
> 기회를 가진 것이다.⁵

이와 같이 각종 사업이 급작스럽게 확장되는 통에 집회
장소가 문제되었다. 그리하여 두 채의 가건물을 지었다.⁶ 하나는
길이 50자 폭 34자로 약 50평(165m²)의 목조 건물인데, 아무 때
나 칸막이를 떼었다 붙였다 할 수 있는 강당·교실·체육실의 다
목적 건물이다. 오전에는 3개의 교실로 사용하다가 오후에는 농

---

3) 위의 자료.
4) 위의 자료. 모트는 1907년 2월 1일에 와서 10일에 떠났다.
5) J. R. Mott, *Addresses and Papers of J. R. Mott*, Vol. II , The World's Student Christian Federation, pp.438-440.
6) P. L. Gillett's Report for 1907.

구 등 실내 운동을 하고, 저녁에는 토론회 강연회 친교회 등의 장소로 사용 할 수 있었다.

다른 하나는 길이 42자 폭 20자로 약 24평(80m²)의 목조 건물인데, 목공·철공 등 직업 교육을 할 수 있는 시설을 했다. 공사비는 전자는 1500원, 후자는 700원이 들었다.[7]

본격적인 회관 건축은 1907년 4월 중순에 시작되었다. 이보다 두 주 전인 3월 30일 미국의 전 체신장관이며 백화점 왕인 워너메이커(John Wanamaker)가 회관 건축비 보조액 조로 8만 원(4만 달러)을 기부하겠다는 계약에 서명했기 때문이다.[8]

그러나 본 공사에 착수하기까지는 많은 사람과 오랫동안의 피눈물 나는 노력이 있었다. 우선 질레트 총무는 1901년 한국에 오자마자 회관 건축비 모금에 심혈을 기울였으며, 1904년 5월에는 대지를 확보하게 되었다. 그 대지는 약 2만 3천 원[9] 가치의 대지로, 오늘날 회관 대지의 일부이다. 이 돈은 1903년의 소위 "서울에서 처음 보는 대표자 회의"[10] 때 모금한 돈과 "윤치호, 브라운(J. M. Brown. 柏貞安)·알렌·민영환·한규설·이윤용(李允用)·헐버트·다카키·언더우드 등 국내 선교사·외교관·은행가·실업가 등이 기부한 약 1만 원의 돈"[11]으로 된 것이다.

대지가 마련되자 YMCA 당국은 곧 건물 설계를 만들어 워너메이커에게 보냈다. 그랬더니 뜻밖에도 "대지 면적이 너무 좁아서 큰 집을 지을 수 없으니 도와줄 수 없다"[12]는 회답이 와서 낙심했다. 하나 "정령(正領) 현흥택(玄興澤)이 이 소식을 듣고 이 대지 앞면 옆에 붙어 있는 5천 원 가치의 자기 소유 대지를 기부하기에 이르렀느니, 필요한 대지의 절반이 생겼고, 모건(E .V.

---

7) 이상 가건물에 관한 내용은 G. A. Gregg's Annual Report for the Year Ending September 30. 1907에 자세히 기록되어 있다.
8) Report of G. A. Gregg's, Seoul, Korea, for 2nd quarter, 1907.
9) 《대한황성종로기독교청년회 약사》(1908).
10) 이 책 39쪽 참조.
11) 《대한황성종로기독교청년회 약사》(1908).
12) 위의 책.

Morgan, 毛艮)이 그 나머지 절반을 살 돈 5천 원을 기부하여"[13] 결국 1906년 6월 29일자로 대지 소유권 등기를 마치게 되었다.[14]

한국인으로서 거액을 기부한 현흥택[15]은, 1882년 한미수호통상조약이 체결되자 한국 정부가 그 이듬해 7월 미국에 친선사절을 보낼 때 전권대사 민영익의 수행원의 한 사람으로 간 바 있다.[16] 귀국 후 그는 신군제(新軍制)에 의한 정령(正領), 즉 대령이 된 무관 출신이며, 1896년 7월 2일 독립협회가 결성될 때는 창설자의 한 사람이었다.

그리고 국내 모금에 공로가 큰 사람으로서, 영국인 브라운은 1896년 4월부터 재정고문 겸 회관총세무사로 취임하여 일했는데, 러시아의 책동으로 잠시 물러났다가[17] 1905년 8월 한일의정서에 따라 일본인 메가다(目賀田鍾太郞)로 교체될 때까지 약 10년 동안 정부를 위하여 성심껏 일했다.[18]

국내외 유지들의 이 같은 열의로 1907년 5월 15일경부터 건축 공사가 시작되었다. 설계 감독은 돈함(B. C. Donham)이란 사람이 하고, 공사는 해리 창(Harry Chang)이란 중국 사람이 맡게 됐다. 회관 규모는 3층 벽돌 양옥으로, 1층에는 5개의 목공

---

13) 위의 책.

14) 광무 10년(1906) 6월 20일자 등기문서에 보면, 다음과 같이 기록되어 있다.

所在, 中署堅平坊守典洞 十四, 二十, 二七統 戶

1. 瓦家 一百九十三半間, 2. 草家 十三間, 3. 空垈地 一千五間

賣買時價, 一金 壹萬六千七百五拾圓

賣主, 玄興澤 一家(瓦二十四間), 黃永化 一家(十九半間), 韓相頊 七家(瓦一百四間) 李泰鎭 一家(瓦二五間), 安風翼 一家(瓦草二), 嚴壽福 一家(瓦二間), 張泰鎭 一家(瓦十一間)

買主, 萬國基督敎靑年會委員

15) 현흥택은 1856년 12월 22일(음) 서울에서 태어났다.

16) 그때 전권대사에 민영익, 부대사에 홍영식, 종사관(從事官)에 서광범, 수행원에 유길준·현흥택·고영철(高永喆)·변수(邊燧)·최경석(崔景錫) 등 8인이었다. 1883년 7월 인천을 출발하여 미국 대통령을 접견하고 홍영식·유길준은 처져 있다가 태평양 코스를 택하고, 민영익·현흥택 등은 유럽을 거쳐 1884년 귀국했다.

17) 그때 교체된 인물은 러시아의 알렉세예프(K. Alexiev)였다.

18) 박은식의 《한국통사(韓國痛史)》(달성인쇄주식회사, 단기 4279), 133쪽에 보면 브라운은 재직중 "법을 지키고 직분에 충실하여 1년 동안 잉여금이 300만 원 저축되어 일본에 진 부채를 청산하게 되니…… 백성들은 그의 업적을 크게 찬양하였으나, 궁중과 관가의 남용배들이 임의로 경비 조달을 할 수 없음에 불만을 품게 되어 전임되었다"고 했다.

실과 철공실, 2개의 교실, 5개의 점포, 식당, 목욕실 등이 있고, 2층에는 강당과 체육실, 친교실, 사무실 등이 있으며, 3층에는 일반 교실과 교직원실이 있다. 약 600평 건물이다. 난방은 증기 장치로 했고, 건축 자재는 수입품이 적지 않았다.

1907년 11월 7일 정초식 때는 고종 황제가 11세의 왕세자 즉 영친왕을 공사 현장에 내보내 '一千九百七年'이란 머릿돌의 글을 쓰게 하는 동시에 1만 원의 하사금과 은으로 만든 흙손 두 자루를 내리며 격려해 주었다. 1908년 12월 3일 개관식 때는 부회장 윤치호가 사회를 보았는데, 1일부터 3일간 7회의 집회를 했다. "3일간 연인원 862명이 참석하여 장관을 이루었다. 총리대신 이완용과 이토 히로부미도 참석했고, 개관식 사회자 윤치호는 건축비를 기부한 워너메이커에게 사의를 표하는 10분간의 연설을 했다. 그 결과 즉석에서 5,166원의 기부금이 들어왔다"[19]

"12월 3일 목요일, 그 영광의 날에는 한국 정부의 고관 대작과 일본인들이 다른 여러 나라 공사들과 함께 강당에 초만원을 이루었다."[20] "중국 Y에서는 리처드(Timothy Richard) 박사와 중국과 한국 전체 위원회의 회계 차오(Tchao)가 대표로 왔고, 일본 Y 동맹에서는 이부카(井深, 메이지학원 학장) 회장, 니와(丹羽淸次郎)와 오쓰카(大塚)가 대표로 왔다. Y 국제위원회에서는 일본에 있는 피셔(Galen M. Fisher)와 중국에 있는 브로크만이 왔다."[21] 그때의 광경을 공업부 간사이던 그레그(G. A. Gregg)는 다음과 같이 말했다.

난방 공사가 제일 걱정이었다. 밤낮을 가리지 않고 시험한 결과 개관식 전날 밤에야 모두 정상이라고 확신하게 되었으며…… 어린 왕세자

---

19) F. M. Brockman's Annual Report for the Year Ending September 30, 1909. 〈대한매일신보〉 1907년 11월 기사.
20) G. A. Gregg's Report, October 1, 1907 to September 30, 1908 (1907년 2월 2일자).
21) F. M. Brockman, 앞의 자료.

영친왕이 머릿돌에다 '一千九百七年'이라고 쓰고 1만 원의 하사금을
주실 때의 그 감격이란 이루 형언하기 어려웠다. 그리고 왕세자를 이
토 통감이 모시고 서 있는 것을 한국인들이 얼마나 싫어하겠나 생각
할 때 우리 입장은 여간 곤란하지 않았다. ……3, 4년 동안 거지꼴로
살다가 오늘날 이와 같은 건물의 완공을 보게 되니……참말로 감사한
다.[22]

---

22) 위의 자료. 또한 G. A. Gregg's Report, October 1. 1907 to September 30. 1908.

14.

새 지도 이념 설정과
조직·예산 및 사업 계획

《매천야록》의 저자 황현은 새로 건립된 YMCA 회관의 웅장한 모습을 보고 "그 집은 높기가 산과 같고 종현(鐘峴)의 천주교당과 함께 남과 북에 우뚝 마주 서서 장안의 제일 큰 집이 되었다"[1]고 했다. 그리고 그레그(G. A. Gregg)는 이렇게 말했다. "수천 시민의 눈과 눈이 기독교청년회에 쏠리고 있다. 서울은 고층 건물의 도시는 아니다. 변두리 지역까지 합해서 약 30리 넓이의 도시인데, 열 자부터 열두 자 높이의 초가집으로 가득 차 있다. 어떤 사람은 말하기를 커다란 버섯의 온상과 같은 도시라고 했다. 이처럼 납작한 집들 속에 청년회관이 우뚝 서게 되었다. 이 웅장한 3층 양옥 벽돌집이 온 시가를 한눈에 내려다보게 되니, 이 집이야말로 이 나라의 운명이 달려 있는 집이다. 서울만 아니라 전국 각지에서 사람들이 우리를 쳐다보고 있다."[2]

YMCA 당국은 새 회관 공개에 앞서 일반 사회에 대하

---

1) 황현, 《매천야록》 (신지사新志社, 단기 4288), 441쪽, "館旣成 屋如山 與鍾峴敎堂 屹然 對南北爲 市中 第一大屋"이라고 했다.
2) G. A. Gregg's Annual Report for Year Ending September 30, 1909.

여 YMCA의 목적과 사업, 지도 이념과 조직 및 사업 등을 천명했다. 따라서 Y 당국은 1908년 12월 1일자로 《황성기독교청년회 개관식 요람》이란 소책자를 발행했다. Y 당국은 그 서두에서 "본회에 4만 원 가치의 기지가 있으니, 이는 전 육군 정령 현흥택과 전 주한 미국 공사 모건과 기타 내외국 유지 신사 제씨의 기부한 바요, 그 기지 위에 신축한 8만 원 가치의 회관이 있으니, 이는 미국의 전 체신대신 워너메이커가 기부한 바이오"라고 전제한 다음 Y의 설립과 목적·조직과 관리·재정 예산 등을 설명했다. 그리고 6가지 기본 지도이념과 사업 취지 등을 천명했다. 즉 YMCA는 청년들을 위한 청년들의 조직체라는 것과 직업교육·생활교육·기술교육의 필요성을 강조한 것이다. 그리고 국민경제 발전·애국애족 정신 함양·국력 배양의 기본자세·민족자립 정신과 각오 등을 역설했다. 국한문으로 된 그 글의 내용을 알기 쉽게 초역하여 소개하면 다음과 같다.

1) 청년들에게

변천하는 시대를 당하여 함께 일하고 지킬 일을 힘써 행할지니, 그러므로 청년들은 영어와 일어를 알고자 하며, 수학과 공학과 물리 화학을 원하며, 상업상 경험과 신식 방법을 알고자 원하니, 이 모든 것을 본회가 지도한다. 청년들이 변사가 되고자 원하니, 이를 본회가 토론회와 연설회에서 가르쳐주며, 청년들이 최상의 서적과 신문 잡지 등을 읽고자 하니 본회는 도서실과 열람실을 만들 것이며, 청년들이 신체를 건강하게 만들고 활발히 활동하기를 원하니 본회는 외국에서 우수한 운동 교사를 데려다가 축구·농구·야구 등을 가르쳐주어 청년들의 체육 향상에 힘쓰는 것이며, 청년들이 말하기를, "어떻게 제반 유혹을 이길 수 있는 힘을 얻을 수 있으리오" 하니 본회는 이를 위하여 사경회와 성경연구회에서 예수 그리스도를 믿게 하는 동시에, 옛 성현과 명유(名儒)와 역사와 성경 등을 고찰하고, 좋은 서적을 표준삼아 사상을 넓히고 덕망 있는 신사들과 내외 선교사들이 인류의 언행상 요소를 완전케 하는 데 공헌할 것이다.

2) 부모들에게

청년의 부모들에게 자기 자식들이 일생 동안 그 생명이 완전무결하고 건강하여 두 수족이 든든하게 되는 것보다 더 기쁘고 좋은 일이 없는즉, 이러한 분위기에서 건전한 사회를 이루어 서로 교제하게 하도록 주의해야 할 것이다.

3) 사회인에게

영업을 하는 일반 사회인들이 명철하고 부지런하고 진실하고 다재다능한 사람을 어디서 구하리요, 청년회가 그러한 사람을 양성할 터인즉 여러분은 기대하시라.

4) 국가 실업 발전에

오늘날 수만 원 가치의 제조물품 중 면직물, 의복, 기계 등 여러 가지 물품이 외국에서 수입되고 있는데, 한국인이 제조한 물품이 무엇이며, 한국인의 공장이 어디에 있으며, 고대광실과 기차 등은 누가 만드는가? 아, 오늘날 한국이 나라 안에서 각종 기술을 연마하는 시대를 당한즉 본회는 이 일에 앞장서서 국가 발전에 이바지하고자 하는 바다.

5) 국가 정치에 대하여

본회가 정치 단체는 아니지만 우리가 확신하는 바는 국가가 부강하고 대업을 이루려면, 먼저 든든한 기초와 국력과 지식과 신의와 충정이 앞서야 할 터인즉, 애국애족하는 국민이여, 신실하고 충성스럽고 인격이 높은 자를 구하려거든 본회에 기대하시라.

6) 제나라 일은 제나라가 담당해야

이미 외국 자선가가 8만 원 가치의 건축비를 기부했고, 앞으로 기만 원을 더 기부하기로 약속한 것은 내부 시설비와 운영비조로 허락한 것인데, 이는 오로지 우리 대한제국이 장차 제 힘으로 모든 사업을 운영하기를 바라서 하는 것이 아니리오! 그러므로 우리는 동포로 하여금 외국인의 협조 없이 독립하여 제나라 일은 제힘으로 감당하게 해야 할 것이다.

이상 6가지 지도이념을 천명하고 나설 때 그 사업과 조직 등은 어떠하였던가? 이것을 개관식 요람(開館式要覽)과 다른 문헌을 통해 살펴보면 다음과 같다.

1) 조직

① 사사부(司事部) 즉 이사회 회장은 터너(A. B. Turner, 端雅德)[3], 부회장 윤치호, 서기 김규식, 회계 모리스(J. M. Morris, 毛利時) 등 임원을 비롯하여 한·미·영·일의 12명 이사로 구성되어 있었다.

② 각 위원회 중 의사부(議事部) 위원회는 유력한 한인들만으로 구성되어 실질적인 이사회 구실을 하고 있었으며,[4] 재정부·교육부·운동부·친접부 등 5개 위원회가 있었다.

③ 실무진의 조직은 크게 강화되어,[5] 김정식 한인 총무 대신 1907년 김린(金麟)이 부총무로 취임했고, 1908년부터 이상재가 종교부 총무에, 김규식이 교육부 공동 학감에, 백상규(白象圭)

---

3) 터너(Arthur Beresford Turner)는 1862년 8월 24일 영국에서 태어나 1896년 성공회 신부로 한국에 와서 1910년 10월 28일 별세했다. 1907년 6월 총회 때 회장으로 당선되어 회관 건축 당시 회장이었으며, 3년조 이사 임기를 마치지 못한 채 서거했다.

4) 여병현·조남복·김규식·전덕기 등 각계각층의 한인 명사만으로 조직되어 있었다.

5) 실무진용을 보면 총무 질레트, 공동 총무 브로크만, 부총무 김린, 서무간사 최재학, 종교부 총무 이상재, 학감 그레그, 공동 학감 김규식, 운동부 간사 이태순, 학원 교사에 백상규·육정수·이교승·최상호·홍석후·박서양·김동승 등 14명, 어학 선생에 소다 가이치(曾田嘉伊智), 미야가와(宮川三郎), 스나이더(L. A. Snyder)였다.

가[6] 교사에 취임한 사실이 특기할 일이다.

2) 재정 예산

(단위: 원)

수 입		지 출	
정 부 보 조	10,000	교 사 봉 급	11,000
점 포 임 대 료	2,000	교 육 부 사 업 비	1,500
회 비	3,000	간 사 봉 급 · 사 무 비	3,500
학 관 수 입	2,000	체 육 부 사 업 비	1,000
(부 족 액)	(8,000)	친 접 부 사 업 비	1,500
		종 교 부 사 업 비	500
		석 탄 · 전 등 비	3,000
		인쇄 · 사무용품비	1,000
		비 품 · 수 리 비	1,000
		잡 비	1,000
총 계	25,000	총 계	25,000

부족액 8천 원은 10만 원의 기본금을 적립했다가 그 이자로 충당하고 있었다. 그 기본금으로는 이미 모금되어 있던 1만 7천 원과 고종 황제의 하사금 1만 원, 재단이사장 브라운의 기부금 1만 원, 메가타의 기부금 5천 원, 개관식 때 부회장 윤치호의 연설로 된 약 5천 원 등을 합쳐 약 4만 7천 원의 기금이 확보되어 있었다.[7] 그리고 회관을 완전히 활용할 경우 2만8천 원이 소요됐으므로 기금 확보를 더 서두를 계획이었다.[8]

---

6) 백상규는 1881년 10월 4일 서울 태생으로, 1901년 도미하여 1905년 브라운 대학(Brown University)을 졸업했다. 1906년 귀국하여 YMCA학관, 그 뒤 연희전문학교에서 경제학을 가르친, 한국 최초의 경제학자다.(백상규 이력서) G. A. Gregg's Report, October 1907 to September 30, 1908.
7) 위의 자료.
8) 위의 자료.

3) 사업

(1) 종교 활동—이상재가 종교부 총무로 취임하면서 갑자기 활기를 띠게 되었다. 위에서 말한 바와 같이 그는 1905년부터 교육부 위원장이 되었다. 당시 그는 의정부 참찬이었다. 고종 황제의 간청에 따라 그 자리에 있긴 했으나 그는 노상 청년회에 나와 있었다. 한때는 수삭 동안 경무청에 수감되어 조사를 받기도 했으며, 1906년 11월에 그 자리를 물러날 때는 비장한 각오를 했다. 특히 1907년 6월 고종 황제의 밀지를 받들어 헤이그 만민 평화회의에 갔던 3인의 밀사 중 한 사람인 이준(李儁)이 순직하자, 그것을 트집잡아 1907년 7월 20일 일제가 강제로 고종 황제를 왕위에서 물러나게 하니, 이상재는 그 만행을 규탄하는 민중 시위에 앞장서기도 했다. 그 무렵 그는 부인상을 당하고 맏아들 승윤(承允)마저 죽게 되니 그 비통한 심정이란 이루 형언하기 어려웠다.

그때 그는 정부로부터 법부대신의 교섭을 받았으나 즉석에서 거절하고 자결로써 나라에 보답하려 결심했다. 그러나 그는 신앙의 힘으로, 자결하려던 결심을 돌이켜 청년회 종교부 총무로 취임했다. 그때 그의 나이는 59세. 브로크만은 당시 상황을 다음과 같이 보고했다.

"다른 또 하나의 감격스러운 일은 종교부 사업의 확장이다. 이는 오로지 이상재 교육부 간사의 노력의 결과다. 이상재는 일찍이 주미 한국공사관 직원으로 워싱턴에 있을 때 기독교를 알게 되었다. 그는 미국이 강대국이 된 원인을 알아 내기 위해 성경을 읽기 시작했으며, 미국이 육해군의 군사력을 증강시킬 수밖에 없었던 이유를 발견한 뒤부터는 미국을 미워하기 시작했다는 것을 고백했다. 그래서 한때 기독교를 반대한 적도 있으나, 약 10년 전 그는 정치적 혼란기에 체포되어 감옥에 있는 동안 동료 정치범들과 낮에는 성경을 읽고 밤에는 불교와 유교의 경전을 비교 연구하다가 기독교의 성경은 불교나 유교의 경전과 달리 이 나라 국민이 나아갈 길을 가장 명확하게 나타내 준 것임을 확신하게 되었다. 그리하여 그는 감옥에서 석방된 뒤 독실한 기독교 신자가 되었다.

그러나 나라 꼴이 너무 한심하여 그는 작년 가을에 모든 관직에서 떠나는 동시에 고향에 돌아가 유산을 정리하고 죽으려 했다. 그것을 보고 우리는 몇 달 동안만 참으라고 간곡히 말리는 한편 종교부 총무가 되기를 간청했다. 드디어 그는 우리의 요청을 받아들였다. 그때부터 그에게는 죽을 시간조차 없었다. 그 순간 그는 적어도 10년은 더 젊어졌다는 평을 받게 되었다.

그는 또한 셔플 보드(Shuffle Board, 월반치기 놀이)의 명수이며, 성경 연구부 지도자다. 그때 21명의 성경 연구 지도자가 있었는데 그중 19명이 성경 연구부에 있었다. 그는 학관의 성경반 선생이기도 했다. 이 성경반에는 작년 1년 동안 628명의 학생이 등록했으며, 46회의 전도집회에 연인원 18,443명이 참석했다."[9]

그리고 그레그(G. A. Gregg)는 "며칠 전에 그 산악 같은 기상의 노인 신사 이상재가 내 방에 찾아 오셨기에 그와 이야기를 나누었다. 그때 나는 한 예언자 발아래 꿇어앉아 있는 것이 나라는 사실을 발견했다. ……그는 모든 국민의 존경의 대상이었다. 그의 유일한 야심은 교회와 청년회 안에서 우리 주님을 섬기는 데 있었다"[10]라고 했다.

(2) 교육 활동─회관을 짓는 동안에는 학생들의 양적 증가보다 질적 향상에 더 유의했다. 그러므로 다른 학교에서는 수업료를 안 받았지만 Y학관에서는 수업료를 증액하였기 때문에 1908년 9월에 241명이던 학생이[11] 1909년 6월 제1학기 말에는 222명으로 줄었다. 한편 1907년에 12명이던 교사가 1909년에

---

9) F. M. Brockman's Annual Report for the year Ending September 30. 1909.

10) G. A. Gregg's Letter to Mr. F .A. West, on April 29. 1909.

11) G. A. Gregg's Annual Report, October 1. 1907 to September 30. 1908.

는 14명이 되었다.[12] 1909년부터는 사립학교령에 의하여 학부의 인가를 받아 여러 가지 규제 조건이 강화되었다.[13]

1908년 9월부터 공동 학감 제도가 생기며 육정수 부학감 대신 김규식이 취임했으며, 김규식과 백상규 교사 취임은 교육사업에 큰 활기를 띠게 했다. 공업부는 그레그의 눈부신 활동으로 철공에서 난로 연통 만들기·냄비 만들기·석탄통 만들기 등은 정상 궤도에 오르게 되었으며, 궁궐에 들어가 난방 공사를 할 때는 공업부 학생 2명이 몇 달 동안 파송되어 영국인 청부업자의 조수 일을 맡기도 했다.[14] 어쨌든 "YMCA는 한국 청년들의 교육 문제를 해결해 주는 유일한 기관으로 확실한 인증을 받게되었다. 그 훌륭한 시설이며 서구식 교육 방법 그리고 미국 친구들의 아낌없는 협조 때문에 정부 당국마저 YMCA를 믿어줄 뿐 아니라 YMCA의 도움과 협조를 구하기까지 했다."[15]

그러나 1909년 가을에 이르러 김규식이 공동 학감을 사임했고, 2년간 계약으로 영어를 가르쳐주던 스나이더(L. Snyder)가 만기가 되어 귀국했으며, 그레그는 회관 건축 때의 과로로 병이 나서 그해 11월 잠시 귀국하게 되어 한때 사업에 지장을 받기도 했다.

이와 같이 사업이 지장을 받은 더 근원적인 이유는 이토 통감의 교육 탄압에 있었다. 그 3대 기본 교육 정책은 ① 조선인 학생의 진로를 방해할 것, ② 중등교육을 실시하지 않고 조선인 일반의 지식 수준을 저하시킬 것, ③ 실업교육과 기술교육을 실시하지 않음으로써 조선인의 기능인화 및 실업인화를 봉쇄할 것 등이었다.[16]

---

12) G. A. Gregg's Annual Report for the Year Ending September 30. 1909.
13) 위의 자료. 또한 〈청년〉 1928년 11월호, 40쪽. "조선의 유일한 청년운동을 소개하면서"(중앙기독교청년회 창립 25주년).
14) G. A. Gregg's Report, January to March 1909.
15) G. A. Gregg's Report for the Year October 1908 to September 30. 1909.
16) 吳允台, 日韓 キリスト敎 交流史(新敎出版社, 1968), p.148.

(3) 체육활동—신회관을 개관한 뒤부터 제2단계 도약을
했다. 우선 1909년 봄에 체육 간사 이태순(李台淳)을 상하이로
파송하여 에스너(Esner) 박사의 지도를 받게 했으며,[17] 훈련원(지
금의 동대문역사박물관 자리)에서 시내 대운동회를 개최했다. 그때
약 1만 2천 명이 모였는데, 축구·야구를 비롯해 각종 육상 경기
와 말놀음·말타기 재주·편싸움 등 한국 고유의 경기도 했다.[18]

(4) 환등과 사진—당시 새로운 사업의 하나는 환등이었
다. 환등은 1908년부터 주로 일요일 밤에 했다. 사진반은 1909
년 봄부터 1주일에 세 번씩 가르쳤다.[19] 특히 환등은 민중에게 대
인기였다. 온 장안 청년들을 매혹시킬 수 있었다.

(5) 회원 증가—회원은 1907년 회관을 짓기 전부터 크게
증가된 것을 볼 수 있다. 기록을 그대로 소개하면 다음과 같다.
① 회원 총수—1,160명
ㄱ. 정회원은 한국인 113명, 외국인 29명
ㄴ. 준회원은 한국인 1,015명(학생 회원 194명 포함), 외국인
　　3명
ㄷ. 회원 부류는 상류 계급 557명, 중류 계급 509명, 정
　　부 관리 42명, 귀족 9명, 선교사 26명, 기타 직업 17명
　　(지난 1년 중 신규 가입 회원 273명)
② 교육부 학생 총수—222명(학생 연령은 15~33세, 대부분
　　상류와 중류 계급)
ㄱ. 전문부 학생 74명(1학년 41명, 2학년 17명, 3학년 16명).
　　교과목은 성경·문법·역사·지리·산수·음악·물리학
　　·생리학·어학(영어나 일어)·법률·정치·경제·화학 등

---

17) G. A. Gregg's Report for the Year October 1, 1908 September 30, 1909.

18) G. A. Gregg's Report on July 22, 1909.

19) G. A. Gregg's Report January to March 1909.

을 학년별 배정.

ㄴ. 영어 연구과(A반 13명, B반 6명) 학생 19명

ㄷ. 직업과(목공과 17명, 철공과 17명, 사진과 4명) 학생 32명

ㄹ. 일어 연구과 학생 18명

ㅁ. 고등과 학생 79명(영어 제2학년 14명, 제4학년 6명, 부기과 14명, 일어 제1학년 27명, 일어 제2학년 18명)

③ 체육부에서는 실외 운동(초보자 12명, 상급 75명)과 실내 운동(초보자 16명, 상급 52명)으로 나누어 했는데, 제5회 연차 시 내 대운동회(The Fifth Annual Field) 때는 경주·높이뛰기·넓이 뛰기·암산내기·깃대 빼앗기·줄다리기 등을 했고, 참가한 Y학관 운동선수는 255명이었다.

④ 종교부 활동에 참가한 연인원

종　류	등　록	횟　수	평균(명)	연 인 원	합계(명)
주일오후집회		38	302	11,461	
특별종교집회		4	380	1,531	13,443
국제학생기도회		1		3,781	
성경강해		3	506	1,639	
학생성경반	98	22	76	1,756	
체육부성경반	15	17	20	347	
영어성경반	8	17	9	102	
일어성경반	8	8	9	79	6,939
사환들의 성경반	14				
21개 성경클럽	466	92	46	4,510	
성경사경회	19	5	10	60	
1년간 기독교 신자가 되고자 작정한 사람　306명 1년간 성경반 신규 가입자　　　　　　337명					

⑤ 기타 집회

종 류	횟 수	평균(명)	연인원(명)
강연회	51	501	25,552
환등·강연회	12	499	4,911
토론회	31	481	14,987
친교회	9	201	1,810
월례회	7	86	599
3일간의 개관식	7	1,233	8,632
낮에 회관에 온 사람		281(일)	66,884
밤에 회관에 온 사람		227(일)	66,891

　　학생 사업도 획기적인 발전을 하여, 한국 대표를 제7회 세계 기독학생면맹(WSCF) 세계대회에 파송하기도 했다. 이 대회는 1907년 4월 3일부터 8일까지 일본 도쿄에서 개최된 것으로, 동양에서는 처음 있는 세계 기독교대회였다.[20] 5개국 160명의 정식 대표와 내빈까지 합하면 627명이 참석한 대집회였는데, 한국 대표로는 부회장 윤치호를 비롯하여 김정식·김규식·김필수·민준호(閔濬鎬)·강태응(姜泰膺)·브로크만 등 7명이 참석했다.[21]

20) 奈良常五郎 日本 YMCA史 (日本 YMCA同盟, 1959), p.136.
21) 〈재일(在日) 한국기독교청년회 창립 50주년 화보〉 8쪽, 《한국개신교사》, 207쪽, 〈대한매일신보〉 1907년 4월 6일자, 동 5월 5, 9일자 잠보.

15.

일본 유학생 사업과
민족 자립의 열망

 1876년 우리나라가 일본과 병자수호조약(丙子修好條約)을 맺으면서 제1차로 김기수(金綺秀)를 수반으로 한 수신사를 일본에 보내어 문물과 제도를 시찰하게 했으며, 1880년 제2차로 김홍집(金弘集) 일행을 파견했다. 그 다음해인 1881년에는 박정양(朴定陽)·홍영식(洪英植)·어윤중(魚允中) 등 12명을 위원으로 하고 이상재·유길준·윤치호 등 26명을 수행원으로 한 38명의 신사유람단을 일본에 파송했다. 이들은 정치·경제·산업·교육 등 각 방면에 걸쳐 비교적 상세한 조사를 했다.

 1882년 임오군란(壬午軍亂)이 있은 뒤, 박영효를 정사로 하고 김옥균을 부사로 하여 다시금 수신사 일행을 보냈는데, 이와 같이 몇 차례씩 사절단과 시찰단을 파견하는 동안 그 일행 중 몇몇은 돌아오지 않고 일본에 남아서 공부를 계속하거나 시찰을 했다. 유길준과 류완수(柳完秀)는 경응의숙(慶應義塾)에, 윤치호는 동인사(同人社)에, 이수정(李樹廷)[1]은 이들을 감독하는 입장

---

1) 이수정에 대해서는 이 책 21쪽 참조.

에 있으면서 기독교 신자가 되어 성경을 우리말로 번역하는 동시에 종교·문화·산업계 시찰을 계속했다. 그리고 1883년 김옥균이 다시 일본으로 갈 때는 서재필 등 30여 명의 청년을 인솔하고 가서 사관학교와 교도단(教導團)에 입학시켜 장교 훈련을 받게했다. 이들이 한국 최초의 일본 유학생이다. 그 뒤 1894년 갑오개혁을 계기로 관비 유학생뿐만 아니라 자비 유학생도 부쩍 늘게되었다.

그리하여 10년 뒤인 1906년에는 300명으로 늘었고, 1907년에는 400여 명, 1909년에는 무려 697명이 되었다.[2] 이 유학생들 중 약 100명은 관비 유학생이고 나머지 약 600명은 개인 또는 단체의 도움을 받아 공부하는 유학생이었다."[3] 그들의 유학 동기는 물론 귀국 후 나라에 충성함에 있었다. 더러는 정치적 목적으로, 더러는 단순한 호기심으로 갔지만 대부분의 학생들은 반일 감정이 철저한 애국 청년이었다. 그들은 정복자의 발밑에 굴복했다는 치욕감을 느끼면서도 일본 사람들에게서 법학·경제학·농학·공학 등을 배우고 돌아와 동포들을 가르치겠다는 열의에 불타고 있었다."[4]

이런 상황에서 1906년 봄 질레트 총무가 도쿄를 방문했을 때는 244명의 한국 유학생이 모여 와서 환영회를 열어 주었으며,[5] 이 사실을 즉시 "중국·한국 및 홍콩 YMCA 전체 위원회에 보고하여 협조를 약속받고 돌아오게 되었다."[6] 때마침 한인 총무 김정식이 터무니없는 낭설로 그 자리를 떠날 수밖에 없었기

2) J. M. Clinder's Letter on Jun 15, 1909. 이 통계는 김정식이 재일본 한국 유학생 감독 신해영(申海永) 등의 도움을 받아 조사한 것이다. 함경북도 4명, 함경남도 9명, 평안북도 81명, 평안남도 121명, 황해도 25명, 충청북도 9명, 충청남도 23명, 경기도 319명, 강원도 5명, 전라북도 12명, 전라남도 17명, 경상북도 32명, 경상남도 40명—총 697명.
3) 위의 자료.
4) 위의 자료.
5) P. L. Gillett's Report Year September 30, 1906.
6) 위의 자료.

때문에 즉시 도쿄로 파송되었다.[7]

김정식이 도쿄에 도착한 것은 1906년 8월, 우선 고지마치 구(麴町區)에 있는 한국 공사관에서 준비를 하고, 간다 미도시로 초(神田美土代町)에 있는 일본인 도쿄 YMCA의 방 하나를 빌려 쓰다가 1906년에는 니쇼가와 초(西小川町) 2정목 8번지에 회관을 정하고 사업을 시작한다.[8] "그 결과 1907년에는 400~500명의 유학생 중 163명이 기독교 신자가 되었으며, …… 그 학생들의 질로 보나 역량으로 보나 이 사업은 세계 어느 곳에서도 볼 수 없는 가장 중요한 사업의 하나가 되었다."[9]

그 회관에서는 교실·성경 연구실·독서실·운동실 등을 차려 놓고 다양한 사업을 했다.[10] 특히 장차 귀국하여 민족 지도자가 되고자 하는 이 열렬한 애국 학생들에게 만족을 줄 수 있는 사람은 김정식 총무였다. "그의 독실한 하느님 신앙, 당당하고 여유 있는 마음 자세, 기독교적인 생활 태도는 학생들의 존경의 대상이 되었다."[11]

이와 같이 기독교 신자가 갑자기 증가했기 때문에 학생 교회를 창설해야 한다는 소리가 높아지게 되었다. 이러한 여론이 국내 교회에 반영되어 결국 1909년 평양에서 열린 예수교 장로회 제3회 장로회 총회의 결의로 한석진(韓錫晋) 목사가 도쿄에 파송되었다.[12]

한 가지 더 지적해야 할 일은 이 기간에 시작된 한국

7) P. L. Gillett's Letter on August 1907.
8) 채필근(蔡弼近) 편, 《한국기독교개척자 한석진(韓錫晋) 목사와 그 시대》(대한기독교서회, 1971), 158쪽.
9) 최승만(崔承萬) 문집, 《극태필경(極態筆耕)》(보진재, 1970), 585쪽. "YMCA 제일 청년의 사명", 〈새사람〉 1967년 3호.
10) P. L. Gillett's Report for 1907 on November 1907.
11) 영문 편지, 보고자 미상.
12) 곽안련(郭安連, Chas, Allen Clark) 편, 《장로교회사전휘집(長老教會史典彙集)》(조선야소교서회, 1935), 7쪽.

YMCA 자립 운동이다. 이 자립정신은 1908년 12월 새 회관 개관식 때의 사회자 윤치호 부회장의 발언에서 시작되었다. 그가 개관식 폐회사에서 자립정신을 강조한 결과 5,166원의 기부금이 즉석에서 모금되었다.[13] 그는 "한국 YMCA는 미국 사람이나 영국 사람들의 힘만 믿을 것이 아니라 우리 자신의 힘으로 운영해야 한다"는 독립정신을 늘 강조했다.[14] 회비는 처음에는 징수할 수 없었다. 그러나 "작년(1908~1909)의 회비 수입은 전년보다 70퍼센트가 증가했고, 1906~1907년보다는 200퍼센트 증가를 보게 되었다. 사실상 과거에 회관 없이 사업을 할 때는 회원들에게 회비를 내라는 말을 안 하는 것이 현명했다."[15] 이미 1909년 사업예산에서도 본 바와 같이 회관을 지은 다음부터는 YMCA를 자립적으로 운영할 수 있게 된 것이다.

그러나 수입 예산 중 1만 원의 정부 보조에 대해서는 여러 가지 억측과 잡음이 있었다. 이는 1906년부터 고종 황제의 호의로 재부(財部)가 국가 보조로 지출하는 것이었는데, 통감부의 정치적 목적으로 주어지는 것이라 해서 외국인 Y 지도자들에게 신랄한 공격이 가해진 것이다. 그러나 아무리 한국 정부가 일본인의 재정 감독하에 있다 하더라도 그때까지는 엄연히 우리 임금이 나라를 다스리는 때이며, YMCA 지도자들은 다 임금의 굄을 받은 사람들인 만큼 그러한 억측은 항상 극복될 수 있었다.

그러나 1907년 고종 황제가 퇴위한 뒤부터 사태는 달라졌다. 그리하여 한국인 회원들은 조금이라도 꺼림칙한 정부 보조는 받을 필요가 없다는 뜻에서 1만 원 보조를 거부했으며, 서울과 도쿄의 일본인 신문들은 서울 YMCA를 '반일의 소굴'이라고 낙인찍게 되었다. 이리하여 외국인 Y 지도자들은 아주 난처한 입장에 빠져 YMCA 국제위원회에 보고하기를, "한국 Y 회

---

13) F. M. Brockman's Annual Report for the Year Ending September 30. 1909.
14) P. L. Gillett's Report for the Year Ending September 1. 1909.
15) G. A. Gregg's Annual Report for the Year Ending September 30. 1909.

원들은 태어나면서부터 반일 정신이 강한 애국자들입니다. 이런 환경에서 질레트 총무는 하느님의 가호 하에 엄중 중립을 지키고 있으며, 두 나라 사람들의 꾐을 받고 있는 터이므로, 마치 살얼음장 위를 걸어가는 느낌입니다. 그러나 우리는 어떠한 곤란이 있더라도 한국인들과 우정을 유지해야 할 것이며, 1만 원의 정부 보조가 끊기는 한이 있더라도 한국인의 신임을 잃어서는 안 된다고 생각합니다. 사실 우리는 과거 2년간 정부 보조를 받아 왔지만 그것을 계속 받을 수 있다는 보증은 없습니다"[16]라고 했던 것이다.

참고로, 당시 한국 YMCA의 비중을 알기 위하여 당시 문헌을 통하여[17] 각국 YMCA의 대비표를 소개하면 다음과 같다.

세계 각종 청년회 대략(大略)

YMCA 소재지	회원 총수(명)	1년간 경비(원)	회관 가치(원)	학관 학생 수(명)
워싱턴	102,050	100,000	1,070,000	348
런던	6,701	87,620	610,000	3,009
샌프란시스코	2,170	99,720	1,200,000	624
상하이	848	24,000	105,000	254
톈진	235	11,000		
홍콩	319	10,000		
도쿄	1,200	3,400		
캘커타	900	41,578	156,000	
몬트리올	2,393	33,944	560,000	585
뉴욕	18,216	819,414	8,756,800	2,594
한성(漢城)	917	15,000	125,500	203
멕시코	1,000	37,000	160,500	95

16) G. A. Gregg's Annual Report for the Year Ending September 30. 1907.
17)《대한 황성종로기독교청년회 약사》(1908) 후미에 기재.

제 4 부

항일 투쟁기 (1909~1913)

침략과 불의에 대한 민족적 항거

──── 1909년 10월 26일, 침략의 원흉 이토 히로부미가 안중근 의사의 총격을 받아 하 얼빈 역 구내에서 쓰러지자 일제는 그 후임으로 데라우치(寺內正毅)를 파송하여 1910년 8 월 22일 한일합병을 강행하고 말았다. 그리고 데라우치는 무단정치와 아울러 제일 먼저 기 독교 탄압에 손을 썼다.

반면 YMCA는 새로 지은 큰 회관을 거점으로 하여 힘을 과시했다. 종래 1만 5천 원의 예 산 규모를 1909년에는 2만 원, 다음 해에는 2만 5천 원, 그다음 해에는 3만 2천 원, 또 그 다음 해에는 3만 6천 원 등으로 해마다 늘렸으며, 청년들은 밤낮 이 집에 모여 울부짖으며 힘을 길렀다. 일제는 이것이 눈에 거슬려 두 가지 탄압책을 썼으니, 하나는 105인 사건이 요, 또 하나는 유신회 사건이다.

전자는 주로 한국인 세력을 꺾기 위함이었고, 후자는 주로 외국인 세력을 몰아내기 위함이 었다. 전자의 경우에는 헌병을 동원했고, 후자의 경우에는 친일배들과 그 하수인들을 동원 했다. 그러나 YMCA는 이에 굴하지 않고 항거를 계속했으니, 이때야말로 YMCA가 죽느 냐 사느냐의 중대한 시기였다.

16.

YMCA 안에까지 파고든
침략의 마수

      통감으로 부임해 온 이토 히로부미는 처음부터 YMCA에
악감정을 품고 있었다. 우선 황성기독교청년회가 '중국·한국 및
홍콩 YMCA 전체위원회'에 가입해 있는 것을 불쾌하게 여겼으
며, 따라서 1907년 6월에 일어난 헤이그 밀사 사건의 주동 인물
이 전부 YMCA 간부였다는 데 앙심을 품고 있었던 것이다. 무엇
보다 그 사건의 장본인 이준은 초창기부터 YMCA 토론회의 심
판원이었으며, Y 안에서 전덕기·이상재 등과 밀회를 거듭했다.[1]
그리고 헐버트는 다시금 황제의 밀지를 받아가지고 헤이그에 가
서 밀사들을 도와주었다[2]는 사실이 드러났기 때문이다. 그리고
7월 20일 고종 황제를 왕위에서 강제로 물러나게 할 때는
YMCA 간부들과 회원들이 맹렬한 반대 시위를 했기 때문이다.
      이 사실을 알게 된 이토 히로부미는 고종 황제에게 "이 같

---

1) 1973년 7월 2일 당시 회원이었던 민충식(閔忠植)과 면담, 그리고 이준은 연동교회 교인이었다.
2) 신지현(申芝鉉), "세계에 호소한다―고종의 밀사", 《한국 현대사》 제2권(신구문화사, 1969), 212,
217-218쪽. 헐버트는 4월 초에 서울을 떠나 7월 10일 헤이그에 도착하여, 먼저 스위스와 프랑스
에 들러 언론인들과 접촉하고, 영국에 들러 저명한 언론인 스투드(W. T. Stood)를 만날 길을 예비
했다.

은 음흉한 수단으로 일본의 보호권을 거부하기보다는 차라리 당당하게 선전 포고하소서"[3]라고 협박한 다음 총리대신 이완용을 시켜 어전회의를 열게 했다. 이 자리에서 송병준(宋秉畯)만이 매국노다운 어조로 "만일 폐하가 자결하지 못하신다면 친히 도쿄로 가시어 일본 천황폐하에게 사죄하시든지 아니면 하세가와(長谷川好道) 군사령관을 대한문 앞에서 맞아 면박의 예를 하소서"[4]라고 했다.

이에 고종 황제는 격분한 어조로 "경은 누구의 신하인가"[5]라며 크게 꾸짖고 끝끝내 강경한 태도로 왕위에서 물러날 것을 거부했다.

그러나 어쩔 수 없이 황제는 "우리 열조의 예를 따라 군국의 대사를 왕세자에게 대리하게 한다"[6]는 조치를 내리고 분명히 양위 또는 퇴위가 아닌 잠시 왕세자에게 대리하게 한 데 불과했지만 그네들은 "왕세자에게 양위했다고 선포하고" 신구 황제가 직접 나오지도 않은 빈 자리에서 허위의 양위식을 단행하고 말았다.[7]

이에 끝까지 반대한 신하는 박영효였다. 그는 궁내부대신(宮內府大臣) 자격으로 양위식을 거부했으며, 군중은 결사반대 시위를 했다. 그중에도 YMCA를 비롯한 동우회(同友會)·대한자강회(大韓自强會, 회장 윤치호)·대한구락부(大韓俱樂部) 등 회원들은 대한문 앞 광장에서 시민들을 모아 놓고 양위 반대 연설을 하는 동시에 "만약 도일(渡日)을 위한 황제의 대가(大駕)가 궁궐을 나설 때는 ……모두 궤도에서 깔려 죽자"는 결의를 하고, 이를 저지하는 일본 헌병과 정면충돌하기까지 했다.[8]

---

3) 최영희(崔永禧), "국치(國恥)의 그날—경술합병(庚戌合倂)", 《한국현대사》 제2권(1969), 104쪽.
4) 위의 책.
5) 위의 책.
6) 위의 책.
7) 위의 책.
8) 위의 책.

이 같은 사태에 이르자 "서울과 도쿄에 있는 각 신문들은 YMCA가 황제의 양위를 완강하게 반대하는 폭동의 주모자"[9]라고 보도하는 동시에 "YMCA는 종교의 탈을 쓰고 정치 선동을 주도해 왔다. 더욱이 YMCA는 외국 선교사들과 굳게 손잡고 지금까지 해산 명령을 거부하고 있다. YMCA는 외국 선교사 세력에 등을 대고, 일제는 YMCA를 해산시킬 만한 힘이 없다는 것을 민중에게 선동하는 동시에, 이미 해산당한 단체들을 YMCA 회원으로 포섭하는 공작을 하고 있다"[10]고 크게 보도했다. 이에 질레트 총무는 이것이 단순한 YMCA의 존폐 문제가 아니고 국제문제라는 것을 깨닫고 6개 조항의 긴급 조치[11]를 취했다.

이상과 같은 정치적 조치를 이용하여 일제는 악랄한 침략의 마수를 뻗쳤다. 이미 말한 바와 같이 YMCA 창립 이사 중의 한 사람이던 다카키(高木正義)라는 일본 사람은 독실한 기독교 신자이고 양심적인 Y 맨이기 때문에 그가 Y 이사가 되었다는 것은 조금도 무리가 아니었다.[12] 그러나 메가다(目賀田鐘太郎)

---

9) P. L. Gillett's Letter to Mr. T. Sammons, American Consulate General, Seoul Korea, on August 29. 1907.

10) 위의 자료. 이때까지 일제는 군대를 해산시키고, 동우회 · 대한자강회 · 대한구락부 등 민간단체를 모조리 해산시켰으며, 사립학교령(1908년 9월 1일)을 통하여 상동교회의 청년학원 등을 폐교시켰다.

11) 질레트 총무의 발표 내용은 다음과 같다. ① 황제 양위 소동이 있은 뒤 오늘날까지 모든 집회를 정지시켰으며, ② 가을 학기가 시작될 때는 당분간 주간부와 종교 집회만을 열 것이며, 모든 강연회 · 토론회 · 일반 사교 집회는 이사회의 지시가 있을 때까지 연기할 것이며, ③ YMCA 총무는 청년회 명칭을 악이용하는 따위의 위법 행위를 하는 회원을 단호히 처단할 것이며, 한편 마루야마(丸山) 경시청장에게 서한을 보내어 청년회 명칭을 악이용하는 자가 있을 때는 알려달라고 부탁했지만 아직까지 그런 보고를 받지 못했으며, ④ 윤치호를 워싱턴에서 열리게 될 YMCA 세계 대회 한국 대표로 파송하는 경우 한일 쌍방간의 의혹과 오해를 사기 쉽기 때문에 이를 취소했으며, ⑤ YMCA는 서울에 하나밖에 없으므로, 서울 아닌 지방에서 YMCA에 관한 보고가 있을 때는 그것이 허위인 것을 알아야 할 것이며, ⑥ YMCA가 어떠한 종류의 정치적 행위도 해서는 안 된다는 주한 미국 공사의 경고는 엄격하게 지켜지고 있을 뿐만 아니라 금후에는 추호도 의심스러운 일은 없을 것이다.

12) 다카키는 미국에서 문학박사 학위를 받고 돌아와 1901년에는 도쿄 YMCA 회계이사(會計理事)가 되었고, 한국에는 제일은행 경성출장소장으로 부임하여 한국 YMCA 창설에도 가담했으며, 1904년 2월 출장소장을 사임하고 본국으로 돌아갔다.

가 재정부 위원[13]이 되었다는 것은 도저히 이해가 안 가는 일이었다. 그는 1904년 8월 22일 체결된 외인용빙협정(外人傭聘協定) 뒤에 파송된 문제 인물이다. 그러면 어찌하여 이런 문제 인물이 YMCA에 뛰어들게 되었던가? 한국 정부의 재정고문으로 파견된 것은 이해가 가지만 어떻게 하여 YMCA 조직에까지 끼어들게 되었던가?

그리고 또 다른 일본인은 니와(丹羽淸次郎)라는 사람이다. 그는 일찍이 1890년 일본인 도쿄 YMCA 최초의 유급 간사를 역임한 Y 맨이며[14] 1908년 7월 15일[15] 재 서울 일본인을 위한 경성 YMCA가 창설되자 초대 총무로 한국에 파송되었다. 그는 1910년 4월 16일 한국에 와서[16] 한국 YMCA 간부들과 계속 접촉하면서 무슨 방법으로든지 한국 YMCA 건물을 자기네 본부 사무실로 쓰려고 했다.[17] 이는 주로 한국 YMCA가 아직까지 '중국·한국 및 홍콩 YMCA 전체위원회' 산하에 있다는 것은 일본 YMCA 지도자들의 무능의 소치라는 이토의 불만[18]이 작용한 것인데, 이에 대해 질레트 총무는 편지하기를, "일본인 경성 YMCA 이사회는 니와 씨를 우리에게 파송하여 한국인과 일본인 YMCA를 다 같이 우리 건물 안에서 운영할 것을 요구해 왔습니다. 그래서 우리는 방이 넉넉지 못하기 때문에 밖에 가건물을 짓고 사업을 하고 있는 형편이며, 일본 YMCA가 원한다면 일본인 Y 회원들이 한국말로 하는 프로그램과 기타 사업에 참여하면 되지 않느냐고 대답했던 것입니다"[19]라며 거부했다.

일본인의 침략의 마수는 한국인을 통해서도 뻗쳤다. 김

---

13) 1908년도 재정위원은 에비슨(위원장), 모리스(J. M. Morris), 베크(S. A. Beck, 裵額), 질레트, 메가다 등 5명이다.
14) 奈良常五郎, 日本 YMCA史(日本 YMCA 同盟, 1959), p.40.
15) 笠谷保太郎, 京城基督教靑年會小史, 日本 YMCA 同盟 硏究所紀要, 第一卷 第5號.
16) 위의 책.
17) C. V. Hibbard's Letter to Mr. J. R. Mott on March 1910.
18) Syen's(柳一宣) Letter to Mr. Fisher on December 27, 1907.
19) P. L. Gillett's Letter to Mr. J. R. Mott on November 1, 1910.

린(金麟)이라는 친일분자가 YMCA 부총무로 들어온 것이다. 그의 신분은 확실치 않다. 다만 그가 일찍이 일본 유학생이었고, 이상재·김정식·이원긍 등 〈독립신문〉 지도자들과 감옥 안에서 기독교 신자가 된 것은 사실이며, 그도 처음에는 좋은 동기로 구국운동에 투신했지만, 1906년 8월 김정식 한인 총무가 재일본 한국 YMCA 총무가 되어 가자 1907년부터 부총무가 되어 처음부터 회관 건축에도 활약했는데, 모종의 사명을 띠고 부총무로 들어왔는지 아니면 부총무로 들어온 뒤 매수되었는지는 알 수 없으나 그가 이완용의 심복이었던 것은 사실이다.

또 하나의 침략 행위는 재정적인 면이었다. 이미 말한 바와 같이 1906년부터 받는 1만 원의 정부 보조는 고종 황제의 호의에 의한 것이었다. 그러나 1910년 한일합방 이후부터는 성질이 달라져서 순전한 정치 자금으로 주어졌다. 그 증거로 질레트 총무의 보고에서는 "그(데라우치 총독)는 비서를 통해 다음과 같이 지시했습니다. 즉, '신임 총독으로서는, 과거 한국 정부가 한 것처럼 정부 보조로 국고에서 지출할 것이 아니라 자기 개인의 특별 통장에서 지출해야 할 것이다'라고 했으며, 더욱이 '자기로서는, YMCA의 공익적인 목적에 경의를 표하는 동시에 구한국 정부의 재정 보조를 계속하기를 바란다'고 했던 것입니다. 여기서 우리가 기억해야 할 것은, 이 지시가 그대로 이행되었다는 사실과, 이용 가치가 없는 다른 교육 단체들은 폐쇄 명령을 받았다는 사실입니다"[20]라고 했는데, 이때부터 질레트 총무는 그 정부 보조가 개인 주머니에서 나온다는 사실을 알게 된 것이다.

---

20) P. L. Gillett's Annual Report for the Year Ending September 30. 1910.

17.

더 강화되는 YMCA의
힘과 슬기와 용기

이미 말한 바와 같이 황성기독교청년회는 1907년 고종 황제가 강제로 양위 당했을 때 거칠게 항쟁을 했다. 이때 "기독교청년회의 반응은 험했다. 이들은 자강회 동지들과 친일 일진회(一進會)의 기관 신문사를 습격해서 파괴하고, 다시 대한문 앞에 나아가 거기 꿇어앉아 통곡하며, 기우는 나라와 사라져야 하는 황제의 비운을 목메어 통곡했다"[1]

그러나 이와 같이 거칠던 기독교청년회의 태도가 1910년 한일합방 이후부터는 해학과 영력으로 변했다. 날로 강화되는 일제의 무단정치에는 그러한 폭력적인 행위 대신 해학과 풍자와 슬기로, 또한 영력과 용기로 대결해야만 했다.

이 같은 해학과 풍자는 이상재의 영향이 크다. "서울에서 모금된 34,500원[2]으로 사들인 약 833평[3] 대지에 워너메이커가

---

1) 민경배, 《한국기독교회사》(대한기독교출판사, 1972), 187쪽.
2) 현흥택의 기부금 약 5천 원 가치의 대지와 모건 미국 공사의 기부금 5천 원과 그전에 모금해 두었던 2만 3천 원을 합한 3만 3천 원보다 1,500원이 많고, 황성기독교청년회 개관식 요람에서 말한 4만 원보다 5,500원이 적다.
3) 이 평수는 P. L Gillett's Annual Report for the Year Ending September 30. 1910에 기록된 3

기부한 8만 원으로 지은 본 건물과 4개의 부속 건물"[4]에서는 청년들의 공부하는 모습, 양철을 두들기고 나무 깎는 소리, 유도부에서 쾅쾅 둘러메치는 소리, 운동장에서 군사 훈련을 하는 광경, 밤마다 만원을 이루어 강연하고 토론하고 울부짖고 방성 기도를 하고 찬송 부르고 연극을 할 때 관중들이 박수치는 소리가 요란했다. 이런 중에서 이상재는 직접 각본을 쓰고 풍자극을 연출했다.[5] 그리고 그는 학생 대표들로 전도대를 조직하여 이집 저집을 찾아다니며 전도문을 뿌리게 했다. 그들은 둘 또는 셋씩 짝을 지어 이상재의 "동포여 각성하라"라는 연설문을 각 학교에 뿌리게 했다.[6] 이에 대하여 일본 경찰이 상관에게 보고한 내용을 보면 다음과 같다.

> 사실상 청년회는 강연회를 열 때마다 애국가를 봉창하고 기도로써 폐회했는데, 한번은 이를 감시하는 경찰이 그 장면을 이렇게 풀이했다. "애국가, 그것은 비애다. 즉, 그 뜻은 우리나라 삼천리 강토와 5백년 종사를 하느님에게 빌어 독립을 빨리 회복해 주십사고 노래하는 것으로, 듣기에도 눈물이 나도록…… 기도하고 폐회하였다."[7]

그런데 당시 YMCA가 지니고 있던 힘이란 무엇인가? 그것은 6가지로 분석할 수 있다. 즉 건물의 힘·재정의 힘·자발 정신의 힘·청년의 힘 그리고 국제 조직망의 힘이다. 이 힘은 일제의 탄압이 더해질수록 더 강화되었으며, 한일합방 뒤인 1911년부터는 더 뚜렷이 나타난 것을 볼 수 있다. 이를 몇 가지 재정 통계를 중심으로 분석하면 다음과 같다.

만 평방피트를 산출한 평수이다.
4) 이 건물 안의 모습은 P. L. Gillett's and G. A. Gregg's Annual Report for the Year Ending September 30, 1910에 명시되어 있다.
5) P. L. Gillett and G. A. Gregg, 앞의 자료.
6) 위의 자료.
7) 민경배, 앞의 책, 187쪽.

연대 종별	1907	1908	1909	1910	1911	1912	1913	1914
일반예산총계	12,721	15,025	20,735	24,844	32,558	36,285	34,500(약)	
사업부총수입			57	1,502	4,030	12,803	12,000(약)	
사업부총경비			3,000(약)	6,239	12,932	17,728	17,000(약)	
사업부졸업생수	11	17	32	40	45	48	46	66

수입부

연대 종별	1909	1910	1911	1912
정 회 비	1,110.5	1,831.78	1,864.50	1,283.00
유 지 비		29.00	318.00	602.00
주 간 부 학 생 비	777.55	1,571.25	1,091.80	721.70
야 간 부 학 생 비			239.60	364.25
노동야학학생비				29.70
정 부 보 조	10,000.00	10,000.00	10,000.00	10,000.00
기 부 금	451.75	700.00	651.70	1,523.78
이 자	2,820.69	3,773.47	2,768.40	3,117.58
임 대 료	4,230.50	4,087.88	3,854.65	2,039.32
가구제품판매대			1,782.55	6,572.42
기계제품판매대			210.30	205.89
양철제품판매대				9.28
사진제품판매대			1,160.49	1,227.43
구두제품판매대			711.86	3,344.58
인 쇄 물 판 매 대			174.52	583.39
저 장 품 판 매 대				449.20
전기기구판매대				500.00
(산업부총수입)	57.42	1,502.21	4,039.72	12,892.09
타 자 수 입				40.33
입 장 권 수 입	147.27	96.10	130.70	48.80
체 육 회 비		8.95	25.55	3.65
도 서 판 매 대	474.94	388.22	168.41	15.77

문 예 부 수 입			280.42	334.63
학 생 대 회 회 비		127.90	202.54	143.32
성 서 판 매 대				44.24
기 금 에 서			5,871.09	834.47
잡 수 입	675.42	727.67	1,051.00	2,247.00
총 계	20,735.59	24,844.43	32,558.98	36,285.63

지출부

종별 ＼ 연대	1909	1910	1911	1912
인 건 비	1,769.64	2,015.12	2,339.50	2,435.67
보 험 료	843.75	800.00	950.00	950.00
비 품 수 리 비	459.68	595.39	1,307.75	504.21
신 탄 비	1.15	730.18	976.39	564.20
수 도 료	39.91	78.16	97.35	126.33
전 기 료	818.20	1,270.54	1,456.86	1,029.85
인 쇄 사 무	573.24	640.68	154.53	595.02
종 교 부	1,029.96	1,061.05	1,158.83	1,232.22
교 육 부 사 업 비		1,678.33	1,401.53	679.48
교 육 부 주 간 부	4,675.36	4,999.68	4,577.75	3,748.72
교 육 부 야 간 부	1,000.00	912.75	1,061.00	1,263.27
교 육 부 노 동 야 학 부				311.31
산 업 부 사 업 비			540.67	928.25
산 업 부 가 구 제 조			4,860.73	7,016.05
산 업 부 기 계 제 조			2,870.27	1,607.83
산 업 부 양 철 제 조			216.00	126.88
산 업 부 사 진			1,007.85	1,283.25
산 업 부 구 두 제 조			3,059.24	4,708.31
산 업 부 인 쇄			377.56	868.00
산 업 부 전 기 제 품				1,189.71
산 업 부 총 지 출	3,000.00	6,232.60	12,932.32	17,728.28
친 접 및 회 우 부	187.01	780.56	898.05	592.81

149

체 육 부	684.23	839.64	873.82	1,126.22
전 국 학 생 사 업		229.67	1,995.38	1,623.31
소 년 부 운 동 장 비				423.58
잡 비	661.67	1,429.34	1,377.92	1,206.90
총 지 출	15,743.80	24,293.69	32,558.98	36,285.63

148쪽의 통계[8]는 사업부 예산만인데, 여기에는 외국인의 봉급이나 그 밖의 외국인 관계 재정은 포함되어 있지 않다. 1909년부터 1912년까지 4년간의 예산을 다시 분석해 보면 148~150쪽의 도표와 같다.

이들 통계[9]에서 우리는 다음과 같은 몇 가지 뚜렷한 경향을 찾아 볼 수 있다.

(1) 회비 증가—이는 회원들의 자발 정신·책임의식·참여의식 증진을 의미한다. 1911년도 일반회비 수입은 1909년보다 1,082원이 많은 2,182원으로 증가했고, 1912년에는 105인 사건이라는 정치적 탄압에도 불구하고 182원이 많은 1,282원의 수입을 보게 되었다. 학생회비, 곧 학생들의 수업료도 많이 증가했다. 다른 학교들은 말할 것도 없고 Y학관 학생들도 본래는 수업료를 내지 않았다. 그러나 학생들이 자진하여 내기 시작했는데, 산업부의 한 학생은 3개월분 학기금을 내기 위해 소를 팔아 댄일도 있다. 1909년부터 교육부 위원회가 5원씩 수업료를 받기로 결의했기 때문이다. 그리고 노동 야학의 학생들, 곧 120명의 담배 공장 직공들도 수업료를 냈다.

(2) 산업 교육의 융성—특히 기술 교육은 재료비와 실습

---

8) P. L. Gillett's Annual Report for the Year 1913, pp.1-2.
9) G. A. Gregg, A Sketch of the Industrial Work of the Seoul Young Men's Christian Association, from 1906 to 1913, p.5.

비 등이 많이 들었지만 수지를 맞추는 방향으로 교과목이 편성됐다. 1911년도 기술 교육비(산업부 총지출)는 약 1만 3천 원인데 비하여 수입은 4천 원밖에 안 되어 9천 원의 적자를 면치 못했다. 다음해에는 17,720원 지출에 1만 3천 원의 수입을 냈다. 이는 곧, 사업은 3배로 늘어나고 경비는 반으로 감소했음을 나타낸다. 더욱이 사진부 수입은 경비를 빼고도 약 45원의 흑자를 냈으며, 제화부 수입은 이명원(李命遠) 등 직원들이 전국을 순회하여 양화(洋靴)를 선전·판매했기 때문에 일종의 국민 운동으로 전개되었다.[10]

　　　기술 교육은 1904년부터 질레트 총무의 부인과 누이동생이 상류 계급 청년들에게 양말·목도리·토시·장갑 등을 짜는 법을 가르쳐 주는 것으로 시작되었다.[11] 그다음에는 염색·도자기 굽는 법·가죽 이기는 법 등을 가르쳐 주었다.[12] 그 뒤 목공·철공·사진·기계 수선·인쇄·측량 등 각종 기술 교육을 추가로 했는데, 당시 Y 당국이 발표한 자체 평가와 교육 방침을 보면,[13] ① 학생들의 제품은 어느 정도 주문이 들어온 뒤에 시작한다. ② 상행위는 교육적 의미가 크다. ③ 이럼으로써 학교의 자립 운영이 가능해진다. ④ 기술 교육과 자립 운영은 국가적 요청이며 시대적 문제다. ⑤ 교육 목적은 선비 양성보다 일꾼 양성에 있다.

　　　이와 같은 평가와 방침은 1908년 새 회관을 짓기 전에 한 것으로, 회관 준공 이후에는 미국에서 2만 원 가치의 최신식 기계를 도입하여 시설을 갖추는 동시에 3인의 외국인 기술자를 3년간 계약으로 데려다가 쓰기도 했다.[14]

---

10) 1964년 2월 10일 이명원과 면담.
11) G. A. Gregg's Report for the Year Ending September 30, 1913, p.1.
12) 위의 자료. 쇠가죽은 거의 다 버리다시피 하여 일본인들이 헐값으로 대량 매수해 갔으며, 청년회가 현대식 방법으로 가죽 이기는 법을 가르쳐 주니까 6개월도 못 되어 일본인들이 직접 가르쳐 주겠다고 허위 선전을 했기 때문에 150명의 학생들이 빠져나가는 소동이 일기도 했다.
13) G. A. Gregg, A Sketch of the Industrial Work of Seoul Young Men's Christian Association, from 1906 to 1913, p.4.
14) P. L. Gillett's Annual Report for the Year 1913, p.4.

(3) 종교부·사교부·회원부 예산—이것들은 조금씩 증가한 사실을 볼 수 있으나, 그보다 보이지 않는 사업이 많았다. 1912년도의 종교 집회 총 참가자는 연인원 33,296명인데 비해 종교부 재정 예산은 극히 적다. 이처럼 적은 예산으로 엄청난 효과를 냈기 때문에 미국인 간사들은 "종교부 총무 이상재는 우리 주님 예수 그리스도처럼 날마다 위험과 곤란에 부딪혔지만 이 모든 것을 용감하고 슬기롭게 해결해 주었다"[15]고 했으며, 그는 언제나 "십자가 군병들아 주 위해 일어나"라는 찬송가를 부르며 집회를 인도했다. 그리고 이상재는 청년들과 함께 풍자와 연극으로 항쟁을 했다. 미신·조혼 등을 비롯한 구습(舊習)을 타파하는 풍자극, 일제의 탄압·양반들의 토색질 등을 소재로 한 풍자극은 일반 부녀자들에게까지 인기가 커서 회관은 밤마다 만원이었다.[16]

(4) 체육부 예산—수입 면에서 1911년도의 25원을 정점으로 그전 해와 다음해에는 적어진 데 비해, 지출 면에서는 1909년도의 684원에서 1912년도의 1,126원으로 계속 늘기만 했다. 이는 체육을 얼마나 중요시했나 하는 것을 의미하며, 손 하나 까딱하지 않는 선비 정신에 대한 도전이기도 했다. Y 학관 학생들 중 양반 출신 학생들이 체조 과목을 거부했지만 김규식 학감은 이를 강행했으며,[17] 1906년 유도를 처음 시작했을 때[18] 이상재는 "여기서 장사 100명만 양성하자"고 외쳤다. 해마다 운동 대

---

15) 위의 자료.
16) P. L. Gillett and G. A. Gregg, 앞의 자료. "미국의 저명한 극작가 제퍼슨(Joseph Jefferson)은 일찍이 '무대는 그 시대의 사회와 문화를 표현하는 장소다'라고 했는데, YMCA 회관이야말로 한국 민족의 심리 상태를 적절하게 표현하는 무대였다"라고 평했다.
17) 이풍한(李豐漢)·한준호(韓駿鎬, 한규설韓圭卨의 조카)·황윤주(항상 옥관자를 붙이고 다님) 등 6, 7명의 귀족 출신 학생들은 체조를 거부했으므로 이인영(李寅榮) 등 13, 4명만이 남았었다. 1971년 3월 10일 이인영과의 면담(〈중앙일보〉 1971년 3월 16일자 "남기고 싶은 이야기—전택부" 참조).
18) 최초의 유도사범은 나수영(羅壽泳)이었다. 그는 유술(柔術)을 천풍해세류(天風海勢流)라고 했고, 유건수(劉健秀)·김홍식(金弘植) 등이 후계자가 되었다.

회는 훈련원(訓練院, 지금의 동대문역사박물관 자리)에서 열렸는데, 시내 모든 기독교 학생이 각각 천막을 치고 깃발을 휘날리며 시위를 했다. 군사 훈련은 1주일에 3시간씩 하며 사기를 높였다.[19]

　　(5) 교육부 예산—수입 면에서 1910년의 주간부 학생 수업료 총수입 1,571원이 1911년부터는 점점 줄었으니, 이는 105인 사건과 교육 탄압으로 인한 것이며, 반면 야간부 학생 수업료는 늘어났다. 더욱이 1911년부터 노동 야학 학생들도 수업료를 내기 시작했다. 지출 면에서는 1911년 사업비 1,158원과 1910년 주간부 4,999원, 1911년 야간부 1,061원을 최고로 하여 융성한 것을 볼 수 있다. 그만큼 교육 사업에 역점을 둔 것이다. 1911년 봄부터는 상과와 노동 야학을 새로 시작했다. 그리고 6월에는 84명의 졸업생을 냈다. 보통과는 종래의 2학기 3년제를 3학기 4년제로 확장했으며, 군대식 교과목은 학생들을 매혹시켰다.

　　(6) 전국 학생 사업비 예산—기독학생 사업은 1910년부터 활발히 시작되는데, 1910년도 지출 총액 229원이 1911년에는 거의 9배나 되는 1,995원으로 증가한 것은 그만큼 학생운동이 급격히 확장됐음을 의미한다. 이에 대해서는 다음 장에서 다루겠기에 여기서는 생략한다.

　　(7) 인건비 예산—1909년도의 1,779원에서 해마다 늘어 1912년에는 2,435원으로 증가했다. 이는 지도력의 성장과 운영의 건전성을 의미한다. 그리고 수입 면에서 기부금과 이자 수입이 증가한 것은 YMCA 재정의 건실성을 의미한다. 특히 실무진이 강화된 것을 볼 수 있다. 1911년 3월경의 보고에 의하면,[20] ① 김린(金麟, 부총무)·이상재(종교부 총무)·김일선(金一善, 회우부 간사)

---

19) 당시 군사 훈련을 담당한 선생은 이필주(李弼柱)·이하종(李夏鍾) 등이었다.

20) P. L. Gillett's Report on March 1911.

·이원창(李源昌, 서무부 간사) 등을 위시하여 사환까지 본부 사무실에 15명, ② 이상재(교육부장)·이교승(수학)·육정수(물리) 등 13명의 주간부 선생, ③ 이원창(李源昌, 책임교사)·백상규(白象圭)·송언용(宋彦用) 등 14명의 야간 선생, ④ 퉁인승이라는 중국인 교사를 위시한 10명의 목공과 선생, ⑤ 3명의 철공과 선생, ⑥ 17명의 제화과 선생, ⑦ 사진과 최창근(崔昌根) 선생, ⑧ 3명의 인쇄과 선생, ⑨ 나수영(羅壽泳)·이하종(李夏鍾)·허성(許城)·소다 가이치 등 4명의 체육과 선생, ⑩ 전국 학생 Y 연락간사 이승만, 서기 서병조(徐丙肇)·김덕수(金德壽) 등 3명, 총 83명의 직원 명단이 나타나 있다.

그중에는 몇 사람의 이름이 중복되긴 했지만, 당시 20만 인구 도시 서울에 80여 명의 직원이 있던 YMCA는 하나의 큰 세력이 아닐 수 없었다. 더군다나 이 80여 명 가운데는 질레트 총무, 브로크만 공동총무, 그레그 교육부 학감, 스나이더 교육부 간사, 그리고 3년 간 계약으로 와 있던 힐튼(Hilton, 기계과)·터너(Turner, 목공부)·힌더(Hinder, 제화부) 등 3명의 기술자를 합한 7명의 외국인은 들어 있지 않다.

또 한 가지 특기할 만한 점은, 실무 직원의 거의 3분의 2가 YMCA 학관 졸업생들로 구성되었다는 사실이다. 그리고 사진부 최창근 등 여러 기술직 교사들은 하와이에 이민 갔다 온 사람이었다. 그만큼 YMCA는 세계성을 지닌 신흥 세력이었다는 것을 의미한다.

18.

침략에 대한
학생운동의 조직화

    1901년 조직된 배재학당의 기독학생 Y는 감독 불충분으
로 호지부지한 상태였으며, 상동 청년학원의 학생 Y는 민족 독
립에만 목적을 두었기 때문에 해산당했고, 황성기독교청년회 학
관의 학생 Y만이 겨우 형체를 갖추기 시작하여[1] 전국적인 학생
운동으로 번지게 했다. 즉, 1910년 6월 22일부터 27일까지 서울
근처에 있는 진관사(津寬寺, 현재는 서울시 은평구 진관동에 있다)에서
'제1회 학생 하령회'가 개최되었다. 전국 각지에서 46명의 학생이
초청되었고, 6개 교파와 4개국 국민 중에서 16명의 연사가 초청
되었다. 이는 한국 최초의 초교파·초국가적 학생 집회이며, 불
교 사원에서 개최되었다는 데에도 특색이 있다. 또한 이 학생 하
령회는 한일합방 2개월 전에 있었다. "이 학생 하령회를 계기로
각 학교에 학생 Y가 조직되기 시작하여"[2] 1911년 말까지는 배재
학당과 상동 청년학원의 학생 Y가 부활했고, 경신학교·세브란
스 의학교·송도 한영서원(韓英書院)에도 학생 Y가 조직되어 모두

---

1) F. M. Brockman's Annual Report for the Year Ending September 30. 1911, p.4.
2) F. M. Brockman's Annual Report for the Year Ending September 30. 1911.

6개 학생 Y로 늘었다.[3]

　　이와 같이 학생 Y가 갑자기 늘어나는 상황에서 Y 당국은 학생운동 담당 간사를 물색하게 되었다. 결국 Y 당국은 뉴욕에 있는 이승만을 지목하고 교섭했다. 마침 그때 이승만은 프린스턴 대학에서 철학박사 학위를 받고 앞으로 할 일을 궁리하고 있었다. 그는 뜻밖에 YMCA 국제위원회 총무 모트(J. R. Mott) 박사의 편지를 가지고 찾아온 그레그(G. A. Gregg)의 교섭을 받고 즉석에서 이를 수락했다. 이는 이상재의 사전 비밀교섭의 결과이기도 하지만 YMCA 국제위원회가 개입했다는 것은 모종의 정치적 신변보호가 보장된 것을 의미한다. 그리하여 이승만은 대서양을 거쳐 시베리아 대륙 횡단 열차를 타고 1910년 10월 말경 귀국했다.[4]

　　그는 귀국 후 처음 약 6개월 동안은 주로 서울에서 학생운동을 지도했다. 그는 매주일 오후 성경반을 인도했으며, 매회 평균 189명의 학생들을 만났다. 그리고 서울 Y 학생회 주최로 시내 5개 학생 Y 연합 토론회를 토요일마다 열었다. 1911년 5월부터 6월까지는 브로크만과 전국을 순회했다. 그의 여행 보고서는 다음과 같다.

　　우리는 5월 16일 서울을 떠나 6월 21일에 돌아왔습니다. 37일 동안 13개 선교 구역을 방문했으며, 33회의 집회에서 7,535명의 학생들과 만났습니다. 우리는 2천 3백 마일을 여행했습니다. 기차로 1,418마일, 배로 550마일, 말 또는 나귀를 타고 265마일, 우마차 타고 50마일, 걸어서 7마일, 가마나 인력거 타고 2마일을 여행한 것입니다. 사립학교는 전부 재정난과 정치적 이유로 폐쇄 직전에 있습니다. 반면 선교회가 경영하는 학교는 수용할 교실이 없어서 곤란을 겪고 있습니다. ……선천(宣川)에서는 중학 졸업생 124명이 졸업생 하나를 유교

---

3) F. M. Brockman's Annual Report for the Year Ending September 30. 1911, p.4.
4) 위의 자료. 그리고 R. T. Oliver · Syngman Rhee, *The Man Behind the Myth*, p.115.

가 성한 남부 지역인 경상도에 전도사로 파송했습니다. 그는 차재명
(車載明)이란 사람으로, 7개월 동안 경상도에 가서 일하다가 여름에
학생들이 보내 준 여비를 가지고 휴가차 귀가할 때 우리와 우연히 차
안에서 만났는데, 그 학교 교장 매큔(G. S. McCune) 씨와 학생들과
선생들이 그를 열광적으로 환영하는 것을 보았습니다.[5]

그리고 그는 서울에 돌아오는 길에 개성에 들러 '제2회 학
생 하령회'에 참석했다. 이 하령회에는 지난해 제1회 때 46명의
배가 더 되는 93명이 참석하여 성황을 이루었는데, 그 참관기를
보면 다음과 같다.

여행을 마치고 돌아오는 길에 우리는 송도에서 학생 하령회를 개최
했습니다. 송도는 서울에서 약 50마일 떨어져 있는 옛 수도입니다. 강
사는 뉴욕에서 온 화이트(Campbell White) 씨와 인도에서 온 에디
(Sherwood Eddy) 씨였습니다. 그 하령회는 대성황을 이루었으며, 우
리는 기독교 학교 학생들을 통하여 모든 비기독교 학교 학생들에게
접근할 수 있다는 것을 확신했습니다. 존경하는 친구들이여! 이 땅의
수많은 젊은이들이 다음 학년에는 그리스도의 승리자가 될 수 있도
록 기도하여 주시기 바랍니다.[6]

한편 당시 이승만과 같이 여행한 브로크만의 보고에 의하
면,[7] 이 하령회는 1년 전보다 훨씬 훌륭한 것이었으며, 윤치호가
대회장이었기에 더욱 성공적이었다. 전국 21개 학교에서 2명 이
상씩 대표가 왔으며, 다른 사립학교와 공립학교에도 큰 자극을
주었을 뿐만 아니라 세계기독학생협의회(WSCF) 가맹 문제를 다
루었다고 했다.

---

5) Syngman Rhee's Letter to Friends, on July 22. 1911.
6) 위의 자료.
7) F. M. Brockman's Annual Report for the Year Ending September 30. 1911, p.5.

이와 같이 학생 하령회가 성황을 이루게 된 이면에는 약 10개월 전에 체결된 한일합방이 크게 작용한 것이 사실이다. 드디어 총독부 당국은 105인 사건이란 무시무시한 조작극을 꾸며서 대회장 윤치호를 주모자로 몰아 체포했고, 이승만은 다시 망명길을 떠날 수밖에 없었는데,[8] 학생운동이 이것으로 끝난 게 아니었다. 이승만은 일본에 들러 다시금 불을 질렀던 것이다.

이미 말한 바와 같이 재일본 한국 YMCA는 유학생 사회에서 맹렬히 활동을 개시하고 있었다. 총무 김정식은 구한국 주일 영사관 자리를 무상으로 빌려 쓰면서[9] 학생들을 모이게 했다. 그의 활동 상대는 기독교 신자만이 아니라 모든 불신자 유학생이었다. 우선 학생들이 도쿄에 오면 먼저 YMCA에 들러, 80퍼센트 이상의 학생들이 처음 1년은 이곳에서 일본말을 배우고 나가게 했다. 종교집회는 주일 오후마다 열렸는데, 평균 81명의 유학생이 모였고, 일반 유학생 단체인 대한흥학회(大韓興學會)는 매주 토요일에 모였다. 이와 같이 대한흥학회 회원들과 YMCA 회원이 다 같이 번갈아 모였기 때문에 당시 "509명 유학생 중 213명이 기독교 신자가 되었으며, 〈대한흥학회보(大韓興學會報)〉의 회장·부회장·주필 등이 다 크리스천이었다."[10]

이런 분위기에서 김정식 총무는 1912년 4월 첫 주간에 가마쿠라에서 학생 대회를 개최했다. 그리고 김정식은 감옥 안의 옛 친구 이승만을 맞이하여 대회 마지막 날 강연회를 열었다. 유학생들은 이승만을 통하여 국내 학생운동과 일제의 탄압상을 듣고 극도로 흥분했다. 그때 4월은 아직 쌀쌀한 날씨였지만 회관 밖까지 학생들이 만원을 이루었다. 이에 감동한 민규식 등 양반 출신 유학생들이 기독교 신자가 되고, 서울에서 온 그램(W. G.

8) 이승만은 1912년 3월 26일 서울을 떠났다. "그는 질레트 총무와 기타 YMCA 간부들의…… 기민한 간섭으로 간신히 체포를 모면하며"(R. T. Oliver, 앞의 자료, p.118) 1912년 봄에 미국 미니애폴리스에서 열릴 예정인 감리교 국제대회 한국 평신도 대표를 가장하고 서울을 빠져나갔다.
9) P. L. Gillett, Some Facts Regarding Christian Works Among Korean Students in Tokyo.
10) 위의 자료.

Gram)과 질레트의 짤막한 연설을 들었다. 그 결과 167명의 학생이 회관 건립 기금으로 1,365원을 자진 기부했다. "이러한 기부 활동은 어떤 외국인 간사의 발의로 된 것이 아니라 2년 전부터 회원들이 회관 짓기를 결심한 것인데, 자금이 부족하여 건축을 하지 못하고 있었다. 현재까지 모금된 돈이 21,426원인데, 총소요액 35,950원에 비하면 아직도 14,524원이 모자랐으나 이번 학생들이 기부한 1,365원이란 돈은 나머지 돈을 모금하는 데 큰 자극제가 되어 주었다"[11]

'제3회 학생 하령회'는 1912년 6월 25일부터 30일까지 북한산성에서 모였다. 참가 인원은 전년도의 93명에서 57명으로 감소했지만 모두가 눈물과 흥분 속에 지새웠다. 제1회와 제2회 하령회 회장이던 윤치호와 강사였던 양전백 목사와 다른 학생 다수가 소위 총독 암살 혐의로 수감되어 있었기 때문에 회장이 공석인 채 대회가 진행되었다. 처음부터 형사들의 엄중한 감시 하에 열린 이 하령회는 순전한 교회의 부흥회를 방불케 했다.

이제 질레트 총무의 보고[12] 내용을 간추려 보면, 첫날(6월 25일)에는 그램과 신흥우의 개회연설, 둘째 날에는 그램의 요한복음 공부와 빌링스(B. W. Billings)의 강연, 셋째 날에는 그램의 요한복음 공부 계속, 장낙도(張樂道)·이여한(李如漢)·신흥우·최성모(崔聖模)·오기선(吳基善)의 강연과 기도 인도, 넷째 날에는 오기선의 요한복음 공부와 와이어(H. H. Weir) 등이 인도하는 연합 사업의 해설과 차재명·이상재 등이 인도하는 기도회, 다섯째 날에는 오기선의 요한복음 공부와 맥크라오(F. J. L. Macrao)·라이알(D. M. Lyall)·김창제(金昶濟) 등의 강연과 기도회 인도, 마지막 날에는 오기선의 요한복음 공부와 최병헌·장낙도 등의 설교가 있은 후, 질레트·최성모 등의 폐회 강연과 각 대표들의 간증이 있었다.

---

11) 위의 자료.
12) P. L. Gillett's Report on the 1912 Student Summer Conference(date Unknown).

19.

105인 사건 때의 항거

105인 사건이란, 제1대 조선 총독 데라우치란 자가 기독교 세력을 뿌리 뽑으려고 수백 명의 양민을 검거했다가 105인의 지도자들을 정식 재판에 부쳐 기소한 사건이다. 이 사건은 1910년 11월 5일 압록강 철교 가설 공사를 마치고 그 낙성식에 참석하러 데라우치 총독이 신의주로 갈 때, 기독교인들이 그를 도중에서 죽이려 했다는 조작극인데, 내용인즉 서북 지방 민족주의자들과 학생들이 만주 안동현에 사람을 보내 권총을 사서 선천 신성학교(信聖學校) 교실 천장에 감추어 두었다가 거사하려 했다는 것이었다.[1]

이 사건은 1911년 10월 12일 신성학교 학생 3명을 검거하여 서울로 압송함으로써 시작되었다.[2] 서울에서도 같은 날 경신학교 학생 3명이 검거되었고, 2주일 뒤에는 모든 교사와 몇몇 초등학교 교사와 많은 학생이 검거되었으며,[3] 몇몇 선교사도 이

---

1) 백낙준,《한국의 현실과 이상》(동아출판사, 1963), 383쪽 참조.
2) 선우훈,《민족의 수난, 백오(百五)의 피눈물》(세광출판사, 단기 4286), 35-36쪽.
3) 곽악전(Allen D. Clark),《한국교회사》(대한기독교서회, 1961), 142쪽.

사건에 관련되어 있다고 주장했다.[4]

당시 검거된 사람은 600여 명[5]이라고도 했지만 실제로 고문을 받고 기소된 사람은 123명이며,[6] 이들의 거의 전부가 기독교인인데, 조합교회 신자 2명, 감리교회 신자 6명, 장로교 신자 89명이었다.[7] 모두가 서울로 압송되어 1912년 6월 28일 첫 공판이 열렸다.

신문들은 일제히 피고인들이 경찰 심문에서 범죄 사실을 자백했다고 보도했으나, 재판 광경을 목격한 미국 북장로회 선교부 해외 총무 브라운(A. T. Brown) 박사는 "여기에는 범죄의 얼굴은 하나도 없다. 불순하게 보이는 사람은 하나도 없다. 반대로 그들은 고상한 인격의 소유자들로, 선교사들이 오래 전부터 존경하는 친구들이다. 또한 그들은 자기 동포들에게 존경받는 저명인사들이다"[8]라고 말했다.

그러나 재판은 시작되었다. "제1차로 윤치호가 호명되어 진술했다. 윤치호는 통감부에서 취조 중 음모 사실을 시인했으나 재판장 앞에서는 강력히 부인했다."[9] 제2일에는 양기탁(梁起鐸), 제5일에는 안태국(安泰國) 등이 호명되어 증거물을 제시하면서 일제히 그 사실을 부인했다. 그러나 재판장은 일방적으로 공판을 진행시켜 결국 10월 18일, 105인에게 실형을 선고하고,[10] 그 뒤 105인 전원이 항소하자 1913년 3월 21일, 96명은 전부 무죄로 석방하고 윤치호·안태국·양기탁·임치정(林蚩正)·류동열(柳東說) 등 6명에게는 징역 6년형을 선고했다.

---

4) 위의 책, 143쪽.
5) 국사편찬위원회 편,《한국독립운동사》(탐구당, 1970), 81쪽.
6) 위의 책, 81쪽.
7) F. A. Mckensie, *Korea's Fight for Freedom*, p.221.
8) 위의 책.
9) 박재면(朴在冕), "탄압의 제1막",《한국 현대사 4》(신구문화사, 1969), 84쪽.
10) 제1회 공판 때 윤치호·안태국 등 6명에게는 징역 10년, 그 밖의 18명에게는 징역 7년, 그 외 사람에게는 징역 5~6년을 언도했다.

그러면 일제의 이러한 탄압의 주목적은 무엇이었던가? 이 사건은 서북 지방 기독교 세력과 안창호의 신민회 비밀 조직을 분쇄하기 위한 것으로 정설화되어 있으나, 그보다는 YMCA 세력을 꺾기 위한 음모였다. 구체적으로 말하면, 첫째로 일제는 YMCA 학생운동 등에 자극받았으며, 둘째로 국채보상운동에서 모은 돈을 각 학교에 분배해 주는 데 YMCA 지도자들이 주동 역할을 했기 때문이다.

(1) 학생운동—105인 사건의 주모자로 몰린 윤치호는 YMCA 창설 당시부터 유력한 지도자로 "1905년 5월 31일 이사로 피임되어, 1906년 12월 28일 부회장으로 있었다."[11] 이러한 주요 인물이 다시 학생 하령회 대회장으로 학생들에게 큰 영향을 주는 것을 볼 때, 일제는 참을 수 없었다. 앞 장에서 말한 바와 같이, 1911년 6월 개성에서 제2회 학생 하령회가 열렸을 때 윤치호는 대회장이었다. 표면상으로는 총독부가 그를 신민회 회장이라는 명목으로 체포했지만,[12] 실은 윤치호를 검거함으로써 YMCA 세력을 꺾기 위함이었다. 그리고 이때 체포된 선천의 양전백 목사와 양준명(梁濬明) 등도 그 하령회 때 연사로 활약했으며, 선천 신성중학교, 평양 숭실중학교, 서울 경신중학교 학생들도 이 하령회의 주동 세력이었기 때문이다. 이에 대해 질레트 총무는 다음과 같이 증언했다.

> 모든 피고인이 혹독한 고문에 못 이겨 소위 자백서라는 것을 썼는데, 내용인즉, 1911년 YMCA 국제위원회 간사들이 조직한 학생 하령회는 윤치호와 그 외 주모자들이 모여서 흉계를 꾸민 중요 장소의 하나라는 것이다. 정부 당국은 그 증거물로 질레트 총무에게서 입수한 참가

---

11) 김영희, 《좌옹 윤치호 선생 약전》, 219쪽.
12) 위의 책. 윤치호는 1912년 2월 4일 고향인 아산과 온양에 있는 부친 산소를 돌아보고 서울에 돌아오자 이튿날(5일) 영어의 몸이 되고 말았다.

자들의 명단을 내세운다. 윤치호 씨는 이 하령회의 대회장이었으며, 에디·화이트(G. C. White)·와이어·이승만·브로크만과 그 밖의 기타 명사들이 참석한 사실이 중요하다. 마지막 세 사람은 처음부터 나중 까지 학생들과 숙식을 같이하며 모사를 했다.[13]

질레트 총무는 1912년 하령회에 관한 보고서에서 다음 과 같이 증언했다.

작년도 대회장이던 우리의 존경하는 윤치호 선생은 지나간 두 차례 하령회를 통해 우리에게 깊은 감명과 기운을 불어넣어 주었으며, 양전 백 목사와 작년도 학생 대표 양준명 씨 등도 총독 살해 음모의 주모 자였다는 이유로 체포되었다. 그들은, 1911년도 학생 하령회는 그것을 음모하기 위하여 모였다고 했으며, 그것을 입증하기 위하여 몇몇 사람 을 증인으로 내세우기도 했다.[14]

(2) 국채보상운동—"이 운동은 대구에 살던 최상돈(崔相敦) 혹은 서상돈(徐相敦)이란 민간인의 주장에 따라 1907년 1월 부터 황성신문사·대한매일신보사·보성사(普成社) 등에 본부를 두고, 각지에서 현금과 귀금속 등을 모집하는 데 온 국민이 호 응하여 수십만 원을 모금했으나 일진회의 방해공작으로 중지되 고, 그 돈은 세 신문사에서 유야무야 없어지고 말았다"[15]는 사건 인데, 그 돈은 일본 경찰이 압수해 갔다는 사실을 질레트 총무는 다음과 같이 상세히 폭로했다.

이 사건 주모자들 중에는 국채보상운동 기성회 이사들이 있었습니

---

13) P. L. Gillett's Report(date Unknown).
14) The 1912 Student Summer Conference(Writer and date Unknown).
15) 이홍직 편,《국사대사전·상》(지문각, 1963), 192쪽. 이에 대하여 유광렬(柳光烈)은 서광제(徐 光濟)의 오기(誤記)인지도 모른다고 한다.

다. 이 돈은 한일합방 전에 모은 것인데, 그 목적은 한국 정부가 일본 정부에 진 빚을 갚는 데 있었습니다. 이 돈은 수십만 명의 애국애족하는 국민들에게서 모금된 것입니다. 합방 후 한국 정부의 부채는 일본 정부가 책임지게 되었으며, 한국의 가장 지도적이며 신임 받는 애국자들은 이 돈의 처리 문제를 위하여 자주 회합을 가졌습니다. 스파이들이 이 회합을 데라우치 총독 살해 음모 회의라고 밀고했을 것은 사실입니다.

이 회합은 서울 YMCA 회관에서 열렸으며, 그 자리에 질레트 총무도 참석했습니다. 그런데 이 돈을 전국에서 가장 우수한 학교에 분배해 주기로 하자 터너(A. B. Turner) 주교는 32,500원을 서울 Y에 주되 일본 정부가 합법적으로 상환을 요구할 때는 반환해야 한다는 조건으로 동의했던 것입니다. 그리하여 이사 전원이 서울 Y에 주자는 결의에 서명 날인했습니다. 그러나 윤치호 씨는 본인에게 말하기를, 일본인 고위 관리와 의논하고 그들의 동의를 얻은 뒤 서명 날인하겠다고 했습니다(그런데 흥미 있는 사실은, 질레트 총무가 윤치호 씨의 제안에 따라 일본인 고관을 만나러 간 며칠 뒤, 경찰이 이사들에게 그 돈을 달라고 요구해 온 것입니다). 고문 기록에 의하면 몇몇 피고인은 YMCA 회관에서 자주 만났다고 진술했으며, 더욱 놀란 것은, 경찰은 YMCA를 이 음모 사건에 끌어넣지 않았다는 사실입니다.[16]

위 서한에서 YMCA 지도자들이 국채보상기성회 이사였다는 것과 그 모임을 YMCA 안에서 자주 가졌다는 것을 알 수 있는데, 또 다른 기사에 보면 "이 하령회 회장 윤치호는 국채보상기성회 이사였으며, 다른 주요 YMCA 지도자들이 다 이 기성회 이사였기 때문에 그들이 YMCA 회관에서 밀회를 거듭했다"[17]고 보고했다.

---

16) P. L. Gillett's Annual Report, September 30. 1911 to September 30. 1912, p.4.
17) 위의 자료.

그러면 일제는 어떻게 YMCA를 탄압했던가? 물론 일제는 YMCA를 함부로 다치게 했다가는 국제 문제가 야기될 것을 우려했기 때문에 교묘한 수단을 썼으나 처음부터 YMCA 안의 외국인과 선교사 세력을 몰아내기 위해 갖은 음모를 다했다. 그래서 언더우드·매큔(G. S. McCune)·모페트 등 선교사들은 데라우치 총독에게 각서를 전하고, 영국 에딘버러 종교회의 계속위원회에 진정서를 발송한 일도 있긴 하지만, 질레트 총무만큼 용감하게 투쟁한 외국인은 없었다. "그는 이 사건의 재판 진행 중, 해외에 서신을 발송하여 사건 전말을 밝혀 교회의 박해상을 천명한 관계로 1913년 결국 국외로 추방되기까지 했다."[18]

질레트 총무의 서한 내용을 소개하면 다음과 같다.

이토가 죽은 뒤…… 군벌이 일본 정권을 장악하고 한국은 완전히 그 수중에 들어가고 말았습니다.……그리하여 각종 집회는 물론 기부 행위와 재정은 그들의 독재적인 법령과 지령에 통제받게 되었습니다. 경찰은 재판도 없이 마음대로 외국인을 추방할 수 있게 되었습니다. 그래서 우리 YMCA와 다른 민간단체는 꼼짝도 못하게 되었습니다.……그리고 물샐틈없는 스파이의 감시를 받고 있었습니다. 그중에는 일본인 스파이도 있었고, 어리석은 한국인들이 매수당하여 외국인과 선교사들의 행동을 낱낱이 밀고하고 상금을 타먹는 사람도 있었습니다.……

드디어 그들은 사건을 조작하여 교회와 학교에서 120여 명의 기독교인을 검거했습니다. YMCA 부회장 윤치호 씨와 나의 절친한 친구들도 여러 사람 검거되었습니다. 법정에 제시된 경찰의 조서와 피고인들의 소위 자백서에는 20명의 선교사들이 암살 음모에 가담한 것으로 되어 있습니다. 그 내용은, 모페트 박사는 권총 상자를 감추어 두었고, 해리스(M. C. Harris) 감독은 선동 연설을 했으며, 언더우드 박사

18) 민경배, 《한국기독교회사》, 244쪽.

는 자세한 거사 과정을 전보로 지시했고, 그리하여 약 20명의 선교사가 적극 가담했다는 허위 조서를 꾸민 것입니다. 경찰은 한국 기독교인들이 35개 처에서 총독이 지나가는 것을 지키고 있다가 암살을 기도했다고 주장했습니다. ……

서울 YMCA 부회장에 관하여 나는 편지 한 장을 쓴 일이 있습니다. 그 편지는 유럽과 미국 지도자들에게 이 사건의 진상을 알리기 위해 쓴 것입니다. 이 편지는 정식 공판이 공개되기 전에 쓴 것은 물론이며, 총독부 당국이 피고인들의 유죄를 선언하기 전에 쓴 것이 사실입니다. 이 편지는 개인적인 서한이고, 비밀에 부쳐지기를 원했던 것입니다. 그런데 공판 진행 도중, 악의는 없지만 지각없는 친구에 의해 편지 내용이 공개되고 말았습니다. 그 뒤 내 편지는 일어로 번역되어 서울과 일본에 있는 정부 관리 손에 들어가게 되었습니다. 결국 총독부는 피고인 거의 전부를 석방하기에 이르렀지만 이 편지 때문에 나는 그들의 미움과 악감을 사게 되었습니다.[19]

이 비밀 서한은 그가 한국에서 추방된 후인 1913년 7월 14일자로 중국에서 쓴 것이다. 그가 이 비밀 서한에 언급한 "유럽과 미국 지도자들에게 이 사건의 진상을 알리기 위해" 쓴 또 다른 편지는 윤치호가 검거된 1912년 2월 5일부터 그가 첫 공판을 받은 6월 28일 사이에 쓴 것이다.

이는 물론 사건 진상을 폭로하여 무죄 석방이 되게 하자는 데 의도가 있었지만 자기 이름이 비밀에 부쳐지기 원했는데, 소위 "악의는 없었으나 지각없는 친구에 의하여" 〈홍콩매일신문(The Hong kong Daily News)〉에 공개되고 말았다.

어쨌든 "이러한 해외의 비난 때문에 이 조작사건에 관련된 신성학교·숭실학교·신안학교(新安學校)·한영서원(韓英書院) 등 기독교 계통의 학교는 다행히 폐교되지 않았고 선교사들도

---

19) P. L. Gillett's Secrete Letter(Not For Publication), Mokanshan, China, July 14. 1913.

구속되지 않았다."[20] 그러므로 다른 선교사들이 앞장서서 싸웠다는 기사와 그들이 질레트 총무를 중국으로 파견하여 진상을 폭로하게 했다는 등의 기사는 잘못된 것이다.

결국 질레트 총무는 일제의 압력에 견디다 못하여 1913년 6월 서울을 떠나 중국에 가 있다가 한국에 돌아오지 못하고 말았다.

---

20) 손인수(孫仁銖),《한국근대교육사》(연세대학교 출판부, 1971), 85쪽.

20.

유신회 사건 때의
항거

　　유신회(維新會) 사건이란 총독부가 일부 Y 회원을 매수하
여 YMCA를 점령하려던 반동 사건이다. 105인 사건이 총독부
가 헌병을 풀어 밖으로부터 탄압한 사건인데 비하여, 유신회 사
건은 회원들을 매수하여 안으로부터 파괴하려던 사건이다. 주동
인물은 당시 부총무이던 김린(金麟)[1]이다. 그는 자기 야욕을 위해
다음과 같은 사회 추세를 교묘히 이용했다.

　　① 외국인 배척운동: 이 운동은 일본의 한국 유학생들이
먼저 시작했다. 한국인 유학생들은 중국인·일본인 학생들과 손
잡고 동양기독자회(The Easter Christian Association)를 조직했
다. 그리고 그 헌장에는 외국인은 준회원이 될 수 없다[2]고 규정하
여 선교사들의 간섭을 봉쇄했던 것이다. 이때부터 선교사 배척
운동이 움텄다.
　　② 자립운동: 이 운동은 이미 말한 바와 같이 1908년 새

---

1) 김린의 신분에 대해서는 이 책 145쪽 참조.
2) F. M. Brockman's Annual Report for the Year Ending September 30. 1909, p.6.

회관 건립과 함께 일어났다.[3] 부회장 윤치호의 폐회 연설은 모든 한국인 회원에게 큰 충격을 주었다.

③ 일본인 조합교회의 조선인 전도운동: 일본인 조합교회(日本人組合敎會)가 조선인 전도를 시작하기는 1899년, 그 교회 창립 25주년을 계기로 시작되었다.[4] 그리고 1910년 한일합방 이후 고베(神戶)에서 개최된 제26차 총회에서 조선인 전도의 필요성을 강조한 다음,[5] 그 교회 담임목사 와다세(渡瀨常吉)를 한국에 파송하여 아즈마(東學淵)·유일선(柳一宣) 등을 포섭하고 교회 건설에 착수하는 한편, 총독부로부터 매년 몇천 원씩의 보조금을 받아 전도했다.[6]

④ 일본시찰단 인솔[7]: 한일합방 직후 한민족 회유책의 하나로서 한국 교계 명사들로 하여금 일본을 시찰하게 했다. 이 시찰단은 감리교에서 18명, 장로교에서 11명, 모두 29명으로 조직되었으며, 경성 YMCA 총무 니와(丹羽淸次郎)의 인솔로 1911년 8월 2일 도쿄에 도착하여 13일에 귀국했다. 이때 김린이 활약한 것은 물론이며, 그 성과에 대해 극구 찬양을 받았다.

⑤ 총독부의 재정 보조: 이 문제는 이미 말한 바 있거니와, 정권이 일제에 넘어간 후에도 질레트 총무는 그것을 계속 받기를 원했기 때문에 "이상재 같은 한국인 지도자들은 월급을 받지 않고 일하면 되지 않느냐 하면서 다섯 번씩이나 그 보조를 받지 말자"[8]고 주장했던 것이다.

이상과 같은 다섯 가지 추세를 이용하여 김린 일파는 정

---

3) 이 책 125쪽 참조
4) 吳允台, 日韓キリスト敎交流史(新敎出版社, 1968), p.165.
5) 위의 책.
6) 위의 책, 166쪽.
7) 笠谷保太郎, 京城基督敎靑年會 35年 小史, 日本 YMCA同盟, 硏究所記票 第一券 第5號. 여기서 가사야(笠谷)는 "우리 교회 유사 이래 공전(空前)의 대사업으로 그 성공을 감사해마지 아니한다"라고 말했다.
8) P. L. Gillett's Annual Report for the Year 1913, p.7.

치 공작을 진행시켰다. 첫째로 그는 회원들을 돈으로 매수하여 질레트 총무를 괴롭혔다. 이에 대하여 질레트 총무는 다음과 같이 비밀 보고서를 썼다.

> YMCA 직원 하나가 총독부로부터 기밀비를 타가지고 YMCA를 전복시킬 음모를 꾸미고 있다는 것이 판명되었습니다. 이것은 완전히 YMCA에 대한 반동행위이기 때문에 나는 이사회의 결의로 그를 파면했습니다.[9] 이 사람과 다른 불평분자들은 소위 유신회라는 것을 조직했습니다. 이 회의 목적은 순전히 YMCA의 서양인 직원들을 몰아내고 그 자리에 앉아 재정권을 잡자는 데 있었습니다. 이 유신회는 총독부에 공식 등록이 되어 재정적 원조를 받고 있다는 사실이 판명되었습니다. 총독부 신문들도 이 사실을 입증하는 논설과 사설을 썼습니다.
>
> 그 뒤 곧 유신회 회원 6, 7명이 내 사무실에 몰려와 나를 끌어냈으며, 만약 내가 화가 나서 그들에게 손을 대면 나를 경찰에 고발하여 나중에는 국외로 추방하려는 흉계였습니다. 5일간이나 그들(그중 2명은 교회에서 제명 처분을 받은 사람)은 온종일 내 사무실에 와 살면서 별의별 욕설을 퍼부었으며, 내가 그들에게 손을 대게끔 유도했습니다. 그들은 내 만년필을 빼앗아 꺾고 내 책을 찢기도 하면서 업무 방해를 자행했습니다. 일 대 일로 싸운다면 그자들은 상대가 안 되는 약한 사람들이었습니다. 한번은 그중 하나를 문 쪽으로 밀었더니 그는 일부러 땅바닥에 넘어지면서 크게 다친 것처럼 엄살을 부렸습니다. 알고 보니 이것은 사전에 꾸며진 연극이었습니다. 그자는 의사를 불러오고 경찰을 불러오라고 했지만, 나의 미국인 친구는 처음부터 그 광경을 목격했을 뿐만 아니라 거짓말이라고 강경하게 반증했기 때문에 그자는 경찰에 고발하지 못했습니다.
>
> 그러나 이튿날 아침 각 신문에는 나와 내 친구가 그자를 때려 상처를

---

9) Letter of Sa Il-Whan(史一煥), President of the Yusin Hoi(維新會) to Mott, Seoul March 25. 1913. 1913년 2월 21일 이사회에서 파면되었다.

입혔기 때문에 지금 관립병원에 입원 가료 중이라는 기사가 났습니다.……이러한 폭력 행위가 시작된 지 5일째 되는 날 총독부 관리들이 Y를 찾아왔습니다. 그들은, 회장과 질레트 씨는 사임시켜야 한다는 유신회의 주장을 되풀이했습니다.……그러는 동안 청년회의 열성 회원들은 자발적으로 회원 대회를 소집하고 반동을 일으킨 직원에 대한 이사회의 파면 결의와 총무인 나에 대한 이사회의 결의가 정당하다는 것을 만장일치로 뒷받침해 주었습니다. …… 모트 박사가 도착한 뒤 총독부 관리들은 회장과 나 자신의 사임 문제를 계속 논의했습니다. 그래서 회장과 나는 우리가 사임하는 것이 사건 수습에 필요하다면 기꺼이 사임할 뜻을 Y 당국에 표했습니다. 그러나 Y 당국은 아무런 요구도 해오지 않았습니다.

몇 달 동안 투쟁하는 중에 기막힌 얘기가 많습니다. 그중 해괴한 얘기의 하나는, 내가 조반을 먹고 있노라니까 헌병처럼 차린 일본 사람 하나가 아주 날카로운 홀륭한 군도(軍刀) 하나를 가지고 와서 나더러 사라는 것이었습니다. 이 일은 각 신문이 나를 무자비하게 비난하는 기사를 쓴 날 아침에 있었습니다. 그들은 나를 위협하기 위해 그랬는지, 아니면 내가 화가 났을 때 그러한 흉기를 쓰려고 했다는 허위 증거를 조작하기 위해 그랬는지, 어쨌든 그 까닭을 나는 알 수 없었습니다.[10]

이상 질레트 총무의 비밀 보고서에서, 우리는 이사회가 김린 부총무를 파면 결의한 사실을 보았는데(2월 21일), YMCA 회원들은 이에 호응하여 1913년 2월 27일 긴급 회원 대회를 열고 이사회의 결의를 뒷받침해 준 것이다. 당시 유신회 회장이던 사일환(史一煥)은 YMCA 국제위원회 총무 모트 박사에게 항의 서한을 발송했기 때문이다. 당시 Y 직원이던 이명원(李命遠)은 긴급 회원 대회에 대하여 다음과 같이 말했다.

---

10) P. L. Gillett's Letter(not for Publication), Mokanshan China. July 14. 1913.

나는 그때 청년회 학관 영어과를 갓 졸업하고 YMCA 간사가 된 새파란 청년이었지요. 그때 총독부 관리들은 YMCA 안에까지 정탐꾼의 감시망을 쳐놓고 우리를 꼼짝 못하게 했지요. 이 일에 앞장선 사람이 김린이란 부총무였는데, 어떤 자들은 질레트 씨와 몇몇 외국인을 죽인다는 조건하에 공작금을 타먹고 있다는 소문까지 나돌고 있었습니다. 이것을 알고 우리가 가만히 있을 수 있겠어요? 마침 며칠 전에 이사회가 김린을 파면했기 때문에 우리는 더욱 힘을 얻어 그자들과 한바탕 싸울 작정이었습니다. 현흥택 씨의 아들 현동순(玄東淳) 같은 청년은 단독으로 그자들을 때려죽인다고 했지만 그게 돼요? 하는 수 없이 우리는 월남(月南) 선생의 사전 허락을 받고 밤중에 회원들에게 기별하여 비밀리에 그 이튿날 임시 회원 총회를 소집했습니다.

이를 뒤늦게 안 김린 일파는 강당 문을 박차고 회장에 입장하려 했지만, 그때는 이미 만장일치로 이사회의 파면 결의를 지지한 때였고, 김홍식(金弘植) 등 유도부 회원들이 문을 든든히 지키고 있었기 때문에 그자들을 일단 힘으로 저지할 수 있었습니다. 그러나 산회한 뒤 그자들이 골목에 숨어 있다가 집으로 돌아가는 지도자들을 습격할 것을 염려하여 우리는 호위대를 조직했지요. 우리는 며칠 동안 지도자들의 집 주위를 지켰습니다. 그러나 이 소란통에 월남 선생은 팔에 부상을 입고, 질레트 총무는 결국 쫓겨나고 말았습니다.[11]

---

11) P. L. Gillett's Annual Report for the Year 1913, pp.6-7. 1964년 2월 2일 이명원과의 면담, 그때 활약한 YMCA 젊은 직원은 이명원 · 이인영 · 서병조 등이다.

21.

명칭과 헌장 개정에 대한 항거

1913년 3월 어느 날 이른 아침, 무장 경관들이 삼엄하게 경계망을 편 가운데 중국인 돌쟁이들이 정문 위에 새긴 '황성(皇城)' 두 자를 땅땅 쪼아내고 있었다.[1] 이를 모르고 출근한 젊은 직원들은 황급히 YMCA 간부들에게 보고했다. 그러나 이것은 워낙 사전 계획에 따라 무력으로 하는 일인 만큼, 탄식만 했을 뿐 다 쪼아 낼 때까지 어쩔 도리가 없었다. 이와 같이 황성(皇城) 두 자가 떨어져 나가기를 전후하여 유신회 일파는 이를 합법화시키려고 안간힘을 썼다. 이것이 헌장 개정 소동이다.

앞서 말한 바와 같이 총독부는 나라를 송두리째 먹기 위하여 일진회라는 친일 단체를 만들었고, Y 세력을 꺾기 위하여 유신회를 조직한 것이다. 총독부 당국은 일본 본국 정부의 지령에 따라 일본 조합교회 간부들을 매수했고, 그들의 앞잡이로 와다세 목사를 한국에 파송하여 한국 조합교회 창설을 서두르게 되었다.[2] 그 교회가 표방한 목적은 ① 조선인을 회개시켜 하나님

---

1) 1964년 2월 2일 이명원과의 면담.
2) 吳允台, 日韓キリスト敎交流史(新敎出版社, 1968), p.166-167.

의 자녀가 되게 하며, ② 조선인을 일본인과 동화시킨다는 두 가지였다. 이 목적을 위하여 와다세 목사는 일본 교계의 반대에도 불구하고 총독부로부터 거액의 기밀비를 타 쓰면서 어용 교회 창설에 성공했다.[3] 한국 내의 간부로는 유일선·사일환·김린·니와·아즈마 등이었다. 그들은 기성 교회에서 출교당한 불평분자와 새 교인을 포섭하여 유신회를 조직했다.

한편 총독부 당국은 선량한 외국인들을 이용했다. 우선 질레트 총무의 범세계적인 성격을 교묘하게 이용했다. 국제위원회 총무 모트 박사에게도 접근했다. 드디어 모트 박사에게 영향을 주어 그는 한국 YMCA가 '중국·한국 및 홍콩 YMCA 전체위원회'에서 탈퇴하는 문제를 매듭짓기 위하여, 1911년 9월 3일 해외사업위원회(Foreign Committee)에서 특별위원을 위촉하는 동시에 "서울 YMCA 이사회를 한국인·서양인·일본인 각각 3분의 1로 구성할 수만 있다면 아무 걱정이 없을 것이다"[4]라는 견해를 피력했다.

그리고 일본 YMCA의 피셔(G. M. Fisher)와 히바드(C. V. Hibbard) 두 사람의 제안에 따라 중국 YMCA 총무 브로크만은 이 문제를 1911년 11월에 열린 중국 YMCA 전국대회에 회부하여 ① 결국 한국 YMCA를 전체위원회에서 탈퇴케 하고, ② 독립하여 일본 YMCA와 손잡게 한다[5]는 원칙을 결정하기에 이르렀다. 이것을 막기 위하여 1912년 12월에 모인 베이징 대회에 한국은 김규식(金奎植)·신흥우·질레트 등을 파송했으나[6] 한국 YMCA는 중국 YMCA와의 관계를 끊게 되었다.[7] 한국 YMCA는 1901년 "중국·한국 및 홍콩 YMCA 전체위원회"에 가맹한 이

---

3) 위의 책.
4) J. R. Mott's Letter to F. S. Brockman, March 31. 1911.
5) F. S. Brockman's Letter of April 26. 1911.
6) 신흥우, 방송 녹음 기록, 164-165쪽.
7) K. S. Latourette, *World Service*. p.254.

래, 1910년에는 김필순(金弼淳)·윤치호·여병현·터너 등을 대표 위원으로 파송했으며,[8] 국내에 어려운 문제가 발생하거나 일제의 정치 탄압이 심하거나 할 때는 수시로 이 전체위원회에 보고하여 국제적 협력을 받아 왔는데, 이제는 영영 관계를 끊게 된 것이다.

이리하여 일제는 외교적으로 일단 성공한 셈이었다. 이미 말한 바와 같이 일제는 황성(皇城) 두 글자를 쪼아냈고, 부회장 윤치호는 감옥에 잡아넣었으며, 질레트 총무와 저다인 회장은 국외로 몰아냈고, 이승만과 김규식은 망명하게 했으니, 남은 문제는 헌장을 새로 꾸며 외국인 세력을 완전히 몰아내는 데 있었다. 그리하여 유신회 회장 사일환은 총독부 당국에 등을 대고 YMCA 국제위원회 총무 모트 박사에게 다음과 같은 서한을 발송했다.

> 최근 YMCA 실무자가 법대로 헌장 개정안 초안을 발표했습니다. 이는 이때까지 우리가 애쓴 결과이며 대단히 반가운 일입니다. 그러나 그 초안 중에 "재단 이사는 국제위원회의 인준을 받아야 하며" "재단 이사와 일반 이사가 헌장 해석에 대한 의견이 맞지 아니할 때는 국제위원회가 이를 결정한다"는 헌장 조항은 우리 YMCA가 종전과 마찬가지로 YMCA 국제위원회의 구속을 받는다는 것을 의미합니다. 이러한 헌장 조항은 YMCA 본질상 부당한 처사이며, YMCA의 정상적이며 건전한 발전을 저해하는 요소라고 생각합니다. ……우리는 귀하에게 보낸 서한에서 한국 YMCA가 일본 YMCA 연합회 산하에 있어야 한다고 말한 바 있습니다. 그러나 YMCA 실무자들은 이를 실천에 옮기지 않고 있습니다. 어찌하여 질질 끌고 있는지 그들의 직무 태만을 우리는 묵과할 수 없습니다.
> 끝으로 2월 21일자 회장 저다인 목사의 명의로 공포된 한인 총무 김린의 파면 결의와 동 27일 회집된 긴급 회원 대회의 지지 결의는 크리

---

8) Leaders of 1910(Writer Unknown).

스천으로서는 차마 할 수 없는 불법적인 행위라고 생각합니다. 우리는 이것을 묵과할 수 없습니다.[9]

이 편지는 1913년 3월 25일자로 발송되었다. 그러나 YMCA 당국은 이에 대비하여 벌써 전략을 세워 놓고 있었다. "마침 그때 세계 선교협의회 계속위원회(Continuation Committee, International Missionary Conference)의 임무를 띠고 네 번째로 일본을 방문한 모트를 중재자로 하여 4월 12일 쌍방에서 선출된 5명씩의 대표위원이 도쿄에서 회집하였다."[10] 그때 "조선 연합회 대표는 이상재·남궁억·신흥우·언더우드·에비슨 등이었고, 일본측 대표는 이부카(井深梶之助)·모토다(元田作之進)·사사오(笹尾粂太郎)·니토베(新渡戸稲造)·니와 등 5명이었다.[11]

그들이 합의한 내용을 보면 다음과 같다.[12]

① 조선기독교청년회 연합회 위원은 15명으로 구성되며, 조선에 있는 모든 조선인 청년회를 관리한다. 본 연합회 위원 중에서 선정된 5명의 위원은 일본기독교청년회동맹의 위원이 된다.

② 일본기독교청년회동맹 위원은 조선기독교청년회 연합회와 기타 조선에 있는 각 청년회의 자치를 인증한다. 다만, 일부 도시 내 수개의 기독교청년회가 연합되어도 무방하다.

③ 조선중앙기독교청년회는 회원 중에서 선출된 이사들이 이를 관리한다.

④ 조선중앙기독교청년회가 소유하는 모든 건축물은 건축 기금을 기부한 사람들의 뜻에 따라 조선중앙기독교청년회가 사용하는 것을 원칙으로 한다.

9) Letter of Il-whan Sa(史一煥), President of the Yusin Hoi(維新會), to Mott, Seoul, March 25, 1913.
10) 奈良常五郎, 日本 YMCA史(日本 YMCA 同盟, 1959), p.147.
11) 위의 책.
12) 위의 책, 148쪽.

⑤ 조선중앙기독교청년회가 아닌 다른 청년회의 사용과 보관은 조선기독교청년회 연합회 위원이 한다.

⑥ 일본기독교청년회동맹 대표위원과 조선기독교청년회 연합회 대표위원 간에 체결된 본 계약은 조선기독교청년회 연합회 위원의 4분의 3 이상의 동의 없이는 변경할 수 없다.

이상 합의 내용에서 분명한 사실은 황성기독교청년회가 조선중앙기독교청년회로 개명되었으며, 형식에서는 한국 YMCA가 완전히 일본 YMCA 산하에 들어간 것이 아니며, 따라서 국제 관계에서는 "한국 YMCA는 일본 YMCA 동맹과 만국기독교청년회연맹과 만국학생청년회(WSCF)로 더불어 연락하게 한다"로 낙착되어 한국 YMCA의 자주성이 어느 정도 인증된 것이다. 그래서 유신회 일파는 계속 말썽을 일으켰다. 그들은 ① 헌장 개정이 아니라 근본적으로 뜯어 고쳐야 하며, ② 이사 전원을 새로 선거해야 하며, ③ 재단 이사는 국제위원회의 인준을 받아야 한다는 조항을 삭제해야 한다며 주장을 끝끝내 굽히지 않았다.[13]

결국 이 문제는 총회에서 투표로 결정하게 됐다. 총회에 앞서 정회원 수를 계산해 보니, 유신회측 정회원은 40명인데 반하여 YMCA측 정회원은 선교사들과 회비를 내지 못한 회원까지 합하여 겨우 56명밖에 없었다.[14] 이러한 정회원 수로 총회에 임하는 것은 대단히 불안한 것이었다. 그리고 4명의 만기 이사 외에 김규식과 저다인 목사 등 2명은 총회 전에 한국을 떠나야 했으므로[15] 유신회는 이것을 크게 노리고 있었다. 그리하여 브로크만·언더우드 등 지도자들은 유신회측 간부들과 철야 회의를

---

13) F. M. Brockman's Letter to J. R. Mott, on May 25. 1913.
14) 위의 자료.
15) 김규식은 1913년 4월 2일 해외로 망명가고, 저다인 회장은 총독부 강요로 떠나기로 되어 있었다.

거듭한 끝에 와다나베(渡邊暢)·사이토(齊藤) 등 일본인들과 몇몇 유신회 간부들을 이사 후보자로 결정하고 총회에 임하게 되었다.[16]

드디어 역사적인 정기총회가 1913년 6월 2일 Y 강당에서 열렸다. 회장 언더우드의 사회로 홍종숙(洪鍾肅) 목사의 기도와 한석진(韓錫晉) 목사의 성경 낭독으로 개회되었다. 서기 신흥우가 전 회록을 낭독한 뒤 총무 회계들을 비롯한 각 부 보고가 있은 후, 헌장 개정안을 축조 심의하자는 김린의 동의로 투표전이 시작되었다. 이때 '황성(皇城)'이 '조선중앙(朝鮮中央)'으로 되고, '사사부(司事部)'가 '이사부(理事部)'로 되었을 뿐, 헌장을 근본적으로 뜯어 고치고자 하는 유신회 안은 신흥우·한석진·에비슨 등의 강력한 발언과 지도력으로 완전히 묵살되고 말았다.[17]

헌장 개정에 대한 YMCA 측 안이 통과된 뒤 이사 선거에 들어갔다. 4명의 만기 이사와 1명의 결원 이사를 합한 5명의 이사를 선거하기 위하여 10명의 이사 후보자 명단이 발표되었다. 김인식(金仁湜) 회원의 긴급동의로 회장이 김인식·김창제(金昶濟)·최성모(崔聖模)·육정수 등 4명으로 하여금 정회원 수를 확인하게 한 뒤, 신흥우 회원의 동의로 홍병선(洪秉璇)·신흥우·김일선(金一善) 등 3인의 검표 위원이 나와서 투표에 들어갔다. 투표 결과 에비슨·남궁억·홍종숙·밀러(Hugh Miller, 閔休)·박승봉(朴勝鳳) 등이 당선되었다. 이로써 본래부터 이사였던 신흥우·송언용(宋彦用)·밀러(E. H. Miller, 密義斗)·언더우드·벙커(D. A. Bunker, 班禹巨)·허스트(J. W. Hirst, 許時泰)·췰랍 등을 합하여 12명의 이사가 확정되었다.

그리하여 와다나베 등 일본인들과 한국인들을 이사로 하자는 유신회 측 인물들은 완전히 봉쇄되고, "한국인 4인·서양인 4인·일본인 4인으로 이사회를 구성하자"는 모트·박사의 절충안

---

16) F. M. Brockman, 앞의 자료.
17) F. M. Brockman's Letter to Mr. J. R. Mott, on June 7. 1913.

도 무시된 채, 일본인은 하나도 없이 한국인과 서양인만의 이사
회로 낙착되었다.

제5부

전국 조직기 (1913~1916)

전국 연합회의 조직과 학생운동

———— 105인 사건과 유신회 사건을 겪는 동안 YMCA 부회장이며 학생 하령회 회장이던 윤치호는 감옥에 갇혔고, 학생운동의 총수 격이던 이승만과 김규식은 해외로 망명했고, 처음부터 한국인 편에 서서 싸우던 질레트 총무는 해외로 추방되었으며, 회장 저다인 목사는 귀국하고 말았다. 이를테면 YMCA의 참모진이 섬멸된 셈이다. 그리고 1906년부터 해마다 받던 1만 원의 정부 보조가 끊기는 통에 YMCA는 심한 재정난에 봉착했으며, '황성(皇城)' 두 자 대신 '조선중앙(朝鮮中央)'이란 명칭으로 회의 이름이 바뀌는 동시에 일제의 지배를 더 받게 되었다.

이와 같이 YMCA는 인적으로나 경제적으로나 제도적으로 타격을 받게 되니 이제 남은 것이 무엇이었던가? 악독한 데라우치 총독과 그 일당은 이만하면 YMCA가 힘을 못 쓰리라 생각했다. 그러나 그들이 찌른 급소는 YMCA의 어느 일부였지 전체는 아니었다. 그리고 한국 YMCA는 철저히 민주적 조직이었던 만큼 어디가 중심부인지 어디가 급소인지, 아무리 교활한 데라우치라 하더라도 알 수 없었다. 그러는 동안 YMCA는 잔병을 수습하고 회원 조직을 강화하여 다시 일어나게 되었다. 전국에 산재한 학생 세력을 규합하여 전국 연합회를 결성하기에 이른 것이다.

22.

이상재 총무 취임과 공업교육

소란스러웠던 1913년 6월 2일 정기총회를 무사히 치른 뒤, YMCA는 일단 안도의 숨을 쉴 수 있었다. 윤치호·이승만· 질레트·김규식 등 간부들을 잃었으며 정부 보조가 끊어졌을 따름이고, YMCA 심장부까지 파고들었던 김린 일파가 모조리 거세된 것만은 다행이며, 청년회를 사수하려는 나머지 회원들과 이사들의 충성심은 한층 강화되고 있었다.

총회 후 이사들은 첫 이사회를 열고 질레트 총무의 후임으로 이상재를 제2대 총무로 선임했다. 그때 이상재는 이미 64세의 노인, 그러나 그가 아니면 회원들의 사기와 충성심을 불러일으켜 그 난국을 극복할 수 없었다. 한편 총독부 당국은 무슨 단서만 잡으면 마구 잡아 가두는 판이었고, 정탐꾼들을 Y 안팎에 배치하여 감시망을 폈기 때문에 여간한 용기로는 그 속에 뛰어들기가 어려웠다. 이상재 총무도 부임하자 그들에게 매수 공작을 받았다.[1] 그러나 그는 즉석에서 거절하고 교육 사업에만 열중

---

1) 하루는 총독부 고관이 찾아와서 이상재에게 4만 원을 주면서 "이 돈을 가지고 여생을 편안히 사시지요"했다. 월남 선생은 노기가 등등하여 "이 돈으로 땅을 사라는 것은 나더러 당장 죽으라는 말

했다. 교육 사업 중에서도 공업 교육에 더 주력했다. 이때의 상황을 스나이더(Snyder)는 다음과 같이 보고했다.

> 지금은 보고하기에 적당한 시기가 아닌 줄 아나, 나는 서울 YMCA의 사업을 보고 큰 소망과 감격을 금할 길 없습니다. 당신도 아다시피 1913년이란 해는 정말로 살벌한 분위기에서 지셨던 해입니다. 이 분위기는 6월 정기총회에서 절정에 달했습니다. 그러나 우리 한국 YMCA는 드디어 돌파구를 발견하고 빠져나가게 되었는데, Y가 과년도에서 넘어온 수천 원의 잉여금을 가지고 공업부 사업을 강화하게 된 것입니다.
>
> YMCA 선생들과 학생들은 모두 자기 개인 사업을 꾸려 나가듯이 전력을 다했습니다. YMCA가 직접 주문을 받아 학교·병원·회사·가정 등에 가구를 만들어다 팔았으며, 풍금·기계 등을 수선해 주는 일, 그리고 구두 배달과 인쇄, 출판, 사진 촬영과 현상, 환등과 슬라이드 제작 등을 했습니다. 더구나 이런 일은 청소년들로 하여금 유능한 기독교적 시민이 되게 하는 방법의 하나로서 했습니다. 우리 학생들과 선생들이 신축 중인 공업부 건물과 건조기 속에 들어가서 파이프 공사를 하고 있으며, 본건물 전기 공사도 하고 있습니다.[2]

그리고 1914년 봄에 가서는 더욱 성황을 이루었는데, 특히 직업 청소년 상대 직업 교육의 열기는 절정에 달했다. 이에 대해 브로크만은 "노동 야학 지망자가 너무 많아 입학시험을 치른 결과, 498명의 지원자 중 322명을 합격시킬 수밖에 없었다. 그러므로 재학생 54명을 합하여 총 재학생이 376명이 되었다. …… 그중 274명 내지 292명은 담배 공장에서 온 아이들이며, 94명은 노비 계급, 15명은 상점 사환, 8명은 물지게꾼, 나머지 8명은

이니, 나는 하늘로부터 평안하게 일생을 마칠 운명을 타고나지 못했소"라며 거절했다. 김유동(金迪東), 《월남 선생 실기(實記)》(동명사, 1927), 69쪽.
2) Mr. Snyder's Report on December 3. 1913.

직업 미상의 아이들이었다. 평균 출석은 352명인데, 작년도의 240명에 비하면 놀라운 발전을 했다"[3]라고 보고했다.

다시 1915년도 공업부의 성장에 대해 그레그는, "학생들의 임금뿐 아니라 교사들의 봉급과 재료대까지 제품 판매 대금으로 충당해야 한다"[4]라고 전제한 다음 "우리 사업 규모는 배로 커진 반면 외국인 간사는 4명에서 2명으로 줄었다. 2년 전 질레트는 중국으로 갔고 스나이더는 부인의 건강 때문에 귀국해야만 했다"[5]라고 보고했다.

한편 1916년부터 3층으로 된 벽돌 부속건물을 짓고, 본 건물에 있던 사진부 교실·촬영실·암실 등을 제외한 모든 공업부 시설을 부속 건물로 옮기게 됐다. 그리고 제품 판매 수입으로 Y 운영을 한다는 방침으로 노력한 결과, "5년 전에는 1천 달러(2천 원)가 될까말까 하던 수입이 작년에는 6천 달러(1만 2천 원)로 급격히 늘게 됐다. 그리하여 YMCA의 공업 교육은 한국인의 육체 노동 천시사상을 혁신하는 데 성공했으며, 그 결과 이와 같은 학교가 전국 각지에 많이 설립되어 YMCA는 이 방면의 선구자가 되었다……"[6]라고 말했다.

끝으로 YMCA 학관 5개 부문의 수업 연한·학제·학생들의 급여 규정 등을 도표로 표시하면 다음과 같다.[7]

수업 연한과 학제

과 별	학년	성경	사경	산술	공업도화	물리	작업	특별과정
목공과	1학년	2	1	5	4	26		국어·야학 영어·야학 자재화(自在畵)
	2학년		1		4	41		
	3학년	(3학년에서는 작업만 한다)						

3) F. M. Brockman's Letter to Mr. F. T. Ayer, on May 12, 1914.
4) G. A. Gregg's Report, A 1915 Mid-Summer Report of the Seoul Industrial Work.
5) 위의 자료.
6) The Trade School of the YMCA, Seoul Korea(Writer and Date Unknown).
7) 〈사립조선중앙기독청년회학관 세칙(細則)〉(1914년 6월), 22-23쪽.

철공과	1학년	2	1	5	4	26		
	2학년		1		4	41		
	3학년	(3학년에서는 작업만 한다)						
제화과	1학년	2	1			35		화학과 특별 강연 4시간
	2학년		1			47		
인쇄과	1학년	2	1				35	"
	2학년		1				47	
사진과	5개월	2	1				35	"

학생들의 급여 규정

과 별	입학 후 경과 기간	시간당 급여	1개월 240시간 표준 급여
목공과	1년 3개월 후 1년 6개월 후 2년 후 2년 6개월 후	2전 2전 5리 3전 3전 5리	4원 80전 6원 6원 20전 8원 40전
철공과	1년 3개월 후 2년 후	2전 5리 3전 5리	6원 8원 40전
제화과	1년 3개월 후 1년 6개월 후	2전 2전 5리	4원 80전 6원
인쇄과	6개월 후 1년 후 1년 3개월 후	1전 2전 2전 5리	2원 40전 4원 80전 6원

23.

자립 운영과
청소년 사업

　　이 시기의 뚜렷한 발전은 청년회 운영을 자립시켰다는 사
실이다. 우선 이사회 구성부터 한국인이 늘었다. 21장에서 말한
바와 같이 1913년 6월 정기총회에서 일본인과 유신회파의 도전
을 완전 봉쇄하였을 뿐만 아니라, 한국인 이사 5명과 서양인 이
사 7명으로 낙착되었는데, 1914년 6월 1일 정기총회에서는 만기
이사인 허스트·벙커·횔랍 등 3인의 서양인 이사 대신 이원창(李
源昌)·오기선·오긍선 등 한국인이 당선되어, 재선된 언더우드·박
승봉 등과 본래 있던 신흥우·송언용·밀러(E. H. Miller)·에비슨
·밀러(Hugh Miller)·남궁억·홍종숙 등 12인으로 이사회가 구
성되었다. 그리하여 서양인 7명 대 한국인 5명이던 이사 비율이
이번에는 서양인 4명 대 한국인 8명으로 한국인이 대폭 늘었다.
　　실무진에서는 이미 말한 바와 같이 1913년 6월 질레트
후임으로 이상재가 총무에 취임했으며, 1915년 12월부터 최상호
(崔相浩)[1] 김상익(金相翼) 등이 신규 채용되었고, 공업부 사업이 확

---

1) 2년간 재도쿄 조선청년회에 있었고, 1년간 하와이에 있는 조선청년회에서도 일하다가 연합회
학생부 간사로 부임했다. 〈중앙청년회보〉 1915년 12월호, 18쪽. 같은 회보 영문판 2쪽.

장됨에 따라 그레그 밑에 3명의 외국인 기술자를 더 두어야 했다.

일반 사업에서는 1914년 9월부터 월간 기관지 〈중앙청년회보(中央靑年會報)〉를 내기 시작했다. 국판 크기의 창간호는 19면밖에 안 되는 소책자지만, 1920년 〈청년〉이란 새 제호로 나올 때까지 해마다 분량을 늘리면서 계속 발간되었다.

일반 사업의 규모와 내용을, 1914년 6월부터 1915년 5월까지 1년간의 각 부별 통계[2]로 요약해 보면 다음과 같다.[3]

회우부(간사 김일선 보고)

정회원	준회원	회원 총 수	회비 납부 회원 수[3]
290	503	793	671

종교부(간사 이상재 보고)

복음회		사경회		연합예배	
집회 수	참가자	집회 수	참가자	집회 수	참가자
151	6,056	295	13,799	2	875

교육부(간사 육정수 보고)

연설회		환등회		토론회		담화회	
집회 수	참가자	집회 수	참가자	집회 수	참가자	집회 수	참가자
16	5,967	14	5,689	2	1,645	4	544

※ 교육부는 청년학관과는 다른 일반 사회 교육을 담당한 것임.

---

2) 〈중앙청년회보〉, Association Notes of 1915 (Month Unknown).
3) 회비는 연불(年拂)·반년불(半年拂)·월불(月拂)로 되어 있고, 연불은 3원, 반년불은 1원 50전, 월불은 30전이며, 유지회비는 월 1원씩 내야 한다. 그리고 평생회비·유지회비·학생회비의 구별이 있고 6개월 이상 회비 불입자는 회원권을 상실한다. 〈중앙청년회보〉 1914년 10월호, 1쪽.

운동부(간사 김영제 보고)

축구		야구		농구		배구	
집회 수	참가자	집회 수	참가자	집회 수	참가자	집회 수	참가자
41	1,145	75	1,575	27	439	69	1,874

체조		유술(柔術)		지도자 훈련	
집회 수	참가자	집회 수	참가자	집회 수	참가자
83	4,312	196	2,627	11	36

시합 종류	시합 수	승	패	상대 학교 팀	인원
야구	22	15	7	오성(五星), 경신, 휘문, 보성, 일본 학생	550
축구	8	4	1	배재, 경신, 휘문, 공립의전	230
?	2	2	0	세브란스의전	42
(총횟수)	32	21	8		822

친접부(회우 사교부 간사 김일선 보고)

집회 종류	횟수	장소	참가자
총회(6월 1일)	1	청년회관	215
Y직원, 학관 선생, 이사, 간사 등을 위한 친교, 훈련	4	정양관	37
외국 손님 특별 환영회	1	창전관	19
음악회, 송별회, 활동사진, 창립기념, 성탄, 이사회, 위원회 등	23	청년회관	16,224
(총횟수)	29		16,495

청년회 학관 재학생 및 졸업생 수(괄호 안은 졸업생)[4]

연도 과별	1907	1908	1909	1910	1911	1912	1913	1914	1915
중 학 과 (4 년)	45	55	74(16)	91(17)	71(14)	47(14)	41	82(5)	
영 어 과 (주간3년)	13(1)	33	19	16(5)	11(11)	28	64	91(16)	
영 어 과 (야간3년)	10	10	20(5)	32(6)	41	26(7)	57(7)	96	

---

4) 〈사립조선중앙기도교청년회학관 세칙〉(1914년), 27-28쪽.

과목								
일 어 과 (주간전수)	30(6)	26(6)	18	15(14)	45	35(24)	22(15)	45(19)
일 어 과 (야 간)			45(12)	22(22)	17(14)	7(3)	11	40(13)
공 예 과 (목공, 철공, 사진, 제화, 인쇄)		5	28	13(22)	38(10)	20(41)	22(8)	49(6)
음 악 과								7(4)
상 업 과				35	26	26(4)	(9)	
부 기 과			14(13)	9(8)	(5)			
(총 수)	108 (7)	129 (6)	218 (46)	233 (84)	249 (54)	189 (93)	217 (39)	420 (63)

(1914년까지의 졸업생 총수는 392명)

연도 노동 야학생	1911	1912	1913	1914	1915
	12	119	195	392	419

　　재정면의 발전상을 살펴보기 위하여 1만 원씩의 정부 보
조를 마지막으로 받은 1912년도의 재정과 1914년도의 재정을
비교하면 다음과 같다.[5]

수입부

부 서 별	종　별	1914년	1912년
서 무 부 (회우부 포함)	보통회비	1,072.95	1,283.00
	유지회비	610.00	602.00
	기 부 금	9,112.01	1,523.73
	이　자	3,277.82	3,117.58
	임 대 료	1,225.00	2,039.32
	잡 수 입	576.98	2,247.00
	정부보조		10,000.00
	(소 계)	(15,874.76)	(20,812.63)
교 육 부	주 간 부	1,180.38	721.70
	야 간 부	341.10	364.25
	(소 계)	(1,521.48)	(1,085.95)

5) 〈중앙청년회보〉, Association Notes(1915년 8월호).

노동야학부	수 업 료	69.40	29.70
공 업 부	목 공 과	3,504.19	6,572.42
	철 공 과	2,232.89	215.07
	사 진 과	952.37	1,227.43
	제 화 과	3,761.10	3,344.58
	인 쇄 과	2,822.17	583.39
	저 장 품	99.93	949.20
	(소 계)	(13,372.65)	(12,892.09)
친 접 부		175.40	99.13
종 교 부		2.50	44.24
체 육 부		4.80	3.65
소 년 부			
기금에서			834.47
기타수입			483.72
총 계		31,020.99	36,285.63

지출부

부 서 별	종 별	1914년	1912년
서 무 부	인 건 비	920.00	2,435.67
	임금(공업부)	602.00	300.00
	보 험 료	818.76	950.00
	비품 · 수리비	792.41	504.21
	연료 · 전기 · 수도	2,336.06	1,720.33
	인쇄 · 사무용품	543.87	595.02
	잡 비	878.90	1,206.90
	(소 계)	(6,892.00)	(7,412.13)
교 육 부	주 간 부	3,723.09	3,748.72
	야 간 부	175.00	1,263.27
	사 무 비	1,754.82	679.48
	(소 계)	(5,648.91)	(5,691.47)
노동야학부		399.03	311.31
공 업 부	목 공 과	3,501.01	7,016.05
	철 공 과	2,075.95	1,734.71
	사 진 과	1,283.92	1,283.25
	제 화 과	3,716.32	4,708.31
	인 쇄 과	2,566.10	868.00
	저 장 품	78.70	
	발 동 기		1,189.71
	사 무 비	1,123.43	928.25
	(소 계)	(14,345.51)	(17,728.28)

친 접 부		1,043.35	592.81
종 교 부		1,737.27	1,232.22
체 육 부		376.18	1,126.22
전국학생사업			1,623.31
소 년 부			423.58
총 계		30,442.27	36,285.63

끝으로 당시 청년회의 재정 상황을 살펴보기 위하여
1915년 1월 1일 현재 이사부(理事部) 및 탁재부(托財部) 회계가
취급한 금전 명세서[6]를 보면 다음과 같다.

분 류	금 액(원)
예금 잔고	4,849.50
경상비 잔고	578.72
자산 및 비품비 잔고	92.50
적립금	46,980.19
기독교 서적비	1,011.48
교육비 시설비	31.93
광고비	27.55
현금	428.36
합계	54,386.02
은행에 무기당좌	3,857.66
은행에 정기당좌	50,100.00
은행에 경비예금	378.36
경비현금 잔고	50.00
합 계	54,386.02

---

6) 앞의 자료.

24.

학생운동과
전국 연합회의 조직

이 기간의 가장 두드러진 사건은 1914년 4월 2일부터 5일까지 개성에서 서울의 중앙기독교청년회, 재일본 도쿄청년회를 비롯하여 중앙청년회학관 및 배재학당 학생 YMCA 등 8개 학생 청년회를 합한 10개 YMCA가 조선기독교청년회 연합회(朝鮮基督敎靑年會聯合會)를 조직한 것이다. 여기서 우리는 8개의 학생 YMCA가 아니었던들 전국 연합회가 조직될 수 없었다는 사실을 발견한다. 이미 말한 바와 같이 1910년 10월에 이승만이 귀국하기 전에는 배재학당·상동청년학원·중앙청년회학관 등 3개 학교에만 학생 YMCA가 조직되어 있었지만, 그가 전국을 순회하고 돌아온 직후인 1911년 9월 말까지는 세브란스 의학전문학교·경신학교·한영서원 등에 조직되어 6개 학생 YMCA가 확립되었다.

이와 같이 학생 YMCA가 조직된 이면에는 학생 하령회(學生夏令會) 운동이 맹렬했던 것을 잊어서는 안 된다. 학생 하령회는 학생들의 연합 운동이다. 학생들은 여름 방학이 되면 일단 학교를 떠나 다른 학교 학생들과 만날 수 있었다. 그만큼 학생들의 세계는 넓어지는 것이었다.

　　학생 하령회는 개최되는 계절에 따라 하령회 또는 춘령회(春令會)[1]라고 했는데, 학생들은 방학을 이용하여 친목과 교양 증진을 도모한다는 일반적인 의미를 넘어서 국내외 명사와 부흥사를 청해서 강연회·사경회 등을 가짐으로써 학생들이 "불덩어리가 되어서 돌아가게 했던 것이다." 이 불덩어리가 됨으로 해서 각 학교에 학생 YMCA가 번져 갔으며, 이 불덩어리로 인해 전국 연합회가 조직된 것이다. 전국 연합회 조직 총회에 관한 내용을 소개하면 다음과 같다.

　　　·일시: 1914년 4월 2~5일
　　　·장소: 개성 한영서원(韓英書院)
　　　·구성과 대표: 10개 YMCA에서 45명의 대표[2]
　　　·내빈: 4개국에서 9명

　　제1일—4월 2일 하오 8시, 임시 회장 언더우드의 사회로 개최하여 최병헌·김일선 두 사람이 기도한 후, 정춘수(개성교회)·기의남(한영서원)·신영순(한영서원. 학숙청년회 대표) 등이 환영사를 하고, 박승봉·육정수 등은 일반 YMCA와 학생 YMCA를 대표하여, 브로크만·이부카 등은 중국과 일본 YMCA를 대표하여 각각 답사했다. 이같이 거창하게 개회 순서를 가진 뒤 양전백 목사가 '기독지진적(基督之眞的)'이란 제목으로 개회 연설을 했다.

---

1) 〈중앙청년회보〉1915년 5월호 13쪽에 제5회 하령회 기사가 있는데, 4월 3일부터 개최되었기 때문에 춘령회라 했으며, 백남훈,《나의 일생》122쪽에 보면 "청년회에서는 방학 기간을 이용하여 춘령회 또는 하령회를 개최하고……"라고 했다.
2) 제1회 조선기독교청년회연합회 3년 대회 회록. 中央靑年會 代表: 16명. 이상재·陸定洙·洪鐘肅·崔聖模·崔炳憲·李敎承·吳基善·韓百善·姜邁·白端岩·金一善·브로크만·언더우드·그레그·스나이더. 중앙청년회학관 대표: 3명, 金遠浩·孫昌植·南道元. 도쿄청년 대표: 4명, 金貞植·朱孔三·李燦雨·金榮洙. 배재학당 대표: 3명, 李東爀·劉昌瑩·金鼓台. 경신학교 대표: 4명, 金萬一·金炳斗·文暢篇·金東熙. 세브란스의전 대표: 4명, 金聖謙·朴泰享·鄭永俊·劉仁景. 한영학원 대표: 5명, 申永淳·金容文·鄭寅哲·白彩雲·崔祥麟. 전주 신흥학교 대표: 2명, 申東驥·崔三悅. 군산 영명학교 대표: 2명, 李守鉉·金昌淳. 광주 숭일학교 대표: 2명, 朴世平·張玫燮.

제2일—4월 3일 아침부터 저녁까지 회의를 계속하면서 5명의 공천위원과 7명의 의안 검사위원을 공포하는 일 외에 김정식·이상재 등 9명의 연사들이 강연을 했다. 그중 시카고 YMCA 총무 메서(L. W. Meseer)의 "예수께서 우리를 향해, 오라……같이 가자……나아가라"라는 내용의 연설은 청년들의 마음을 뜨겁게 만들었다.

제3일—4월 4일 아침부터 속회하여 주로 헌장 초안을 심의한 뒤 오후에 수정 통과시켰다. 그때 통과된 헌법, 즉 헌장 전문은 이 장 말미에 수록했다.

YMCA 헌장이 통과되자, 통과된 헌장 제7조와 8조에 따라 연합위원, 공천위원이 연합위원 후보자를 공천한 뒤 선거하니 다음 15명이 선출되었다. 에비슨·언더우드·신흥우·이상재·기의남(奇義男)·김정식·오긍선·오기선·홍종숙·박승봉·밀러(Hugh Miller)·송언용·게일·나대궐(羅大闕)·우리어(禹理御).

그리고 헌장 제21조에 따라 대회 임원을 천거하니, 선출된 대회 임원은 다음과 같다.

·대회 회장 최병헌
·부회장 김정식
·서기 김성겸(金聖謙)·이찬우(李燦雨) 등.

제4일—새로 통과된 헌장에 따라 선출된 대회장 최병헌의 사회로 마지막 날 대회가 속회되었다. 마지막 날 대회였으므로 별다른 안건 없이 '예수께서 천국을 관념(觀念)하심'이란 제목으로 일본 YMCA 동맹 위원장 이부카가, '예수께 복종하는 자의 능력'이란 제목으로 오긍선이, '유년(幼年)을 그리스도께로 인도'라는 제목으로 홍종숙이, '학교 내에서 예수를 실현하는 인물의 표범(表範)'이란 제목으로 신흥우가 각각 연설한 뒤, 역사적인

전국 연합회 조직총회가 폐막되었다.[3]

위에서 말한 바와 같이 불덩어리가 된 학생들이 해마다 한 번씩 모였다가 헤어져 돌아가 각 학교에서 불을 지름으로써 전국적인 조직이 가능했던 것이다. 특히 1912년 6월 북한산성에서 모인 제3회 학생 하령회는 전국 연합회 조직의 직접적인 동력이었다. 그러나 105인 사건이란 뜻밖의 사건 때문에 이 불은 잠시 꺼질 뻔했다가 1914년 4월에 다시 불이 붙었다. 이것이 곧 연합회 조직총회 모임이다. 비록 이 모임은 학생 하령회란 이름으로 모이진 않았으며, 여름이 아니라 봄에 모이긴 했지만, 전국에서 8개 학생 YMCA가 모였다는 것은 그만큼 학생 운동이 활발했음을 의미한다. 뒤로 돌아가서 학생 하령회를 간추려 보면 다음과 같다.

제1회 학생 하령회—1910년 6월 22~27일, 진관사에서 46명이 모임.
제2회 학생 하령회—1911년 6월 15~20일, 개성에서 93명이 모임.
제3회 학생 하령회—1912년 6월 25~30일, 북한산성에서 57명이 모임.
제4회 학생 하령회—한 해를 뛰어서 1914년 4월 2~5일, 개성에서 54명이 모였다. 이 모임은 학생 하령회 또는 춘령회란 이름으로 모이지 않고 전국 연합회 조직총회였지만, 이 모임으로 학생 하령회를 대신한 것이 사실이다.
제5회 학생 하령회—1915년 4월 3~8일, 광주(光州)에서 모였다. 학생운동의 불이 호남 지방에도 크게 번진 셈이다. 학생 대표 23명, 중앙청년회와 연합회 위원 9명, 강사 5명, 모두 35명

---

3) 위의 자료.

이 모이긴 했지만 학교 수는 제4회 때의 8개가 9개[4]로 늘어났다. 공주 영명학교 학생 YMCA가 참가한 것이다. 오긍선 회장의 사회로 개최된 첫날에는 최성모(崔聖模)·이상재·오긍선 등이 강연을 하고, 둘째 날에는 일요일인 관계로 중앙 YMCA에서 새로 번역 출간한 《천인지제(天人之際)》를 가지고 성경 공부를 한 뒤 북부교회(北部敎會)에 가서 주일예배를 보았다. 셋째 날에는 도쿄 일본인 YMCA 학생부 간사 조르겐센(Jorgensen)·이상재·브로크만·홍종숙 등의 강연이 있었고, 넷째 날에는 조르겐센·남궁혁 등의 강연 후 야구 시합과 친목회가 있었고, 다섯째 날에는 김영제(金永濟)·백(白)포스터 등의 인도로 각종 운동 경기와, 오긍선·이상재·홍종숙 등의 폐회 강연이 있었다.

　　제6회 학생 하령회─1916년 7월 5~10일, 평양 연합대학 (숭실대학)에서 모였다. 그때의 광경을 브로크만은 다음과 같이 보고했다.

　　　　금년에 학생 연차 대회가 평양시에서 개최되었습니다. 평양 연합대학
　　　　은 우리의 요구를 친절히 받아들여 준비해 주었습니다. 학생 대회가
　　　　관서 지방에서 모이기는 처음이기 때문에 여러 차례 공개 모임을 가
　　　　졌습니다. 한 학교는 전교 학생이 총동원되어 이 공개 모임에 참석했
　　　　습니다. 주일예배 때는 교회의 강단을 이 학생 대회 강사가 전부 맡았
　　　　습니다. 목사와 선교사들의 평에 의하면, 이 대회가 평양 시민에게 준
　　　　인상은 매우 컸다는 것이었습니다. 그리고 이 도시에 청년회를 조직해

---

4) 공주 영명학교에서 서일환(徐壹煥)·이건희(李建熙)·김광석(金光錫), 전주 신흥학교에서 김재학(金在鶴)·최귀만(崔貴萬), 군산 영명학교에서 이은섭(李殷涉)·전세종(田世鍾)·조영호(趙永浩)·김익환(金益煥), 광주 숭일학교에서 이광두(李光斗)·김동일(金東馹)·신도인(申道仁), 개성 한영서원에서 김봉현(金鳳鉉)·김성섭(金聖涉), 경성 경신학교에서 장준(張駿)·이창우(李暢雨), 경성 배재학당에서 김기연(金基演), 경성 세브란스의학교에서 최영욱(崔永旭), 중앙 청년회학관에서 김규호(金逵浩)·송계백(宋繼白)·남도원(南道元), 중앙 청년회에서 김영제(金永濟)·백포스터·변훈(邊壎)·서병조(徐丙肇), 연합위원 이상재·홍종숙(洪鐘肅)·오긍선·브로크만·오기선, 연사 최성모(崔聖模)·남궁혁(南宮爀)·후스·조르겐센·타마자, 내빈 정태진(鄭泰鎭)·김갑수(金甲洙).

달라는 요청이 있었습니다.[5]

끝으로 이때까지의 학생사업 담당 지도간사는 다음과 같다.

1908년 9월부터 김규식
1910년 10월부터 이승만
1911년 4월부터 육성주
1912년 2월부터 김창제
1915년 11월부터 최상호

그리고 1915년 12월 11일 서울 시내 각 사립학교 연합 강연회를 주최했을 때는 700여 명의 학생이 참가하여 대성황을 이루었다.[6]

YMCA 헌장 전문

第一章 名稱
第一條: 此 聯合會는 朝鮮基督敎靑年會 聯合會라 稱홈.

第二章 目的
第二條: 此 聯合會의 目的은 如左홈.
一. 朝鮮基督敎靑年會의 聯合하는 機關을 作홈.
二. 各學校 及 都市內와 其他 階級의 朝鮮人을 爲혼 基督靑年會를 組織 及 發達케 홈.
三. 聯合委員으로 말미암아 發達된 靑年會로 하야금 此 聯合會를 通하야 日本基督敎靑年會同盟과 萬國基督敎靑年會

---

5) F. M. Brockman's Annual Report for the Year Ending September 30. 1916.
6) 〈중앙청년회보〉 1916년 1월호, 7쪽.

同盟과 萬國學生靑年會聯合會로 더부러 聯絡케 홈.

四. 下列하는 事業을 增進케 홈.

(一) 基督敎를 靑年間에 傳播하며 또한 彼等을 引導하야 耶穌基督을 救主로 信케 홈.

(二) 靑年의 智德體 及 社交的 幸福을 發達케 홈.

(三) 靑年을 引導하야 聖父와 聖子와 聖神 三位一體上帝 內에셔 基督敎를 聖經에 依하야 信케 하며 또한 耶穌基督의 信實한 門徒로 生活케 홈.

第三章 聯合會에 參加한 會의 資格에 對한 要件

第三條: 此 聯合會의 會員된 會는 下列 要件에 遵行홈.

(一) 基督敎靑年會라 하는 名稱을 採用홈.

(二) 正會員의 資格은 完全善美한 福音主義의 敎會員에게만 適用하며 또한 投票權과 被選權은 正會員에 限홈. 福音主義의 敎會라 홈은 聖經을 信與行의 完全한 標準으로 採用하며 耶穌基督을 神聖한 唯一의 救主로 信하는 敎會를 地名홈.

(三) 都市內 學校內와 及 他階級의 人民間에 在한 基督敎靑年會가 되어야 홈.

(四) 聯合委員으로 말미암아 發達되얏스며 聯合會의 憲法을 承認하여야 홈.

(五) 聯合會의 經費에 對하야 寄附金을 出하여야 홈.

第四章 組織

第四條: 此 聯合會는 第三條에 說明한 要件을 遵行하는 各基督敎靑年會가 되어야 홈.

第五條: 聯合委員을 次章에 載한디로 置하며 此 聯合委員이 學生靑年會事業과 將來에 必要로 發生되는 他事業을 監督키 爲하야 分委員을 置홈.

第六條: 定期聯合大會를 三年 一次式 開홈.

第五章 聯合委員

第七條: 此 聯合會는 聯合委員 十五人을 置흠.

第八條: 聯合委員은 聯合會定期大會에셔 選擧ᄒ되 薦擧委員 五人이 薦擧ᄒ 者 中에서 選擧ᄒ며 此 聯合委員 候補者는 聯合會에 參加ᄒ 靑年會의 正會員이 되어야 흠.

第九條: 此 聯合委員의 任期는 六個年으로 定흠. 但 發起聯合會(一千九百十四年)에셔 被選된 委員은 抽籤法으로 二部에 分ᄒ야 第一部 七人은 三年으로 第二部 八人은 六年으로 定흠. 此 委員은 再選됨을 得흠.

第十條: 此 聯合會 委員은 其定員中에셔 會長 一人과 一人이나 一人以上의 副會長과 書記와 會計를 選任흠.

第十一條: 聯合委員의 定期會를 少不下 一年에 一回式 開흠. 特別會는 會長이나 委員 三分之二 以上의 請求로 開흠.

第十二條: 聯合委員의 三分之一로 委員會의 備員數로 作흠.

第十三條: 聯合委員의 權限과 義務는 如左흠.

(一) 聯合會를 代表흠.

(二) 第二章에 在ᄒ 目的을 實行ᄒ기에 必要ᄒ 方法을 採用ᄒ되 定期聯合大會의 決定ᄒ 바와는 조금도 此異치 못함.

(三) 聯合會에 參加ᄒ 各靑年會의 事業區域의 限界를 定흠.

(四) 聯合會에 參加ᄒ 各靑年會를 忠告襄助ᄒ며 大體上 監督을 行흠.

(五) 聯合委員의 總務와 他幹事等을 任用흠.

(六) 基金을 聚ᄒ며 義捐을 得ᄒ야써 事業의 要求에 應ᄒᆯ 權限이 有흠.

(七) 聯合會의 法人資格에 依ᄒ야 聯合會의 財産을 保護흠.

(八) 每定期大會에 前期大會 以後의 聯合會 形便과 事業의 報告를 提呈흠.

(九) 特別ᄒ 境遇에는 此 委員外에 人員을 指定ᄒ야 聯合會를 代表흠을 得흠.

(十) 此 委員이 制定흔 定規와 試驗法에 依ㅎ야 靑年會 總務의 資格과 身分에 對흔 證書를 發行 但 此定規ᄂ 此 委員이 別ᄂ히 制定흠.

第六章 實行員

第十四條: 聯合委員中에 聯合會本部 所在地에 居住ㅎᄂ 者는 實行員이 됨.

第十五條: 實行員의 任務ᄂ 如左흠.

(一) 特別重大흔 事件으로 聯合委員의 許可를 得ㅎ여야 홀 者 外에 聯合委員會 期間에 發行ㅎᄂ 各事件을 處理흠.

(二) 聯合委員中에 窠闕이 生흘 時에 此를 塡入함.

(三) 細則內에 靑年會의 准入及黜退에 關흔 定規를 實行흠.

第七章 定期大會

第十六條: 定期大會를 每三年 一回式 聯合委員의 召集 으로 開ㅎ고 聯合會의 事務를 處理 ㅎ야 代表者의 靈的思想을 增進케 흠. 但 此 定期大會 召集通牒은 開會日부터 少不下 一箇 月以前에 發送흠.

第十七條: 聯合會에 參加한 各靑年會ᄂ 此 定期大會에 投票權이 有흔 代表者 二人式 參會케 흠을 得흠. 但 正會員 二十 名以上이 有한 會는 最初二十名以外의 每二十名마다 投票權이 有한 代表者一人式 加選함을 得흠.

第十八條: 聯合委員과 聯合會員의 總務幹事와 各區委員 長과 聯合會에 參加흔 各靑年會의 會長 總務 幹事 及 名譽總務 幹事는 職權上으로 此定期大會에 投票權이 有흠.

第十九條: 定期大會 前에 各代表者ᄂ 各其信任狀을 聯 合會 委員이 選出한 信任狀 調査委員에게 提呈흠.

第二十條: 聯合委員에 參加흔 各 靑年會의 正會員으로 代表者 信任狀이 無흔 者와 福音主義敎會의 牧師와 其外에 聯

合委員의 許可를 得호 人員은 此 定期大會의 傍聽人으로 許入
함을 得하되 投票權은 無홈.

第二十一條: 聯合委員長이 臨時會長이 돼야 會席을 整
理호 後에 選擧委員 五人을 擇호야 聯合委員候補者와 大會任
員을 薦報케 호되 大會 會長 副會長 及 書記 二人을 選任홈.

第二十二條: 會長이 議案檢査委員 七人을 擇任호야 聯合
委員의 報告 及 提議案外의 各議案을 檢査케 홈.

第二十三條: 聯合委員은 聯合大會와 及 其 各委員에 關
호 文書記錄等을 保管홈.

第八章 修正

第二十四條: 第三章 第三條 第二項은 定期大會에 參席호
投票權이 有호 代表者의 一般贊成이 有호고 其後 連兩次期 定
期大會에서 同樣의 確認을 經치 아니호면 變改치 못홈. 其他 條
項에 對호야는 投票權이 有호 代表者의 三分之二의 可決을 得호
여야 修正홈을 得홈. 修正홀 案件을 聯合委員의게 于先送交호야
該委員이 聯合會에 參加호 各靑年會에 通告치 아니호 것은 定
期大會에서 授受討議치 못홈. 修正호 案件으로 右의 正規를 經
호 者는 聯合委員會 討議를 經치 아니호고 直接討議檢査委員에
게 對하여 外他議案과 同樣受理케 홈.

此憲法은 죠금도 日本基督敎靑年會同盟委員과
一千九百十三年四月十二日에 協定호 約款 及 要規와 萬國靑年
會委員의 正規에 岐異코즈 아니호는 事를 認홈.

제6부 독립운동과 민중계몽기

（1916~1920）

무단정치하의 독립운동과 민중계몽

──── 1910년 한일합방과 함께 조선 총독으로 부임한 데라우치는 소위 105인 사건을 통하여, 또한 사립학교령 공포를 통하여 탄압을 강화했다. 그리고 1916년부터 그 후임자로 온 하세가와(長谷川好道)는 때마침 일어났던 제1차 세계대전의 공포 분위기를 이용하여 무단 정치를 더욱 강화했다.

그동안 YMCA는 전국 연합회를 조직했고, 1916년에는 실내 체육관과 소년부 집회실을 증축하는 등 그 정반대의 발전을 하였으나, 날로 험악해지는 무단정치를 견디다 못해 교육사업의 일부를 정비할 수밖에 없었다. 그러나 교육령에 저촉되지 않는 산업 교육과 체육 사업만은 계속 추진하여 다대한 성과를 냈으며, 일반 청년과 Y학관 졸업생 중 일본에 간 유학생들은 실력 배양에 전력을 다했다. 때마침 미국 대통령 윌슨이 민족자결 원칙을 선언하자, 이에 자극받은 도쿄 한국 YMCA와 유학생들은 합력하여 2·8선언을 했으며, 서울 YMCA는 민중계몽에 힘써 3·1운동의 기초를 다지게 되었다.

25.

윤치호 총무 취임과
체육관 준공

　　이 기간에 가장 특기할 일은, 윤치호가 감옥에서 풀려나
오자 총무로 취임한 것이며, 한국 역사상 최초의 실내체육관이
준공된 일이다. "YMCA는 10~12년간 체육관도 없이, 또 아주
빈약한 시설을 가지고 야구·배구·축구·각종 육상경기·유술(柔
術)·군사훈련 등 광범위한 운동경기를 운영해 왔다."[1] 그런데 "이
새 건물은 3층 벽돌 건물로, 뉴저지의 캄덴(Camden) YMCA 회
원들과 청소년들이 기부한 돈으로 지은 것이다. 1층에는 청소년
들의 친교실·클럽실·사무실 등이 있고, 2층에는 단단한 단풍
나무로 바닥을 깐 실내체육실이 있는데, 그 위에는 경주로가 빙
돌려 있고 탈의실·샤워실 등이 갖추어져 있으며, 3층에는 클럽
실·합숙소 등이 있었다."[2] 건축 공사는 목공과 김백련(金百鍊)[3]과

1) G. A. Gregg's Annual Report for the Year Ending September 30. 1916(Camden YMCA 회원이
란 곧 Mr. F. W. Ayer를 말함). H. A. Wilber's Annual Report, 1933~1934 참조.
2) 위의 자료.
3) 김백련은 1910년 공업부 제1회 졸업생으로, 졸업 직후부터 공업부 선생으로 채용되었다
……. 1914년 6월 발행 〈사립조선중앙기독교청년회학관 세칙 부록〉, 4쪽, 14쪽.

중국인 교사 등의 감독하에 주로 공업부 학생들에 의해 진행되었다.

착공한 지 3년 만에 완공된 이 실내체육관의 준공식[4]은 1916년 5월 6일 내외 귀빈과 일반 회우가 운집한 가운데 2층 체육실에서 거행되었다. 회장 홍종숙의 사회와 유성준의 성경 봉독으로 개회하여 영국 성서공회 주교 트롤롭(M. N. Trollope)의 집례로 헌당식이 있은 뒤 신임총무 윤치호의 취임식이 있었다.[5]

이어 윤치호의 답사 후 윤치호 총무가 와다나베(渡邊暢)·니와(丹羽淸次郎)·마쓰모도(松本正寬) 등 3인의 명예이사를 소개하고 데라우치 총독을 대신하여 내무국장 우사미(宇佐美勝夫)가 축사를 한 뒤 300원의 기부금을 전달하고, 이어 미국의 기부자들을 대표하여 총영사 밀러(H. Miller)의 윤금(鍮金) 증여식이 있은 뒤, 한국 신사 대표 조중응(趙重應), 일본 Y 대표 니와, 국제 Y 대표 펠프스(G. S. Phelps) 등의 축사가 있었다.

여기서 우리는 총독을 대신하여 우사미가 축사한 사실과 3인의 일본인 명예이사가 소개된 사실을 발견한다. 이는 물론 처음부터 끈질긴 정치적 압력의 결과였다. 이미 지적한 바와 같이 1913년 유신회 일파의 공세를 일단 막아 내긴 했지만, 한국 YMCA는 일본 YMCA 산하에 들어간 것이 사실이다. 우선 1912년 베이징 대회에서 한국 YMCA가 '중국·한국 및 홍콩 YMCA 전체위원회'에서 탈퇴했고, 1914년 7월 23~24일 고텐바(御殿場)에서 열린 제5회 일본 YMCA 동맹 총회에 한국 대표가 참석하여 한국 YMCA가 일본 YMCA 동맹에 정식으로 가맹하게 되었다.[6] 드디어 서울 YMCA도 1916년부터 명예이사 제도가 생겼고, 일본인 명예이사가 이사회에 참석하여 간섭하기 시작했다.

4) 〈중앙청년회보〉, 1916년 6월호, 11-19쪽.
5) 위의 자료.
6) 奈良常五郎, 日本 YMCA史(日本 YMCA同盟, 1959), p.148.

이런 상황에서 윤치호가 연합회 총무와 서울 YMCA 총무를 겸하여 취임하게 되었다. 그는 1912년 105인 사건 때 체포되어 6년 징역을 언도받고 복역 중, 수감된 지 4년 만인 1915년 2월 13일 특사로 석방되었다. 그는 석방되자 성대한 환영을 받았다. 터무니없는 조작극에 걸려 그러한 악형을 받다가 석방된 만큼 일반 회원은 물론 온 국민이 그를 반가이 맞이하여 환영회를 열었을 때, 그는 '오십이각(五十而覺)'이란 답사에서 "경거망동은 우리에게 아무런 이익도 주지 못한다. 조선을 구제할 자는 오직 힘이니, 힘은 청년들이 도덕적으로 지식적으로 수양함에서 나오고, 그러한 뒤에도 교육과 산업을 위해 꾸준히 노력함에서 나온다."[7]라고, 예상했던 것보다는 약한 답사를 해서 청중을 적지 않게 실망시킨 것이 사실이다. 그러나 그는 1915년 6월 7일 중앙청년회 정기총회에서 최고득표로 이사에 뽑혔고,[8] 1916년 5월 6일에는 전국 연합회와 중앙청년회의 총무로 취임하게 되었다. 그때 그의 나이는 53세, 비록 일경의 가혹한 고문으로 약해지긴 했으나 그의 슬기와 충성심은 능히 YMCA로 하여금 난국을 극복할 수 있게 했다.

이에 대하여 그레그는 "그가 최근 수년간 겪은 정치적 파란과 쓰라린 경험은 그로 하여금 YMCA를 위하여 타고난 그의 민활한 수완을 발휘하게 할 것이며, 더욱 조심스럽고 깊은 영력과 명확한 통찰력과 유일한 목적을 가지고 일하게 될 것이다"[9]라고 보고했으며, 브로크만은 "지난 1년 동안 우리 YMCA에서 일어난 사건 중 가장 큰 사건은, 총무로 윤치호를 얻은 일입니다. 그는 명문가 출신으로 그의 어릴 때 이야기에는 아라비아 우

7) 이광수, "규범의 인(人) 윤치호", 〈이광수 전집〉 제17권, 동광, 1927년 2월호.
8) 〈중앙청년회보〉, 1915년 8월호, 18쪽. 총회는 서대문 밖 팔각정 운동장에서 열렸는데, 출석 회원 243명, 정회원 182명이 투표한 결과 윤치호 104표, 양주삼 82표, 박승봉 76표, 신흥우 68표, 트롤롭 54표 등이었다. 그리고 15명 이사는 언더우드(회장)·홍종숙(부회장)·밀러(회계)·윤치호·오긍선·신흥우·박승봉·오기선·에비슨·트롤롭·송언용 등이었다.
9) G. A. Gregg's Annual Report for the Year Ending September 30. 1916.

화 같은 얘기가 많습니다……. 그가 총독부 당국의 전폭적인 지
지로 이 직책을 맡게 되었다는 사실은, 그가 최고의 권위와 신망
을 되찾았다는 것을 의미합니다. 그는 잠시도 기독교계의 신망을
잃은 적이 없습니다. 그는 이미 현 시국을 확실히 파악하고 있으
며, 당면 문제를 잘 해결할 수 있으리라 보는데, 이는 그가 '동양
의 종교적 정치가'라는 명성을 들을 만한 위대한 인물이라는 것
을 의미합니다"[10]라고 보고했다.

---

10) F. M. Brockman's Annual Report for the Year Ending September 30. 1916.

26.

총독부의 교육 탄압과
일부 교육사업 정비

윤치호가 총무로 취임한 뒤 제일 먼저 해야 할 일은 교육 사업을 정비하는 일이었다. 그가 취임할 당시의 학제는 3부 10과로 나뉘어 있었다. 주간부로는 본과(중학과라고도 하는 4년제)·영어과(3년제)·일어과(속성)가, 야간부로는 영어과(3년제)·일어과(속성과와 강습과의 두 가지)가 있었고, 공업부로는 목공과(3년제)·철공과(3년제)·제화과(2년제)·인쇄과(2년제)·사진과(6개월)[1]가 있었다. 그리고 학관은 1909년 4월에 있었던 사립학교령(私立學校令)에 의하여 구한국 정부의 정식 인가를 받은 학교이며, 한일합방 이후인 1911년 공포된 식민지 교육령에도 불구하고, 또한 1912년에 있었던 105인 사건 이후 '황성' 두 자가 떨어져 나가고 '조선중앙기독교청년회 학관'이란 새 이름으로 운영되었음에도 본래의 교육 방침대로 날로 번창하고 있었는데,[2] 1915년 3월 소위 개

---

1) 〈사립조선중앙기독교청년회 학관 세칙(學舘細則)〉(1914년 6월), 2~3쪽. 상과(商科)는 1910년 시작되어 1913년에 폐지되었고, 부기과(薄記科)는 1909년 시작하여 1911년에 폐지되었다. 노동야학과 음악과는 YMCA 본부가 인수했다.
2) 위의 자료.

정사립학교규칙이 공포된 뒤로는 더 극심한 탄압을 받게 되었다. 개정 교육령의 내용을 간추려 본다.

첫째, 인가 문제. 모든 학교는 총독부 인가를 받아야 하며, 학교 재단 및 시설은 철저히 규제받아야 한다.

둘째, 교과목과 교과서 문제. 기독교학교라도 성경을 가르쳐서는 안 되며, 한국 역사와 지리를 금지한다.

셋째, 교사 자격 문제. 일본말을 모르는 교사는 교사가 못 되며 교수 용어는 일어로 해야 한다.

넷째, 중학교 승격 문제. 중학교인 경우 고등보통학교로 승격되지 않고 는 그 학교 졸업생이 상급 학교에 진학하지 못하게 규제된다.

다섯째, 기독교 학교에서도 성경교육과 종교의식이 철저히 금지된다.

여섯째, 교육령 시행 기간 문제. 10년 유예기간 중에 이를 시행하지 못 하는 학교는 폐교한다.

이러한 교육령이 공포되자 기독교 계통 학교들은 강경파 와 현실파로 갈라지게 됐다. "대체로 장로교 선교사들은 한국에 와서 학교를 세우고 이를 경영하는 궁극적인 목적이 기독교 선 교에 있는 만큼, 10년 유예기간 중에 총독부를 상대로 투쟁하다 실패하면 마땅히 폐교하자는 것이었다. 그리하여 순천(順天)의 남장로교파 소속인 성은중학교(聖恩中學校)와 선천(宣川)의 북장 로교파 계통인 보성여학교(保聖女學校)를 포함한 수많은 장로교 파 학교가 문을 닫았다."3 "이에 반하여 감리교파는, 성경과 종교 의식은 방과 후 과외로 가르치는 것은 무방하다는 총독부의 양 해가 있는 만큼, 총독부 방침에 순응하여 학교를 계속하는 것이 현명하다는 것이었다. 그 결과 배재학당을 비롯한 감리교계 다

---

3) 손인수, 《한국근대교육사》(연세대학교 출판부, 1971), 124쪽. 그러나 실상 이 두 학교는 폐교 하지 않았다.

른 학교들은 사립학교 규칙에 의하여 학교를 유지한 것이다."[4]

이 같은 수난의 결과, 1910년 전국에 2,080개였던 사립학교가 1916년에는 거의 절반인 1,045개로 감소했고, 한 해 뒤인 1917년에는 868개로, 1923년에는 649개로 더 감소했다.[5] YMCA 학관도 결국 중학과를 폐교할 수밖에 없었다. 그러나 다른 과 학생들은 더 늘었다. 1909~1916년 통계를 간추려 보면 다음과 같다.

과 별 \ 연 대	1909	1910	1911	1912	1913	1914	1915	1916
중학과(4년제)	74	9	71	47	41	82	162	(폐과)
영어 · 일어 · 공예과 등 기타	144	142	178	142	176	338	312	
(소 계)	218	233	249	189	217	420	474	
노동야학			12	119	195	392	419	
총학생수	218	223	261	308	412	812	1055	710

위 통계에서, 1912년과 1913년에 학생 수가 조금 감소한 것은 105인 사건 때문이고, 그 뒤에는 계속 증가했는데, 총독부 당국이 이를 좋아했을 리가 없다. 더욱이 YMCA 당국은 총독부 당국의 정책 문제를 논의하기 위해 1916년 6월 8~9일 양일간 YMCA 강당에서 선교사들과 조선 기독교 교육자 회의를 열었는데, 이에 총독부 당국은 위협을 가했다. 총독부 학무국장 세키야(關屋)가 나타나 "조선에서의 교육과 종교"란 제목으로 일장 연설을 했다. 그 연설 내용을 간추려 보면 다음과 같다.

첫째, 교육정책은 나라에 따라 각각 다르다. 아무리 신교의 자유가 있다 하더라도 선교사들은 일본의 법률 · 교육칙어 · 교육정책에 따라야 한다.

둘째, 찰스 다윈의 적자생존 원칙에 따라 총독부의 교육령과 제법령

---

4) 위의 책.

5) 위의 책.

을 잘 지키면 살 수 있고 그렇지 않으면 죽을 수밖에 없다.

셋째, 기독교 신자가 천황의 사진에 대하여 그것이 우상이라며 경례를 하지 않는 것은 도저히 용납할 수 없다.

넷째, 기독교 신자들은 주일날 일을 하거나 학교 시험을 치면 이를 거부하는데, 이는 도저히 이해할 수 없는 일이다.

다섯째, 유교나 불교도 외래종교다. 이 두 종교가 일본에 들어와서 발전한 것은 일본이란 환경에 적응했기 때문이며, 적자생존 원칙을 잘 알았기 때문이다. 기독교도 일본 제국의 역사와 정신을 잘 알고 이에 순응하지 않으면 발전할 수 없을 것이다.

위 연설은 단순한 교육 연설이 아니라 일종의 위협이었다. 그것도 다름 아닌 YMCA 강당에서 했다는 데 의미가 심각하다. YMCA는 이 사실을 경시할 수 없었다. 다른 수많은 사립학교들도 견디다 못해 폐교하는데, YMCA인들 별 수 있으랴! YMCA는 총독부의 간섭을 받기보다는 차라리 깨끗하게 폐교하여 공업교육에만 주력하는 것이 현명하다고 생각했다.

드디어 YMCA 이사회는 1916년 겨울부터 중학과·영어과 등 인문 계통의 학과를 폐지하기로 결의했다.[6] 표면적인 이유로는 재정 문제가 첫째고, 둘째로는 시내에 다른 공사립 중학교도 많은데 YMCA가 이중적으로 할 필요가 없기 때문이라고 했지만,[7] 실은 총독부의 간섭을 받기 싫어서였던 것이다.

그런데 YMCA 당국은 중학과 폐지에 앞서 한 가지 중요한 행사 하나를 치렀다. 1916년 2월 1일은 YMCA학관 창립 10주년 기념일이었다. 기념일을 몇 달 지난 뒤이긴 했으나 "9월 4일, 본학관 졸업생(중학학우회) 주최로 본 학관 설립자 브로크만, 관장 육정수, 이교승 등 3인에 대한 교육 10주년 기념회를 개(開)하였는데, 동 3씨는 학관 창립 이래로 교육의 임(任)에 당하여

6) G. A. Gregg's Annual Report, October 1, 1916 to September 30, 1917.
7) F. M. Brockman's Annual Report for the Year Ending September 30, 1917.

10개 년 성상의 노고를 1일과 여(如)히 경과하였으니, 동일한 학교에서 여차(如此)히 장구적근(長久積勤)함은 실로 교육계의 한 유(罕有)의 사(事)였다."[8] 이에 대하여 브로크만은 감격하여 "어제 중학학우회(中學學友會)의 초청을 받아 갔더니…… 우리 3인의 10년 근속을 표창하기 위하여 초청한 것을 알고 깜짝 놀랐다. 지나간 10년 동안의 발전은 정말 놀랍고 감개무량한 일인데, 지금 이 보고연도(報告年度)가 끝나는 순간의 우리 Y 역사상 가장 뜻 깊고 중대한 사건이 일어났다"[9]고 보고했다.

　　여기서 그가 "우리 Y 역사상 가장 뜻 깊고 중대한 사건"이라 함은 자신들이 10주년 근속 표창을 받았다는 것이 아니다. 그보다 그 표창식이 중학과 졸업생들의 주최로 거행되었다는 사실이며, 또한 "본 학관 중학과 졸업생으로 도쿄에 유학하는 중학학우회 지회원(支會員)의 발기로 같은 과 졸업생 일반에 한하여 본 학원 화학기계 전부 수보(修補)의 책(責)을 임(任)한다"[10]는 사실을 보고하는 말이었다. 따라서 10년 역사와 수많은 졸업생을 낸 중학과가 정치적 압력에 의해 폐교되는 것을 본 국내 졸업생들과 일본 유학생들이 모교의 운명을 슬퍼하는 동시에, 더 한층 모교에 대한 충성심을 발휘했다는 사실을 보고하는 말이었다.

---

8) 〈중앙청년회보〉 1916년 10월호, 18쪽.
9) F. M. Brockman's Annual Report for the Year Ending September 30. 1916.
10) 본회 학관 각 과 졸업생과 재학생이 연합하여 청년학우회를 조직한 것은 1915년 12월 4일이다. 〈중앙청년회보〉 1916년 1월호, 22쪽.

27.

실업교육과 체육사업을 통한
실력 배양

1916년 9월까지 1년간의 특징은 ① 한국인 총무 취임, ②
실내체육관과 소년부 회관 개관, ③ 중학과 폐지, ④ 공업부 사
업 확장과 그 기금 확보, ⑤ 체육 전문간사 채용 등이다.[1] 이 다섯
가지 특징 중 세 번째까지는 위에서 말했기 때문에 나머지 두 가
지가 우리의 과제다. 위에서도 말한 바와 같이 중학과를 폐지한
것은 정치적 압력의 결과이긴 하나 "직업교육에 전력을 다한다"[2]
는 새로운 교육 정책에서 폐교의 의미를 찾을 수 있다. 이 사업
은 평화 시기만 아니라 전쟁 시기에도 성황을 이루었다. 그 실례
로 1919년 3·1만세운동 직후 사회가 극도로 불안 상태에 빠지고
일본 경찰의 삼엄한 감시 하에 있을 때에도 공업부 사업만은 평
상시나 다름없이 운영되고 있었다. 브로크만은 그때의 광경을 다
음과 같이 보고했다.

오늘날과 같은 불안한 사회 환경에서는 우리의 공업부 사업도 과중한

---

1) G. A. Gregg's Annual Report for the Year Ending September 30, 1916.
2) 이 책 184쪽 참조.

부담이었습니다. 다년간 공업부 사업은 한국 민족에게 다대한 공헌을 해왔습니다. 더군다나 금년과 같이 모든 사업이 근본적으로 마비된 때는 공업부 사업이야말로 유일한 기간 사업이라는 것을 깨닫게 됩니다.

지난 봄 그처럼 소란하고 긴장된 시기에도 이 사업만은 '평상 운영'을 할 수 있었습니다. 모든 사업이 경찰의 감시를 받아 Y회관이 전례 없이 텅 비어 있을 때, 공업부 건물에서는 윙윙 기계소리가 요란한 가운데 공업부 전 직원은 가구 주문 또는 자동차 수리 요청들을 계속 받고 있었습니다. 금년 1년 동안 받은 주문이 무려 3,300건이 넘었습니다. 나는 기계 소리가 요란하고 기름투성이가 되고 목재가 가득 차 있는 공업부 건물에 들어갈 적마다…… 감사하지 않을 수 없었습니다…… 공업부 사업만큼, 한국 민족에게 환영받을 뿐 아니라 선교사들과 총독부와 외국인 사회의 환영을 받는 사업은 없습니다.[3]

위에서 3·1만세운동 때문에 YMCA는 쑥밭이 되고 모든 사업이 마비 상태에 빠졌지만 유독 공업부 사업은 정상 운영을 했으며 일경의 감시를 덜 받았다는 사실, 모든 국민뿐 아니라 외국인 사회와 선교사들과 심지어 총독부의 환영까지 받았다는 사실을 발견한다. 사회적 불안을 무조건 꺼리는 외국인의 관찰이기 때문에 액면 그대로 받아들이긴 어렵다 하더라도 YMCA의 정신적 일면을 바로 나타낸 것이라 아니할 수 없다. 왜냐하면 YMCA는 본래부터 민생 문제 해결·경제적 자유와 정의·국민 생활의 근대화 등에 관심이 컸기 때문에, 민족 독립을 위해 싸우다 잡혀가 죽는 것도 중요하지만 살아 남아서 중단 없는 경제 건설에 매진하는 것도 중요하다고 생각했기 때문이다. 다시 말하면 당시 이상재·오화영·박희도·정춘수·이갑성·양전백·최성모·오기선·박동완 등 Y 지도자들과 일반 회우들이 3·1만세운동에

---

3) F. M. Brockman's Annual Report for the Year Ending September 30, 1919, pp.4-5.

가담하여 모조리 검거된 반면, 묵묵히 일만 하면서 국민의 경제적 파탄을 막기 위해 힘쓴 공업부 직원들과 학생들이 있었다는 것은 다른 데서는 찾아볼 수 없는 현상이라 아니 할 수 없다.

YMCA 공업부의 활동상을 대강 훑어보면, 우선 그레그는 1916년 1월부터 11월까지 안식년으로 미국에 가 있는 동안 1만 달러 모금 운동에 전력을 다한 결과 큰 성과를 내었으며, 그가 공석인 때 임시로 와 있던 루카스(A. E. Lucas)는 3년간 더 있으면서 사진·인쇄·건축 등에 눈부신 활약을 했다.[4] 따라서 1910년 공업부 제1회 졸업생 김백련(金百鍊)·김병유(金秉有)·윤기원(尹基元)을 비롯하여 제2회 졸업생 신익순(申益淳), 제3회 졸업생 김홍식(金弘植) 그리고 1910년 영어과 제2회 졸업생 서병조(徐丙肇), 중학과 제2회 졸업생 이용근(李用根), 제3회 졸업생 변훈(邊壎), 영어과 제3회 졸업생 임학준(林學俊)·이인영(李寅榮)·백남칠(白南七)·이명원(李命遠)·윤육(尹堉) 등이 공업부 강사 또는 정교사로 시무한 결과, 실업 발전에 커다란 공헌을 했다. 우선 1917년 9월까지[5] 1년간 공업부 매상고가 약 2만 원에 달했는데, 이는 6년 전 매상고인 4,039원의 5배나 되는 놀라운 발전이다. 또한 비누 제조를 시작했는데, 그해부터 한국 사회는 비누를 많이 쓰기 시작했기 때문이다.

이 역시 YMCA가 먼저 개척한 산업이다. 목공과에서는 완구도 만들기 시작했으며 3마력의 발동선도 만들어 냈다. 이와 같이 각종 신제품을 많이 생산하는 동안 기술자(졸업생)들이 자꾸 빠져나가 개인 사업을 해서 문제였지만, 본래 공업부의 교육 목적이 기업인 배출에 있었기 때문에 이는 즐거운 비명이기도 했다. 영어과 제3회 졸업생 임학준[6]은 1914년 가을에 중국까

---

4) G. A. Gregg's Annual Report for the Year Ending September 30, 1917.

5) 위의 자료.

6) 임학준은 김구의 아들 김신(金信) 장군의 장인이 된 사람으로, 상하이에 있는 해군 YMCA의 방 하나를 빌려 4, 5명의 교포 청년들에게 기독교 교육을 했다. G. A. Gregg's Annual Report for the Year Ending September 30, 1915.

216

지 불려가서 영국 전차회사 기사가 되었으며, 그로 인하여 김홍
식도 뒤따라가게 되었다. 인쇄과에서는 〈중앙청년회회보〉 및 영
문 잡지《코리아 매거진(Korea Magazine)》 등을 찍기 시작했는
데, 1917년도의 인쇄 수입은 800원에 달하여 1915년도 수입의
배 이상이 되었다.

1918년도의 성과를 보면,[7] 공업부 졸업생 중 사회에 나가
서 철공소나 목공소를 차리고 개인 사업을 하는 사람이 수십 명
에 달했다. 그들은 공업부와 밀접한 관계를 유지하면서 YMCA
의 전기톱 같은 최신식 기계를 이용하여 경제 블록을 형성했다.
인쇄과에서는《코리아 미션 필드(Korea Mission Field)》,《코리아
매거진》 등 영문 서적까지 많이 인쇄하여 월 평균 수입은 1천 원
이 넘었으며, 사진과 졸업생은 진남포까지 가서 개업하여 인기를
끌었다. 공업부 총 수입은 3만 원이 넘었기 때문에 YMCA 자립
운영에 큰 보탬이 되게 했다. 그리고 하란사(河蘭史)가 정동교회
에 기증한 한국 최초의 파이프 오르간을 설치하기도 했다.

위에서 말한 바와 같이 1919년 3·1운동 직후 온 국토가
불안 상태에 있었지만 공업부 사업만은 중단 없이 정상 운영을
했다. 아니, 정상 운영이라기보다는 비상시국으로 교통이 두절되
고 물가가 상승하고 국제 통상이 중단된 형편에서 일반 사회의
YMCA 공업부에 대한 의존도가 한층 높아졌을 뿐 아니라 공업
부 직원들과 학생들이 민족의 비운에 대한 울분을 경제 활동에
다 쏟아 놓은 것이다.

첫째로 인쇄의 경우, 1919년도[8]의 수익은 지난해보다 약
40퍼센트 증가를 보였다. 철공의 경우, 제1차 세계대전과 국내의
만세 사건 등으로 수년간 기계 도입이 불가능하여 모든 시설이
낡아져 일반 사회는 큰 곤란을 겪고 있었다. 그리하여 외부에서
는 기계를 수선해 달라는 요청이 쇄도했다. 현미경, 자동차 부속

7) G. A. Gregg's Annual Report for the Year Ending September 30, 1918.
8) G. A. Gregg's Annual Report for the Year Ending September 30, 1919.

품 같은 수리를 요청해 온 것이다. 이런 종류의 주문만도 1년에 400종 이상이었다. Y 공업부에서는 제한된 기계로 이 모든 요청을 해결해 줄 수 있었다. 목공의 경우, 공업과 제1회 졸업생 윤기원 같은 사람은 중국인 교사나 다른 외국인 교사가 필요 없게 될 만큼 기술이 성장하여 목공과 운영을 전담할 수 있게 되었으며, 1년에 700여 종의 제품에 1만 원 이상의 생산고를 올리게 되었다.

체육사업도 이 기간에 성황을 이루었다. 실내체육관에 대해서는 이미 언급한 바 있거니와 "이때까지 10년 내지 12년간, 청년회는 실내체육관 없이 야구·농구·배구·축구·육상 경기·유도·군사 훈련 등을 포함한 많은 체육활동을 해왔는데, 이제 미국으로부터 반하트(B. P. Barnhart, 潘河斗)란 체육 전문간사가 부인과 함께 오게 되었다."[9] 그는 시카고 대학 졸업생으로, 일리노이 주 페오리아 YMCA 소년부 간사로 있다가 1916년 3월 4일 한국에 와서 체육부와 소년부 간사가 되었다.[10] 그는 한국에 온 지 7개월 뒤 보고하기를 "실내 체육관은 대인기다. 이때까지 참가자가 연인원 17,668명이며, 소년부의 연인원은 24,756명이다. 운동 기구를 더 보강한다면 굉장한 인원이 몰려들 것이다"[11]라고 말했다.

1년 뒤에는 체육관 사업이 새로운 양상을 보여 주었다. 그중에는 외국인들이 이채로웠다. 1주일에 2회씩 선교사·의사·교사·실업인·외교관들이 모여 와서 운동을 했으며, 일본인들까지 와서 정규 시합을 가졌다. 시내 각 학교와 청년들이 YMCA 회원들과 정규 시합을 가져 체육관은 날마다 만원이었으며, 한국의 운동열은 급작스럽게 고조되었다. 추운 겨울에도 쉴 새 없이 운동을 했다. 1919년 3·1운동 직후에는 한산했지만 9월부터는

9) G. A. Gregg, 앞의 자료, September 30. 1916.
10) F. M. Brockman, 앞의 자료, p.7.
11) B. P. Brockman's Annual Report for the Year Ending September 30. 1916.

다시 활기를 띠기 시작했다. "몇 해 전만 해도 신사들과 그 자제들은 운동경기를 천하게 여겼지만 지금은 그런 생각이 일변하여 모든 신사들이 운동을 즐기게 되었는데, 이는 틀림없는 YMCA의 공헌이다. 사실상 한국에서 연중무휴로 운동을 할 수 있는 데는 YMCA밖에 없었다."[12] 이때 김영구(金永逑) 등이 체육간사가 되었고, 농구와 배구에는 김영구, 야구에는 이원용(李源容), 기계체조에는 이병삼(李炳三) 등이 가장 유명했다.

---

12) 위의 자료, September 30. 1919.

28.

민중계몽에 의한
3·1운동 기반 확립

　　일제의 무단정치는 1910년 한일합방과 더불어 초대 총독으로 부임한 데라우치(寺內正毅)에게서 시작되었다. 그는 현역 육군대장이며 1915년에는 총리대신이 된 일본 군벌의 거물이었다. 일본 제국의 관제(官制)에 의하면 조선 총독은 친임관(親任官)으로서 육군대장이나 해군대장이어야 될 수 있었고, "천황 직속하에 위임(委任)의 범위 내에서 육해군을 통솔하며 조선 방위의 일을 관장한다"라고 되어 있었던 만큼, 조선 총독의 권한은 어마어마한 것이었다.

　　이런 막강하고 무제한적인 권한을 위임받고 취임한 초대 조선 총독 데라우치는 그 위임 사항을 백 퍼센트 활용했을 뿐만 아니라 헌병과 경찰 제도를 더 한층 강화했으니, 이것이 즉 무단정치다. 데라우치 총독은 먼저 일사불란의 관제를 공포하는 동시에 모든 관청 기구의 요직을 일본인이 독점하게 했고,[1] 서울 경

---

1) 이때 구한국 관리로 재등용된 자는 겨우 287명에 불과했는데, 그마저도 이왕직중추원(李王職中樞院) 등의 한직(閑職)과 지방 말단관리가 대부분이었다. 국사편찬위원회, 《한국 독립운동사 2》(탐구당, 1970), 41쪽.

무총감(警務總監)은 조선 주재 헌병사령관이 겸임하여 군대와 경찰 행정을 일원화시켰다. 그리고 조선감옥령(朝鮮監獄令)을 공포하여 전국에 24개소의 감옥을 설치하는 동시에 집회결사(集會結社) 엄금령(嚴禁令)을 내려 많은 애국지사와 무죄한 인민을 투옥했으며, 지배자로서의 권위를 보이기 위해 일반 문관과 학교 교원까지도 제복과 제모와 칼을 차고 활보하게 하는 소위 조선 총독부 관서직원복제령(官署職員服制令)을 내려 공포 분위기를 한층 강화했다. 그리하여 서북학회(西北學會) 등 애국 단체는 물론 일진회 같은 친일 단체까지 포함한 모든 민간단체를 해산시켰으며, 출판법에 의하여 〈대한매일신보〉 등 모든 신문을 폐간시키고 〈매일신보〉와 〈경성일보(京城日報)〉의 두 어용 신문만을 두었으며, 미국과 러시아 등지에서 들어오는 애국사상 고취를 위한 신문·잡지 등을 모조리 발매 금지시켰다.

교육 탄압으로는, 학교에서 한국 역사 및 지리를 가르치지 못하게 했을 뿐만 아니라 각 학교에 일본인 교사를 두어 일본어를 국어라 하여 강제로 교육시켰으며, 수십만 권의 교과서와 서적을 소각시켰다.[2] 그리하여 1915년 소위 개정사립학교규칙(改正私立學校規則)이 공포된 후에는 수많은 사립학교가 폐교될 수밖에 없었다.

이와 같은 무단정치하에서 살아 남을 수 있는 민간 단체가 얼마나 있었던가? 위에서 말한 바와 같이 일진회 같은 친일 단체마저 해산되는 판국에 YMCA가 무슨 수로 살아 남을 수 있었던가? 물론 아무리 악독한 일제라도 헌법에 명시된 종교 단체만은 노골적으로 말살하긴 어려웠으므로, 기독교가 데라우치 총독을 암살하여 음모했다는 조작극을 꾸며 말살하려고도 했지만, YMCA는 일반 교회와 달리 또 다른 강점이 있었던 게 사실이다. 이미 이 책 17장에서 지적한 바와 같이 YMCA는 여섯 가

---

2) 위의 책, 51쪽.

지 힘을 지니고 있었다. 건물의 힘·재정의 힘·자발 정신의 힘·청년의 힘·조직의 힘·국제적 조직망의 힘 등이다.

그리고 육당(六堂) 최남선은 한국 YMCA의 역사적 공헌으로 일곱 가지를 들었다. ① 교양 강연회 ② 토론회 ③ 환등회 ④ 음악회 ⑤ 직업 교육과 사회 교육 ⑥ 체육 활동 ⑦ 농촌 사업 등이다.[3]

그러면 이상 일곱 가지 공헌을 하던 YMCA가 이 기간에 무엇을 했던가? 1916~1920년, 즉 무단정치가 토착화되었다고 할 수 있는 가장 어려운 시기에는 아무런 일도 못하고 있었던가? 순순히 복종만 하고 있었던가?

이미 말한 바와 같이, 새로 취임한 윤치호 총무는 교육 탄압을 교묘히 피하는 방법으로 우선 교육 사업의 일부를 정비했고, 오십이각(五十而覺)이라는 약한 태도를 보이긴 했으나 슬기로운 방법으로 활동을 전개했다. 그의 재임 시 보여 준 몇 가지 공헌을 열거해 보면 다음과 같다.

(1) 회원 확대 운동—회원 확대 운동이란 1913년 유신회 사건 이후 생각조차 못하던 운동이다. 친일분자와 정탐꾼이 YMCA 안팎에 득실거리는 상황에서, 또다시 그들이 핵심 회원을 가장하여 침투할 우려가 컸기 때문이다. 그러나 당국은 1916년 6월을 기하여 조직적이며 현대적인 회원 확대 운동을 벌였다. 당시 활동 상황을 보면,

6월에 한국 YMCA 역사상 최초의 회원 확대 운동이 전개되었다. 이 운동은 외국인 간섭 없이 순전히 한국인 자신의 노력과 착안으로 전개되었다. 일을 아니하는 위원들에게는 불가능한 것으로 느껴졌지만, 열성적인 위원들은 300여 명의 신회원을 목표로 열띤 운동을 전개했

3) 〈육당 최남선 선생 유고(遺稿)〉(고려대학교 도서관 소장).

다. ……장안의 유명한 보석상인 한 사람은…… 제일 큰 구두상인 한
사람은…… 큰 실업가 한 사람은 폭우 내리는 거리를 뛰어다니며 회
원 모집을 했는데, 그것을 보고 그의 친구가 "이런 날에 자네 미쳤나?"
하니까 "천만에, 이런 날에 뛰어다녀야 거절을 못 해요"라고 대답했다.
그 결과 목표보다 더 많은 325명[4]을 모집했다. 회원들은 평화반·인내
반·발전반 등으로 조직되었고, 각 반에는 대장이 있어 선두지휘를 했
다. 여기서 얻은 중요한 부산물은 회원들의 시민 의식과 협동정신 개
발이었다. 이 정신은 다른 사회인에게도 큰 영향을 주어서 이 운동이
끝난 후에는 수많은 사회 집회가 YMCA 회관에서 개최되었다.[5]

이 광경을 〈중앙청년회보〉는 더 자세히 기사를 썼는데,
다음과 같다.

본회 회원 신모집하는 사(事)로 5월 29일 만찬회에서 모집위원 100
인이 쾌심용발(快心勇發)하여 모집단을 조직할 제 매단(每團) 위원은
10인으로 위원 중 1인을 추천하여 단장으로 공(共) 10단이 조성되고
신모집할 회원은 300인(평균 매단 30인 매원 3인)으로 가정하고 각
단이 추첨하야 명칭을 정하니 왈(曰) 박애·왈 평화·왈 신앙·왈 희망
·왈 인내·왈 협동·왈 성실·왈 열심·왈 진보·왈 관철(貫徹)이라, 10
단이 일심 활동하야 6월 5일 하오 8시에 반기(半期) 보고회를 설(設)
하고, 약간(若干) 다과를 친접실 내에 각탁분렬(各卓分列)하야 매단
매탁(每團每卓)으로 간담이 온화하야 기경(旣經)의 성적과 장래의
방침을 난만(爛漫) 상의하다. 시일(是日)에 대우(大雨)하야 점습지로
(霑濕之勞)와 이령지고(泥濘之苦)를 인개염기(人皆厭忌)하되, 위원은
일제진참(一濟進參)하얏스니 그 열심 근로함은 추차가지(推此可知)하
겠도다. 반기보고(半期報告)에 목적지의 반정(半程)을 기과(己過)하

---

4) 이 회원 확대 운동 결과, 회원 수가 1915년도에는 671명이던 것이 1916년에는 924명으로 늘었
다. G. A. Gregg's Annual Report for the Year Ending September 30. 1915~1916.
5) F. M. Brockman's Annual Report for the Year Ending September 30. 1916. pp.12-13.

앗더라. 동월 12일 하오 8시에 종회식(終會式)을 거행할 때 식장의 장식과 배설(排設)은 발기회와 약동(略同)하더라. 각단이 쟁선(爭先)보고하니 시야가정(始也假定)한 인원이 초과하야 325인에 달하얐는데 예정 인원에 초과한 3단이 우승고(優勝鼓)를 당(撞)하니 제일은 성실단(誠實團)이요, 기차(其次)난 진보단(進步團)이요, 우기차(又其次)난 열심단(熱心團)이라. 최초의 결의를 의하여 은제(銀製)한 심형기념패(心形記念牌)에 우승 3단 위원의 씨명을 열명(列銘)하야 본관에 게전(揭傳)하기로 그 모형을 회중에 선포하고 각 위원 각 개인은 소천(所薦) 15인 이상은 동패(銅牌)로 기념 보상하되 보상장은 당석선포(當席先布)하니 만장이 갈채하여 박수성중에 면면화락(面面和樂)이 십단춘기(十團春氣)를 합성(合成)하얐더라.[6]

이로써 당시 YMCA의 회원 활동이 얼마나 활발했던지를 알 수 있다. 더욱이 이런 민주적이며 조직적인 운동이 어떻게 그런 무단정치 하에서 가능했을까 의심스러울 정도로 놀라운 것이었다.

또 하나의 놀라운 운동은 청년회 학관 졸업생들의 활동이다. 이미 말한 바와 같이 학관 졸업생 중 일본 유학생들이 학관 졸업생들에게 돈을 모아 준 일도 있거니와, 국내에 있는 졸업생들도 동창회를 조직하여 체육부의 운동 기구와 교육부의 화학실험 기구를 사들일 모금 운동에 앞장섰다. 그리고 "재학생 동창회는 벌써 500원을 모금했는데 동창회 회장은 주미 초대 한국공사의 아들 박승철(朴勝喆)이었다."[7] 그리고 "도쿄 유학생회가 공업부를 위하여 회전 인쇄기·카드 인쇄기, 84,270개의 일본 문자·

6) 〈중앙청년회보〉 1916월 7월호, 17-19쪽. 우승한 사람들은 성실단(誠實團)의 백중규(白衆圭)·김일선(金一善)·김동혁(金東赫), 진보단의 이원혁(李原爀)·박한영(朴漢英)·서병조, 열심단의 박희도(朴熙道)·이상협(李相協)·최창근(崔昌根) 등이며, 금패(金牌)는 이정구(李鼎九)·김동혁·박희도 등 6명, 은패는 박덕유 등 3명, 동패는 백관수(白寬洙)·이병삼(李丙三) 등 5명이다.
7) F. M. Brockman's Annual Report for the Year Ending September 30. 1916, p.14. 박승철은 박정양의 아들로, 1915년 중학부 제6회 졸업생이다.

한문자·한글자 등의 활자를 기증해 주었다."[8]

　(2) 음악 활동과 환등회(幻燈會)―서양 음악 활동은 1906
년 그레그가 내한하면서부터 시작되었다. 그는 전문가처럼 자주
첼로를 켰다. 그리고 그해 박서양(朴瑞陽)이 물리 화학 선생으로
들어왔는데, 그도 음악의 재사(才士)였다. 그리고 1907년에 김인
식(金仁湜)이 음악 선생으로 들어오자 이 3인을 중심으로 학생들
의 음악열이 갑자기 높아졌다.

　1908년 새 회관이 개관된 후에는 음악회를 자주 열어서,
일반 가정부인들까지 변장하고 구경 올 정도로 인기가 대단했
다.[9] 드디어 1912년부터 음악과를 신설하고 본격적으로 음악을
보급했는데, 1914년에는 제1회 졸업생 김영환(金永煥) 등 4인이
나오고, 홍난파는 중학부 제5회 졸업생으로서 재학 당시 음악을
배우게 되었다. 이에 대하여 최남선은,

　　대저 양악의 반도 유입은 교회를 통하여 점진한 것이로되 그 일반적
　　보급은 오히려 지지(遲遲)한 감이 있더니, 기독교청년회를 말미암아
　　성악·기악·관현악의 독주, 2중주, 3중주, 4중주 등이 누누(屢屢) 실
　　연함을 따라 양악 취미 및 양악 지식이 점점 일반화하는 기운을 만났
　　다. 특별히 동양을 내방하는 세계 일류의 악인(樂人) 가수가 청년회
　　의 소개로써 한국인의 이목에 그 신기(神技)를 고동한 예가 허다하여
　　이것이 반도에 있는 양악 발전에 큰 자극이 되었음은 물론이다.[10]

라고 했는데, YMCA가 음악 전문 단체는 아니라 할지라도 음악
의 보급과 일반화에 얼마나 공헌했는지 넉넉히 알 수 있다. 이와
병행하여 환등의 등장은 한국인의 근대화를 더 한층 촉진시킨

8) 위의 자료.
9) G. A. Gregg's Annual Report for the Year Ending September 30, 1917.
10) 〈육당 최남선 선생 유고(遺稿)〉(고려대학교 도서관 소장), 1쪽.

것이 사실이다. YMCA는 1910년부터 사진과를 신설하고 민충식(閔忠植) 등 졸업생을 다수 배출하여 사진계와 영화 발전에 큰 공헌을 했다. 이에 대해 최남선은 다음과 같이 말했다.

> 구한국에 있어서는 풍경과 물상 등을 확대 영사하여 실감적으로 관상하는 일을 심히 희망하던 것인데, 청년회에서는 가끔 환등회를 설행(設行)하여 이집트·바빌론의 고대문화로부터 파리·뉴욕의 근대 도시와 아프리카 흑인, 북미주 홍인(紅人)의 생활 등까지를 흥미 있는 사진으로 관람하게 하여 실감 교육의 좋은 범례를 지었다. 후년에는 활동 영화와 활인화(活人畫)·복화술(腹話術), 기타 청신한 연예를 감상할 기회도 주었지만 흥미로써 민중에게 환영된 점으로 환등 영사는 더 큰 사회 교육적 효과를 거두었다.[11]

YMCA가 이런 간접적인 방법으로 국민의 정신개발·의식개발·사회교육을 할 때는, 아무리 악독한 일제라도 그런 우둔한 방법으로는 YMCA의 유연하고 차원 높은 활동을 막아 낼 수 없었던 것이다.

(3) 강연회와 토론회—토론회는 초창기부터 성황을 이루었는데, 이준(李儁)이 심판원이 되었을 때와 정구영(鄭求映)·안재홍(安在鴻) 등 학관 학생들이 '만민공법(萬民共法)은 불여대포일문(不如大砲一門)'이란 제목 등으로 할 때와, 휘문의숙(徽文義塾)·흥화학교 등 다른 학교 학생들을 초치(招致)하여 '흥국지책(興國之策)은 연병(鍊兵)이 승어양사(勝於養士)'라는 제목으로 할 때와, 민충식·유각경(兪珏卿) 등 남녀 학생들이 '화지미(花之美)는 불여실지감(不如實之甘)' 등의 제목으로 토론회를 할 때가 제일 인기였다. 강연회는 주로 친접부와 종교부에서 주관했지만, 성격에 따

---

11) 위의 자료.

라서는 학관이나 회우부에서도 복음회(福音會)·일요강화회(日曜講話會)·월례회·사경회·성경연구회·전도회·시국강연회 등 각양각색으로 주관했다. 이에 대해 최남선은 이렇게 말했다.

> 곧 내외 연사를 초청하여 국민 교양에 필요한 일반 학리(學理)와 내외 정세를 들려준 것이니 일반 학교의 시설이 희소하고 더욱이 고등 또는 대학 정도의 교육 기관이 전무하던 당시에 있어서는 이 청년회의 강연은 사회 교육적으로 심대한 의의와 가치를 가졌었다. 그 연사 중에는 국내 명사 외에 해외의 저명한 학자·사상가·정치가·신문 기자·발명가·사업가 등이 망라되어 당시 민중은 이 강연에 온 흥미와 기대를 가졌던 것이다. ……1907년 1월 만국기독교청년동맹 위원 모트(J. R. Mott) 박사가 도쿄로부터 한국에 도래하여 …… 강연회가 개최되었는데, 정부 대관(大官)·학교 지도자·일반 민중 수천 명이 그 웅변 박사(博辭)와 진리 명론(明論)에 경청하야, 즉석에서 입신하는 자가 어관의진(魚貫蟻進)하고 한국인 다수가 이 강연을 말미암아 기독 정신과 청년회 사업의 실체를 파악하여 청년회에 대한 기대와 인식이 아연히 앙고되었다.
> 국내 명사 중에는 이상재·윤치호 양씨의 강연이 언제든지 대중의 환영의 표적이지만 이따금씩 개설되는 도산 안창호 씨의 강연은 더욱 일만의 갈앙 찬탄(渴仰讚嘆)을 받았다. ……특히 1908년 2월 20일 '한국의 장래'라는 제목의 강연은 장시간에 걸친 그 사자후(獅子吼)가 완전히 청중을 매료 또는 감극(感極)하게 하여, 일시에 국민 심리에 미친 영향이 심히 크고 그 감명이 후일에까지 길이 남아서 해방전선의 투사에게 정신적 경책(警策)을 짓기도 했다.
> 청년회의 강연에 등림했던 명사는 각국의 각층을 망라하여 …… 그 중에는…… 런던 타임스의 사장도 있고 미국 대정당의 수령도 있고 세계 항공계의 개척자로서 조인(鳥人)의 명을 천(擅)한 우라이트와

같은 이도 있었다.[12]

이로써 YMCA 강연이 일반 민중에게 얼마나 큰 영향을 끼쳤는지 알 수 있다. 더욱이 1919년 3·1운동이 일어나기 전까지 모든 사회단체가 해산되고 언론 집회의 자유가 완전히 봉쇄된 시기에, 민중이 YMCA에서만 국내 애국지사들과 외국 명사들의 강연을 들을 수 있었다는 것은 그만큼 YMCA가 그 기간에 민족의 정신적 지주 구실을 했다는 것을 의미한다. 물론 당시 YMCA도 무단정치의 가시철망을 조심스럽게 헤치고 나가야만 했다.

그런 점에서 1916년 윤치호 총무의 "약한 자가 강한 자와 싸울 때는 같이 칼을 써서는 도리어 지고 마는 것이니, 약한 조선 민족은 슬기롭게 싸워야 한다"는 취임 연설은 당시 상황으로서는 부득이한 일이었다. 그러나 성난 민중은 그에 대하여 분개하기도 했다. 반대로 미국의 유명한 인류학자 스타(Star) 박사가 와서 "인류 역사를 돌이켜볼 때 약한 민족이 강한 민족에게 완전히 삼킴을 당한 예는 없다. 큰 고목이 거꾸러졌지만 그 뿌리에서 다시 싹이 나오는 것처럼, 약한 민족이 다 죽은 것 같지만 소생할 날이 있을 것이다. 그때 약한 민족은 칼을 들고 일어나야 한다"[13]라고 한 강연은 외국인으로서만 할 수 있는 것이었다. 이때 물론 통역하는 육정수가 말을 보태어 더 사납게 통역하기도 했지만, 어쨌든 YMCA가 아니면 이런 강연을 들을 수 없었던 것이 사실이며, 윤치호 같은 유연하고 슬기로운 인물이 아니었던들 그 험악한 시기에 YMCA를 지켜낼 수 없었던 것 또한 명백한 사실이다.

한편 교회 목사와 종교인들도 함축성 있는 연설을 했다.

---

12) 위의 자료.
13) 1974년 12월 5일 유광렬의 목격담. 스타(Star) 박사는 1916년에 와서 강연을 했는데, 그때 통역은 육정수가 했다.

228

가령 정춘수(鄭春洙) 목사가 1918년에 '백골의 새 생명'이란 제목
으로 "아무리 약한 이스라엘 민족이라도 다시 죽음에서 새 생명
이 솟아나 살아날 것이다"라고 설교를 하자, 청년들은 그 말이 무
엇을 의미하는지 깨달았으며, 또한 그해 세계 기도 주간 때 오긍
선·신흥우·김필수(金弼秀)·박희도(朴熙道)·오화영(吳華英)·정춘
수 등이 1주일간 종교 집회를 가졌는데,[14] 이는 사실상 독재 정치
에 대한 민주주의 계몽 강연이었다. 이에 대해 당시 강사의 한 사
람이던 신흥우는 다음과 같이 말했다.

> 미국 대통령 월슨 씨가 14개 조를 만들어 전 세계에 발표해 가지고 소
> 위 민족 자결이라는 것을 내어놓게 되니 모든 약소민족이 우리도 살
> 겠구나. ……여기 YMCA가 아마 이 점에서 앞섰다고 해도 과언이 아
> 니겠지요. YMCA 강당이 매개물이 되어 그때 세상에서 말할 줄 아는
> 사람, 조리가 있다고 하는 사람이면 다 청해다가 강연을 자주 하게 되
> 었는데, 그 강연은 정치적 강연이 아니라 순전히 예수 그리스도의 원
> 칙에 의지해서 하는 강연이었습니다. 그런데, 예수 그리스도의 원칙이
> 라 하는 것은 민주주의올시다. 사람에게는 개성이 있습니다. 개성을
> 무시해서는 안 됩니다. ……그런데 1918년 11월 11일은 공교로운 날이
> 었습니다. 유럽에서는 독일 황제가 휴전 조약을 하는 날이었고, 또 여
> 기 YMCA에서는 전제정치는 안 된다고 하는 연설을 대대적으로 하는
> 날이었습니다. 사람이 굉장히 많이 왔는데 어쩌면 그렇게 시간의 일치
> 가 되었던지 참말로 이상합니다.[15]

14) 〈매일신보〉 1918년 11월 10일자 기사. 강연 날짜와 내용은 다음과 같다. 10일: 인도주의
(오긍선), 11일: 인생의 최고 이상(신흥우), 12일: 사회개량의 요소(김필수), 13일: 생활난의 원
인(박희도), 14일: 신구(新舊) 문명의 득실(오긍선), 15일: 현대인이 요구하는 종교(정춘수), 평
화의 주인(신흥우).
15) 신흥우, 방송 녹음 기록, 176-196쪽.

29.

재일 한국 YMCA와
2·8선언

     제1차 세계대전은 1914년에 시작되어 1918년 11월에 끝났다. 그런데 이 전쟁으로 두 가지 현상이 나타났으니, 하나는 미국의 국제적 발언권이 강해진 것이요, 또 하나는 공산주의 소련의 등장이다. 제정 러시아는 독일군에게 참패한 뒤 1917년 3월과 11월 두 차례의 사회주의 혁명 때문에 붕괴되고, 레닌(V. L. Lenin)이 이끄는 소비에트 사회주의 국가가 등장하게 되었다.

     한편 이때까지 중립을 지키고 있던 미국은 1919년 2월 영·프 두 나라와 손잡고 참전하여 그들에게 무기와 전쟁 물자를 대어 줌으로써 연합군을 승리로 이끌었다. 그 결과 미국 대통령 윌슨은 1918년 1월에 전세(戰勢)를 내다보고 전후(戰後) 처리 원칙으로 민족자결의 조건이 들어 있는 14개 조항을 제창하게 되었으며, 독일은 그해 11월에 내란이 일어나 연합군에게 항복함으로써 파리 강화회의가 열리게 되었다. 민족자결이란 그 민족의 의사에 따라 독립을 원하는 민족은 어떤 민족이든지 독립을 인증해야 한다는 것이었다. 이리하여 강대국의 속국이던 폴란드·체코슬로바키아 등 10개 민족이 독립하기에 이르렀다.

이런 소식이 신문에 보도되자 우리 민족의 애국지사들도 움직이기 시작했다. 그중에도 활동의 자유가 있는 재미동포들이 먼저 시작했다. "동포들은 이승만·민찬호(閔瓚鎬)·정한경(鄭翰景)을 민족 대표로 선정하여 파리 강화회의에 파견하기로 결의했으며, 30만 원의 독립운동 자금을 모금하는 등 자못 활발한 움직임을 보였다."[1] 이것이 한민족으로서는 표면화된 최초의 3·1 독립운동이라 할 수 있는데, 이 소식을 제일 먼저 전해들은 것이 일본 유학생들이다. 즉 12월 1일, 도쿄에서 발생되는 〈Japan Advertiser〉라는 영자 신문에 "미주에 있는 조선인 중 이승만·민찬호·정한경 등 세 사람이 조선 민족 대표로 독립을 호소하기 위하여 파리 강화회의에 파견되었다"[2]는 내용의 기사가 보도되었고, 그 달 15일 일본 〈아사히신문〉에는 "미국 샌프란시스코에 거류하는 조선인들이 독립운동 자금으로 30만 원을 모금하였다"[3]는 기사도 났다. 이 보도로 유학생들은 흥분되었다. 그들은 아무래도 이때 민족의 의사를 정식으로 표시하지 않으면 안 된다고 생각하게 되었다. "왜냐하면 일본 정부는, 미국에서 강화회의에 보내는 우리 대표들의 호소는 일부 불평분자들의 잠꼬대에 불과한 것이요, 실은 총독 정치를 환영하는 것이 조선의 실정이라는 거짓말을 써서 세계에 선전하고자 한다는 말도 들려왔기"[4] 때문이다. 그래서 강구해 낸 것이 소위 2·8선언이다.

2·8 선언의 전모를 상기할 수는 없지만 당시 유학생이던 최승만(崔承萬)의 글에 의하면, 그 준비 운동으로 먼저 그 전 해 12월 하순경 재일 한국 YMCA에서 학우회(學友會) 주최로 웅변대회를 열었다.[5] 많은 학생이 운집했다. 말 잘하는 서춘(徐椿)·이

1) 최영모(崔永模), 〈만세, 독립 만세 3·1운동〉《한국현대사 4》(신구문화사, 1969), 220쪽.
2) 최승만, 《극태필경(極態筆耕)》(도쿄유학생 독립운동, 2·8운동) (보진재, 1970), 610쪽.
3) 위의 책.
4) 위의 책.
5) 위의 책, 611쪽. 박은식, 《한국독립운동지혈사》(서울신문사 출판국, 1946) 60쪽에는 12월 28일로 되어 있고 500여 명이 모였다고 했다.

종근(李琮根)·김상덕(金尙德)·윤창석(尹昌錫) 등에게, 민족자결 원칙 아래 우리 민족도 반드시 자주독립을 획득해야 하며, 이 목적을 달성함에는 우리 유학생들이 앞장서서 결사적으로 싸워야 한다고 열변을 토했다.[6]

이 웅변대회가 끝난 후 최팔용·백관수·김도연(金度演)·송계백·이광수 등이 대표위원으로 뽑혀 운동 방안을 강구했다. 이들은 그때부터 한 달 이상 철저히 경찰의 눈을 피해 가면서 곳곳에서 밀의를 거듭했다. 그래서 만들어진 계획과 방침이 크게 세 가지인데, 첫째는, 2월 8일을 기하여 한국 YMCA에서 학우회 총회를 한다는 구실로 모였다가 조선청년독립단(朝鮮靑年獨立團) 발기대회를 열고 독립선언을 하자는 것이고, 둘째는, 이 운동을 하다가 주모자 전부가 희생될 것이 분명하므로, 뒤이어 운동을 계속할 후속 부대를 마련할 것이며, 셋째는, 이 운동을 유학생들만이 할 것이 아니라 전 민족이 다 같이 하게끔 국내와 상하이에 연락원을 파송하기로 한 것이다.

드디어 기약의 2월 8일이 다가왔다. 오후 2시에 모일 예정이었으나 정오가 되기 전부터 유학생들이 모이기 시작했다. 수많은 정사복 경관들이 삼엄하게 경계망을 편 가운데 학우회 총회가 개회되었다. 회장 백남규(白南奎)가 개회를 선언하자 최팔용은 재빨리 긴급동의를 하면서 단상에 올라가 조선청년독립단의 발족을 선언하여 만장의 박수를 받았다. 이어 백관수를 지명하여 준비한 독립 선언문을 낭독하게 하고 김도연으로 하여금 결의문을 낭독케 했다. 이어 서춘이 선동 연설을 하기 위해 단상에 올라가려 할 때 정사복 경관들이 그제야 정신을 차리고 해산 명령을 내려 흥분된 학생들과 경관 사이에 고함이 오가고 난투극이 벌어졌다. 그러나 힘 부족으로 많은 학생이 팔을 꺾인 채 끌려가고 말았다. 그중에도 특히 독립 선언서에 서명한 사람[7]들은 한 사람

---

6) 위의 책.
7) 최팔용·윤창석·김도연·이종근·이광수·송계백·김철수(金喆壽)·최근우(崔謹愚)·백관

도 남김없이 모조리 붙들려 갔다.

이로써 운동이 끝난 것은 아니었다. 2·8 운동의 작전 본부처럼 되어 있던 백관수 집에서 운동의 계승을 위임맡은 최승만 등 다른 학생들은,[8] 제2차 운동 계획으로 YMCA 2층 최승만의 방에서 비밀리에 밀의를 거듭한 끝에, 붙들려 간 9명의 동지의 뜻을 이어 4, 5일 후 히비야(日比谷) 공원 광장에서 전유학생 대회를 열고 항일 연설과 반일 선전문을 뿌리기로 계획했다는 것이 사전에 밀고되어 그 반일 선언문에 서명한 5명의 학생들[9]도 모조리 체포되고 말았다.

2·8 선언이 일어나기 전 1918년 12월 초순에 유학생들은 송계백을 밀사로 국내에 파송하여 세계 정세와 일본 유학생들의 동향을 전하고 독립운동을 일시에 할 것을 주장했다. 그러지 않아도 그때는 YMCA 사람들이 선교사들과 외국인을 통하여 윌슨 대통령의 제안을 듣고 웅성거리고 있었다. 특히 YMCA 간사 박희도는 1919년 1월 23일경 회우부 위원인 연희전문 학생 김원벽(金元璧)과 의논하고 각 학교 대표[10]를 시내 대관원(大觀園)에 초치하여 국내 청년 학생들을 중심으로 독립 선언서를 발표하자는 기운이 무르익게 되었다.

어쨌든 3·1운동은 일본 유학생들의 자극을 받아 전국적으로 확대된 것이 사실이다. 그런데 일본 유학생 운동의 주동 세력은 주로 두 가지로 구분할 수 있으니, 하나는 구한말부터 있었던 대한흥학회(大韓興學會)의 후신인 학우회(學友會)요, 다른 하나는 1906년부터 운동을 개시한 재일본 도쿄 조선기독교청년회

수·김상덕(金尙德)·서춘, 그중 이광수는 연락차 상하이에 가 있었기 때문에 그때 잡혀가지는 않았다.

8) 앞의 책, 613쪽.

9) 최승만, 앞의 책, 616쪽. 5명은 변희용(卞熙瑢)·장인환(張仁煥)·강완섭(姜完燮)·최재우(崔在宇)·최승만 등이었다.

10) 보성전문 졸업생 주익(朱翼), 연희전문 학생 윤화정(尹和鼎), 보성전문 학생 강기덕(康基德), 전수학교(專修學校) 학생 윤자영(尹滋英), 세브란스의전 학생 이용설(李容卨), 공업전문 학생 주종선(朱鐘宣), 경성의전 학생 김형기(金炯璣) 등 8명이었다.

였다. 전자는 구한국 정부에서 파송된 유학생 감독관 윤치오(尹致旿)와 신해영(申海永)의 지도하에 자랐고, 후자는 황성기독교청년회 한인 총무였던 김정식이 초대 총무로 파송되면서 그 지도하에 자랐다.

이 두 단체의 역사를 약술하면 다음과 같다. 우선 대한흥학회[11]는 1909년 한일합방을 반대하다 일경의 방해로 해산되고, 각 도 단위로 전라남북도의 호남다화회(湖南茶話會)·경상남북도의 낙동(洛東)친목회, 함경남북도의 철북(鐵北) 친목회, 평안남북도의 패서(浿西) 친목회, 황해도의 해서(海西)친목회, 경기·충청남북도의 삼한(三漢)구락부, 강원도의 영우(嶺友)구락부가 생겼다. 이와 같이 각 도 단위 친목회가 있긴 했으나 학생 전체의 단일 기관이 없었으므로 1912년 4월 이 일곱 개 친목 단체가 연합하여 친목회를 갖고 김병로(金炳魯)를 간사장으로 뽑았다가 그것이 학우회로 변경되면서 대한흥학회가 재생한 셈이 되었다. 초대 회장은 정세윤(鄭世胤)이 되고 그 뒤에는 박해돈(朴海敦)·노실근(盧實根)·신익희(申翼熙)·백남훈(白南薰) 등이 되었다. 그리고 학우회는 〈학지광(學之光)〉이라는 잡지를 발간하게 되었는데, 역대 편집위원은 김병로·신익희·이광수·최두선·장덕수·현상윤·진학문·최승만 등이다.

한편 재일본 도쿄 조선기독교청년회[12]는 1906년 8월 김정식이 서울에서 총무로 파송되면서 조직되었다. 우선 고지마치 구(麴町區)에 있는 한국 공사관에서 준비하고 간다 구(神田區) 미도시로 초(美土代町)에 있는 일본 YMCA 사무실 한 방을 차용하다 이듬해 8월에 간다 구 니쇼가와 초 2정목 7번지에 있는 일본인 가옥을 새로 얻어 이전했다. 그때 총무는 김정식, 간사는 장혜순(張惠淳)이었다.[13]

---

11) 백남훈,《나의 일생》(신현실사, 1968), 116-118쪽에서 인용.
12) 위의 책, 121쪽.
13) 위의 책.

1911년에는 서울 Y에서 일하던 최상호(崔相浩)가 간사로
파송되어 갔으나 한일합방을 반대한다 해서 미국으로 보내야 했
으며,14 김정식 총무 역시 1915년 5월에 사임할 수밖에 없었다.15
장혜순 역시 몇 해 전 미국 유학을 떠났으므로 1915년부터 서울
YMCA 학관 출신 백남칠(白南七)이 간사로 취임했고, 와세다 대
학 전문부 정치과 학생 김영수(金營洙)를 간사로 채용하게 되었
다. 그러나 1916년 1월 백남칠이 개인 사정으로 사임하고 김영수
도 귀국했으므로 의사부(議事部)는 와세다 대학 정치경제과 학생
백남훈을 간사로 채용했다가 1917년 9월에 그를 총무로 승격시
키는 동시에 장덕준(張德俊)을 간사로 채용했다.

이 두 학생 단체와 달리 본국의 장로교회가 유학생 전도
를 위해 전도자를 파송한 사실이 있으니, 1909년 9월 조선예수
교장로회 총회는 한석진(韓錫晉) 목사를 도쿄에 파송하여 유학생
전도에 힘쓰게 했으며,16 김정식을 비롯한 조만식·오순형(吳舜炯)
등 3명을 영수(領袖)로 삼고 김현수(金顯洙)·장원용(莊元瑢)·장혜
순·백남훈 등을 집사로 삼아 교회를 조직했으며, 교회는 이때까
지도 예배당을 따로 마련하지 못하여 청년회관을 사용했다.17

그 뒤 이 교회는 장로교와 감리교의 연합교회가 되면서 2
년마다 교대로 목사가 본국 교회에서 파견되어 왔는데, 제1대 목
사는 장로교회 주공삼(朱孔三) 목사, 제2대는 감리교의 오기선
목사, 제3대는 장로교의 이여한 목사, 제4대는 감리교의 오기선
목사, 제5대는 장로교의 임종순(林鍾純) 목사, 제6대는 다시 감
리교의 오기선 목사 등이 시무했다.18

위에서 우리는 일본 유학생들이 처음에는 고지마치 구에
있는 구한국 주일 공사관을 중심으로 모였음을 보았다. 즉 윤치

14) 위의 책.
15) 위의 책.
16) 백남훈, 앞의 책, 108쪽.
17) 위의 책.
18) 위의 책.

오·신해영(申海永) 등 구한국 정부가 파송한 감독관의 지도하에 있었는데, 한일합방 뒤에는 이 집을 기숙사로 삼아 주로 관비생 즉 총독부에서 학비를 보조하는 학생들을 수용하여 …… 좀더 말하자면 이 기숙사는 총독부에서 친일파로 인정하는 학생들이나 친일파를 만들기 위해 대개 관립학교에 다니는 학생들에게 학비를 주는 동시에, 그들의 모든 행동을 감독하고 지시하는 기관이었다. 군인 출신 아라키(荒木)가 감독관으로 있었고, 그 아래 역시 군인 출신 나카무라(中村)·사토(佐藤) 두 사람이 사감으로 있으면서 학생들의 사상과 언행에 주목하고 있었다."[19]

그러나 총독부는 반일 학생들을 친일파로 만들기 위하여 기숙사비를 절반 이하로 싸게 정하여 그 기숙사의 일부를 일반에게 공개했는데, 이를 역이용하여 일반 학생 중에는 친일파 학생들을 전향시킬 목적으로 이 소굴에 뛰어드는 이들도 있었다.[20] 어쨌든 이와 같은 유서 깊은 구한국 시대의 한국 공사관이 일본인들의 친일파 양성 기관으로 변했으니 통탄할 일이 아닐 수 없었다. 그래서 이상재는 한일합방 뒤 끌려가 이 집에 가서 강연을 하려다 흐느껴 울면서 "내가 평생 울지 않고자 했더니 오늘 처음으로 운다. 내가 이 집을 한국 공사관 때 와서 보았는데 총독부 유학생 감독부가 된 오늘에 와보니 옛일이 새롭도다…… 오늘 청년 제군을 이 자리에서 만나니 부모 잃은 동생을 만난 것 같다"[21]고 했던 것이다.

이런 기관 대신 재일본 한국 YMCA가 따로 등장했으니, 유학생들이 그리로 모이지 않을 수 없었다. 18장에서 말한 바와 같이 학생들이 도쿄에 오면 그 80퍼센트 이상이 처음 1년간은 일본말을 배우고 나가게 했으며, 모든 유학생이 이 집을 자기 집

19) 최승만, 앞의 책, 615쪽.
20) 위의 책.
21) 김을한(金乙漢), 《월남 선생 일화집》(경향신문사, 1956), 46쪽.

처럼 출입했다. 그러므로 이 집은 한일합방 뒤에는 유학생들에게 없어서는 안 될 중요한 기관이 되었다. 한국 YMCA는 그야말로 주일 한국 대사관 구실을 한 것이다. 더욱이 1914년 9월에 간다 구 니쇼가와 초 2정목 7번지에서 5번지로 옮겨 2층 양옥의 신회 관을 지은 뒤부터는 명실 그대로 이 집이 유학생의 유일한 거점 이 되었다. 이 집은 총 공사비 3만 원이 들었는데, 그중 약 700원 은 유학생들의 돈이고, 1천 원은 스코틀랜드 YMCA가, 나머지 는 뉴욕에 있는 YMCA 국제위원회가 낸 돈이다.[22]

이런 큰 집이 생기자 모든 독학생은 신자 불신자를 막 론하고 이 집에다 숙소를 정하고, 지도를 받고, 개인 상담을 받 고, 교회는 물론 학우회의 모든 집회를 여기서 했으며, 그들도 YMCA 집회에 무시로 참석하게 되었다. 비록 YMCA가 직접 2·8선언을 주도하지는 않았지만, YMCA 건물이 아니었던들 학 생들이 모일 수 없었던 것이 사실이다. 이러한 YMCA의 공헌에 대해 당시 총무였던 백남훈은 다음과 같이 말했다.

> 그러던 중 12월 어느 날 백관수가 찾아와서 장시간 이야기 끝에, 우 리 학생들은 뜻을 뭉쳐 독립운동을 일으키기 위한 행동을 실천에 옮 길 것을 결의하고 방금 준비 중인데 그 뒷수습을 위하여 '선생은 모르 게 하는 것이니, 그럴 줄 알고 청년회에 있는 등사판을 사용할 수 있 도록 해달라'고 해서 이를 허락하고 헤어졌다. ……후에 알게 되었지 만 송계백을 본국으로 파견하고…… 학우회 총회가 YMCA 홀에서 열 렸다.[23]

그 뒤 백남훈은 잡혀 들어간 동지들을 구해 내기 위해 변 호사를 대었는데, 그는 다시 이렇게 말했다.

---

22) 백남훈, 앞의 책, 121쪽.
23) 위의 책, 126쪽.

평소 잘 알던 도쿄제대 학생 YMCA 간사 후지다(藤田進男) 씨를 찾아가 의논했더니 그는 이마이(今井嘉幸)·사쿠마(作間耕造) 양 씨를 소개해 주었으며, ……지난날 105인 사건 때 변론으로 명성이 있던 하나이(花井卓藏) 박사를 방문해서 쾌락(快諾)을 받았고, ……다시 우자와(鵜澤聰明) 박사를 찾아가 그의 승낙을 받았다…….[24]

이처럼 백남훈 총무는 변호를 부탁하는 한편 동지들의 석방 운동 및 음식과 의복 차입 등 온갖 노력과 뒷바라지를 해주었다.

그뿐만 아니라 2·8선언문에 서명한 11명 중 김도연(金度演)은 당시 재일 한국 YMCA 평의원 즉 이사였으며, 송계백은 서울 YMCA 학관 출신(제7회 졸업생. 1916년)이며, 백관수는 28장에서 말한 바와 같이 1916년 회원 확대 운동 때 동패(銅牌) 표창까지 받은 열성 회원이다. 그리고 제2차 운동 때 반일 선전에 서명한 5인 중의 최승만도 학관 출신(제7회 졸업생)인 동시에 1923년 백남훈의 후임으로 총무가 된 주요 인물이다. 당시 평의원 즉 이사였던 박승철은 중앙 YMCA 학관 동창회장이었다.

---

24) 위의 책, 129쪽.

30.

3·1운동과
YMCA 정신

앞 장에서 말한 바와 같이 재일본 한국 YMCA 회관에
서 일어난 우리 유학생들의 2·8독립선언은 한국 YMCA와 관계
가 깊은 학생들의 주도하에 이룩된 것이며, 따라서 국내의 3·1
독립운동 그 자체에 대해서는, YMCA가 얼마나 영향을 끼쳤으
며 그 정신은 무엇인가 하는 것이 문제다. 이 문제를 규명하기 위
해서는 몇 가지 역사적 고찰이 필요하다. 첫째, 3·1독립선언문의
작성자와 기독교의 관계, 둘째, 민족 대표 33인 중 기독교인 및
YMCA 관계자가 몇 사람이나 되는가 하는 문제, 셋째, 천도교
와 기독교가 합동하는 데 관계자들의 역할, 넷째, 무저항 정신은
어디서 나온 것이며 누구의 영향이 가장 큰가…… 이런 점이 역
사적으로 규명되어야 한다.

첫째, 3·1독립선언 작성자와 그 정신—이 문제에 대해 나
는 그 선언문 작가인 최남선과의 면담 내용을 발표함으로써 진

상을 규명하고자 한다.[1] 이 면담 내용은 그가 생존 시 신문에 발표했던 것인 만큼 여기서는 재발표하는 것이 된다.

질문 1: 아무런 예비지식 없이 이 선언문을 읽는다거나, 또 나 자신이 아무런 편견이나 선입관 없이 그것을 읽어보더라도 거기서 종교적 요소를 발견하게 되는데, 선생님의 당시 종교에 대한 경향은 어떠하였습니까?

답: 당시 나는 의식적인 기독교 신자는 아니었습니다. 천도교 신자도 물론 아니요, 불교 신자도 아니었습니다. 하나 나는 대체로 어려서부터 기독교 서적을 읽었고, 당시 애국지사들은 대개가 기독교인인 만큼 그들과 무시로 상종하는 동안 자연 기독교적인 사상을 갖게 된 것이 사실입니다. 그리고 나는 본래부터 자유사상이 농후한 사람인 데다가 독립이니 자유니 평등이니 정의는 하는 말이 다 기독교에서 나온 것인 만큼 나의 사상에서 기독교적 영향을 빼면 도저히 이해할 수 없다고 봅니다.

질문 2: 구체적으로 어떤 인물의 감화가 있었습니까?

답: 이승훈(李昇薰)과는 오래 전부터 가까이 지내는 터로 내가 존경하는 어른이요, 안창호와는 더욱 그래서, 내가 한때는 그의 비서가 되어도 좋겠다는 심정이 든 때도 있었지요. 하나 그들은 순수한 기독교 신자라고는 할 수 없습니다. 순 기독교 신자 인물로는 전덕기라는 분이 있습니다. 그는 당시 상동교회 목사로서 열렬한 신앙가요 애국자였습니다. 나에게는 그의 감화가 제일 많다고 할 수 있습니다. 상동교회 뒷방에는 전덕기 목사를 중심으로 이회영(李會榮)·이상설·이준 등 지사들이 무시로 모여와 국사(國事)를 모책했는데, 나는 그들만큼 많이는 아니나 그 패에 낀

---

1) 〈한국기독교시보(時報)〉 게재, 전택부, "근세사와 기독교정신—3·1독립운동 약사(略史) 보고를 대신하여", 1956년 2월 25일 최남선의 발언이 중대한 만큼 그 내용을 그가 생존 시 신문에 발표함으로써 고증의 신빙성을 확보하고자 했다.

일이 있습니다. 진실로 상동교회 뒷방은 이준 열사의 헤이그 밀사 사건의 온상이라고도 할 수 있습니다. 나에게는 전덕기 목사의 감화가 큽니다.

이상 최남선 선생과의 면담 내용은 전부는 아니다. 다만 그것이 그의 생존 시 발표되어야 고증의 가치가 되겠기에 일부만 발표했는데, 그때 발표하지 못한 부분을 추가하면 다음과 같다.

① 본래 정의니 자유니 독립이니 하는 말은 우리나라에는 없던 말로, 기독교가 처음 수입한 말이다.

② 무저항 정신도 기독교의 정신인데, 나는 톨스토이에게서 많은 것을 배웠고, 신구약 성경, 특히 외경을 읽다가 무저항 정신을 깨달았다.

③ 헤이그 밀사 사건은 이준 등이 상동교회 뒷방과 종로 청년회관을 왔다 갔다 하면서 꾸민 것이다.

④ 3·1운동은 천도교가 단독으로 하고 싶었지만 힘이 약하여 기독교와 손을 잡기로 방책을 세웠다.

⑤ 당시 기독교 세력은 천도교 세력에 비교도 안 될 만큼 강했다. 당시 기독교 교회당 수와 천도교 교회당 수를 계산해 보니 엄청난 차이가 있었다. 더욱이 평양 지방의 길선주 목사의 인기는 대단했다. 게다가 기독교 학교 수까지 계산하면 굉장한 것이어서 기독교를 빼놓고는 민중 세력을 규합할 수 없었다.[2]

이상과 같은 사상의 소유자 최남선에 의해 3·1독립선언문이 작성되었다는 것은 그만큼 그 선언문의 정신이 기독교적임을 의미한다. 이 선언문 초안이 이상재 등 기독교 인사들에 의해 사전 검토 수정되었다는 사실 또한 중요하다.[3]

---

2) 최남선이 이 발언을 한 것은 그가 별세하기 1년 전이다. 그는 1890년생으로, 1957년 별세했다. 나는 그가 병석에 누워 있을 때 위문 겸 자주 찾아가서 고전을 들으며 지도를 받았다. 그는 별세하기 얼마 전에 천주교의 영세를 받았다.

3) 이병헌(李炳憲) 편저, 《3·1운동 비사(秘史)》 (시사시보사 출판국, 1959), 590쪽에 보면 최린의 취조서(取調書) 중 "야소교파에는 선언서의 초고를 만든 후 보이고 합의케 한 것이다"라고 했으며,

둘째, 민족 대표 33인 중 기독교인 및 YMCA 관계자가 몇 사람이나 되는가—이 문제를 다루기 전에 먼저 3·1운동은 천도교가 주도했다는 사실을 시인한다. 그러나 민족 대표 구성에서는 기독교인이 더 많다. 기독교인 16명, 천도교인 15명, 불교인 2명의 비례다. 이처럼 민족 대표의 수적 우세는 "3·1운동에 참가인 21만 명, 사망자 7천 5백 명, 중상자 1만 6천 명, 잡혀간 사람 4만 7천 명인데, 독립운동 이래 2년간 이 운동에 관계한 대다수가 기독교도임에 당신들 선교사의 책임을 묻지 않을 수 없다"고 일본 경찰이 추궁한 사실에서도 알 수 있다.

그리고 16명의 기독교인은 장로교인 7명, 감리교인 9명으로 되어 있다.[4] 그중에 YMCA 관계 인사는 9명이다. 즉 정춘수·최성모·오화영·박희도·박동완(朴東完)·이필주(李弼柱)·양전백·이승훈 등 9명이다.

이 9명의 관계 인사들을 다시 분석하면, 박희도는 당시 YMCA 회우부 간사인 동시에 학생 책임자였으며, 이필주는 본래 구한국 정부 때 군인으로 초창기 YMCA 체육부 간사였으며, 오화영은 Y 이사 종교부 위원장이었으며, 정춘수·최성모 양씨는 Y 이사 위원을 거쳐 일요 강화·학생 하령회의 명강사였으며, 이강섭·박동완 양씨도 Y에 무시로 드나드는 열성 회원 또는 위원이었으며, 양전백은 선천 신성학교 창설자로서 그 학교 학생 기독교청년회 창시자 특히 전국 학생 하령회의 명강사였으며, 이승훈 역시 오산학교 창설자로서 그 학교 학생 기독교청년회의 창시자이며, 특히 그 학교를 창설할 때 결정적인 도움을 준 서울 Y

오세창(吳世昌)은 그것을 종로구 계동 135번지 박승봉 집에 가지고 와서 박승봉·이상재·이승훈 등이 그 초안을 정독하며 수정한 사실이 있다고 했다. 전택부, "토박이 신앙산맥(32)", 〈교회연합신보〉 1976년 5월 30일자 참조.

4) 장로교 관계 인사는 길선주(목사, 평북)·김병조(金秉祚, 목사, 평북)·양전백(목사, 평북)·유여대(劉如大, 목사, 평북)·이갑성(집사, 서울)·이명룡(李明龍, 장로, 평북)·이승훈(장로, 평북). 감리교 관계 인사는, 이필계(李弼桂, 목사, 서울)·김창준(金昌俊, 목사, 서울)·박희도(朴熙道, Y간사, 서울)·박동완(전도사, 서울)·신홍식(申洪植, 목사, 충북)·신석구(申錫九, 목사, 충북)·오화영(목사, 서울)·정춘수(목사, 함남)·최성모(목사, 황해).

의 박승봉, 이상재와는 오래 전부터 동지 관계였다.[5]

셋째, 기독교와 천도교의 합동 문제―이 문제는 3·1운동의 성패를 판가름하는 중대한 문제였다. 아다시피 당시 기독교회는 대체로 보수 신앙이었다. 기독교인은 일단 기성 종교와 조상 숭배를 우상시하고 교회 안에만 구원이 있다는 주장을 고집했다. 여기에 선교사들의 근본주의 신학사상이 부채질하여 한국기독교회는 천도교에 배타성과 독단성을 보이지 않을 수 없었다.

한편 천도교도 처음에는 기독교와의 합작을 반대했다. 하나 차츰 기독교와의 합동을 원했다. 그것은 그네들의 신조에 의한 것이라기보다 정책상 필요해서였다. 당시 기독교의 인기는 천도교보다 월등 좋았기 때문이며,[6] 또한 당시 정치적 활동이 완전히 금지되고 종교 단체에만 최소한의 집회와 언론의 자유가 주어진 상태에서는 기독교와 손잡는 일밖에는 별다른 방법이 없었기 때문이다.

이런 판단에서 천도교는 기독교와의 합동을 제의해 왔다. 이 제의에 대한 교섭에 나선 사람이 최남선이다.[7] 우선 최남선은 사람을 시켜 정주의 이승훈을 오게 해서 만났다.[8] 이승훈은 상경하여 즉석에서 찬성했다.[9] 그러나 기독교 측은 천도교 측과 달리 동지간의 합의를 보아야 했다. 여기서부터 난관에 봉착했다. 천도교 측은 한때 한규설(韓奎卨)·윤용구(尹用求)·김윤식(金允植)

---

5) 박승봉은 일찍이 영변(寧邊) 관찰사로 1907년 오산학교를 창설할 때 이승훈으로 하여금 향교 재산을 쓰게 함으로써 큰 도움을 주었다. 이것이 인연이 되어 일생 동지가 됐다. 김기석(金基錫), 《남강 이승훈》(현대교육총서출판사, 1964), 89쪽 참조.

6) 위의 최남선과의 면담 내용 참조.

7) 이병헌, 앞의 책, 598쪽, 최린의 취조서에서 "최남선의 소개에 의하여 이승훈과 같이 야소교와 천도교가 합동하여 운동을 하기로 하였고"라고 했다.

8) 이병헌, 앞의 책, 339쪽, 이승훈의 취조서에서 "경성의 최남선이가 지금히 상의할 일이 있으니 올라오라고 하므로…… 시국에 관한 것이 아닌가 생각하고 그날 밤(2월 10일) 기차로 올라왔다"라고 했다.

9) 이병헌, 앞의 책, 340쪽. 이승훈의 취조서에서, 또한 본인이 최남선에게 직접 들은 말인데, 처음에 이승훈에게 말하자 그는 무릎을 탁 치면서 당장 하자고 했다는 것이다.

등 원로들을 앞세우고 단독으로 하고 싶었으나, 그네들은 절대로 찬성하지 않을 거라며 기독교 측에 접근한 것이다.[10] 그러나 기독교 측은 이승훈을 통해 그 제안을 듣고 여러 번 의논했지만 좀처럼 결론이 나오지 않았다.

이 회합에는 길선주·유여대·김병조·양전백·이명룡 등 평북 지방 대표들은 거리상의 관계로 전권을 이승훈에게 일임한 채 참석하지 못하고 오화영·박희도·정춘수·이필주·이갑성·김창준·최성모와 그 밖에 33인 대표가 아닌 함태영·현순·오기선 등이 참석했다.

이 자리에서 정춘수 같은 사람은 "천도교와 합동하는 것은 불가하다. ……우리는 기독교 목사 신분이므로 감정으로 일을 하면 안 된다. ……그러나 나는 무엇이든지 경성에서 오화영·박희도의 통지에 따르겠다"[11]고 하고 원산으로 내려갔으며, 위임받은 박희도 역시 한때는 반대했으나, 이 문제는 중대한 문제인만큼 여러 차례 모여 옥신각신하다 결국 "우리는 이 기회에 종교와 관계없이 국민 자격으로 할 것이다"[12]라는 오화영 등의 강력한 발언이 관철되어 기독교 단독의 힘으로 하자는 계획이 철회됨과 아울러, 2월 22일경 박희도·이승훈·오화영·이갑성·함태영·안세환·신홍식·현순 등이 모인 자리에서 합동 문제를 최종 결정하게 되었다.[13]

이처럼 합동 문제는 YMCA 관계자들 사이에서도 심각하게 논의되었는데, 만약 이 문제가 결렬되었더라면 3·1운동은 거족적인 운동이 못 되었을 것이다. 초교파적이며 초신앙적인 Y의 이념이 크게 작용한 것이다. 다시 말하면 하느님의 명령·신률(新

---

10) 이병헌, 앞의 책, 342쪽.

11) 이병헌, 앞의 책, 551쪽, 정춘수의 취조서.

12) 이병헌, 앞의 책, 554-555쪽. 정춘수의 취조서에서. 합동 문제에 대하여 강력히 주장한 사람 중에는 당시 일본으로 파송된 안세환(安世桓)이 있다. 그는 "이런 일은 종파의 문제가 아니고 국가의 문제이니 합동하는 것이 좋다"고 했다. 앞의 책, 447쪽.

13) 이병헌, 앞의 책, 447쪽, 박희도 취조서.

律)·자연법 등 차원 높은 정신에서 다루어진 것이다.

넷째, 무저항 정신이 어디서 나왔느냐 하는 문제—이 문제에 대해서도 정책 문제와 원리 문제를 구분해서 규명해야 할 것이다. 정책면으로 볼 때 당시 무단정치하에서, 또는 정권을 갖고 있지 못한 한국 민족으로서는 무력으로는 도저히 저항운동을 할 수 없었다. 그래서 무력이나 폭력이 아닌 평화적인 방법만이 바람직했다.

따라서 천도교는 무저항주의를 정책상 필요해서 채택했지, 교리나 원리에 따라 채택한 것은 아니었다. 아다시피 천도교는 동학란을 주도한 종교 단체다. 또한 교조(敎祖), 수운(水雲) 최제우 선생의 〈안심가(安心歌)〉에는 "내가 또한 신선 되어, 비상천(飛上天)한다 해도, 개 같은 왜적놈을 하느님께 조화(造化)받아, 일야간(一夜間)에 소멸하고"[14]라는 노래가 있으며, 천도교 신도들은 "개 같은 왜놈들, 우리의 원수로다, 기왕의 임진기시(壬辰其時)부터…… 개 같은 놈들, 한칼로 대보단(大報壇)에 제(祭)하여 무궁의 행복을 누리리로다" 했는데, 이런 주문을 암송하는 종교에서 어찌 무저항 정신이 나왔다고 할 수 있겠는가.

천도교의 이 같은 사상은 기독교의 "네 원수를 사랑하라. 칼을 쓰는 자는 칼로 망한다. 누구나 네 왼편 뺨을 치면 오른편 뺨까지 내어 대라"는 등의 교훈과는 너무나 대비되는 사상인 것이다.

3·1운동 당시 무저항 사상에 크게 영향을 끼친 인물 네 사람을 든다면, 국외에는 러시아의 문호 톨스토이(1823~1910)와 인도의 간디(1869~1948)가 있고, 국내에는 길선주(1869~1935)와 이상재(1850~1927)가 있다. 이 네 사람은 거의 동시대 사람이

---

14) 최동희, 〈한국 동학 및 천도교사〉, 고대민족문화연구소 편, 《한국문화대계 Ⅵ》(고대민족문화연구소 출판국, 1970), 713쪽. 또한 전택부, "3·1운동과 기독교 인물", 〈기독공보〉 1962년 3월 5일자 참조.

다. 어쨌든 외국인 두 사람을 제쳐놓고 국내의 두 사람으로 논하자면, 우선 길선주 목사는 최남선의 말대로 당시 굉장한 인기가 있는 기독교 부흥 목사였다. 그는 이승훈에게 도장만 빌려주고 선언문 낭독 때는 참가하지 못했다. 그런 그는 자진 출두하여 수감되었으며, 검사 심문을 받을 때는 "금번 우리가 요구하는 것은 비유컨대, 동생이 형에 대하여 여차히 교육을 성취했으니 나는 형과 분리하여 독립 자영을 하겠다고 요구함이요, 하등의 반항심으로 요구함이 아닌즉 결코 중대한 죄라 할 수 없는 것이오"[15] 라고 함으로써 그의 신앙 양심을 고백했다.

그리고 "한일합방 후에 불평한 사람이 없었느냐" 하는 검사 심문에 그는, "그야 우리나라가 남의 것이 되었는데 어찌 분한 사상이 없으리요마는, 나는 본래 하느님을 믿는 사람인 고로 성경으로써 내 맘을 위안했다"[16]고 대답했다. 이것은 "나는 성교연구(聖敎硏究)에만 몸을 바치고······ 정치상의 일에는 일절 관계하지 않기로 하였다"[17]고 한 말과 같은 태도이다. 그에게서 우리는 세 가지 특징을 엿볼 수 있으니, ① 정치에는 참여하지 않는다는 것, ② 불평은 많지만 성경의 가르침으로 위로받는다는 것, ③ 반항이 아니라 독립 청원이니만큼 죄가 아니라는 것 등이다. 이는 당시 소위 독실한 기독교인들의 공통된 신앙 태도라고 볼 수 있다.

이상재의 경우는 성질이 다르다. 그는 언제나 "칼로써 일어서는 자는 칼로써 망한다"라고 주장했으며,[18] "일본과 조선은 부부 사이 같은데, 남편이 조금 잘못했다고 해서 아내가 들고 일어나서야 되겠는가?"라고 한 데 대하여 그는 "그것은 그러할 것

15) 복면유생(覆面儒生), 《조선독립소요사론(朝鮮獨立騷擾史論) 전(全)》(조선선음관朝鮮鮮音館, 1921), 155쪽.
16) 위의 책. 그러나 이병헌 편저 《3·1운동 비사》에 나타난 취조서에는 "독립 청원을 하는 것은 어린 아해가 아버지에게 분가하는 문권(文卷)을 내달라고 의뢰하는 것과 다름이 없다"라고 씌어 있다.
17) 이병헌, 앞의 책, 114~115쪽, 길선주 취조서.
18) 김을한, 《월남선생일화집》(경향신문사, 1959), 62쪽.

이오. 그러나 만일 정당한 부부 사이가 아니고 폭력으로 이루어진 부부 사이라면 어떻겠소?"[19]라고 했으며, 3·1운동 직후 경찰에 잡혀 들어갔을 때 검사에게 "옳지! 왜놈들은 제 부모도 친다더라. 늙은 나를 치려거든 쳐보라"[20]고 하며 꾸짖었던 것이다.

이상 두 지도자의 무저항 정신은 다 같이 성서를 근거했다 할 수 있지만, 그 성질은 근본적으로 달랐다. 어쨌든 3·1 독립정신은 후자이지 전자는 아니었다. 이러한 이상재의 무저항 정신을 보고, 외국인들은 이상재를 '한국의 톨스토이'라고 불렀으며, 변영로(卞榮魯)는 이상재의 묘비에다 "그중에 특기할 것은 3·1운동의 방법을 지정한 것이다. 그때 천도교주 의암 손병희 선생과 함께 모의를 거듭하실 때, 다수인은 한결같이 살육을 주장하였으나 오직 선생은, 남을 살육하느니보다 우리가 죽기로 항거하여 대의를 세움만 같지 못하다 제시하시었다. 그리하여 무저항 비폭력의 혁명 운동이 처음으로 전개되어, 인류 역사상 우리가 영광스러운 사적을 가지게 되었던 것이다"[21]라고 썼다.

이에 대하여 천도교 측에서는 항의가 있었으나, YMCA 측은 "불과 30여 년 전 과거사를 가지고 왈가왈부 다투는 것은 외국인이나 남 보기에 수치스럽지 않느냐"[22]고 하여 이 문제는 더 이상 논란을 피했다.

끝으로, 그러면 어찌하여 이상재 같은 분이 33인 대표에도 들지 않았던가? 검사의 심문에서도 "중앙기독교청년회 종교부 총무 이상재가 독립운동에 대한 수령이라는데 어찌하여 명의를 내지 않았는가?"[23] 했는데, 이 문제에는 "다만 그는 일본 정

---

19) 위의 책, 61-62쪽. 이것은 유명한 정치가 오자키(尾崎行雄)에게 한 말이다.

20) 위의 책, 47-48쪽.

21) 1957년 6월 28일, 변영로가 경기도 양주군 장흥면 삼하리(三下里)에 세운 '월남 이선생 상재지묘(月南李先生商在之墓)'의 비문의 한 글귀.

22) 이명원, "내가 본 월남(月南) 선생님", 1958년 9월 20일(원고), 17쪽.

23) 이병헌, 앞의 책, 542쪽, 오화영(吳華英) 취조서.

부와 담판하게 될 때 그를 내세우기 위하여 아꼈다"[24]라는 이규갑(李奎甲)의 말로 답변이 된다. 이갑성도 "이상재가 명의를 내지 않으면 자기도 명의를 내지 않겠다"[25]고 강경하게 주장했지만, 동지들은 그를 끝내 넣지 않았다. 이 사실은, "함태영이가 이상재에게 독립 선언의 일에 대하여 도쿄에 가서 교섭할 것을 말하였다"[26]는 박희도의 증언과도 일치한다.

이처럼 이상재는 3·1운동의 수령으로 교섭을 받았으나, 이를 겸허하게 거절했을 뿐만 아니라 "손의암은 천도교 교주요, 재정도 거기서 나오니 그를 택하는 것이 도리상 옳다"[27]고 주장했다. 그러나 또 한편 "이상재는 동지들의 의견에 따라 3·1독립은 제1진·제2진·제3진으로 계속할 것이므로 한꺼번에 다 같이 체포되는 것을 전략상 반대한 것도 사실이다."[28]

24) 1969년 2월 10일, 이규갑 목사와 면담. 그는 이상재가 겁이 나서 피한 것이 아니냐는 질문에 와락 성을 내면서 "일제와 담판할 때 내세울 만한 인물이 누구요? 이상재 선생밖에 더 있어요? 그러니까 우리가 아낀 것뿐이지"라고 했다.
25) 이병헌, 앞의 책, 543쪽. 오화영 취조서.
26) 앞의 책, 458쪽, 박희도 취조서.
27) 이명원, 앞의 책, 12쪽.
28) 위 이규갑 목사의 면담.

제7부

국제 활동기 (1920~1925)

민족자결주의와 세계 조류 속의 한국

──────── 1918년 11월 제1차 세계대전에서 독일군이 항복한 뒤 미국 대통령 윌슨이 민족자결주의 원칙을 공포하자, 이 조류를 타고 한민족은 독립을 선언했다. 이에 당황한 일본 정부는 종래의 식민지 무단정치를 소위 문화정치로 탈바꿈하는 동시에, 한민족에게 언론·집회·사상의 자유 등을 어느 정도 주게 되었다.

한편, 금방 찾아질 것만 같았던 민족 독립이 수포로 돌아간 데 실망한 민중은 도리어 자포자기, 불안과 혼란 상태에 빠지게 되었다. 이럴 때일수록 YMCA는 더욱 청소년의 마음 방향을 지시해 주는 동시에 세계와의 교류와 활동의 기회를 열어 주었다. 그리고 민족자결주의 세계 여론을 타고 YMCA는 일본 Y 산하에서 독립함과 동시에, 국제 사회와 교류하면서 민족 대표를 각종 국제대회에 파송했다. 한편 밖에서 밀고 들어오는 사회주의·공산주의·허무주의·퇴폐주의·무정부주의 등 외래 사상과 싸우면서 민족진영의 단합을 꾀했으며, 새로 등장한 〈동아일보〉·〈조선일보〉 등과 손잡고 민족 언론 창달 및 문화 발전 등에 힘썼다. 그리고 농촌 활동에 뛰어드는 한편, 물산장려, 금주·금연, 소년척후대 운동 등을 전개했다.

31.

미국 위원단 방문과
제2차 독립운동 전개

3·1독립운동으로 일본의 악정(惡政)이 전 세계에 폭로되었을 뿐 아니라, 미국 정부는 윌슨 대통령이 선포한 민족자결주의 원칙이 약소민족들 사이에서 잘 이행되어 가는지 조사하기 위해 1920년 8월 미국의 상하 국회의원들로 구성된 시찰단을 극동에 파송했다. 이 소식이 알려지자 우선 상하이에 있는 임시정부는 그들을 상대로 외교 활동을 맹렬히 추진했다. "여운형(呂運亨)과 안창호 등은 위원단 일행에게 조선 독립에 대하여 여러 가지 애소(哀訴)를 하고 청원을 하며…… 일본 행정부는 조선 민중을 더욱 압박하고…… 문화정치라는 아름다운 이름 아래서 선정을 베푸는 듯한 가면 정치를 하여, 그들이 이번 시찰단에게 제공하는 것은 모두 거짓말 보고다……"[1]라는 등의 기사를 쓰며 외교 활동을 전개한 것이다.

한편 서울에 있는 지도자들은 YMCA를 중심으로 "미국 의원 시찰단 환영회"를 조직하여, 환영회 임시 사무실을 중앙

---

1) 〈동아일보〉 1920년 8월 17일자 기사.

YMCA 회관에 두고, 환영식 때는 윤치호가 사회를 보고 환영사는 이상재가 하기로 했다. 그리고 동아·조선 등 양대 신문과 손잡고 기사와 모금 활동은 청년층이 맡았는데, 주로 일선에서 뛴 사람으로는 〈동아일보〉의 장덕준(張德俊),[2] 경제회(經濟會)의 이풍재(李豊載), 중앙청년회의 신흥우 등이었다.

한편, 이 기미를 탐지한 일제는 극도로 당황하여 온갖 방해공작을 했다. 국회의원 시찰단이 상하이로부터 만주를 거쳐 입국하려 할 때는 밀정을 보내어, 취재차 거기까지 갔던 〈동아일보〉 특파원 김동성(金東成)이 그들과 접촉하는 것을 방해하는 동시에, 근거 없는 낭설을 퍼뜨리고 공연한 공포 분위기를 조성하여 입국을 방해했다.[3] 그러나 시찰단 일행은 8월 24일 300여 명의 경관을 풀어 삼엄한 경계를 하는 속에서 남대문 정거장에 도착했다. 이때 환영회 간부들은 한바탕 시위를 벌이려 했으나 그 계획도 수포로 돌아가고, 그들과 만날 수조차 없었다.

총독부 당국은 시찰단이 조선호텔에서 하루를 묵고 이튿날 총독부 관서(官署)를 둘러보고 시내 관광을 한 뒤, 그날 저녁으로 떠나게끔 짧은 일정을 짜놓았을 뿐 아니라 경찰의 삼엄한 경계망을 펴놓았기 때문에, 환영회 간부들은 도저히 그들에게 접촉할 수 없었다. 그러나 환영회 측은 25일 아침에 조선호텔에서 비공식으로 만나게 되어, 이상재는 신흥우를 데리고 아침 일찍 그들을 찾아갔다.[4] 정문에는 일본 경관이 지키고 있었으나, 이상재는 농부 차림의 노인이므로 무난히 통과되어 일행 중 한 사람을 만날 수 있었다. 다행히 그는 친절하게 영접을 받아 YMCA에서 계획한 환영 대회에 나와 줄 것을 교섭하여 허락받게 되었

2) 장덕준은 장덕수(張德秀)의 친형인 동시에 도쿄 유학 당시, 재일 한국 YMCA 간사를 맡았던 Y맨이다. 그는 1920년 11월경 〈동아일보〉 기자로서 일본 군대가 간도와 함경북도 국경 지방의 독립군을 토벌하러 갈 때 훈춘사변(琿春事變) 취재차 특파원으로 갔다가 일본 군대에 의해 살해되었다. 당시 그는 28세였다. 현규환(玄圭煥), 《한국유이민사(韓國流移民史)》 상권(어문각, 1967), 636쪽.
3) 〈동아일보〉 8월 24일자 기사. 나카무라(中村), 하라다(原田) 등을 봉천(奉天)까지 파송하여 방해공작을 폈다.
4) 〈동아일보〉 8월 25일자 기사.

다. 이상재·신흥우 양인은 즉시 이 소식을 환영회 간부들에게 전
했다.

그러나 11시쯤 되어 조선호텔에서 비밀 서한이 오기를,
"사정에 의하여 3시에 가려던 것을 취소한다"[5]는 것이었다. 이는
일본 총독부 당국이 못 가게 방해한 것이 틀림없었다. 환영회 간
부들은 크게 실망했다. 그래서 산산이 흩어지고 말았다.

그런데 뜻밖의 일이 일어났다. 그 위원단 일행 중 허스맨
(H. S. Hersman)이라는 사람은 캘리포니아 주 출신 외교의원인
데, 그는 결국 독자적으로 위원단과 관계없이 자동차에 미국 국
기를 휘날리며 YMCA에 나타난 것이다.[6] 그때는 환영회가 유회
되는 줄 알고 관중이 거의 다 해산되었을 때지만, 윤치호는 사무
실에 있다가 그를 맞아들여 강단에 올려 세웠다. 그러자 관중이
다시 모여들어, 800명 관중 앞에서 윤치호의 통역으로 환영회가
시작되었다. 허스맨의 강연 요지는 "조선 청년 여러분, 어디까지
나 정의와 인도로 항상 발전하도록 분투하시오"[7]라는 것이었고,
이상재가 등단하여 "우리가 미국을 친애하는 것은 그 나라가 부
해서도 아니며, 강해서도 아니다. 오직 하느님의 뜻을 받들어 정
의와 인도를 제창하기 때문이다"[8]라는 요지의 답사를 하니, 천지
가 진동하듯 박수갈채가 터져 나왔다. 그러는 동안 종로경찰서
장이 수백 명의 정복 경찰을 인솔하고 달려와서, 강단에 올라가
허스맨을 데리고 나가게 하고 군중을 해산시키려 했다.[9] 그리고
경찰은 문간에서 군중을 몽둥이로 때리고 발로 차며 폭행했다.

이 광경을 보고 허스맨은 "무슨 연고로 조선인을 때리며
감금하느냐? 만일 조선인을 내보내지 않으면 나도 나가지 않겠

---

5) 위의 자료.
6) 〈동아일보〉 8월 26일자 기사. "난언(難言)의 실망, 의외의 환희·절망과 침묵 중에 돌연히 미(美)
의원 출현".
7) 위의 자료.
8) 위의 자료.
9) 위의 자료.

다"[10] 하며 경찰서장과 다투기도 했다. 결국 그는 본국에 돌아가 이 광경에 대해 "조선인이 개 취급을 당했다"라고 신문에 자세히 보고했다. 그 시찰단 단장 스몰(J. H. Small)도 나중에는 환영회 간부들에게 감사장을 전했다.

이런 사건은 국내만 아니라 일본 정계와 미국 조야에도 파문을 일으켰다. 〈동아일보〉는 이 사건을 3·1운동의 연속으로 보아 "제2차 독립 운동"[11]이란 제목으로 크게 다뤘다. 비록 그들이 하룻밤만 자고 간 짧은 기간이지만, 이 사건의 영향과 충격은 굉장한 것이었다. 동아일보는 8월 중순부터 9월 초순까지 'Welcome to the Congressional Party'[12]라는 영문 환영사를 비롯하여 6, 7차의 사설을 썼으며, 거의 날마다 3면 전부를 이 사건 기사로 메웠다. 그야말로 온 국민은 3·1독립을 외교적인 차원에서 다시 일으킨 것이다. 한편, 양기탁 등도 시찰단이 올 때 철도 연변에서 일대 시위를 했다.

WELCOME TO THE CONGRESSIONAL PARTY

In the name of twenty million Koreans we extend our heartiest welcome to the congressmen who are just entering our land, coming as they do from a great country, a country that nature was endowed with the awe-inspiring Rockies, with mighty rivers and opulent prairies; a country that has produced men like Lincoln and Washington; a country that has for its foundation liberty of con-science for all its people; a country which is in the vangard of humanity as regards freedom and

10) 위의 자료.
11) 제1차 독립운동은 물론 3·1독립운동을 말하는 것이며, 이번 미국 국회의원 시찰단의 내방을 계기로 된 시위운동은 세계 여론을 위주한 계획적인 것이기 때문에 '제2차 독립운동'이라고 한 것이다.
12) 영문 사설은 장덕수가 쓰고 번역은 신흥우가 했다. 이 장 끝에 그 전문을 싣는다.

justice.

When it was whispered that the party was coming there were many heart that leaped with joy and we are among those who have been counting the day until their mother, impatient as one who waits for his beloved.

We have no bouquet in our hands nor hurried words upon our tongues. How then are we to manifest our gladness? Shall it be by a handshake or by the kiss of Bible time? Neither; but rather by the smile overflowing of the heart with gladness.

In welcome our brothers from over the sea we cannot dispel the feeling that comes over us when we recall the fact that America has ever been from its largiest days a refugee for the oppressed. How many have escaped from Europe to find freedom of conscience in the vastness of her great domain, and relief from oppression among a great people; This is why America has been loved and respected by the troubled and the tyranized. This has not only been found to be true in the past but it is even more so now, because the people, the world over, who are groaning under violence and oppression are looking to America for soccer, America is their pleasure and their hope, We who bear upon our back a sad history and country in our embrace an unsatisfying present find ourselves overwhelmed with our feelings as we meet you.

Looking back we find that this great Republic which your represent is not only joined with us in a treaty of friendship inspired by the spirit of peace and of freedom but its great people spared neither their money nor their efforts in order to send us the Gospel of life and to provide with schools and hospitals. The twenty million Koreans, who had lost through dispotism and class distinction the opportunity of development, have received the Light and found the eternal value of life. Is there for Korea? It is through the only Son of Man that we have it, and we wish to express thanks to the people whom you represent.

You have not only the honor and distinction of having awakened Japan from her peaceful shudder of isolation and of introducing her to modern civilization, but you have also brought to us the enlightenment of life. We are not a people that is wholly Christianized and a society complete in itself, and we are filled with remorse and shame, but nevertheless we welcome you as brothers from a land where our esteem has its way even through the wide expanse of the mist and waters of the Pacific. Brothers we call you, not because our earthly circumstances match yours but because we are before God, who is no respector of persons, to be brothers before God means to have the same ideals and aims in life.

What is it that you see in Korea? Dingy houses, unsightly streets, rough roads and denuded hills, By these you can know the oppression of the past and the crampness of the present. These are the things may be seen by the physical eyes, but the hopes and the endeavors of the twenty million souls can be discerned only through their oriental eyes.

What is uppermost in the mind of the Korea people and what they are ready to make sacrifice for is the principle of democracy. It is realized that to change the barren hills to a verdant paradise to transform unbeautiful society to one of liberty; pride, love and intelligence, to bring out mans' life worthy of man there is nothing else but the spirit Democracy. It is fundermental that vegetation requires rain dew for his growth and man requires freedom for his development.

This is what you and your forefathers have already known and what the experience of your nation has taught. Though our circumstances are poor and lowly, we realize that through truth and endeavor and the spirit of democracy man can achieve emancipation and individual liberty which in turn will usher in other blessings and give glory to God. These things constitute the faith and hope of Koreans. The dreary and isolate surface contains a life that is throbbing and active.

Our hope is that you, our brothers, will carry our hopes to these in your home land for the common object. Though the great ocean separates us geographically there can be nothing which can separate us in our love and common ideals. In conclusion we wish you and your people in the years to come greater and greater prosperity and God's blessing.

32.

신흥우 총무의 취임과
그 주변

1920년 8월 24일 미국 국회의원 시찰단이 다녀간 지 약
2주일이 되는 9월 10일부터 5일간, 서울에서는 YMCA 전국 연
합회 제3회 3년 대회가 열렸다.[1] 이 대회를 계기로 청년회 간부진
에도 큰 변동이 생겼다. 이미 말한 바와 같이 신흥우는 1912년
부터 조선중앙기독교청년회 이사였으며, 1914년에 도시 청년회
와 학생 청년회가 연합하여 개성에서 조선기독교청년회 연합회
가 조직되었을 때, 15인 위원 중 한 사람이었다.[2] 그의 연합위원
임기는 1920년까지였다.

이와 같이 그는 청년회에서 낯선 인물은 아니었다. 미국
에서 국회의원 시찰단이 왔을 때 그의 눈부신 활동은 청년회 간
부들에게 커다란 감명을 준 것이 사실이다.

더욱이 그가 3·1운동 직후 미국에 가서 한 외교활동은
모든 사람에게 큰 감명을 주었다. 잠시 그의 미국 외교활동에 대

---

1) 〈동아일보〉 1920년 9월 10일자 기사, 그러나 불행히도 제3회 3년 대회 회록을 찾지 못했다.
2) 그는 이상재·김정식 등 15명 위원 중의 한 사람인 동시에 3년조 위원이었다. 이 책 200쪽
참조.

해 말하면, 그는 3·1만세 때는 배재학당 학장이었다. 그의 진술에 의하면 그는 하란사(河蘭史)와 함께 고종 황제의 밀서를 가지고 세계평화회의에 가려 했지만, 고종의 급작스러운 서거로 말미암아 실패로 돌아가 평양에 가서 숨어 있다가, 1919년 5월 미국에서 열릴 예정이던 미국 감리교 100주년 기념대회에 참석한다는 구실로 그해 3월 한국을 떠나 미국에 갔다.

　　그는 온갖 신변의 위험을 겪으면서 소위 "13도 대표자 회의"[3]의 비밀 서류를 이승만에게 전하는 동시에, 참혹한 한국 사정을 세계 여론에 호소하기 위하여 교회 지도자들에게 접근했다. 그는 가지고 온 비밀문서와 웰치(Herbert Welch) 감독의 소개장을 들고 감리교 본부를 찾았다. 이에 대하여 신흥우는 다음과 같이 말했다.

> 뉴욕에 가서 제1착으로 감리교 본부 총무로 있는 프랭크 메이슨 노드(Frank Mason North) 박사를 만났습니다. 그분은 그전부터 잘 알고 피차 인격적으로 존중하는 터인데, 한국에서 그동안 독립운동을 한 얘기를 한참 했습니다. 듣고 나더니, 이렇게만 할 것이 아니라 자기가 미국 기독교 연합회 의장인데, 임시 실행위원회를 소집할 터이니 그 실행위원들 앞에서 더 자세히, 시간 걱정 말고 말해 달라고 해서 그러기로 했던 것입니다. 아마 금요일 날 12시에 예일대학 구락부에서 3시간 동안 얘기를 했습니다.
>
> 말하고 난 다음 그들이 그 자리에서 결의하기를, 내게 들은 얘기와 선교사들에게 편지로 들은 얘기를 종합해 가지고 전국적으로 발표하자 했습니다. 날짜를 4월[4] 어느 날로 정해서 전국에서 일시로 발표하

---

3) 이병헌 편저, 《3·1운동 비사(秘史)》(시사시보사출판국, 1959), 169쪽, "김창준 취조서". 신흥우, 방송 녹음 기록, 200-233쪽. 이것은 한참 3·1만세를 부를 적에 오기선(吳基善), 한인수 등이 13도 대표자 회의를 서울에서 소집하여 집정관총재(執政官總裁)에 이승만, 내무총장에 이동녕, 법무총장에 신규식, 재정총장에 이시영, 군무(軍舞)총장에 노백린(盧伯麟), 노동총장에 안창호 등으로 조직했다는 비밀문서다.
4) 민경배는 《한국기독교회사》(대한기독교출판사, 1972) 254쪽에, 미국 기독교연합회 동양 문제 위원회가 4월 30일부로 발표한 성명서를 게재했다.

게 된 것입니다. 미국에 있는 기독교 전체가, 그때 교파로 말하면 150
여 교파가 있었는데, 그러한 성명서를 발표하게 되니 전체에 큰 파문
을 일으키게 되었습니다. 내가 속한 감리교회의 최고 기관인 주교회의
에서도 그 뒤를 따라 성명서를 발표하게 되었는데, 그 성명서 요지는,
우리가 정치 문제에 간섭하려는 것이 아니라 인도와 정의를 위해 제1
차 세계대전에서 싸웠는데, 한국 안에 비인도적인 사실이 있고 종교
와 개인의 자유를 박탈하고 인권을 무시하는 일이 있는 데 대하여 가
만히 있을 수 없다…….

그 결과로 미국뿐만 아니라 영국에 있는 지도자들 중에도 B. F. 마이
어스라는 세계적인 유명한 종교가가 있는데, 한번은 1924년 런던에서
만났을 때…… "그동안 한국이 달라진 것이 없소?" 하고 물었더니, "그
것은 영국 의회에서도 질문이 나왔던 것입니다. 세계 여론 때문에 하
는 수 없어 그랬던지 총리대신이던 하라 경이…… 잘못된 것을 자인하
고 앞으로는 잘 하겠다고 해서 아무쪼록 세계 여론을 안돈(安頓)시키
려는 일을 했던 것입니다. 그래서 그때 군국정치를 피해서 문화정치를
하느라고 9월에 사이토를 여기 총독으로 보낸 것 같습니다."[5]

　　이런 외교활동뿐만 아니라 그는 국내에서 가지고 간 통계
자료를 토대로 일본의 악정과 탄압상을 폭로하는 책을 썼다. 이
것도 미국 교계의 후원을 받아서였다. 당시 카우처 대학 총장인
카우처 박사의 별장에서 집필했다. 《한국의 갱생(The Rebirth of
Korea)》이라는 영문 책이었다. 그는 이 책의 원고를 탈고하고, 그
해 10월 미국을 떠나 귀국했다.

　　귀국하자 그는 배재학교 교장 직에서 떠났다.[6] 위에서 말
한 바와 같이 그는 미국에서 굉장한 외교 수완을 발휘하여 한국
민족의 독립운동을 세계에 호소했지만 국내에서는 의심을 받았
다. 그가 돌아와 본즉, 일제의 식민지 정치에도 큰 변동이 있었

---

5) 신흥우, 방송 녹음 기록, 앞의 자료.
6) 신흥우는 1920년 1월 27일 열린 배재학교 운영이사회의 결의로 교장 직을 권고사직 당했다.

다. 일제는 그해 9월을 기하여 무단정치가로 이름난 하세가와 대신 온건파로 알려진 사이토를 제3대 총독으로 파견하게 되었으니, 그는 부임 즉시 장문의 시정 방침을 발표하고, 종래의 잘못된 정치를 시정하는 의미에서 몇 가지 중요한 조치를 취했다. 그중 중요한 것 몇 가지를 들면 다음과 같다.

첫째, 언론·집회·출판 등에 대하여 질서와 보안 유지에 장애가 없는 범위 안에서 상당히 고려하여 민의의 창달을 도모할 것이다.

둘째, 교육·산업·교통·위생·사회 구제와 기타 제반 행정을 쇄신하여 국민 생활의 안정을 도모하고 일반의 복리 증진에 새로운 면을 열고자 한다. 특히 지방 민풍의 함양과 민력(民力)의 작흥(作興)은 지방 단체의 힘에 기대함이 유리하므로, 장차 시기를 보아 지방자치제도를 실시할 목적으로 곧 조사 연구를 착수하고자 한다.

이상과 같은 사이토 총독의 시정 방침 역시, 일시동인(一視同仁)이니 내선융화(內鮮融和)니 하는 한일합방의 본지에서 벗어난 전혀 새로운 방침은 아니었다. 그러나 종래 헌병에 의하여 치안을 확보하던 무단 경찰제도나 국민학교 교사들에게까지 군복 같은 제복을 입히고 칼을 차고 교육하던 무단 교육 같은 것만은 폐지되었다. 그리고 한국인에게도 언론기관을 허용하여 〈동아일보〉와 〈조선일보〉 또는 기타 잡지의 발간을 허용하는가 하면, 각급 사립학교에 대하여 까다로운 조건으로 통제하고 탄압하던 것을 늦추는 방안의 하나로, 정규 인가를 받지 못한 학교에 대해서만은 성경과목을 가르쳐도 무방하다는 방침을 취했다. 이러한 변화는 요컨대 무단정치 대신 이른바 문화정치를 가지고, 보다 교활하고 부작용이 적은 방법으로 한국 침략을 달리해 보자는 새로운 정책이었다.

이런 환경에서, 위에서 말한바 소위 제2차 독립운동이 일어났으며, 무단정치 때는 일본에 가 있거나 시골에 묻혀 있던 열혈지사들이 속속 표면에 나타나 활동하기 시작했다. 더욱이 〈동아일보〉의 출현은 당시 민족진영에 커다란 자극을 주게 됐다. 그리하여 YMCA는 우선 〈동아일보〉와 손잡고 소위 제2차 독립운동에 성공했으며, 이때를 기하여 간부진의 변동이 생기게 됐다. 그것이 총무 교체다.

위에서 말한 바와 같이, 제3회 3년 대회를 계기로 윤치호 총무가 사임했다. 날짜는 확실히 알 수 없으나 "좌옹(佐翁) 선생이 1920년 가을에 청년 사업에 가장 적임자인 후계자를 얻어 그에게 전부를 맡기고 자기는 배후로 물러설 때까지",[7] "5년 동안 밤과 낮으로 출근하고 언제나 마음을 쓰던 총무 자리를 내놓고 배후로 물러나서, 명예 총무 이상재와 새로운 후계자의 일을 성심성력으로 돕기 시작했던 것이다."[8]

여기서 말하는 후계자란 신흥우를 두고 하는 말이다. 본래 신흥우는 청년회 이사로 봉사했지만, 이제부터는 중앙 YMCA와 전국 연합회 총무를 겸해서 실무자로 등장하게 됐다. 그리하여 윤치호·이상재·신흥우는 명실 그대로 3거두의 강팀을 이루게 되었다. 이에 대하여 반하트(B. P. Barnhart)는 "오늘날 한국에는 네 사람의 위대한 기독교 지도자가 있는데, 그중 세 사람이 청년회에 있다. 하나는 회장 윤치호이고, 또 하나는 총무 신흥우이고, 그중 제일 큰 인물은 종교부 담당 간사 이상재다"[9] 라는 보고를 국제본부에 보냈다. 그때 신흥우는 38세, 윤치호는 56세, 이상재는 71세였다.

윤치호와 신흥우, 양씨의 총무 사임 및 취임 날짜는 확실히 알 수 없으나, 1920년 9월 15일부터 성북동에서 열린 제3회

7) 김영희,《좌옹 윤치호 선생 약전(略傳)》(기독교조선감리회총리원, 1934), 221-222쪽.
8) 위의 책.
9) B. P. Barnhart's Report on September 16, 1920. 여기서 이상재를 종교부 간사라 한 것은 오래 전의 직명이고, 그 후에도 여전히 종교부 사업을 직접 담당하듯이 봉사했기 때문에 말한 것뿐이다.

전국 대회에서 윤치호가 위원으로 당선된 것으로 보아, 그해 9월 신구 총무의 사임 및 취임이 결정된 것이 거의 확실하다.[10]

10) 〈동아일보〉 1920년 9월 16일 기사, 이때 전국 연합회 만기 위원이 누구인지 알 수 없으나 신임 위원은 구자옥 · 김창제 · 이상재 · 양주삼 · 윤치호 · 백남훈 · 이순기 · 백상규였다.

33.

지방 청년회의 조직과
학생운동의 확장

　　1914년 개성에서 '조선기독교청년회 연합회'가 조직될 당
시 지방 청년회로는 재일본 한국 YMCA 하나만 있었고, 그것도
유학생 위주의 청년회였기 때문에 완전한 지방 청년회라고는 할
수 없었다.

　　그러다가 국내에서 지방 도시에 청년회를 조직해야 한다
는 여론이 높아짐에 따라 제1착으로 조직된 것이 함흥 YMCA
다. 이러한 지방 청년회의 조직은 여간 어려운 문제가 아니었다.
무단정치 하에서는 기존 단체마저 해산될 수밖에 없었기 때문이
다. 그러나 1919년 3·1 운동을 전후하여 처음으로 지방 청년회
가 창설되기 시작했으니, 우선 함흥 YMCA부터 차례로 말해 보
면 다음과 같다.

　　(1) 함흥 기독교청년회―국내에서 제일 먼저 조직된 지방
청년회다. 함흥은 관북 지방의 중심지라고도 할 수 있다. 그러나
관서 지방인 평양이나 선천에 비하면 기독교 신자가 적은 도시였
다. 그럼에도 함흥에 제일 먼저 청년회가 조직된 이면에는 몇 가

지 이유가 있다. 첫째, 중앙에 있던 김창제(金昶濟)[1]가 함흥에 가서 영신소학교(永信小學校) 교장으로 있으면서 영생중학교(永生中學校) 등 기독교 학교의 학생 운동을 지원했기 때문이다. 둘째, 영생학교를 졸업한 이순기(李舜基), 당시 영생학교 학생이며 학생 YMCA 회장이던 현원국(玄垣國)[2] 등이 있었고, 셋째, 맥래(D. M. McRae, 馬具禮), 영(L. L. Young, 榮在馨) 등 YMCA를 잘 아는 캐나다 선교사들이 있었기 때문이다.

함흥 YMCA가 창설된 것은 3·1운동 전 해인 1918년 3월 25일, 신창리(新昌里)교회에서였다.[3] 창설 준비 위원으로 이순기·현원국·영 등이 모여서, 영에게는 캐나다 선교부에 회관 교섭을 부탁하고, 현원국에게는 영생학교 학생 YMCA에 도서 구입비를 교섭하게 하여, 3월 25일 신창리교회에서 창립총회를 갖게 되었다. 그 결과, 초대 회장에는 캐나다 선교사 맥래, 부회장에 모학복(毛鶴福, 의사), 서기에는 이순기·김여학(金麗鶴, 영생학교 역사 선생), 총무에는 영 등이 피선되었고, 이사에는 김창제·허헌(許憲, 변호사)·홍기진(洪基鎭, 장로)·최영학(崔榮鶴, 장로)·도율림(都栗林, 선교사) 등이 피선되었다.[4]

이와 같이 초대 회장과 초대 총무로 다 선교사들이 피선된 것은 3·1운동 직전, 일제의 가혹한 무단정치의 탄압을 피하기 위해서였음은 물론이며, 3·1운동 직후에는 모학복·김창제·한영호(韓泳鎬, 장로)·조희염(曺希炎) 등이 역대 회장이 되었고, 총무에는 초창기부터 〈동아일보〉 함흥 지국장이던 이순기가 취임하여 강력한 민족진영의 지도체제를 구축했다. 1927년 신간회

---

1) 김창제는 1877년 충남 보령 태생으로, 현 경기중·고등학교의 전신인 관립 경성사범학교를 졸업했으며, 1899년 150명의 청년이 YMCA 창립을 진정할 때와 1903년 YMCA 창립 당시부터 회원이었던 창립 유공자다.
2) 현원국은 1890년에 태어나 1937년에 별세했다. 함흥 영생중학교 졸업, 4학년 재학 시(1919) 학생청년회 회장이 되고, 그 뒤 일본에 건너가 간사이(關西)신학을 졸업했다.
3) 〈청년〉 1921년 4월호, 16쪽. 신창리교회는 함흥중앙교회의 전신으로, 함흥 지방의 모교회다. 당시 담임목사는 맥래(D. M. McRae) 선교사였다.
4) 위의 책.

(新幹會) 함흥 지회가 결성될 때 한영호는 회장, 이순기는 부회장에 당선되어, 그야말로 YMCA 간부들이 모두 민족의 연합전선을 구축하여 운동을 전개했다.

최초의 사업으로는, 캐나다 선교부로부터 빌린 2층 회관에 영생학교 학생 YMCA로부터 기증받은 170원 가치의 도서를 비치하여 일반인과 회원들에게 공개하였고, 영어·산수·국어·일어·성경 등 과목의 주·야학을 개설했으며, 선교부에서 기증받은 운동기구로 운동 경기를 장려했다. 더욱이 3·1운동은 청년회 간부들이 주도했다. 우선, 청년회 간부이며 교회 장로인 한영호·홍기진·최영학 등과 학교 교사인 김여학·김중석(金仲錫)·이근재(李根哉)·이영화(李榮華) 등과 영생학교 학생 Y 회원으로 한명환(韓明桓)·김면오(金冕五) 등이 YMCA 서기이며〈동아일보〉지국장이던 이순기와 손잡고 만세운동을 전개했다. 그리고 청년회 창립이사이며 변호사인 허헌은 회원들이 수감된 후 법정에서 변호를 맡기도 했다.

3·1운동 이후 YMCA는 다시 물산장려운동을 주도했다. 1923년 "1월 1일 함흥 YMCA는 회원 1천 명이 무명 두루마기를 입고 가두행진을 벌여 국산 애용 정신을 크게 일으키는"[5] 등 각종 민족운동의 선봉에 섰다.

(2) 선천 기독교청년회—1919년 6월 북교회(北敎會)에서 창립총회가 있었다.[6] 교회 목사 장규명(張奎明), 장로 안병균(安炳均) 등을 비롯하여 최윤식(崔允植)·정도원(鄭道元)·최현칙(崔賢則)·김지일(金志一)·계병호(桂炳鎬) 등이 주동이 됐다. 그중 계병호는 본래 서울 연희전문학교 상과 학생으로 3·1운동 때 만

---

5) 고려대학교 민족문화연구소,《한국문화사대계 Ⅵ》, 김양선,〈한국기독교사(2), 개신교사〉(고대 민족문화연구소출판국, 1970), 662쪽.
6) 1976년 9월 20일 계병호와의 면담·확실한 창설 날짜는 기억나지 않으나, 6월 어느 날이 분명하다고 했다.

세운동에 가담했고, 연희전문 학생 YMCA 간부로 있었기 때문에 누구보다 YMCA를 잘 아는 사람이었다. 그리고 선천이란 도시는 인구 약 1만 5천의 소도시지만, 반수 이상이 기독교신자였으므로 기독교 세력이 강한데다가, 1912년 105인 사건 후 폐허가 된 신성학교를 재건하기 위하여, 그 학교 교장이던 매큔(G. S. McCune)은 중앙 청년회에서 백남진(白南震)·최경희(崔敬喜)·현동순(玄東淳)·김일(金一)·박영준(朴英駿) 등을 학교 교사로 초빙해 왔기 때문에 어느 도시보다 YMCA 운동을 잘 아는 곳이었다.[7]

　선천 청년회가 제일 먼저 이룩한 것은 회관 건축이다. 처음부터 교회의 도움 없이 독자적으로 운영하자는 결심 아래, 당시 신성학교를 졸업한 뒤 휘문전문에 유학하던 이홍정(李弘正)의 어머니 계(桂)씨 부인[8]이 희사한 2백여 평 대지에 약 80평의 단층 회관을 지었다. 이에 대하여 외국인들은 "선천 YMCA는 모금운동을 하여 약 400명의 회원을 수용할 수 있는 회관을 지었다. 이 회관이 지어지기까지는 교회와 성경학원의 호의로 회합을 가졌다. 이 회관은 한국에서는 처음으로 한국인의 힘으로 지은 것으로 독특한 의의가 있다"라고 보고했다.[9]

　사업으로는 무산 아동을 위한 야학과 주학(晝學)을 경영했으며, 특히 금주동맹을 조직함으로써 "술 한 잔에 논 한 평, 담배 한 대에 밭 한 평이 없어진다"라는 표어를 인쇄하여 농촌에까지 뿌리며 대대적인 금주운동을 전개했다.

　(3) 평양 기독교청년회—"작년(1920년) 11월부터 평양에 있는 각 파의 기독교회가…… 발기 총회를 열고 취지서를 쓰고 규칙을 제정하기 위하여 열한 사람의 창립 위원을 내어 가지고

---

7) 위의 자료.
8) 계씨 부인의 이름은 잘 기억나지 않으나(계병호의 말) 독실한 기독교 신자였다.
9) 〈청년〉 1921년 4월호, 영문 기사.

준비에 분주하던 중."[10] 1921년 3월 24일, 남산현(南山峴) 예배당에서 각 교파 교인들과 사회 인사 8백 명이 모인 가운데 창립총회가 열리게 되었다."[11] "발기회장 김동원(金東元)이 올라가 개회를 선언함에, 이인식(李仁湜) 목사의 기도가 있은 후…… 임시 의장에 김동원이 피선되어"[12] 통과된 규칙에 따라 14명의 이사를 선출하니 "김득수(金得洙)·변인서(邊麟瑞)·이하영(李夏榮)·김형숙(金亨淑)·김홍식(金洪湜)·주공삼(朱公三) 등이었다."[13]

그러나 5월 27일, 같은 장소에서 "회원 간친(懇親)을 겸하여 임시총회를 개최했는데, 회장 김득수가 유고로 불참하여 부회장 김동원이 개회를 선언하고 총무 조만식의 경과 보고가 있은 후……"라는 기사로 보아 초대 회장에는 김득수, 부회장은 김동원, 초대 총무는 조만식이었음이 틀림없다. 이로써 국내에서는 네 번째로 YMCA가 탄생한 것인데, 당시 한국의 제2도시인 동시에 기독교 교세로는 단연 제1도시라 할 수 있는 평양에 이처럼 YMCA가 늦게 조직된 데 유감을 표하며 다음과 같은 창립 취지문을 발표했다.[14]

암흑에서 방황하며 자유에 기갈하던 인류는 바야흐로 떠오르는 신세계의 서광을 보고 환희 감격하여, 일시에 약동하며 극렬히 분투하는, 역사 이래 처음 보는 광경은 실로 가관인 중에, 세계 각국 청년들의 활동은 과연 경악할 만하도다. 그들이 모든 동일한 고원(高遠)의 이상을 품고 전 세계 인류의 자유와 행복을 위하여 인도 정의의 기치를 높이 들고 헌신 노력하며, 용왕맹진하는 요요(遼遼)한 전도에는 지미(至美) 지선(至善)의 지상천국이 희미하게 보이는도다. 희(噫)라, 혁혁한 조양(朝陽)이 세계를 두루 비추는 이때에, 오히려 춘몽을 불각(不

---

10) 〈동아일보〉 1921년 3월 26일자 기사.
11) 〈청년〉 1924년 4월호, 36-37쪽.
12) 〈동아일보〉 1921년 3월 26일자 기사.
13) 〈동아일보〉 1921년 3월 26일자 기사.
14) 〈청년〉 1924년 4월호.

覺)하고 암흑 동천(洞天)에 유유히 칩거(蟄居)하던 조선 청년은, 그만 낙오자의 수치를 면치 못하게 되었으니 이 어찌 통탄할 바가 아니리오. 현금(現今) 청년의 세계적 운동 중에 오인(吾人)이 가장 흠선불기(欽羨不已)하는 것은, 예수 그리스도의 경천애인의 복음으로 경(經)을 삼고 청년의 지덕체 삼육(三育)의 발달로 위(緯)를 삼은 만국기독교청년회니, 근자에 동회의 세계 각 방면의 대활동은 실로 괄목관지(括目觀之)할 가치가 있도다.

조선의 제2도시로 신문화 발전의 염원이요, 기독교의 중심지인 우리 평양에 이러한 기관이 우금(于今)까지 설립되지 아니함은 실로 기괴한 사실이요, 또한 유감천만으로 여기던 바이더니, 다행히 작금 수년에 우리 청년은 크게 각성한 바 있어, 혹은 부허경박(浮虛輕薄)하고 무위안일에 탐하고 혹은 사리에만 급급하던 가증(可憎) 가우(可憂)할 지경에서 초월하여, 자신의 수양과 사회활동에 전심하려는, 크게 경하할 경향이 있음을 본 오인(吾人)은, 우리 청년이 이제는 차차 세계의 청년으로 더불어 보조를 아울러 인류의 문화와 행복을 위하여 만분의 공헌이 있기를 바라며, 따라서 평양 청년을 위하여는 영원무량의 행복이 되기를 위하여 '평양기독교청년회'를 발기하노니, 오인의 소의(所意)를 양해 공명하는 유지 청년 제군은 호응 찬동하기를 절망(切望)하노라.

이상 인용문에서 평양청년회 창립 취지를 알 수 있다. 14명의 이사 중 9명만이 기사에 나타나 있고 나머지 5명의 명단은 알 수 없는데, 그들은 오윤선(吳允善)·김성업(金性業)·김병연(金炳淵)·옥관빈(玉觀彬)·조만식 등이 아닌가 짐작된다. 그리고 초대 회장 김득수(金得洙),[15] 초대 부회장 김동원(金東元),[16] 초대 총무 조만식[17] 등은 평양 교계만 아니라 민족적인 지도자들로, 장

---

15) 김득수: 1884년생. 감리교 평신도. 1916년부 광성학교 교장.
16) 김동원: 1884년생. 장로교 장로. 해방 후 월남하여 국회의원도 지냈다.
17) 조만식(1882-1950): 장로교인. 숭실전문 졸업 후 일본 메이지대학 법학부 재학 중 재일 한국

로교·감리교 양 교파 지도자들이 이처럼 결속된 것이 이채롭다. 더욱이 조만식은 재일본 한국 YMCA 창설자의 한 분일 뿐 아니라, '한국의 간디'란 별명을 가진, 일평생 말총모자와 수목 두루마기와 편리화를 신고 다니며 국산품 애용 운동에 선봉을 섰던 인물인 만큼 평양청년회의 사업 성격을 알 수 있을 것이다.

(4) 대구 교남 기독교청년회—1921년 12월 상순 교남(矯南) 기독교청년회라는 이름으로 창립되었다.[18] 1920년 9월 16일 조선기독교청년회 연합회 제3차 3년 대회가 성북동에서 열렸을 때 "금후 3년 이내 대구와 평양에 청년회를 설립하기로"[19] 한다는 방침에 따라 조직된 것으로, "중앙으로부터 이상재·윤치호 양 선생께서 수차 내구(來邱) 지도하신 결과로 당시 대구 교계의 영도자이신 이만집(李萬集)·김태련(金兌鍊)·백신칠(白信七)·권희윤(權羲胤)·김영서(金永瑞)·백남채(白南採)·김덕경(金德卿)·정광순(鄭光淳)·이재인(李在寅)과 선교사 방혜법(邦惠法)·전리해(傳利海)·별리추가 발기인이 되어 조직되었다."[20]

그 후 곧 통과된 헌장에 따라 이사를 선출하고 회장 이만집, 총무 김태련, 종교부장 박영조 등을 선출했는데,[21] 제일 먼저 한 사업은 법률 강습소 개설이다. 이듬해 1월부터 곽진영(郭振榮)의 발기로 된 것으로, 강사로는 이우익(李愚益) 판사, 양대경(梁大卿)·문석규(文錫圭) 등 변호사가 담당했으며, 1개월에 한 번씩 정규 개강을 했다.[22] 그해 9월에는 세계적인 웅변가이며 만국기독

교회 창설자의 한 사람이 됐다.

18) 〈동아일보〉 1922년 1월 20일자. 《대구 YMCA 발전사》(1957년 5월 4일 발행, 대구 YMCA)에는 1918년 9월 15일 창립되었다고 했지만, 근거가 불확실하다. 그리고 창설 일자에 대해서는 〈청년〉(1921년 12월호), 영문판 2쪽에도 "Taiku…… it was started in December of this year."라고만 했지 날짜는 명기되지 않았다.

19) 〈동아일보〉 1922년 9월 16일자.

20) 《대구 YMCA 발전사》, 12쪽.

21) 〈동아일보〉 1922년 1월 20일자.

22) 〈동아일보〉 1922년 1월 20일자.

교청년회 부총무 에디(Sherwood Eddy) 박사의 내한을 계기로 서울보다 먼저 제1착으로 대강연회를 주최했다. 이 강연회는 회장 이만집 목사의 사회와 연합회 총무 신흥우의 통역으로 남성정 예배당에서 열렸는데, '현세계의 상태'란 제목으로 "전쟁을 저주한다"는 그의 열변은 5천여 관중을 대흥분 속에 몰아넣었다.[23]

　　(5) 광주(光州) 기독교청년회—1922년에 조직되었다. "이상재·신흥우·김필수 3인의 주선에 의하여 본격적인 청년회 조직이 착수된 것이다. 그해 4월 3일, 드디어 최흥종(崔興琮)·김철(金哲)·유계윤(劉桂潤)·최순호(崔淳鎬)·김극순(金克淳)·김태오(金泰午)·최윤상(崔允尙)·강순명(姜順明)·장남구(張南九)·최병준(崔炳俊)·장맹섭(張孟燮)·황상호(黃尙鎬)·유계문(劉桂文)·김판철(金判哲)등 30명에 의하여 광주 기독교청년회가 조직되고, 회장에 최흥종, 총무에 김철, 회계에 유계윤, 서기에 김태오, 부서기에 최윤상이 각각 선출되었다."[24]

　　이것이 호남 지방 최초의 기독교청년회인데, 이와 같이 광주 청년회가 조직된 것은, 1911년 이승만이 전국을 순회하다 광주에 들러 숭일학교(崇一學校) 학생 청년회를 조직하였고, 그 학생 청년회가 1914년 한국 YMCA연합회를 조직할 때 최초의 가맹 청년회로서 총대를 파송하는 등 활발히 학생운동을 시작했기 때문이다.

　　처음 사업으로는 무산 아동을 위한 야학과 "서창균(徐昌均)과 김필례(金弼禮)의 지휘하에 숭일학교 학생 청년회와 수피아 여학교 학생들이 마련한 음악회에서 얻은 모금으로 양림동(楊林

23) 〈동아일보〉 1922년 9월 20일자.
24) 《광주 YMCA 50년 약사(略史)》(광주 YMCA), 4쪽. 그러나 창립 회원, 특히 초대 회장과 총무가 누구인지 확실치 않다는 의견이 있을 뿐 아니라(1967년 4월 20일 김천배金天培와의 면담) 1926년에 열린 제5회 조선기독교청년회연합회 회록(會錄) 24쪽에 보면 광주 YMCA 총재로 최흥종이 총무 자격으로 참석한 것을 볼 수 있다.

洞)에서 창설했던 유치원을 인수 운영하는"25 등, 광주 YMCA는 처음부터 남녀 연합 운동을 전개한 데 특색이 있었다.

(6) 원산 기독교청년회—1925년 7월 20일 원산 광석동(廣石洞) 장로교예배당에서 창립되었는데, 이 창립총회는 원산에 있는 장로교와 감리교의 양 교파 유지인 서창균(徐昌均)·차형은(車亨恩)·김이현(金利鉉) 등의 발기로 이루어졌다. 개회되자 먼저 회칙 통과가 있은 뒤 이사 9명을 선출했다.26 당선된 9명의 이사는 노병덕(盧炳德)·홍순국(洪淳國)·차형은·전의균(田義均) 등과 발기인인 서창균·김이현·이가순(李可順)·이영(李英) 등이 포함되어 있었을 것이 분명하다.27 그리고 초대 회장에는 노병덕, 초대 총무에는 홍순국이 당선되었으며, 사무실은 산제동(山祭洞)에 정하고 사업에 착수했다.28

(7) 전주 기독교청년회—1925년 10월 5일29 창설되었다. 이보다 앞서 1911년에 전주 신흥(新興)학교 학생 청년회가 창설되었다. 이미 말한 바와 같이 1911년 이승만이 이곳을 방문했을 때 학생 청년회가 조직되었고, 1914년 전국 연합회가 개성에서 조직될 때 총대를 파송하여 활발히 운동을 시작하였는데, 교계 지도자들은 도시 청년회도 조직해야 한다고 느끼게 됐다. 이를 위하여 우선 중앙에서 "이상재·신흥우 등 지도자가 내방한 가운데 서문밖(西門外) 예배당에서 그 교회 목사 배은희(裵恩希)·김가

---

25) 위의 책.
26) 〈동아일보〉 1926년 7월 24일자 기사에 보면 "원산 장(長)·감(監) 양교회 유지 서창균(徐昌均)·차형은(車亨恩)·김이현(金利鉉) 등의 발기로 지난 20일 밤 8시 반부터 부내(府內) 광석동(廣石洞) 장로교 예배당 내에서 원산기독교청년회창립총회를 개최하고 규칙 통과가 있은 후 이사 9명을 좌(左)와 여(如)히 선정한다. 노병덕(盧炳德)·홍순국(洪淳國)·차형은(車亨恩)·전의균(田義均) 외 5명"이라 했다.
27) 1976년 5월 27일 김준성(金俊星)의 편지에서, 그리고 제5회 조선기독교청년회 연합회 정기대회회록 25쪽에 보면 이영이 원산 YMCA 이사 겸 교육부장 자격으로 대회에 참석했다.
28) 〈청년〉 1926년 4월호, 56쪽.
29) 1976년 4월 4일 서재권(徐載權)과의 면담. 그는 당시 신흥학교 서무과 직원이었다.

272

전(金嘉全, 김인전의 동생) 장로 등의 발기로 300여 명이 모인 가운데 창립 총회가 있었다. 미리 준비된 회칙이 통과되자 초대 회장에는 김가전, 초대 총무에는 박정근(朴定根) 등이 당선됐다. 전주 YMCA 회원들과 교계 및 일반 사회 인사들이 모여 축하회를 성대히 가졌다. 그 뒤 회장과 총무는 청석동(淸石洞)에 있는 예수교서회 건물 일부에 사무실을 차리고 종교사업과 소년사업부터 시작했다."[30]

　　이상, 도시 청년회가 각처에서 창설된 결과 중앙청년회 및 재일본 도쿄청년회를 포함하여, 1925년 말까지 10개 지방 청년회가 생겼다. 청년회별 재산 및 활동 상황은 다음과 같다.[31]

종별 \ 회 이름		조선중앙	도 쿄	함 흥	선 천	평 양
주소		서울 종로	고이시가와 오 즈 카 시다초 92	함 흥	선 천	평 양
인구		342,671	1,650 (유학생)	32,000	10,307	100,000
직원수	한국인	17	2	3	3	2
	외국인	2				
	총 수	(19)	(2)	(3)	(3)	(2)
회원수	성인회원	725	159	78	158	200
	소년회원	878		94	145	
	회원총수	(1,603)	(159)	(172)	(303)	(200)
	정회원수	273	65	47	98	180

---

30) 위 서재권의 증언. 서재권은 그때 이상재의 격려를 받아 〈애달픈 이 충무공〉이란 비밀 책자를 인쇄 발간하여 뿌린 일도 있다. 서재권의 증언은 박정근의 증언과도 일치한다(1976년 6월 8일 면담). 박정근은 당시 신흥학교 교감이었으며, 해방 후 국회의원과 전라남도지사 등을 지낸 바 있다.

31) A Statistical Table of the City YMCA(Reporter unknown) in Korea(1925). 또한 제5회 조선기독교청년회연합회 정기대회 회록(1926) 부표.

종별						
재산 상황	기본재산 및 비품	391,653.41		1,000.00	3,155.00	
	연간 경상비	91,830.00	4,415.00	3,500.00	1,920.00	1,000.00
	회비 수입	3,820.00	580.00	500.00	228.00	300.00
	기부 수입	1,195.00	3,800.00	500.00	1,150.00	500.00
	기타 수입	81,199.74[32]	연합회보조	2,500.00	442.00	200.00
사업	회우활동참가자	16,820	500	70	4,385	200
	체육활동참가자	37,030	3,000	1,100	1,540	4,000
	교육부등록자	1,541[33]		80	141	
	성경반총등록자	287	7	20	20	
	성경반총참가자	17,391	100	540	780	
	종교집회총참가자	28,470	300	300	3.265	2,000

종별	회이름	대 구	광 주	원 산	전 주	신 의 주
	주소	대 구	광 주	원 산	전 주	신 의 주
	인구	60,000	21,137		25,000	
직원수	한국인	2	7	1	1	1
	외국인					
	총 수	(2)	(7)	(1)	(1)	(1)
회원수	성인회원	200	88		83	
	소년회원	30	35		30	
	회원총수	(230)	(123)	(108)	(113)	(62)
	정회원수	150	60	85	65	55
재산 상황	기본재산 및 비품	600.00	1,470.00		50.00	
	연간 경상비	1,200.00	4,000.00	233.00	730.00	424.00
	회비 수입	300.00	167.00	58.00	228.00	85.00
	기부 수입	700.00	2,190.00	97.00	500.00	334.00
	기타 수입	200.00	1,643.00	78.00	2.00	5.00

32) 기타 수입 81,199,74원의 내역은 수업료 11,540.15원, 공업부 제품 50,587.58원, 창고 및 강당 대여 12,332.00원, 기금 이자 4,271.01원, 잡수입 468.90원 등이다.
33) 교육부 등록자 수의 내역은 건물 내 523명, 건물 밖 사회에서 1,018명임.

사업					
회우활동참가자	300	50			
체육활동참가자	20			1,060	4,650
교육부등록자	30	563			
성경반총등록자		27			
성경반총참가자		1,850			
종교집회총참가자	500	250			

한편 학생 청년회도 점차 확장되어 1921년 말에는 전국 12개 학교에 조직되었고[34] 1925년 18개로 늘어났는데, 각 학교별 상황은 다음 표와 같다.[35]

종별	학교	광성고보	오산고보	신흥중학	영생중학	호신중(마산)	영흥중(목포)	경성의전	배재고보	숭실전문
학생수		499	250	60	159	70	341	171	860	83
위원수		8	10	7	16	18	10	10	13	12
회원	회원총수	(45)	(50)	(60)	(159)	(70)	(79)	(46)	(860)	(83)
	정회원	40	40	25	18	18	38	14	360	79
	준회원	5	10	35	141	52	41	32	500	4
재산재정	연간지출예산	150.00	90.00	60.00	925.00	45.00	70.00	60.00	1,500.00	343.00
	회비수입	40.00	60.00	60.00	1,019.00	38.50	30.00	20.00	1,500.00	264.00
	기부수입	150.00	20.00			26.00	13.00	35.00		79.00
	기타수입		10.00							
사업과활동	집회 참가자	30	73		19		500		3,455	7
	체육활동 참가자	35					700		2,520	
	성경반 등록자	40	18	15	73		60	12	24	
	성경반 참가자	1,050	135	247	984		878	364	963	
	종교집회 참가자						400		4,200	60

---

34) F. M. Brockman's Report on October. 28. 1921.

35) Statistical Table of the Student YMCA(Reporter Unknown) in Korea(1925).

종별 \ 학교	감리교신학	연희전문	세브란스의전	숭일중(광주)	계성중(대구)	신성중(선천)	숭일중(평양)	교남중(대구)	숭인중(평양)
학생	70	159	68	70	80	170	350	320	180
위원	12	7	23	15	15	13	19	8	6
회원 — 회원 총수	70	134	68	70	80	170	138	20	140
회원 — 정회원	70	96	68	40	40	100	102	9	35
회원 — 준회원		38		30	40	70	36	11	105
재산재정 — 연간지출예산	100.00	315.60	55.00	50.00	800.00	700.00	60.00	15.00	97.00
재산재정 — 회비수입	40.00	120.00	55.00	42.00	220.00	170.00	21.00	2.00	120.00
재산재정 — 기부수입	50.00	105.00		30.00	400.00	350.00			
재산재정 — 기타수입		90.00							
사업과활동 — 집회 참가자		37	580	35	87		500	15	
사업과활동 — 체육활동 참가자		55		20		30	400		
사업과활동 — 성경반등록자		36			14	28		7	
사업과활동 — 성경반참가자		536			274	468		342	
사업과활동 — 종교집회참가자		96		60					

위 통계 중 초창기부터 활발하던 몇몇 학교들, 즉 개성 송도고보(한영서원), 서울 경신중학, 군산 영명중학, 중앙청년학관, 상동교회 청년학원 등의 학생 청년회들도 중간에 운동이 중단되었다는 것을 알 수 있다. 그 대신 원산 보광(保光)학교, 공주 영명(永明)학교, 서울 피어선성경학원 등에 학생 Y가 조직되었다.

이 기간에 또 하나의 특기할 만한 YMCA는 고려(高麗)기독교청년회다. 이는 3·1운동을 전후하여 중국 베이징 방면으로 망명 또는 유학을 가는 많은 학생들을 위하여 세워진 것이다.[36] 1906년 일본 유학생이 늘어남에 따라 재일본 도쿄 YMCA가 창설된 것과 같다. 즉 세브란스 의전 학생 청년회 회장을 지냈고 3·1운동 때 세브란스 학생 대표로 활약했던 이용설(李容卨)[37]이

36) 1976년 3월 25일 이대위(李大偉)와의 면담.
37) 이용설은 당시 세브란스의전을 마쳤으나 3·1운동 때문에 졸업장을 못 받고 베이징으로 피난 가서 1920년 봄부터 협화(協和)대학병원 인턴으로 있었다.

베이징으로 피난하여 협화(協和)대학병원에 취직하게 되자, 본래 베이징 대학에 있던 이대위(李大偉)[38]·문승찬(文承贊), 로하(路河) 중학의 장자일(張子日)등 열렬한 학생들이 주동이 되어 공리회(共理會) 예배당에서 고려청년회를 창설한 것이다. 주된 사업은 피난 오는 한국 유학생들에게 숙식을 알선하고 어학을 가르쳐 주는 일이었다.

이 청년회는 1920년 겨울에 창설되어 1924년 6월 연합회에 정식 회원 단체로 가맹했는데, "1924년 6월 연합위원회에서 베이징에 있는 고려기독교청년회의 가입을 인허하는 동시에 간사 봉급 보조로 연 6백 원을 본 연합회에서 모금하기로 가결하다"[39]라는 기록으로 보아, 상당한 기간 동안 활동했음을 알 수 있다.

---

38) 이대위는 1919년 협화대학에 입학했다.
39) 제5회 조선기독교청년회 연합회 정기대회 회록(1926) 9쪽.

34.

한국 YMCA의
독립을 위한 해외 활동

이미 말한 바와 같이 한국 YMCA는 창설 당시 단독으로 YMCA세계 연맹(The World Alliance of YMCA)에 가맹하지 못하고 중국·한국 및 홍콩 YMCA 전체위원회(The General Committee of China, Korea and Hongkong YMCAs)를 통해 가맹할 수 있었다. 그러나 한일합방 뒤에는 이것마저 끊기고 일본 YMCA에 예속되어 일본 YMCA를 통해 가맹할 수밖에 없었다.

좀더 자세히 설명하면, 105인 사건 때 한국 YMCA는 전체위원회와 관계를 끊고 일본 YMCA와 관계를 갖게 되었는데, 이때 당시 총무 질레트는 국외로 추방당하고, 부회장 윤치호는 105인 사건 주모자로 몰려 투옥되고, '황성' 대신 '조선중앙'이란 명칭이 강제로 붙여져 '조선중앙기독교청년회'로 개명되는 동시에 1913년 4월 12일 도쿄에서 열린 한일 대표자 회의에서 양측 YMCA의 관계 조항을 헌장에 삽입하기에 이르러, 끝내 한국 YMCA는 일본에 예속되고 말았다.

그리하여 한국 YMCA는 이 관계 조항을 1914년 4월 2일 한국 YMCA 연합회 조직 총회 때 통과시켰고, 일본 YMCA

는 1916년 7월 23일 제5회 동맹 총회에서 통과시킴으로써 최종 결정이 이루어졌다.

이렇게 되기까지 한국 YMCA가 겪은 수난과 압력에 대해서는 이미 제24장에서 상세히 말한 바 있으므로 여기서는 생략하고, 이 수치스런 관계 조항을 뒤엎고 한국 YMCA가 완전 독립하여 단독으로 세계 연맹에 가맹하게 된 최초의 공식 회의에 대해서만 말하고자 한다. 이 회의가 1922년 5월 16일 일본 도쿄에서 열린 한일 YMCA대표자 회의다. 그때 한국 측에서는 이상재·윤치호·신흥우·브로크만 등 네 사람이 참석했고, 일본 측에서는 이부카·모토다·사이토 등 세 사람이 참석했으며, 입회인으로는 YMCA 국제위원회 총무이던 모트와 펠프스(G. S. Phelps) 등 두 사람이 참석했다. 그 대표자 회의 회록 전문은 다음과 같다.[1]

① 참석자 전원의 요청에 의하여 모트 박사가 의장으로 선임되다.

② 모트 박사의 사회와 기도로 정식 회의가 개회되다.

③ 모트 박사로부터 양국 YMCA의 친밀한 관계 개선을 논의하기 위하여 한자리에 앉게 된 경위와 상황 설명이 있은 뒤, 그가 일본에 도착하자 양국 YMCA는 보다 긴밀한 협동 관계의 확립을 원한다는 사실과, 그 방법의 하나로 이 대표자 회의를 열게 된 것을 다행으로 생각한다는 요지의 개회사가 있었다.

④ 윤치호 씨는 한국인 합동위원회를 대신하여, 그간 여러 가지 상황의 변화로 관계 개선이 불가피하게 되었다고 진술했다. 그는 두 YMCA가 정당한 목적을 달성하는 데 문제가 된 것은 "정신이 조문(條文)에 희생되어야 하느냐, 아니면 조문이 정신

---

1) Minutes of a Joint Conference of Representatives of the Korean Union Committee of YMCAs and of the National Committee of Japanese YMCAs from 3 to 8 P. M. at the Pleasanto Hotel Yokohama, May 16th, 1922.

에 희생되어야 하느냐" 하는 문제였다는 평소의 자기 소감을 피력했다.

⑤ 이부카 박사는 "그러면 당신은 어떤 변화가 있어야 한다는 구체적인 제안을 할 수 있느냐"고 물었다.

⑥ 윤치호 씨는 "솔직하게 말한다면, 현재의 장애물을 제거해야 한다. 즉 1913년 4월 12일 협정된 가맹 조항을 취소해야 한다"고 했다.

⑦ 이부카 박사는 "당신은 그러한 조항을 삭제만 한다면 친선 관계가 크게 개선되리라고 생각하는가?"라고 물었다.

⑧ 윤치호 씨는 "나는 그렇게 생각한다"고 말했다.

⑨ 이부카 박사는 "그 협정에는 한국 YMCA의 자치권을 보장하는 조항이 삽입되어 있다. 그런데 그 규정이 무시된 적이 있었는가?"라고 물었다.

⑩ 윤치호 씨는 "그렇진 않다. 그러나 감정상으로 무시되었다고 할 수 있다"라고 대답했다.

⑪ 이상재 씨는 "나는 어떤 간섭을 받았다는 사실을 기억할 수 없다. 그러나 문제는, 조문이 정신을 위협해선 안 된다는 것이다"라고 말했다.

⑫ 이부카 박사는 "우리는 어떤 간섭이 있었다고는 생각하지 않지만, 우리가 아는 바로는 …… 그것은 시대정신이라고 할 수 있다. 당신네들은 당신네들 이사회에 일본인 이사가 있고 일본인 이사회에는 한국인 이사가 있는 줄 알고 있는데, 그러한 정책이 성공적이었다고 생각하는가?"라고 말했다.

⑬ 윤치호 씨는 "아니다, 성공하지 못했다고 생각한다"라고 말했다.

⑭ 신흥우 씨는 말하기를 "전국연합회 입장에서 볼 때는 아무런 간섭이 없었다고 할 수 있지만 다른 입장에서 볼 때는 있었다고 할 수 있다. 어떤 일본인들은 절대로 압력을 늦추지 않았다. 청년들은 일본 청년회가 한국 청년회를 흡수하기 위한 하나

의 술책으로, 그것을 일종의 겸직회사(兼職會社)와 같은 것으로 해석하고 있다"고 했다.

⑮ 펠프스 씨는 "전국연합회 말고 다른 어떤 일본인 청년회가 압력을 가한 일이 있는가?"라고 물었다.

⑯ 신흥우 씨는 "내가 총무가 된 뒤에는 그런 일이 없었다"라고 말했다.

⑰ 윤치호 씨는 "나는 이에 대하여 보충해서 말할 수 있는데, 내가 총무로 있는 동안에는 그와 같은 압력을 받았다"라고 증언했다.

⑱ 모트 박사는 "그러면 현재 상황으로 볼 때는 전국 위원회가 해를 끼친 적은 없으나, 청년들은 그러한 가능성이 있다는 것을 믿고 있다는 말이 아닌가?"라고 말했다.

⑲ 윤치호 씨는 "그렇다"고 대답했다.

⑳ 신흥우 씨는 "현재 우리는 거의 전부가 그 협정서에 서명 날인한 사람들이기 때문에 상관이 없으나 장래에는 우리가 없어질 것이며, 그때 가서는 이 협정에 대한 해석이 여러 가지로 구구해질 것이다"라고 했다.

㉑ 사이토 씨는 외부 관계를 규정한 한국 측 헌장 조항이 무엇을 대비한 것인지 질문했다.

㉒ 신흥우 씨는 "청년들은 우리가 한국의 정신적 독립에 서명한 것인 줄로 안다"고 대답했다.

㉓ 이부카 씨는 "그들은 그것(정신적 독립)을 정치적 독립 운동의 첫 단계로 보고 있느냐?"고 물었다.

㉔ 신흥우 씨는 "아니다. 왜냐하면 윤치호 씨가 그 원칙을 세웠으나 그것으로 인해 곤란을 받았기 때문이다"라고 말했다.

㉕ 모토다 박사는 "만약 우리가 그것은 정치적인 것이 아니라 종교적인 것에 불과하다는 것을 분리해서 선언한다면 그 선언을 청년들은 반대할 것이 아닌가?"라고 물었다.

㉖ 신흥우 씨는 "그렇지 않다"라고 대답했다.

㉗ 모토다 박사는 "우리가 그것을 분리하는 경우, 당신은 어떤 계획을 가지고 관계를 개선할 수 있는가?"라고 물었다.

㉘ 신흥우 씨는 대답하기를 "나는 어떤 목표를 세워서 그것을 추진해 나가는 것이 좋겠다고 생각한다. 우리가 의심받지 않게 되면 곧 그 목표를 달성하는 데 힘을 쓸 수 있다. 우리가 어떤 꺼림칙한 것이 있는 이상 항상 억제감을 느끼게 마련이다"라고 했다.

㉙ 이상재 씨는 "물욕(物慾)이 작용하고 있는 한, 정신적 관계는 언제나 실패하는 법이다. 정치적 합병이 정신적 친교를 간섭하지는 못하지만 그러한 변동이 일어난 뒤로 일이 어려워진 것이 사실이다"라고 했다.

㉚ 이부카 박사는 "이 모든 문제를 조합해 보면 ㉠ 일본 YMCA와 한국 YMCA의 관계 문제, ㉡ 한국인 지방 Y와 일본인 지방 Y의 관계 문제. ㉢ 한국인 Y와 다른 외부 단체의 관계 문제…… 그러면 어떤 절차와 방법이 있겠느냐 하는 것이 문제인데, 모트 박사께서 좋은 권고의 말을 해주기 바란다"고 했다.

㉛ 이에 모트 박사의 제안에 따라 회록 초안이 작성되고, 다음과 같은 건의안이 만장일치로 결정되었다. "우리 모두의 서명자들, 즉 조선기독교청년회 연합위원회 대표들과 일본기독교청년회동맹 대표들은 일본인과 한국인 청년회에 속한 여러 단체의 상호협력 관계를 증진시키는 문제에 관하여 서로 기도하며 장시간 동안 진지한 논의를 거듭한 끝에 1913년 4월 12일 도쿄회의에서 양측 위원회 정식 대표에 의하여 체결된 협정을 폐기하기로 만장일치로 결의하고 이를 해당 위원회에 각각 건의한다. 이 건의안을 작성하는 데 우리는 해당 위원회들이 본회록을 정확하게 이해하고 발표하기를 바라는 바이며, 어떠한 정치적 의도도 개재되지 않고 시행되기를 바라며, 우리가 봉사하고 있는 일반 청소년들이 우리 모두의 주님이며 선생이신 예수 그리스도의 지배 하에서, 보다 신속하게 보다 완전하게 인도되는 공동 목적을

달성하기 위하여 양측 청년회의 가장 긴밀하고 우호적이고 협조적인 관계를 수립하자는 염원과 목적 외에는 아무것도 없이 시행되어야 한다."

이상의 건의안은 1922년 5월 16일 결정되어 그 달 18일 모트 박사와 펠프스 박사의 입회하에, 한국 측 이상재·윤치호·신흥우·브로크만 등 네 사람의 대표와 일본 측 이부카·모토다·사이토 등 세 대표의 서명 날인으로 결정되었다.

이리하여 이 제안은 1923년에 열린 한국 YMCA 연합회 제3차 3년 총회에 보고되고, 1924년 7월 스위스 제네바에서 열린 YMCA 세계 연맹회의에서 통과되어 한국 YMCA는 단독으로 세계 연맹에 가입하기에 이르렀다.[2] 그 연맹회의에 참석했던 신흥우 총무를 〈동아일보〉 기자가 인터뷰해서 보도한 내용을 소개하면 다음과 같다.

> 제네바에서 열린 기독청년연맹 위원회에서는 지금까지 조선을 독립단체로 인정해 주지 않았습니다만, 금년부터 스코틀랜드와 우리 조선 대표가 직접 참가하기로 되었으며, 영국 하일리그에서 2주일간 열린 세계 기독학생연맹대회에서도 금년부터는 우리 기독학생청년회가 직접 참가하게 되었으니, 남의 구속을 받던 우리도 이제부터는 남과 같은 대우를 받게 되었습니다.[3]

이로써 한국 YMCA가 어떻게 독립하게 되었는지 알 수 있다. 학생 YMCA도 이때 독립한 것을 알 수 있는데, 이는 1922년 4월 4일부터 9일까지 베이징에서 열린 세계학생기독동맹대회에 우리 대표를 파송한 결과였다. 그때 회장 이상재, 총무 신흥우, 간사 이대위·내쉬(W. L. Nash) 등과 이화학당의 김활란, 광

---

2) 〈동아일보〉 1924년 11월 7일자 기사.
3) 위의 자료.

주의 김필례가 참석했다.[4] 그리고 신흥우 총무는 영국 하일리그에서 열린 세계학생기독연맹(WSCF) 총회에 참석하여 학생 Y의 가맹을 성공시켰다. "1924년 8월 WSCF에 본 연합회 학생부와 조선여자기독교청년회 연합회(YWCA) 학생부가 연합하여 가맹"하게 된 것이다.[5] 이는 이때부터 이미 YMCA·YWCA 학생운동이 제도적으로 완전히 독립되어 상호협력 관계에 있게 되었다는 것을 의미한다.

그리하여 1925년 9월 세계연맹에서 한국연합회의 정식 가맹을 승인한 정식 통지가 왔고, 따라서 한국연합회는 신흥우를 세계 위원의 한 사람으로 선출했다. 그때부터 한국연합회의 종래 영어명칭인 'The National Committee of Korea Young Men's Christian Association'을 'The National Council of Korean Young Men's Christian Association'으로 개칭하기로 결의했다.[6]

---

4) 〈청년〉 1922년 4월호, 56쪽.
5) 제5회 조선기독교연합회 정기대회 회록, 9쪽.
6) 위의 자료.

35.

범태평양 민족 대표 파송과
국제 활동

　　미국 대통령 윌슨의 민족자결주의 원칙이 선포됨과 동시
에 제1차 세계대전이 끝난 뒤에는 태평양 연안에 있는 모든 민족
이 새로운 운동을 일으키게 되었다. 그 주동 인물은 하와이 사람
알렉산더 흄 포드(Alexander Hume Ford)였다. 그는 미국 국회의
원으로, 1920년 8월 내한한 미국 국회의원으로 구성된 시찰단
원 중 한 사람이었는데, 이상재·신흥우 두 사람이 그들의 숙소
인 조선호텔을 찾아갔을 때 그들을 만나 줌으로써, YMCA가 환
영대회를 열 수 있게끔 주선한 사람이 바로 그였다.[1]

　　그는 하와이에 돌아가자 여론을 규합하여 1920년에 범태
평양협회(The Pan-pacific Union)라는 국제기구를 조직했으며,[2]
1921년 신흥우가 범태평양교육대회에 참가했을 때에도 그를 만
나 한국에 연락처를 만들게 했고,[3] 1923년 다시 내한하여 범태
평양협회 조선 지부를 정식으로 조직했다. 당시 〈동아일보〉 기사

---

1) 이 책 252쪽 참조.
2) Grenfread E. Allen, *The YMCA in Hawaii*, 1869~1916, p.99.
3) 〈동아일보〉 1923년 5월 25일자 기사 참조.

를 보자.

태평양 연안에 사는 모든 민족의 평화와 행복을 협조 도모하기 위하여 범태평양협회가 조직되고 그 회가 미국 하와이에서 열리기를 비롯한 지 이미 십여 년에 각지에 찬동자가 많아, 이제는 태평양 물을 보고 사는 민족들의 중추기관이 되고 만 것이다. 물론 대회는 2년에 한 번씩 하와이에서 열리나, 그 작은 회가 각국에 하나씩 있어서 그 민족 동지간에서 대회에 제출할 모든 문제를 미리 협의하는 기관이 되었던 것이다. 조선에도 '범태평양조선협회'가 재작년부터 조직되어 본부를 종로기독교청년회에 두고 지내 왔는데, 이번에 경성에 들어온 범태평양협회 총무 포드가 조선협회를 다만 조선 사람끼리만 할 것이 아니라 조선에 와서 사는 태평양 연안의 모든 민족과 함께하는 것이 옳다고 제의한 결과 일반의 찬동이 있었으므로, 첫 모임을 작 24일 0시 30분부터 시내 장곡천정 은행 집회소에서 열고, 경성에 재주(在駐)하는 각국 지사가 함께 모여 임원을 선거한 결과 회장 박영효 씨, 부회장은 호주의 페낭스, 러시아의 에풀러, 조선의 신흥우, 일본의 니와, 중국의 마정량(馬廷亮), 캐나다의 하더, 신서란의 우드, 미국의 밀러 등 제씨가 당선되었으며, 석상에서는 포드 씨의 사회하에 각 부회장의 연설도 있었으며, 결의권은 한 나라에 하나씩 갖게 되었다더라.[4]

이 기사에서 보는 대로 조선협회는 이미 1921년부터 YMCA에 본부를 두었고, 특히 신흥우가 "우리나라에서는 이 사람이 책임자로 있었던 까닭으로 무슨 모임이 있을 때는 모든 통신이 나에게로 오고 여기 소식도 내가 전해 보냈다"[5]라고 한 것으로 보아 그는 일종의 비밀 연락원 구실을 한 것이 분명하다. 그리하여 이 조선협회를 통하여 YMCA는 한국 민족의 국제 연락과 활동의 길을 터놓은 것이다.

---

4) 〈동아일보〉 1923년 5월 25일자.
5) 신흥우, 방송녹음기록, 311쪽.

첫째로, 1921년 8월 7일부터 24일까지 열린 제1회 범태평양 협회 교육대회(The First Educational Conference)에 한국 대표가 갈 수 있었다. 이때 대표는 신흥우 한 사람뿐이었다. 이 대회에는 "미국을 비롯하여 뉴질랜드·일본·중국 등 10개 나라 사람들이 참석했다………."[6] 물론 하와이 동포들 중에는 이승만도 있었는데, 이때 신흥우와 이승만은 모종의 비밀 약속을 했으며, 일본 대표 단장이 신흥우를 일본 대표의 한 사람으로 호명할 때 이를 거부하고 당당한 한국 민족 대표 자격으로 참석하는 데 성공했다.[7] 그리고 "주최측에서 어느 날 시간을 정해 한국 대표와 일본 대표와 중국 대표가 한 장소에 모여 흉금을 터놓고 얘기하면 좋겠다 해서, 교육 지배라는 문제를 꺼내 가지고 일본인의 식민지 교육을 규탄했다.[8] 그리고 신흥우는 "이승만이 경영하는 기독학생회관에서 교포들이 30여 대의 자동차에다 태극기를 휘날리며 각국 대표들을 초대하여 데리고 가서, 우리 본국에서는 독립운동이 있어서 사방에서 독립만세를 부른 지가 얼마 되지 않는데 여기 와서 보니 교포들이 설탕밭이나 파인애플 밭에서 고생하고, 1달러가량씩 버는 그 사람들이 돈을 모아 가지고 그 독립운동을 위하여 쓴 돈이 15만 달러가 넘는다는 말을 듣고 감격했다"[9]고 연설을 함으로써 국제적 선전에 성공했다.

둘째로, 1921년 10월 11일부터 2주일 동안 제2회 세계 기자대회가 하와이에서 개최되었다.[10] 제1차 대회는 1915년 "파나마 운하 개통 시 만국박람회의 주최로 개최된 이래 이번이 2차 대회다."[11] "이 기자대회는 정치·경제·종교 등 실제 문제를 토의하며 ……워싱턴 회의를 선(先)하여 신문에 관한 사업을 논의

6) The Record of the First Educational Conference, pp.2-3. 신흥우, 앞의 자료. 〈동아일보〉 1921년 7월 26일자 기사.
7) 신흥우, 앞의 자료, 100쪽.
8) 위의 자료.
9) 신흥우, 앞의 자료, 310쪽.
10) 〈동아일보〉 1921년 9월 27일자 기사.
11) 위의 자료.

하는 중대한 회의였다."[12] 여기에는 〈동아일보〉 조사부장 김동성(金東成)을 한국 대표로 파송했는데, 이는 한국 신문기자로서 처음 참석하는 세계기자대회인 만큼 커다란 의미가 있었다. 더욱이 그는 본 대회 부회장으로 당선되었다.[13] 그리고 그는 〈동아일보〉 특파원 자격으로 워싱턴에서 열리는 군축회의에도 참석하게 되었다. 독립국가도 아니며 정식 초청도 받지 못하고 간 것인 만큼 기자석에 좌석이 허락되지 않았다. 그리고 일본 대표들의 방해가 심하여 쫓겨날 찰나였는데, "개회 당일 대회장 정문에서 미국 하원 외교 위원장 포드 씨를 해후(邂逅)한 때문에 그의 알선으로 정식 좌석표가 무난히 입수되어"[14] 당당히 기사 취재를 할 수 있게 되었는데, 이는 "수삭 전에 그가 미국 국회의원 단장으로 서울을 방문했을 때, 이 청년 회관에서 나와 지면(知面)한 일이 있었기 때문이다."[15]

셋째로, 1922년 10월 25일부터 하와이 호놀룰루에서 범태평양 상업대회가 열렸는데, 이때는 김윤수(金潤秀)[16]·이정범(李政範)[17] 두 사람을 한국 대표로 파송했다. 이 상업대회는 태평양 연안 각 민족 대표들이 모여 경제교류·국제무역 등을 논의하는 최초이자 중대한 회의였던 만큼 비상한 각오와 흥분 속에서 열렸다. 이 대회에서 김윤수가 부회장으로 당선되었다는 전보를 받고, 그가 전무 취체(取締)역으로 있는 동양물산회사의 취체역 장두현(張斗鉉)은 "조선 사람이 국제회의에서 중대한 지위에 앉게 되는 것은……" 하면서 한국 민족의 경제 진출을 감격했다.

그 회의에서 김윤수 대표는 "조선은 전과 달라, 은일국(隱逸國)이 아니고 가장 진보적 생기와 자주적 의식이 발발한 조선

12) 위의 자료.
13) 〈동아일보〉 1921년 10월 23일자 기사.
14) 〈동아일보〉 1959년 7월 22일자. 김동성의 논설("YMCA 덕분으로 국제회의에").
15) 위의 자료.
16) 김윤수는 경성상회 주인, 동양물산주식회사 감사역, 경성 포목상 조합 이사 등의 경제통이며 YMCA 위원.
17) 이정범은 수안금광회사 사장으로, 금광업계의 증진이다.

이 되었다"라고 전제한 뒤 다음과 같은 제안을 했다.

(1) 조선의 제항(諸港)과 미국의 제항에 직접 항로를 개(開)할사.

(2) 조선의 하기 열항(列港) 중 톈진·원산·부산·진남포·제물포 중의 1항을 국제적 자유항으로 할사.

(3) 조선인 또는 조선에 재(在)한 외국 상인이 금융·제조업·교통업에 종사하는 중 상호 긴밀한 연락을 취하기로 하여 조선 상공업 방면의 외국 자본에 투자를 극력 장려 수입할사.

(4) 이상의 제(諸) 간략한 제안의 가능성과 장래 예측에 관해 충분히 연구 조사할 목적으로 각 연안 대표지의 대표자로 특별 위원회를 조직하기로 하고 금번 회의에서 선출한다.[18]

이상 건의안은 정식 가결되어 실천에 옮기게 되었다. 그리고 5천여 명의 하와이 동포들의 환영과 격려를 받으며 이때부터 한국은 경제적 국제 진출의 길을 터놓은 것이다.

넷째로, 1925년 6월 30일부터 하와이 호놀룰루에서 범태평양문제연구회(Institute of Pacific relation)가 열렸다. 이 연구회는 "처음에는 YMCA 명의로 소집했지만 나중에 모집할 때는 YMCA와는 별로 관계가 없이 태평양을 둘러싼 여러 나라의 정치 문제, 경제 문제 또는 지리적 문제를 토론하려는 회가 된 것이다."[19] 한국 대표는 신흥우·김양수(金良洙)·송진우(宋鎭禹)·유억겸(兪億兼)·지성필(Chi Sung Pil)·백관수(白寬洙)·김동철(金東喆)·윤활란(尹活蘭) 등이었고, 미국 대표로 참석한 서재필까지 하면 모두 9명이다.[20]

우리 대표들은 "본부로부터 제출된 제1부 문화·종교·교육·사상·습관·예술, 제2부 경제와 상업, 제3부 인종과 인구, 제

---

18) 〈동아일보〉 1922년 11월 18일자 기사.

19) 신흥우, 앞의 자료, 325쪽.

20) Grenfread E. Allen, *The YMCA in Hawaii*에는 지성필을 통역이라 했는데 누구인지 불확실하며, 윤활란(尹活蘭)은 윤치호의 딸로, 미국에서 귀국 도중 대표로 참석했었다.

4부 정치 문제에 대비하여"[21] 하와이로 11일간 항해하는 배 안에서, "첫째, 약소민족 문제에 합리적 정책, 둘째, 경제적[22] 제국주의를 타파하고, 셋째, 인류 평등의 대원칙에 기본할 것"[23] 등 세 가지 주장을 하기로 준비회의를 가졌다. 그리고 "서재필 박사를 맞이하여 위원장으로, 신흥우 군을 실행위원으로 추천 결정하였다."[24] 그 결과 신흥우는 한국 대표 단장으로 배 안에서 한국 대표가 해야 할 연설문의 기초를 잡아 준비 회의에서 검토한 뒤 최종안을 만들었다.

한편 일본 대표들도 배 안에서 여러 가지 준비 회의를 거듭하는 가운데 "이번에 한국 대표가 가게 된 것은 일본 대표의 알선에 의해서이니 그런 줄 아시오" 하면서 미리부터 한국 대표에게 위협을 가해 왔다. 이 회의는 6월 30일 정식 개회하여, 미국·캐나다·일본· 필리핀·중국·인도 등 태평양 연안 여러 나라 대표 백 수십 명이 모였다. 특히 미국 스탠포드 대학 총장이며 그 뒤 곧 내무장관이 된 월버(R. L. Wilbur)를 비롯하여 미 국무성 동양 문제 권위자 등, 언론가·평론가·변호사들이 많이 모였다. 이들이 ABC 순으로 나가 30분씩 연설을 했는데, 한국 대표의 차례가 와서 신흥우가 연설을 하게 되었다. 그 연설 전문이 당시 신문에 발표되었는데,[25] 요지는 다음과 같다.

(1) 다가올 싸움—몇 해 전 서울에서 한 저명한 미국 학자가 일본인 교육자들과 관리들 앞에서 연설한 것을 인용하는 것도 뜻있는 일이라고 전제한 다음, 신흥우는 "지난날 한국에서는 그를 둘러싼 각축전이 있었다. 그러나 한국에는 앞날에도 싸움

---

21) 송진우, "태평양회의의 양상(洋上) 생활", 〈동아일보〉 1925년 7월 17일자.
22) 위의 자료.
23) 위의 자료.
24) 신흥우, 앞의 자료, 322쪽.
25) 신흥우의 연설 내용은 1925년 7월 2일자 *Honolulu Strar-Bulletin*이라는 일간신문에 전문이 게재되었다.

이 있을 것이다. 한국이 처한 지리적 위치 때문이다. 그러한 위기에 처해 있는 1천 8백만 한국인의 태도는 칼[26]을 들어야(고려되어야) 마땅한 것이다"[27]라고 입을 열었다. 그리고 "인격 존중주의는 개인의 가치를 인정하고 자유와 평등이라는 민주주의 원칙을 낳게 하고…… 개개인의 지도와 함께 사회적 및 범인종적 진리의 재해석과 그 적용만이 우리의 당면 문제다"[28]라고 말했다.

(2)일본의 정책을 개탄한다─"모든 행정제도와 교육제도에서 한국 인민에 대한 동화정책 또는 합병정책…… 이 정책이 우리 역사와 문화…… 개성에 대한 죽음의 조종(弔鐘)을 뜻하는 것이다. ……총독부가 문화정책을 표방한 지 거의 1년 뒤인 1920년 7월 16일 관영 신문 〈서울프레스〉의 사설은 말하기를, '그러나 한국 인민을 일본화하고자 하는 우리의 의도는 정당하다고 믿으며……'라고 했다. 우리의 문제는 인류 문명에 값진 공헌을 하게끔 우리의 고유하고 종족적인 특이성의 개발을 목적으로 하는 교육제도를 갖는 것과, 그 교육이 용이하게 수행되기 위하여 우리 모국어를 사용하게 하는 것이다."[29]

(3) 조선은행의 기능─"조선은행은 총독부 직속 은행인 동시에 한국 내에서 은행권을 발행할 수 있는 유일한 합법적 은행이다……. 우리의 문제는 평등한 기초에 입각한 금융제도가 한국인의 금융 분야에도 실행되어야 한다는 것이다……. 러일전쟁이 끝난 뒤 동양척식회사가 설립되었다. 일본은 인구가 급증하는 반면 한국에는 아직도 몇 년 동안은 인구 증가를 감당하기에

26) 미국의 인류학자 스타(Star) 박사가 1916년에 내한하여 한 '조선 민족은 때가 오면 칼을 들고 일어서라'는 연설을 인용한 것으로, 이는 유광렬(柳光烈)의 목격담과도 일치한다.
27) "한국은 자신의 장래를 결정할 권리를 요구한다……"라는 연설, 〈신동아〉 1972년 1월호 별책 〈한국 현대 명논설집〉, 95-97쪽.
28) 위의 책.
29) 위의 책.

충분한 땅이 남아 있다. 그래서 당시 한국 정부는 일본 정부와 공동 사업으로 동양척식회사를 설립하고 한일 양국이 이익을 동등하게 분배한다는 조건하에 주식 지분 형식으로 국유지를 동 회사에 투자했다. 그러나 한일합방 뒤 한국 정부는 없어졌기 때문에 그 회사는 일본의 단독 소유가 되고 말았다."[30]

　　(4) 한국인의 상권 문제—"그 뒤 그 회사는 그 막대한 자본과 더불어 해마다 정부의 국고 보조로 한국 농민 위에 군림하는 거대한 상전이 되어 버렸다. 그 회사는 일본 농민들을 한국에 이주시키기 위해 온갖 편의를 제공했다. 한국으로 가는 국민들에게는 여비가 제공되고 곡식 종자와 농기구를 살 수 있는 자금이 지급됐다. 그래서 한인의 농토가 일본 농부에게 넘어갔다. …… 일본인 지주 한 사람이 5백여 호의 한국인 소작농을 갖고 있기도 했다. 그리하여 인종간 분규가 불가피해졌으며, 유혈투쟁도 자주 일어나고 있다. 쫓겨난 한국인들은 남부여대(男負女戴) 만주로 향하며, …… 거기 도착했다 하더라도 중국인들과의 또 다른 분규가 일고 있다.[31]

　　(5) 운명의 결정권을 원한다—"…… 한국인이 원하는 바는, 한국인의 운명을 자신이 결정할 수 있는 권리와 자유를 달라는 것이다. 이것이 가장 기본적인 요구다. 우리도 국제사회의 일원이었는데 지금은 그것을 잃어버렸으며 우리는 거의 버려져 있다. …… 인류의 민주주의는 전진하고 있다. 어느 한 나라가 낙오자가 되고 그로 말미암아 전체의 발전이 저해되는 일이 없게끔 하는 것이 전체를 위해 유익하다는 사실을 우리 모두가 깨달을 날이 오고 말 것이다……"[32]

---

30) 위의 책.
31) 위의 책.
32) 위의 책.

위와 같은 연설이 있자 장내는 극도로 긴장했다. 이튿날 그 연설 전문이 신문에 보도되었다. 그 신문 기사에서는 "한국 대표 신홍우의 간략하고도 명확한 연설은 주로 일본의 한국 지배에 대한 부정의를 공공연하게 규탄하고, 한국 자원에 대한 일본의 착취 행위는 곧 개성(Individuality)의 죽음을 알리는 조종 (弔鐘)을 의미한다"[33]고 신랄하게 비판했는데, 이에 대해 각국 대표는 "그가 개성이라는 말을 영어로 Individuality라고 했지만, 사실은 독립, 즉 Independence라는 말 대신 살짝 바꿔 썼기 때문에 큰 파문을 일으켰다"[34]라고 평했다. 이런 연설이 있던 그날 저녁, 회의가 다시 열렸을 때 "서재필 박사가 미국 대표 자격으로 일본 대표들에게 질문하기를, 오늘 신 아무개가 일본이 한국을 통치하는 데 대해 이러저러한 말을 했는데 일본으로서는 어찌하여 아무런 답변도 없느냐고 반문해서"[35] 일본 대표들을 더 곤경에 빠져들게 했던 것이다.

그러나 일본 대표들의 비밀 방해공작은 더 악랄하게 진행되었다. 그때의 회의는 창립총회였기 때문에 운영위원들이 모여서 헌장을 제정하는 절차가 있었다. 신홍우는 한국 대표의 단장으로서 그 운영위원 7, 8명 중의 한 사람이었다. 거기 참석했다가 그는, 일본 대표들이 맹렬한 막후 공작을 펴가지고 "자치권이 있는 민족에게만 회의권이 있다"라는 문구를 넣어서 헌장 초안을 만든 것을 보고 깜짝 놀랐다. 이를 발견하고는 "자치권 대신 영토와 민족"이란 말을 쓰자고 대안을 냈다.[36] 만약 이 대안이 부결되면 한국은 자치권이 없는 일본의 식민지이기 때문에 회원권이 없게 되고, 같은 식민지이긴 하나 자치권이 있는 캐나다·일본·필리핀 같은 나라만이 회원권이 있게 되는 것이었다.

---

33) *Honolulu Star-Bulletin*, 1925년 7월 2일자 기사.
34) 신홍우, 앞의 자료, 327쪽.
35) 신홍우, 앞의 자료, 320쪽.
36) 신홍우, 앞의 자료, 328쪽.

어쨌든 신흥우의 대안이 제출되자, 원안과 대안을 놓고 가부 투표를 했다. 그 결과 캐나다 한 나라만이 우리 편에 표를 던지고 나머지 나라들은 일본이 제출한 원안에 가표를 던지게 됐다. 이렇게 되면 한국 대표는 더 이상 그 회의에 남아 있지 못하고 돌아와야 할 형편이었다. 그리하여 한국 대표들은 일대 시위와 여론으로 대항하기로 계교를 꾸몄다. 한국 대표들은 각국 대표가 다 보는 잔디밭 광장에서 회의를 했다. 이를테면 노골적인 시위 집회를 한 것이다. 그러자 어떤 미국 대표가 와서 그 사연을 물어보게 됐다. 우리 대표들은 사연을 설명하고 원안이 본회의에서 통과되기 전에 총 퇴장하기로 결의했다는 것을 말했다. 그랬더니 그날 밤으로 소문이 쫙 퍼져 운영위원회가 다시 긴급회의를 열고 한국 대표의 수정안을 채택하여 일본 대표들의 방해 공작을 미연에 차단하기에 이른 것이다.[37]

한일 양 대표간의 이런 험악한 대결이 있었으나 한국 대표들은 귀국하여 사실대로 보고할 수는 없었다. 그리하여 신흥우는 귀국한 뒤 구두 보고를 할 때 맨 나중에 가서 "그런 말을 다 하자면 매우 장황하여 다 말할 수도 없거니와 일후 내내, 명년 회의의 일을 위하여 나는 더 말하지 아니하는 것이 좋겠다"[38]고 했으며, 또한 "그런 말을…… 보고 강연 같은 것도 하기가 어렵다"[39]며 얼버무리고 말았다.

이와 같이 한국 민족은 독립국가가 아니면서도 해외에서는 태극기를 휘날리고 다니면서 독립국가 행세를 했다. 다른 민족과 함께 범태평양협회의 정식 회원으로 국제활동을 계속할 수 있게 된 것이다. 이것이 다 YMCA를 통하여 이루어졌다는 데 역사적 의미가 크다.

---

37) 신흥우, 앞의 자료, 343쪽.
38) 〈동아일보〉 1925년 7월 31일자 기사.
39) 위의 자료.

36.

각종 사업 개척과
민족운동의 발판 구축

1914년 조선기독교청년회 연합회가 결성된 뒤 1917년에 제2회 3년 정기 대회가 열려야 했지만, 때마침 세계 전쟁으로 그 형식만을 취했으며, 1920년에 제3회 정기 대회가, 1923년에 제 4회 정기 대회가 열렸을 뿐이다. 아깝게도 제2회 정기 대회의 기록을 찾을 길 없고, 제3회와 제4회의 기록도 날짜와 장소와 대회 윤곽만을 알 수 있는데, 이때까지 일제의 가혹한 무단정치 탄압과 제1차 세계대전의 압력에 짓눌려 있던 YMCA 운동은 3·1운동과, 특히 1920년 여름 미 국회의원 시찰단의 내한을 계기로 새로운 국면을 보여 주게 되었다.

1920년 9월 15일~16일 성북동에서 열린 제3회 정기 대회 때의 주요 결정은 ① 도시 청년회와 학생 청년회의 발전을 연구하여 연합 사업을 도모하며, ② 각 지방 청년회를 순방하며 기관지를 발행하고, ③ 금후 3년 내에 대구와 평양에 시 청년회를 설립하는 일 등이었다.[1]

---

1) 〈동아일보〉 1920년 9월 16일자 기사. 만기 위원 개선에서 당선된 위원은 구자옥(具滋玉)·김창제(金昶濟)·이상재·양주삼·윤치호·백남훈·이무기(李霧基)·백상규(白象圭) 등이고, 참가한 각 시

이러한 세 가지 사업 방향 중 대구·평양 등에 청년회를 조직한 것은 32장에서 언급했으므로 여기서는 생략하고 나머지 몇 가지만 말하면 다음과 같다.

(1) 인사 개편과 강화—우선 연합회는 1920년부터 한국인을 연합회 회장으로 선임했다. 1914년 연합 위원장에 취임했던 언더우드의 별세로 에비슨이 후임으로 있다가 이번에는 한국인으로는 처음으로 이상재가 위원장으로 당선되었다.[2] 총무로는 1920년부터 윤치호 후임으로 신흥우가 취임하는 한편, 1921년부터 이대위(李大偉)가 학생부 간사, 한석원(韓錫源)이 〈청년〉지 편집인이 되고, 1923년부터 김필수가 중앙 Y로부터 연합회 종교부 간사로 옮겨오고, 이건춘(李建春)은 연합회 서무부 간사가 되고, 1925년에는 홍병선이 농촌부 간사로 취임하는 동시에 신흥우 총무가 겸임했던 중앙 Y 총무를 사임하고 연합회 일만 전담하게 됨으로써 연합회 사업이 활기를 띠게 되었다.[3]

한편 중앙 YMCA는 1920년에 이건춘이 회원부 간사로, 홍병선이 소년부 간사로, 1921년에 이병조(李秉祚)가 사교부 간사로, 장권(張權)이 체육부 간사로, 홍병덕(洪秉德)이 교육부 간사로, 정성채(鄭聖采)가 소년부 간사로 각각 시무하게 됐다.[4] 그리고 1923년부터 허성(許城)이 11년 만에 미국에서 돌아와 운동부 간사로 복귀했으며, 1917년부터 회우부 간사로 있던 구자옥은 1921년부터 2년간 시카고 조지 윌리엄스 대학에서 수련을 받고 돌아와 1925년 부총무에 취임했다.[5]

청년회는 서울 중앙, 함흥·선천·도쿄 등과 학생 청년회로는 연희전문·배재·경신·전주 신흥·광주 숭일·공주 영명·함흥 영생·개성고보(한영서원韓英書院의 후신)등 모두 16개 청년회였다.
2) 〈동아일보〉 1920년 9월 16일자, 제3회 정기 대회 대회장으로 이상재가 사회를 맡고 그때 연합회 회장이 됐다.
3) 〈청년〉 1921년 3월호(창간호) 38쪽. 동 4월호 38쪽. 동 1923년 6월호 92쪽, 1926년 제5회 기독교청년회 회록 10쪽.
4) 〈청년〉 1921년 4월호 38쪽, 1926년 제5회 기독교청년회 회록 10쪽.
5) 〈청년〉 1921년 3월호 37쪽, 1926년 제5회 기독교청년회 회록 10쪽, F. M. Brockman's Annual

그러나 이 기간에 가장 특기할 사건은 1920년 6월 13일 있었던 제17회 정기총회 때의 인사 개편이다. "회장에 윤치호. 부회장에 변영서(邊永瑞, Billings), 회계에 백상규(白象圭), 서기에 양주삼이 즉일 피임된바, 조선 사람으로 청년회 회장과 회계로 선임되기는 청년회가 조선에 생긴 후 이번이 처음이었다."[6] 이로써 한국 YMCA는 명실공히 한국인의 주체성을 발휘하게 되었으며, 그전부터 중앙 Y의 고문 총무로 있던 이상재는 더욱 광범위하게 지도력을 발휘했다. 한편 재일 도쿄청년회에서는 1923년부터 총무 백남훈(白南薰)이 사임하고 후임으로 최승만이 간사로 총무 대행을 하다가 1924년 총무에 취임했다.[7]

(2) 지도자 훈련과 헌장 개정─1924년 한국청년회가 세계연맹 가맹에 앞서 먼저 해야 할 일이 있었다. 자체 조직 강화를 위한 기준 헌장 제정과 법인체 등록 문제였다. 우선 중앙청년회는 1920년 제17회 정기총회 때부터 헌장과 재단법인 설립에 관한 작업을 검토하기 시작했으며,[8] 연합회는 1923년에 도시 청년회의 기준 헌장, 1924년에 학생 청년회의 기준 헌장을 작성했다.[9] 더욱이 중앙청년회는 재단법인 조선 중앙기독교청년회 유지 재단 규정(維持財團規定)을 작성, 1924년 10월 13일자로 총독부의 정식 인가를 받게 되었는데,[10] 그 인가된 법인의 기본 재산 내용은 다음과 같다.

1. 기본금 48,022.91원
2. 부동산은 회관 대지 966평을 비롯하여 충북 제천군 4개 처의 논

Report tor the Year Ending September 30. 1918.
6) 〈동아일보〉 1920년 6월 21일자.
7) 〈청년〉 1923년 6월호, 62쪽.
8) 〈청년〉 1921년 7, 8월호 79쪽 및 1921년도 총회 통과 조선중앙기독교청년회 헌법.
9) 제5회 기독교청년회 정기대회 회록(1926), 8쪽.
10) 조선중앙기독교청년회 헌법, 1931년 2월 26일 개정, 14-20쪽.

3,537평

한편 1923년부터는 지도자 훈련에 주력하여 해마다 봄이 되면 도시 기독교청년회 간사수양회와 학생 청년회 회장수양회를 열었다. 특히 강사로는 한국 청년회 창설에 공이 큰 라이언(D. W. Lyon)을 맞이하여 신흥우 총무와 두 사람이 훈련을 담당했는데, 그 상황을 표로 설명하면 다음과 같다.[11]

다음 표에서, 1926년에는 특별히 도시 YM-YWCA 간사들과 학생 YM-YMCA 회장들, 다시 말하면 남녀 청년회 합동 수련회를 가진 것을 발견할 수 있다. 따라서 간사 해외훈련에도 적극적이었다. 이미 말한 바와 같이 1924년에 구자옥 중앙YMCA 회우부 간사를 미국에 보냈고, 1924년에는 연합회 이대위 학생부 간사를 미국에 파송했다.[12]

	연월일	강사	장소	출석인원	참가자 종별
1923	3월 7~9일	라이언	그레그(Gregg)사택	16명	시 청년회 간사
1924	3월 10~15일	라이언 신흥우	종로청년회관	52명	시 청년회 간사 및 학생청년회장
	3월 17~19일	"	"	17명	학생청년회 임원
1925	3월 25일~4월 1일	"	협성신학교	19명	학생청년회장
	4월 2~11일	"	종로청년회관	27명	시 청년회 간사
1926	3월 25~30일	"	"	32명	남녀 학생청년회장
	4월 16~22일	"	인사동 YMCA	32명	남녀 청년회 간사

---

11) 제5회 기독교청년회 정기대회 회록(1926), 13쪽.
12) 위의 자료.

(3) 재정 기반 확립—YMCA 연합회의 재정 상황은 분명히 알 수는 없으나 중앙청년회의 1918~1920년 결산표를 비교해 보면 알 수 있다. 1918년과 1919년에는 거의 같던 재정 규모가 1920년부터 급작스레 커진 것을 알 수 있는데, 이는 그만큼 회원 의식과 회원 활동이 성장했기 때문이다(다음 통계는 Mr. F. M. Brockman's Report on Jan. 1921에 따른 것이다).

	연도 종별	1920	1919	1918
지출	회비 수입	5,446.16	1,663.10	1,544.95
	교육부 "	3,836.76	1,950.11	1,094.68
	공업부 "	45,781.34	26,520.45	29,565.80
	사교부 "	290.08	55.60	118.46
	체육부 "	701.96	24.00	50.00
	소년부 "	70.30	60.00	52.20
	기부금 "	9,870.68	8,000.78	8,668.07
	기본금 이자	3,937.57	3,536.41	2,951.06
	임대료	6,330.00	2,202.26	2,236.44
	잡수입	2,228.49	918.35	943.18
	총계	78,493.34	44,931.06	47,224.84

	일반관리비	11,914.11	7,951.50	7,321.43
	교육부·공업부 "	51,391.99	29,464.24	31,486.50
	사교부 "	2,055.39	788.64	730.82
	종교부 "	3,034.39	1,028.25	1,060.82
	체육부 "	1,672.62	483.05	301.23
지출	소년부 "	1,489.14	652.88	640.02
	회우부 "	1,962.98	759.73	
	세금·보험금	845.88	875.01	875,01
	비품·수리비	3,452.17	1,323.31	1,472.76
	총계	77,818.67	43,326.61	43,898.09

　　이상과 같이 재정 기반을 다지는 한편 각종 사업을 개척했으니, 이 기간 중 사업은 간접 사업과 직접 사업의 두 가지로 구분할 수 있다.

　　첫째, 직접 사업은 각 청년회별로 말해야겠으나 중앙청년회를 제외한 다른 지방 청년회는 전부 초창기였던 만큼 32장에서 대강 언급한 바 있으므로 여기서는 연합회와 중앙청년회의 사업을 중심으로 말할 수밖에 없다.

　　(1) 출판사업―1914년 9월부터 출간한 〈중앙청년회보(中央靑年會報)〉는 제1차 세계대전과 정치적 탄압 때문에 나중에는 흐지부지되어 있다가 1921년 3월부터는 다시 월간으로 기관지를 출간하기 시작했다. 그런데 이번에는 그 발행 책임을 중앙청년회에서 연합회 사업으로 이관하는 동시에 내용과 분량도 대폭 개량하여 완전한 잡지 체제를 갖추게 되었다.

그리하여 1921년 3월 창간호를 낼 때는 "본회에서 회보를 2천 회원에 한하고 안월배부(按月配付) 홈은 회의 상황 보고에 불과하던 바가 유감임은 일반의 공명이러니, 시대의 변천에 추의하야 기독교주의를 민족의 문명 향상적 선도하기 위훔의 소이(所以)로다. 내용의 허실에 대하여는 예선(豫先) 감고(敢告)키 유난(惟難)하되 오직 문예 학술 등 각종 문학 사상을 기독교의 정신 입지(立地)에서 만천하 인사에게 창기(唱起)의 노력을 가하려 하노니 하산하수(何山何水)가 오인(吾人) 심사(心思)의 배경이 아니며 일류일화(一柳一花)인들 양춘덕화(陽春德化)의 함양이 아니랴……" 하며[13] 창간사를 쓰게 되었다. 따라서 독자와 선전 효과를 고려하여, 새로 창설된 YMCA를 육성하는 뜻에서 편집 및 선전을 YMCA 연합회와 공동으로 했다.[14]

(2) 종교사업─중앙청년회가 하는 대로 각 지방에도 보급되었는데, 그 내용은 주로 일요 강화·성경반·전도 강연·특별 기도·성탄 축하·특별 집회 등으로 구분할 수 있다. 1923년부터 1925년까지 3년간 종교 사업에 참여한 인원 통계를 보면 다음과 같다.

종별 연도	일요 강화	성경반	전도강연	특별기도	성탄축하	특별집회	합 계
1923	22,372	2,803	18,196	4,250	1,880	3,370	52,951
1924	14,863	697	2,990	12,090	1,330	9,330	41,270
1925	12,474	3,912	1,360	5,822	1,430	1,002	26,000

이 통계 중 참가 인원이 제일 많은 일요 강화의 예를 들

---

13) 김필수, "〈청년〉 발간의 수사(首辭)" 〈청년〉 1921년 3월호(창간호) 1쪽.
14) 조선기독교청년회 연합회 정기대회 회록, 1926년, 15쪽.

어 그 경향과 강사를 보면, "1921년 4월 3일 '향(向) 예루살렘 음읍(飮泣)'이란 제목의 김일선(金一善) 강화 때 청중이 470명, 4월 10일 '자유와 노예'란 제목의 이상재 강화 때 청중이 480명, 4월 17일 '사상의 가치'란 제목의 홍병선 강화 때 청중이 434명"[15] 등이었다(〈청년〉 5월호 38쪽). 이처럼 일요 강화는 매주일 성황을 이루었으며, 전도만을 위주한 것이 아니라 '사회주의와 기독교'(양주삼), '의로운 청년'(박동완), '풍조의 위험'(이상재), '신앙과 해방'(신흥우) 등 일반 사상 문제를 광범위하게 다루었다.

(3) 사교(社交)사업—강연회가 제일 활발했다. 통계를 보면 아래와 같다.[16]

연도＼종별	강연회	간친회	음악회	활동사진 환등	도서 열람	유희물 사용	특별 집회	기타	합계 (명)
1923	5,381	3,689	540	783	15,750	13,780	3,230		62,559
1924	2,020	3,250		2,230	32,567	18,670	3,240		62,517
1925	2,430	1,707	1,000		15,600	14,134	19,220	4,939	59,030

강연회는 특별강연회·정기강연회·학술강연회 등을 회우부·소년부·사교부 등이 번갈아 했으며, 언제나 강당은 만원을 이루었다.

(4) 교육사업—이 기간에 기복이 심했다. 3·1운동 이후 돈 한 푼 없이 배우려는 포부만 품고 상경한 지방 청소년들을 수용하기 위해 중앙청년회는 1921년부터 속성과(速成科)를 신설했다.[17] 그러나 일반 사립학교들은 시대의 추세에 맞추어 무자격 학

---

15) 위 자료, 동(同) 부표.
16) 위 자료.
17) 〈동아일보〉 1921년 4월 9일자 기사. "요사이 가장 기쁘고도 한편 답답한 일은, 배우려고 하는

교를 고등보통학교로 승격시키는 반면, 중앙청년회 학관은 구제 학제로 교육했기 때문에 아래 통계와 같이 1922년에 비해 1923 년부터는 학생 수가 점차 감소되어 갔다.[18]

종별 연도	영어과	속성과	공예과	노동 야학	합계
1922	337	273	60	200	870
1923	100	260	35	231	626
1924	100	152	38	220	510
1925	86	190	34	129	529

　　(5) 소년사업―1924년부터 학생 하령회를 학생청년회와 각 도시 청년회 학생부 회원과 공동 개최하면서 더욱 활기를 띠었다. 그러나 역시 일반 사립학교의 승격의 영향으로 그다지 큰 발전은 못 했다. 소년사업의 통계는 아래와 같다.[19]

종별 연도	강연	간친회	원족 (소풍)	등산	음악회	환등회	구락부	잡지열람	유회물	합계
1923	2,196	1,380	1	78	620	2,569	3,068	181,000	127,860	318,771
1924	760	1,750			800	875	2,124	100,487	153,462	260,322
1925	120	918			450	491	1,259	102,500	153,470	259,203

　　위 통계에서는 교육사업의 경우와 마찬가지의 일반적인 하락 현상을 볼 수 있는데, 이 역시 청소년들의 관심이 차츰 일

학생은 날로 늘어가고…… 학교에도 들지 못하고 슬피 돌아가는 학생들을 한 시간이라도…… 가르칠 목적으로 청년학관 안에 속성과를 설립하여……'라는 대목이 있다.
18) 〈청년〉 1921년 5월호, 37쪽 및 제5회 기독교청년회 정기대회 회록 부표.
19) 위의 자료.

반 사회로 옮겨 간 것을 의미한다.

(6) 체육사업—교육사업이나 소년사업과 달리 체육사업은 본래의 인기를 계속 유지하면서 발전을 거듭했다. 특히 실내체육관은 인기를 독차지했으며, 1923년에는 김영구(金永九) 등 7인의 농구단이 일본 원정을 가기도 했다.[20] 1924년에는 연합회 주최로 제1회 조선학생기독교청년 연합회 축구 대회를 개최하기도 했다.[21] 그 통계를 보면 다음과 같다.[22]

종별 / 연도	실내운동	야외운동	체조	유도	합계
1923	14,827	1,131	16,019	4,912	36,889
1924	11,549	1,920	17,428	6,133	37,037
1925	13,138	1,380	10,410	7,475	32,403

(7) 학생운동—점점 활발해졌다. 조직 상황에 대해서는 32장에서 상술한 바 있다. 1923~1925년까지 3년간의 학생사업 참가자 통계, 즉 연희전문·숭실전문·세브란스의전·경성의전·숭인(崇仁)·호신(豪信)·영명(永明)·경신(儆新)·신성(信聖)·영생(永生)·숭실(崇實)·광성(光成)·송도(松都)·영흥(永興) 등 14개 학교 학생청년회의 활동은 다음과 같다.[23]

---

20) 〈청년〉 1923년 3월호, 62쪽.
21) 제5회 기독교청년회 회록, 9쪽.
22) 위의 자료, 별표(別表).
23) 위의 자료, 별표(別表).

사업종별 ＼ 연도	1923	1924	1925
1. 종교사업 　전도 강연 20,900명을 비롯하여 주일학교 · 하기학교 　인도, 성경반 특별기도회 등(1923년)	28,490	42,426	58,095
2. 사교사업 　간친회 2,155명, 음악회 4,670명을 비롯하여 소풍 · 　등산 · 환영회 등	9,352	8,767	11,275
3. 교육사업 　강연회 7,843명, 토론회 2,225명을 비롯하여 연설 　회, 도서 열람, 잡지 간행 등	18,714	15,925	20,993
4. 체육사업 　육상 경기 4,135명을 비롯하여 축구 · 정구 등	4,237	1,713	793

　　그리고 하령회는 계속 성황리에 진행됐다. 횟수와 연도별 통계를 보면 다음과 같다.

횟수	기간	장소	참석자 수	회장	표어
12회	1921년 7/22~27	금강산	46	이상재	신시대에 응하여 예수를 모범으로 예수께로 돌아가자
13회	1922년 8/25~9/1	개 성	64	이상재	
14회	1925년 8/20~28	공 주	95	이상재	
15회	1926년 8/24~30	평 양	113	이상재	

　　이상 직접 사업만 아니라 간접 사업에도 많은 정력을 기울였다. 당시 YMCA는 간접 사업을 통해 더 많은 공헌을 했다. 몇 가지 실례를 들면 다음과 같다.

　　(1) 금주 · 금연 및 물산장려운동—금주 · 금연운동은 아편 · 축첩 · 매음 · 잡기 등 사회악에 대한 정화운동과 함께 3·1운동 전후 교회를 통해 먼저 일어났다. 그러므로 이 운동은 윤리운동인 동시에 여성 해방운동이기도 했다. 물산장려운동은 1920

년 8월 24일 평양의 조만식, 김동원(金東元) 등 50여 명의 기독교인이 조선물산장려회를 창설하여 국산품 애용과 생산 진흥을 강조한 것으로 시작되었고,[24] 1922년 1월부터 자작(自作)·자급운동과 병행하여 발전되었다.

이 운동은 범국민운동으로 번져, 회장 없는 무두제(無頭制)로 하여 의사원(議事員) 30인에게 결의권을 주고 회원은 전 국민이 될 수 있도록 무회비(無會費) 제도로 발기했는데,[25] 1년이 지난 1923년 1월 25일, 조선물산장려회 이사회가 모여 이사장에 유성준(兪星濬)을 선출하여 조직을 강화했다.[26] 그리고 음력 1월 1일(양력 2월 16일)을 기하여 남자는 주의(周衣), 여자는 치마를 우선 지어 입고, 일용품은 조선 상품만을 사 쓰자고 결의하고 전국에 선전대를 파견했다. 한편 천도교 회당과 YMCA 강당에서 대강연회를 열고 가두 행렬까지 하려 했으나 이것만은 경찰에 의해 저지되었고, 그 대신 더욱 맹렬히 외래 상품 배척운동으로 번지게 되었다. 그리하여 "1923년 1월 1일 함흥 YMCA는 회원 1천 명이 무명 두루마기를 입고 가두행진을 벌여 국산애용 정신을 크게 일으켰다.

평양에서는 조만식 장로(평양 Y 총무)를 중심으로 국산애용 운동이 크게 일어났는데, YMCA·면려청년회·장로회 평양노회 농촌부 등은 이 운동에 크게 협력했다. 조만식 장로는 평생 말총모자와 짧은 수목 두루마기와 편리화를 착용하여 '한국의 간디'라 불렸고 한때 전국에 수목 두루마기가 유행했는데,"[27] 조만식 장로만 아니라 서울 YWCA 윤치손의 홀태바지는 지금까지 유행하고 있다.

24) 〈신동아〉(1972년 1월호) 별책부록 〈한국현대명논설집〉, 36쪽. 조선물산장려회 취지서(1920). 평양물산장려회가 발표한 것이다.
25) 〈동아일보〉 1922년 1월 22일자.
26) 〈동아일보〉 1922년 1월 27일자.
27) 김양선, 〈한국교회사(2) 개신교사〉, 고려대학교 민족문화연구소, 《한국문화사대계 VI》(고대민족문화연구소 출판부국, 1970), 662쪽.

(2) YWCA 창설에 협조—본래부터 YMCA는 여성 해방과 여권 신장에 직·간접으로 지원해 왔다. 드디어 YWCA는 1922년 3월 27일 남녀 유지 30명이 모인 가운데 제1차 발기회를 열었는데, 이때 YMCA 신흥우 총무가 세계 YWCA의 내력과 사업을 소개한 바 있고, 4월 20일에는 제2차 발기회, 5월 4일에는 제3차 발기회를 YMCA회관에서 가져 최종 준비를 갖추었다.[28]

한편 YWCA는 그해 4월 4~9일 베이징에서 열린 세계기독교학생동맹(WSCF) 대회에 김활란·김필례 두 여성 대표를 파송했고,[29] 5월 16일에는 도쿄에서 열린 '한일 양측 YWCA 대표자 회의'[30]에서 한국 YWCA의 독립을 결정한 바 있는데, 이때 YWCA도 일본 YWCA와 관계없이 독자적으로 세계 YWCA에 가맹할 수 있는 길을 터놓았다.[31]

위와 같은 YWCA의 창설은 1922년 4월 중국 베이징에서 열린 WSCF 세계대회를 계기로 YMCA 지원 하에서 태동했는데, 그해 6월 13일부터 12일 동안 죽첨정(현 충정로) 협성여자성경학원에서 제1회 조선여자기독교청년회 하령회를 조직하고, 마지막 22~23일 양일에 창설되었다. 그때 회장은 방신영, 부회장은 홍에스더, 총무는 김필례, 서기는 김함라·신의경, 재정위원은 유각경 외 3인, 규칙제정위원은 김활란 외 4인이 됐다.[32]

회관은 처음에 선교사 집, 태화여자관 등으로 전전하다가 1928년까지는 종로 YMCA 회관에 사무실을 정했고, 1923년과 1927년에는 전국 남녀기독학생 하령회를 열었으며, 1925년 YMCA가 농촌 사업을 시작할 때는 YWCA와 공동 추진

---

28) 이효재,《한국 YWCA 반백 년》(1976), 13-14쪽.
29) 이 책 284쪽.
30) 이 책 279쪽.
31) 김활란,《그 빛 속의 작은 생명》(여원사, 1965), 99쪽.
32) 이효재,《한국 YWCA 반백 년》, 15쪽.

하는 동시에, 〈청년〉지도 편집과 선전을 공동으로 했다.[33] 몇몇 YMCA 지도자 중에는 YWCA와의 합동을 주장한 사람들도 있었다.[34]

(3) 보이스카우트 운동 추진—소년군 또는 척후군(斥候軍)이라고도 하던 보이스카우트 운동은 중앙고교 교사로 있던 조철호(趙喆鎬)와 그 밖의 여러 유지의 발기로 1922년 10월 5일 창설되었다. 본래부터 이 운동은 청소년들에게 정복을 입히고 사내다운 기상을 기르는 동시에 희생정신과 고상한 인격 함양에 목적이 있었던 만큼, 한국과 같이 나라 없이 군인이 될 기회가 없는 청소년들에게는 가장 적절한 운동으로 받아들여지면서 급속히 진전되었다.[35] 그러나 이 소년군 또는 척후단은 그 명칭과 같이 통일성 없이 무질서하게 난립하게 되어, 1924년 3월 1일 YMCA 회관에서 서울과 인천에 있는 네 단체의 관계자가 모여 "소년척후단 조선총연맹"을 결성하게 되었다.

이때 비로소 보이스카우트는 세계 기준 헌장을 통과시키고 초대 총재로 이상재를 추대하였다. 그리고 부총재에는 유성준·신흥우 외 1인, 회계에 김윤수(金潤秀), 감사에 유억겸, 부간사에 조철호·정성채 등 YMCA 지도자들이 선정되었는데, 이때부터 보이스카우트는 YMCA의 직접 사업으로 편입되었다.[36] 이후 보이스카우트는 학교뿐만 아니라 각파 교회 안에도 생겨 전국에 166개 지부가 설치됐으며, 자주 지방 순회강연을 열어 민족정신 고취에 노력하는 한편, 시위행진을 하고 선전문을 뿌리기도 했다.[37] 이것은 YMCA 안에 유도부가 신설될 때 이상재가 "여기서 장사 1백 명만 양성하라"는 발언과 상관되는 운동이었다.

---

33) 전택부, 《인간 신흥우》, 321쪽과 1926년 제5회 기독교청년회 정기대회 회록 15쪽.
34) 위의 자료.
35) 〈동아일보〉 1922년 10월 7일자 기사.
36) 〈동아일보〉 1924년 3월 2일자 기사.
37) 오세창, "국내의 독립운동", 《한국현대사 V》(신구문화사, 1969), 118쪽.

1927년 그가 별세하자 사상 초유의 사회장이 거행되었는데, 그때 소년척후단원들이 서울과 지방에서 정복 차림으로 단기를 들고 가두와 역두에서 그의 영구를 호송하는 광경은, 나라 잃고 군대 없는 우리 민족의 감격과 흥분을 자아내는 일대 장관을 이루었다.

(4) 하와이 학생단 모국 방문—이 행사도 YMCA의 직접 행사는 아니었다. 그러나 지도자와 동원된 민중의 수에서 YMCA가 주축이 된 것이 사실이다. 이것은 1921년 신흥우 총무가 범태평양 교육대회에 참석하러 갔다가 이승만 등 하와이 동포들과 만든 사업이다. 즉 1923년 7월 민준호(閔濬鎬)를 단장으로 하여, 총무에 김영우(金永遇), 여자 감독에 김노이 등 남자 14명, 여자 9명 모두 23명의 학생단이 모국을 방문했다.[38] 그들은 부산항에 내리자 "흙덩이 하나하나에 키스를 하고 싶다"면서 뜨거운 눈물을 흘렸으며, 서울에 도착하자 먼저 금곡(金谷)에 가 고종 황제의 능에 참배하고, 거리에 운집한 환영객들에게 일일이 답례하고, 전국 각지를 두루 다니며 친선 야구 시합과 음악 대회를 개최했다.

그러나 그들의 모국 방문 목적은 운동이나 음악회보다 "6천 동포가 몸 붙인 하와이 사정을 들어 보시오", "한 많고 눈물 많은 하와이 동포 사정은 처참하오", "하와이가 낙원이라 함은 말뿐이오", "남녀평등의 교육은 국내 동포에게도 요망되오" 등의 연제를 걸고 전국 각처에서 연설을 하는 데 있었다.[39] 그리고 3만 원 목표의 기부금 모금이 성공적으로 추진됐다. 윤치호 등이 계획했던 환영 만찬회도 자진 취소하고 그 돈을 전부 기부금으로 냈으며, 이항구(李恒求)가 낸 4백 원을 비롯하여 각 단체 유지들

---

38) 〈동아일보〉 1923년 7월 2일자 기사.
39) 〈동아일보〉 1923년 7월 11일자 기사.

이 다투어 낸 기부금이 답지했다.[40] 이 돈은 "하와이 조선인 학교 건축비에 쓴다"고 했지만, 실은 독립운동 기금이었다.

　　하와이 학생 모국방문단은 하와이에 돌아가 그 이듬해 1924년 답례로 우리 야구단을 하와이로 초청했다. 동포들이 1인당 1달러씩 모은 돈으로 초청한 것인데, 이 역시 단순한 운동 시합이 목적이 아니라 독립운동이 목적이었다. 그때 당국은 체육부는 물론 휘문·경신 등 다른 학교 선수를 총망라하여 야구팀을 조직하고, 단장 허성(許成), 총무 김영구·지도위원 윤치영(尹致映) 등의 인솔하에 하와이 원정을 떠나게 됐다. 그때 단원들은 ① 일본인과는 절대로 상종하지 말 것, ② 조선이라고 쓰지 말고 대한(大韓)이라 쓸 것, ③ 감시원이 많으니 극히 조심할 것, ④ 다른 팀에겐 져도 일본 팀에게만은 꼭 이겨야 한다는 등의 다짐을 하고 떠나 시합에 임했다. 이와 같이 하와이 야구 원정은 단순한 운동 경기가 아니라 그 이상의 뜻을 지니고 있었다.

　　(5) 민립대학 운동—1910년 한일합방 이후 국채 보상 운동으로 모인 돈을 민립대학(民立大學) 설립 자금으로 쓰자는 윤치호·남궁억·박은식·양기탁 등의 발언으로 민립대학 기성회가 조직되었으나 총독부의 방해로 실패에 돌아가고,[41] 1915년 3월 4일 일제가 전문학교 대학부라는 이름으로 강의를 시작하여 그것으로 겨우 연희전문학교가 창립되었다.[42] 그러나 민립대학 운동이 대대적으로 추진되기는 3·1운동 이후부터다. 1922년 2월 동아일보는 "민립대학의 필요를 제창하노라"라는 사설을 썼고, 그 해 11월에는 조선교육협회에서 "조선민립대학 기성회"가 결성되었다. 이때 참가한 사회 유지는 46명인데 그중에는 이승만을

40) 〈동아일보〉 1923년 7월 7일자 기사. 그때 동양물산회사(東洋物産會社)가 50원, 김의삼(金義三)이 50원, 노동자인 김교삼(金敎三)이 1원 등 유명·무명 인사들이 많이 모금에 응했다.
41) 손인수,《한국근대교육사》(연세대학교 출판부, 1971), 177쪽.
42) 연세대학교 창립 80주년 기념사업 위원회 편,《연세대학교사》, 280쪽.

비롯하여 유성준·박승봉·김일선·남궁억 등 YMCA 지도자들
이 다수 끼여 있었다.[43] 이 기성회는 착착 활동을 개시하여 1923
년 1월 9일 '근고(謹告) 2천만 부모 형제 자매'라는 표제로, ① 발
기인은 1군에 2인 이상 5인 이내로 선정한다. ② 당선된 발기인
은 별지 승낙서에 서명하고 반드시 발기 총회에 참석해야 한다.
③ 발기 총회 때 참가한 지방 발기인들의 숙박비는 발기 준비위
원회가 부담한다……는 3개항의 발기인 선발 요령을 발표했다.[44]

　　　드디어 "조선 민립대학 기성회 발기 총회"가 1923년 3월
30일 YMCA회관에서 개최되었다.[45] 여기에는 각 도 각 군의 발
기인 1,170명 중에서 462명이 참가했다. 준비위원장 이상재의
사회로 개회되었는데, 이날 선출된 중앙위원은 이상재·이승훈
등 30명이고, 감사위원은 이달원(李達元) 등 7명, 회금 보관위원
은 김성수·김일선 등 7명이었다. 회원은 조선인으로서 1원 이상
내어야 하며, 서울에는 중앙부, 각 부나 각 군에는 지방부를 두
고, 모금된 기금을 잘 관리하기 위하여 일정한 전체 구좌와 은행
을 지정하여 예금하고, 소요 비용은 회금의 100분의 7로 하되
100분의 6은 지방부에서, 100분의 1은 중앙부에서 사용한다는
등의 치밀한 계획과 관리 요강을 정한 뒤 다음과 같은 발기 취지
문을 발표하였다.[46]

　　　오인(吾人)의 운명을 여하히 개척할까? 정치냐, 외교냐, 산업이냐, 물
　　론 차등사(此等事)가 모두 다 필요하도다. 그러나 그 기초가 되고 요
　　건이 되며 가장 급무가 되고 가장 선결의 필요가 있으며, 가장 힘 있
　　고 가장 필요한 수단은 교육이 아니면 불능하도다. 하고(何故)오, 하
　　면 알고야 동할 것이며 안 후에야 정치나 외교도 가히 써 발달케 할

---

43) 손인수, 앞의 책. 178-180쪽.
44) 위의 책.
45) 위의 책. 또한 〈동아일보〉 1923년 3월 30일자 기사.
46) 〈동아일보〉 1923년 3월 30일자 기사.

것이다. 아지 못하고 어찌 사업의 작위(作爲)와 성공을 기대하리요? 발언하면 정치나 외교도 교육을 대(待)하여서 비로소 그 효능을 진(盡)할 것이요, 산업도 교육을 대하여서 비로소 그 작업을 기할 것이니, 교육은 오인의 진로를 개척함에 존(存)하여 유일한 방편이요 수단임이 명료하도다. 그런데 교육에도 계단과 종류가 유(有)하며 민중의 보편적 지식은 차(此)를 보통 교육으로써 능히 수여할 수 있으나, 그러나 심원한 지식과 온오(蘊奧)한 학리는 차(此)를 고등교육에 기치 아니면 불가할 것은 설명할 필요도 없거니와, 사회 최고의 비판을 구하며 유능 유위의 인물을 양성하려면 최고 학부의 존재가 가장 필요하도다. 그뿐만 아니라 대학은 인류의 진화에 실로 막대한 관계가 유(有)하나니, 문화의 발달과 생활의 향상은 대학을 대하여 비로소 기도할 수 있고 획득할 수 있도다.

시관(試觀)하라, 저 구미의 문화와 구미인의 생활도 그 발달과 향상의 원동력은 전혀 대학에 존재하나니 오호라 저들의 광명과 운명은 진실로 12, 13세기경의 파리 대학을 위시하여 이·영·독 제국에 발연(勃然)히 성립된 각처의 대학 설립으로부터 빛나고 개척되었다 할수 있도다. 환언하면 문예부흥은 대학에서 발위(勃爲)되고, 종교개혁도 대학에서 생기고, 영불의 정치 혁명도 대학에서 양출(釀出)하였고, 산업혁명도 대학에서 최촉(催促)하였으며, 교통도 법률도 의약도 상공업도 모두 다 대학에서 주(鑄)한 것이로다. 그러므로 금(今)에 오인 조선인도 세계의 일우(一隅)에서 문화민족의 일원으로 타인과 어깨를 겸하여 오인의 생존을 유지하여 문화의 창조와 향상을 기도하려면 대학의 설립을 사(捨)하고는 갱(更)히 타도(他道)가 무(無)하도다. 그런데 만근(輓近) 수 3년 이래로 각지에 향학이 울연히 발흥되어 학교의 설립과 교육의 시설이 파(頗)히 가관(可觀)할 것이 다(多)함은 실로 오인의 고귀한 자각으로서 생래(生來)한 것이다. 일체로 서로 경하할 일이나, 그러나 유감되는 것은 우리에게 아직도 대학이 무(無)한 일이다. 물론 관립대학도 불원(不遠)에 개교될 터인즉 대학이 전무한 것은 아니나, 그러나 반도 문운(文運)의 장래는 결코 일개의 대학으로 만족할 바 아니요, 또한 그처럼 중대한 사업을 우리 민중이 직접으로 영위하는 것은 차라리 우리의 의무라 할 수 있도다. 그러므로 오등은 자(玆)에 감(感)한 바 유하여 감히 만천하 동포에게 향하여 민립대학의 설립을 제창하노니, 형제자매는 내(來)하여 찬(贊)하여 진(盡)하여 성(成)하라.[47]

　이 같은 취지문을 발표한 뒤 발기 총회는 민립대학 설립 계획을 작성했다. 제1단계 사업으로는 자본금 400만 원으로 대지 5만 평에다 교사를 지은 다음, 법과·문과·경제과·이과 등 네 과를 두고, 제2단계 사업으로는 자본금 300만 원으로 공과를, 제3단계로는 300만 원으로 의과를 두기로 했다. 이처럼 1천만 원 자본금 모금을 위하여 서울을 비롯한 전국 각처를 순회하여 선전 강연회를 가졌다. 이때 조직된 민립대학 지방부는 1백여 곳에 있었다.

　한편 우리나라 기독교계에서도 연희전문학교·세브란스의학전문학교·협성신학교 등을 중심으로 완전한 종합대학을 설립코자 계획을 세우고 에비슨, 언더우드(A. H. Underwood, 元漢慶) 등은 1926년까지 각각 150만 달러의 자금을 모금하기 위하여 미국으로 건너가 활약했다.[48]

　이처럼 외국인들까지 종합대학 설립에 총출동하고 있는 것을 보자 일제는 당황했다. 본래 일제는 진작부터 조선인들의 움직임을 주시하고 있었다. 1920년 6월 26일 윤치소(尹致昭)의 집에서 70여 명이 참석하여 "조선교육협회" 창립총회를 열고 창립 취지를 낭독하는 동시에 회칙을 통과시키고 이상재를 회장으로 뽑고 대대적인 운동을 벌이기 시작했다. 이를 보자 일제는 그것을 방해하려고 1922년에 "전문교육은 전문학교령, 대학교육 및 그 예비교육은 대학령에 의한다"는 요지의 신교육령을 공포하

47) 손인수, 〈일제하(日帝下)의 교육〉, 《한국현대사》(신구문화사 편, 1969), 346쪽.
48) 〈동아일보〉 1920년 6월 27일자 기사.

고 민간운동을 규제할 방침을 굳혔다.[49] 그래서 그네들은 선수를 써가지고 1923년 5월 경성제국대학령을 공포하는 동시에 1924년에 예과를 모집하였고, 1926년에는 법문학부와 의학부를 개설하여 조선인에게도 개방할 뜻을 발표했다.

이는 오로지 조선인들의 민립대학 설립을 방해하기 위한 술책이었다. 드디어 경성제국대학이 개교되어 개교 시 조선인 명사들을 초청했는데, 그 초청을 받은 민립대학 기성회 회장이며 조선교육협회의 회장인 이상재는 YMCA 회관에서 "오늘은 우리 민립대학 개교식 날이니 다같이 가세!"라고 했다. 이 말을 듣고 모든 사람이 의아해서 물으니, 이상재는 "저놈들이 우리나라에 관립대학이라도 만들어 줄 놈들인가? 우리가 민립대학을 만들겠다고 하니까 그것이 될까 봐 선수를 쓴 것이지! 그러니까 경성제국대학은 우리 민립대학이란 말이야!" 하며 풍자했던 것이다.[50]

(6) 독자 운영의 창문사(彰文社) 설립—기독교 문서 운동은 1890년 선교사들이 대학기독교서회(C. L. S.)를 한국성교서회(韓國聖教書會, The Korean Tract Society)란 이름으로 창설했지만, 한국인 자체의 힘으로 개척한 것은 YMCA 계통 인사들이 처음으로 시작한 창문사에서 볼 수 있다. 1921년 8월 31일, 윤치호·이상재·유성준·이승훈·김석태(金錫泰)·박승봉(朴勝奉) 등 YMCA 지도자들이 중심이 되어 가칭 주식회사 광문사(廣文社)를 설립, 기성회를 조직하였고, 그 뒤 1923년 1월 30일 창립 총회를 열고 명칭을 조선기독교창문사(朝鮮基督教彰文社)로 바꾸어 창설하게 되었다.[51] 그때 주주 1,257명 중에서 이상재·박승봉·유성준·윤치호 등 15인의 취체역과, 최병헌·김양수(金良洙)·정

49) 오천석(吳天錫),《한국신교육사》(현대교육총서출판사, 1964), 295쪽.
50) 손인수, 앞의 책, 188-189쪽. 또한 김을한,《월남 이상재 선생 일화집》(동경신문사, 1956), 70-71쪽.
51) 〈동아일보〉 1923년 2월 2일자 기사.

노식 등 5인의 감사역을 선출했으며, 사장에는 이상재가 당선되었다.[52] 이로써 창문사는 선교사들이 창설한 기독교서회와 맞서서 한국인 자체의 출판 기관으로 출발하였다.

그리하여 창문사는 먼저 《신생명(新生命)》이란 기관지를 발행하는 한편 YMCA 아래층에 서점을 두고 서적 보급에도 위세를 보였다. 출판한 서적 중에는 '신생명' 외에 게일 목사의 신구약성서, 장로교 총회 편 《조선 예수교장로회사기》, 백낙준 박사의 《한국개신교사(The History of Protestant Mission in Korea)》 등 다수가 있다. 후기에 재정난을 당했을 때 박승봉의 노력으로 극복하긴 했으나 여러 가지 방해 공작으로 지속되지 못했다. 그러나 창문사는 한국인 자체의 문서 운동이었다는 점에서 의의가 크다.

(7) 〈조선일보〉를 민족진영으로 영입―3·1만세운동에 놀란 일제는 회유책의 하나로, 한일합방 이후 강제 폐간했던 민간 신문의 발행을 다시 허가했다. 1920년 1월 6일자로 〈조선일보〉와 〈동아일보〉 및 〈시사신문(時事新聞)〉 등 3개 민간 신문을 허가해 준 것이다. 그래서 총독부 기관지였던 〈매일신보〉와 함께 국내에는 4개의 일간 신문이 있게 되었다.

그런데 〈매일신보〉는 말할 것도 없고, 〈시사신문〉도 민원식(閔元植)의 영도 아래 이른바 국민협회의 기관지로, 총독부 기관지 〈매일신보〉와 똑같은 친일파 신문이었고, 〈조선일보〉마저 처음 창간될 때는 친일파가 경영하는 신문이었다. 이때 〈조선일보〉는 대정실업친목회(大正實業親睦會)라는 친일 단체가 뒤에 있었다.[53] 이 친목회는 회원들의 의사소통과 우정을 돈독히 한다는 뜻에서 언론·출판·결사의 자유가 봉쇄됐던 무단정치 시대인 1916년에 창립된 친일 단체였다. 초대 회장은 남작(男爵) 민영기

---

52) 《한국현대사 V》(신구문화사), 650-651쪽.
53) 최준, "월남 선생의 언론활동", 〈나라사랑〉 1972년 제9집, 월남 이상재 선생 특집, 78쪽.

(閔泳綺)의 명의로 등록되었고, 회원은 250명이었다. 이들 회원 중 간부급인 조진태(趙鎭泰)·예종석(芮宗錫) 등이 〈조선일보〉 발기인이 되어 조합원의 주식 모집에 나섰다. 그러나 '진보주의'를 들고 나선 〈조선일보〉는 '민의와 이상 지시'를 표방하고 나선 〈동아일보〉에 비해 민중의 지지도가 약했고, 친일적 배경이 있기 때문에 국민 대중은 내심 환영하지 않았다. 더욱이 자체 인쇄 시설도 없이 총독부 기관지 〈매일신보〉의 시설을 이용하여 창간호를 냈고, 그것도 제2, 3호를 발행한 뒤 1개월이 넘는 4월 28일에야 겨우 제4호를 내놓는 형편인 데다가 재정난까지 겹치는 바람에 집안싸움까지 잦았다.

이처럼 극도의 재정난에 빠지자 유력한 물주로서 송병준이 나타나 운영권을 장악하였다.[54] 송병준은 원래 친일파 두목으로 일찍이 을사늑약 체결 다음해인 1906년 1월 6일 창간된 일진회(一進會)의 기관지 〈국민신보〉의 제2대 사장이었으며, 1907년 5월에는 이완용 내각의 농상공부대신이 되었었다.[55] 이러한 친일파 우두머리가 〈조선일보〉를 경영한다는 것은 국민 대중이 용납할 수 없는 일이었다.

때마침 송진우와 의견 충돌로 〈동아일보〉를 뛰쳐나온 이상협(李相協)과 그의 동지 신석우(申錫雨)와 최선익(崔善益) 등이 손잡고 송병준으로부터 8만 5천 원에 〈조선일보〉 판권을 사들이는 데 성공했다. 1924년 9월 12일의 일이다. 이로써 〈조선일보〉는 〈동아일보〉와 마찬가지로 민족진영 신문이 되어 국내에는 민족진영 신문 2개, 친일파 신문 2개가 있게 되었다. 〈조선일보〉는 창간 이래 5년 동안 국민 대중의 머릿속에 뿌리박힌 친일파 인상을 일소하기 위하여 편집 진용도 새로이 짜게 됐다. 민태원(閔泰瑗)을 비롯하여 김동성(金東成)·안재홍(安在鴻)·김준연(金俊淵) 등의 인사들을 끌어들이는 데 성공한 것이다.

---

54) 〈나라사랑〉 1972년 제9집, 74쪽.
55) 위의 책.

그러나 문제는, 유력한 인물을 사장으로 추대하지 않고는 〈동아일보〉와 경쟁할 수 없었던 것이다. 그래서 교섭한 인물이 이상재였다. 이상재는 이 교섭을 수락하기에 앞서 몇 가지 조건을 붙였으며, "〈동아일보〉와 경쟁하지 말고 합심하여 민족 계몽 육성에 협력한다"[56]는 다짐을 받았다. 이 다짐을 확고히 받고서야 그는 사장에 취임했다.

이상재가 사장으로 앉은 2년 6개월 동안 〈조선일보〉는 많은 변화를 가져왔다. 그리고 이때는 공산주의 및 사회주의 세력이 크게 대두하는 시기였다. 1922년부터 신흥청년동맹·무산자동지회·북성회·화은회·사회주의자 동맹 같은 사회단체가 연달아 일어나 민족주의 진영에 심각한 분열을 일으켰다. 공산당 내부에서도 모스크바로부터 투입되는 운동 자금 쟁탈전이 일어나 극도의 혼란이 계속되었다. 이러한 환경 속에서 1925년 4월 15일 천도교회당에서 제1회 '조선 기자대회'가 열리게 되었다. 이때 총 출석자 463명 중 조선일보 사원이 205명에 달했다.[57]

이로써 〈조선일보〉 내부가 얼마나 복잡했는지 짐작할 수 있다. 그만큼 복잡한 〈조선일보〉 사장의 입장으로 이상재는 그 기자대회에 참석해야 했다. 전후 3일에 걸쳐 "죽어가는 조선을 붓으로 그려 보자", "거듭나는 조선을 붓으로 채질하자"는 구호 아래 개회되었으나,[58] 그때는 제1차 조선 공산당이 조직되기 직전인 만큼 그네들의 계획적인 방해로 회의를 진행시킬 수 없었다. 대립과 항쟁은 극에 달하여 누가 사회를 하든 단상에 올라서기만 하면 고함치고 야유하고 내려끄는 바람에 대회는 금방 유회되는 위기에 봉착했다. 이때 이상재는 〈조선일보〉 사장 자격으로 사회자로 추대받아 단상에 올라갔다. 그처럼 떠들고 시끄럽던 대회장은 무슨 전기 침이나 맞은 듯 일순간에 조용해져 대회는

---

56) 《월남 이상재 선생 약전(略傳)》(공보실, 1959), 142쪽.
57) 〈나라사랑〉 1972년 제9집, 82쪽.
58) 〈나라사랑〉 1972년 제9집, 83쪽.

일사천리로 진행되었다.[59]

　　이상재는 〈조선일보〉를 민족진영으로 끌어들이는 데 성
공했으며, 그로부터 〈조선일보〉는 〈동아일보〉와 함께 민족의 유
일한 민간지로서 역사적 공헌을 계속하였다.

59) 김을한, 앞의 책, 60쪽.

제8부 민족 교회 육성과 사회 운동기
(1925~1931)

외래 사조 속의 민족주의 운동

——— 3·1운동 직후부터 침투한 공산주의·사회주의 세력은 1925년 조선공산당 조직으로 정체를 드러냈다. 이때를 전후하여 한국 사회는 극도의 불안에 휩쓸려 갔다. 어느 작가의 말처럼, 우리 조선은 황량한 폐허의 조선이요, 우리 시대는 비통한 번민의 시대였다. 폐허 속에는 우리의 내적·외적·물적인 모든 불평·결핍·공허·불만·우울·한숨·걱정·근심·슬픔·아픔·눈물, 멸망과 사망과 죄악이 쌓여 갔다. 3·1운동이라는 찬란한 석양의 일경(一更)은 지나가고, 캄캄한 밤중에 민중은 공포에 떨었다.

이러한 시대상을 틈타 이질 사상이 마구 쏟아져 들어왔으니, 일본을 통하여 자유주의·허무주의·무정부주의·사회주의, 러시아를 통하여 공산주의·사회주의, 프랑스를 통하여 세기말적 퇴폐주의가 한꺼번에 쏟아져 들어왔다. 그리하여 일반 민중은 독한 혼성주의에 취한 것처럼 정신없이 허우적거리고 있었다.

이때 YMCA는 민족의 살길을 찾아 주기에 온 힘을 다했다. 먼저 국민 대다수를 차지하는 농촌 사회에 파고들어 사업을 개척하고, 외국 기술과 자본을 도입하여 경제사회 개발을 도모하고, 민족교회 육성과 민족진영의 연합전선 결성 등에 온 힘을 기울였다.

37.

이질적인
외래 사조의 등장

　　한국 근대사에 나타난 최초의 이질적인 외래 사조는 기독교다. 1784년 이승훈·이벽·권철신·정약용 등이 천주교회를 창설했을 때, 그리고 1883년과 1884년에 서상륜·이수정 등이 기독교 성경을 우리말로 번역하여 국내에 들여보냈을 때, 그들은 모두 이질적인 외래 사조의 밀수꾼으로 몰렸으며, 그 종교는 사교(邪敎)·요교(妖敎) 또는 천주악 등의 낙인이 찍혀 국법에 의하여 악형을 받아야 했다. 그러나 기독교는 오랫동안 끈질긴 선교 활동과 사회봉사 활동으로 민중의 호감을 사게 되었으며, 민권운동과 독립전선에 용감하게 나섬으로써 도리어 민족의 구세주인 양 환영받기도 했다. 실례로 1895년 명성황후 시해 사건 때 선교사들의 국왕 보호, 1896년 독립협회 운동, 1905년과 1907년 황제의 밀사 파송 등을 들 수 있는데, 이럴 때마다 기독교는 국민으로부터 신망을 얻어 차츰 이 땅에 정착하기 시작했다.

　　반면 서구의 사회주의·무정부주의·공산주의 사조는 그렇지 못했다. 이들은 빨리 국내에 들어올 수도 없었을 뿐만 아니라, 철통같은 일제의 경찰망을 뚫을 수 없었다. 더욱이 3·1운동

이전 모든 집회와 언론·출판의 자유가 봉쇄된 일제의 무단정치 하에서는 그런 신사조가 쉽게 발 붙일 수 없었다. 기독교회만, 또한 사회단체로는 YMCA만이 그 시기에 국내에 남아 있었을 뿐, 다른 모든 사회단체, 특히 외래 신사조에 의한 사회단체들은 철저히 폐지되었다.

그러나 1919년 3·1운동 이후에는 사정이 조금 달라졌다. 소위 문화정책이 시행됨으로써 어느 정도 자유가 허용되자, 억눌려 있던 국내의 민족주의자들이 고개를 들기 시작했다. 〈동아일보〉, 〈조선일보〉 등 민간 신문이 창간되었으며, 일본·중국·만주 연해주에서만 활동하던 각종 사회단체가 국내에 침투하기 시작했다. 이때부터 민중은 새로운 외래 사조에 접하게 되었으며, 이때까지 독점했던 기독교, 특히 그 거대한 회관과 인적·물적 자원을 가지고 국내 무대를 독차지했던 YMCA는 강력한 경쟁자를 만나게 되었다.

(1) 일본 유학생을 통한 신사조의 등장—이미 말한 바와 같이 일본 유학생은 해마다 급속히 증가했다. 3·1 운동 전후 통계를 보면 1918년에는 592명, 1919년에는 다소 줄어 448명이던 것이, 1920년에는 980명, 1921년에는 1516명으로 증가했다.[1] 따라서 유학생들의 사상운동도 복잡해져 갔다. 그들의 사상운동은 물론 민족 독립운동에서 출발하였으나 일본 사상계의 영향을 받아 차츰 사회주의 경향으로 기울게 됐다.

조선 민족의 완전 해방도 사회주의 혁명의 실현으로만 가능하다는 생각이 일반화되기 시작했다. 그리고 노동문제 연구 경향이 짙어 갔다. 당시 일본 대학에 재학중이던 김판권(金判權)은 1920년 12월 일본사회주의동맹 창립 대회에 참석하여 처음으로 실천운동에 진출했으며, 권희국(權熙國)은 다카즈(高津正道)

---

1) 坪江汕二, 朝鮮民族獨立運動祕史(1966年, 改正增補), p.278.

가 영도하는 효민회(曉民會)에 가맹함으로써, 이 두 사람은 실천적 사회주의 운동의 선봉이 됐다.[2]

그리고 당시 김약수(金若水)·박열(朴烈, 그때는 박준식朴準植이라 했음) 등은 오스기(大杉榮) 등의 무정부주의에 공명하고 있었다.[3] 1921년 10월에는 원종린(元鍾麟)이 신인연맹(新人聯盟)이란 사상 단체를 조직하려 했으며,[4] 1922년 11월 29일에는 이 모든 사람이 연합하여 흑도회(黑濤會)라는 사상 단체를 결성하기에 이르렀다.[5] 이것이 일본에서의 최초의 한국인 사상운동 단체이며, 조직 당시 회원으로는 김판권·권희국·원종린·김약수(당시는 김과전金科全이라 했다)·박열(또는 박준식)·임택룡(林澤龍)·장귀수(張貴壽)·김사국(金思國)·정태성(鄭泰成)·조봉암(曺奉岩) 외 10명이 망라되어 있었다.[6]

이같이 처음에는 모두가 민족 해방이라는 공동 목표 아래 하나로 결속되어 있었는데, 차츰 사상적 계열이 표면화되면서 박열 일파는 무정부주의 노선을 노골화시키며 따로따로 분열됐다.

(2) 러시아 이주민과 망명객을 통한 신사조의 등장—한민족이 러시아 영토로 이주하기 시작한 것은 19세기 말부터다. 그러나 1910년 한일합방을 전후해서는 이주민과 망명객이 부쩍 늘었다. 러시아 정부가 한국인을 인식하게 된 것은 1904년 러일전쟁 때부터라 할 수 있다. 그 이유는 첫째로, 한국인 중에 일본 군대의 앞잡이 노릇을 하는 자들이 있었는가 하면, 둘째로는 4천 명이나 되는 다수 한국인이 러시아 군대에 입대하여 일본 군대에 대항하여 싸웠기 때문이다.[7] 이때부터 한국인은 어느 정도 자유

2) 위의 책, p.284.
3) 위의 책, p.285.
4) 위의 책.
5) 위의 책.
6) 위의 책.
7) Dae-Sook Suh, *The Korean Communist Movement, 1918~1948*, p.5. 그러므로 당시 한국 민족운동 지도자들은 러시아 국내외의 정치 혼란을 이용하여 운동을 했다.

로이 러시아 영토에서 정치 활동을 하게 되었다. 1911년에는 한인민회(韓人民會)가 조직되었고, 기사단(騎士團)·암살단 같은 행동대가 등장했는데, 이 모든 단체는 홍범도(洪範圖) 등 순 민족주의 단체의 망명객들이 만든 것이다.[8]

그러나 1917년 러시아의 2월 혁명 후에는 사정이 달라졌다. 민족주의 망명객 중에 공산주의자로 처신한 사람들이 나타나기 시작한 것이다. 예를 들면, 1911년 105인 사건 때 망명간 이동휘(李東輝)는 본래 구한국 정부의 무관 출신으로, 1905년 을사늑약 당시에는 강화도 유수(留守)였다. 그 후 나라가 망하자 군복을 벗어 버리고 기독교에 입교하여 전도사까지 되었다.[9] 강화도를 기점으로 전국을 순회하며 전도 강연과 아울러 독립정신 고취 등에 사력을 다했을 뿐 아니라, 학교를 세우고 학생들에게 군사훈련을 시켰다.[10]

그는 본시 공산주의자는 아니었다. 1917년 2월 혁명 뒤 러시아 공산당원 크레프코프(Krepkop)를 만나 그의 원조로 한인사회당(韓人社會黨)을 조직하여 당수가 됐다. 1918년 6월 26일의 일이다. 그 후 그는 2천 루블 이상의 무기를 구입하여 연해주에 널려 있는 항일 투사들을 무장시켰다. 이때까지도 그는 공공연한 공산주의자라고는 할 수 없었으나 차츰 깊숙이 공산당에 말려들었으며, 3·1운동 직후에는 일종의 시대적 사명을 띠고 상하이 임시정부의 국무총리가 되는 동시에 여운형·안병찬(安秉讚) 등과 1921년 1월 10일 과거의 한인사회당을 해체하고 고려공산당(高麗共産黨)을 조직했다.[11] 이것이 상하이파 공산당이다.

한편 이르쿠츠크(Irkutsk)파 공산당이 있었다. 이동휘파가 순 민족주의 경향의 망명객들로 조직된 데 반하여, 이 파는

---

8) 위의 책, p.6.
9) 백낙준, 《한국개신교사》(연세대학교 출판부, 1973), 342쪽.
10) 위의 책.
11) Dae-Sook Suh, 앞의 책, p.15.

러시아에 귀화한 한인들로 조직된 공산당이다. 이동휘파보다 먼저 1918년 1월 22일 전로한인공산당(全露韓人共産黨)이란 이름으로 김철훈(金哲勳)등이 주동이 되어 조직됐다. 이 파도 상하이에 침투하여 민족주의자 포섭에 주력했는데, 여기서부터 이 두 파는 치열한 세력 싸움을 시작하여 국내외 공산당사를 얼룩지게 했다.

　　첫 번째의 대대적인 싸움은, 1921년 5월 홍범도(洪範圖)·이청천(李青天)·박용만(朴容萬) 등 민족주의 애국지사들이 대한의용군(大韓義勇軍)을 조직하여 시베리아의 일본 주둔군을 쳐부수려 할 때 있었다. 이 의용군은 항일투사라면 누구나 포섭했다. 그러나 이르쿠츠크파만은 조국을 버리고 러시아에 귀화한 자들이라 해서 배척하고, 상하이파를 더 많이 포섭했다. 그래서 이르쿠츠크파의 반발을 사게 됐다. 결국 그해 6월 이르쿠츠크파는 고려혁명군정회(高麗革命軍政會)를 조직하여 불시에 의용군을 공격했으며, 그때 600명이 살해되고 900여 명이 사로잡혔다.[12] 이때 상하이파가 피해를 많이 입었다. 이것이 소위 알렉세예프스크(Alexeyevsk) 사건이다.

　　두 번째 싸움은, 1921년 11월부터 1922년 5월 사이에 모스크바에서 열린 제1회 극동 인민대표자 대회 때 있었다. 여기에는 국내 국외나 주의의 구별 없이 모든 한국인이 초청되었다. 그러나 이르쿠츠크파는 모스크바의 코민테른과 미리 공모해서 상하이파들이 대회 전에 당도하지 못하도록 일정을 짰기 때문에 거기 참석한 공산당원은 이르쿠츠크파 일색이 됐다. 민족진영으로는 미국에서 김규식 등이 참가했지만 57명의 한국 대표 중 42명이 이르쿠츠크파가 됐다.[13]

　　이 대회는 처음부터 공산주의 목적을 표방한 대회라기보다는 약소민족의 해방을 목적한 것인 만큼 민족주의자들의 호

12) 위의 책, p.31.
13) 위의 책, p.37.

감을 샀다. 그리하여 김규식은 대회를 마친 뒤 "한국의 독립은 러시아의 원조로 이루어져야 한다"[14]고까지 말한 것이다. 이런 분위기를 이용하여 모스크바의 코민테른은 1922년 4월 22일 6개조 비밀 지령을 두 파 공산당에 내렸는데, 그 지령의 골자는 물론 이르쿠츠크파에게 유리한 것이었다. 즉 무조건 화해하여 합하고, 상하이파나 이르쿠츠크파에서 떠나 본부를 치타(Chita)로 옮기고 중국과 시베리아에 산재한 모든 한국 민족주의자와 이주민을 공산화해야 한다는 것이었다.[15]

이 지령은 이동휘가 이끄는 상하이파 공산당에게는 근본적으로 불리한 것이었다. 이동휘는 처음부터, 러시아에 귀화한 한국인은 조선공산당원이 될 자격이 없다고 주장했기 때문이다. 이 점을 노리고 그러한 비밀 지령을 내린 것이 사실이며, 그 뒤 여러 번 모여 화해를 시도했지만, 이런 주장이 받아들여지지 않아서 결국 통합은 이루지 못했다.[16]

(3) 한국에 침투하는 공산당 세력—해외에 있는 모든 혁명가들, 다시 말하면 러시아계·중국계·일본계 또한 순수한 민족주의 독립군들의 최종 목표는 다 같이 한국에 침투하는 것이었다. 더욱이 공산주의자들의 사명은 한국의 피압박 민중을 해방하는 것이었으며, 한국 내의 노동자 농민의 해방만이 목적이었다. 그러므로 한국 내의 공산당 침투 공작은 주로 상하이파와 이르쿠츠크파가 주도했다. 또한 일본 사회주의의 영향을 받은 재일 한국 유학생들도 치열한 경쟁을 했다. 이 세 단체가 때로는 합하고 때로는 갈라지면서 한국 내의 세력 구축을 시도했다.

이 세 단체의 침투사는 서대숙 교수의 명저《한국 공산주

---

14) 위의 책, p.40. 이 대회의 가장 큰 성과는 순수한 민족주의자들을 공산 진영으로 끌어들인 것이다.
15) 위의 책, pp.41-42.
16) 위의 책.

의 운동사》를 통해 자세히 알 수 있다. 그 내용을 간략하게 소개한다.

첫째, 상하이파는 제일 먼저 1920년 4월 11일 조직된 사회주의 단체인 노동공제회(勞動共濟會)에 침투했다. 인쇄공·이발사·전차 노동자 등 3만 노동자를 위해 조직된 이 공제회는 〈공제〉라는 기관지를 발행하고 있었는데, 제일 먼저 그 잡지의 유진희(兪鎭熙)에게 자금을 대어 주었다.[17] 뒤이어 상하이파는, 1920년 12월 민족주의 지도자 장덕수(張德秀) 등이 조직한 조선청년회연합회에 침투했다. 이 연합회는 전국에 113개의 지회와 2만 3천 명의 회원이 있는 큰 단체로, 이동휘는 우선 서울 지부에 집중 공세를 폈다. 그 결과, 자기 당원 14명을 서울 청년회에 침투시키는 데 성공했으며, 1923년 제4차 전국대회 때는 이영(李英)·김사국(金思國) 등 공산주의자들이 서울 청년회의 주도권을 잡기에 이르렀다. 이것을 소위 서울파 공산당이라 하는데, 이동휘는 이를 위해 운동 자금조로 4만 5천 원을 투입시켰다. 이영은 변호사 출신으로 해방 후 북한 공산당 인민위원회 의장이 되었다.[18]

둘째, 이르쿠츠크파는 1921년 극동 인민대표자 대회 때부터 활동을 개시했다. 우선 안병찬(安秉讚)은 여러 차례 당원을 국내에 투입시켰으나 경찰망에 걸려 실패하고, 드디어 1923년 5월 김재봉(金在鳳)과 신용기 두 당원을 침투시키기에 성공했다. 그리하여 김재봉은 그해 7월 7일, 당시 사회주의자 홍명희(洪命熹)·박일병(朴一秉) 등을 포섭하여 신사상연구회(新思想研究會)를 조직했으며, 신용기는 1924년 가을에 이르러 전국 대도시에 세포망을 조직하기에 성공했고, 300명의 조직원이 활동했다. 그 무렵 조봉암도 국내에 침투하여 130명의 동지가 있었다. 그리고 1924년 11월 19일(화요일), 카를 마르크스의 생일을 기념하는 뜻에서 신사상연구회를 화요회(火曜會)라 개칭했는데, 이때부터 김

---

17) 위의 책, p.58.
18) 위의 책, pp.58~61.

재봉·조봉암 등은 이르쿠츠크파를 대표하는 소위 화요회로 통했다.[19]

셋째, 일본 유학생 중심의 침투공작은 북성회(北星會)가 선두를 섰다. 북성회란 1923년 1월 김약수(金若水)·이여성(李如星) 등이 무정부주의자 박열(朴烈) 등과 갈라져 나와서 조직한 공산주의 단체인데, 이 단체는 상하이파 및 이르쿠츠크파와 경쟁하면서 우선 서울에서 토요회(土曜會)와 건설사(建設社)를 조직하고, 1924년 2월에는 신흥청년동맹(新興靑年同盟)을 조직하여 주로 경상도·전라도에 집중 공세를 폈으며, 1924년 11월에는 북풍회(北風會)로 명칭을 고쳤다.[20]

1925년까지 이 세 단체, 즉 화요회(이르쿠츠크파), 서울파(상하이파), 북풍회(일본 유학생) 등은 서로 합하기도 하고 주먹싸움도 하면서 공산주의 운동을 전개했다. 화요회는 주로 노동자층에, 서울파는 청년층에 주력한 데 비하여 북풍회는 그 중간을 빙빙 돌았다. 일본 경찰이 이 사실을 뻔히 알면서도 어느 정도 방치해 둔 것은 그네들 간의 내부 분쟁이 격화되어 자멸할 것을 기대했기 때문이며, 1924년 4월 16~20일 열린 전조선 노농총동맹(全朝鮮勞農總同盟) 때의 보고에 의하면 147개 세포망에 2만 5천 명의 회원이 있었다고 했으며, 5월 21~25일 열린 조선청년총동맹 때의 보고는 224개 지방 조직에 4만 3천 명의 회원이 있다고 했다. 그중에도 화요회의 세력은 다른 세력을 능가했다.[21]

이때 그들은 출판물을 통한 선전에도 주력했다. 이르쿠츠크파는 《적기(赤旗)》와 《선봉(先鋒)》 같은 러시아에서 발행한 공산주의 서적을 국내에 우송했다. 어떤 때는 기독교 서적을 가장하고 선교사들을 통해서까지 우송했다. 또한 국내의 네 신문 논설에 공산주의 사상을 게재하게 하는 동시에, 지식인들에게 침

---

19) 위의 책, pp.62-64.
20) 위의 책, p.64.
21) 위의 책, pp.64-65.

투하여 〈개벽〉·〈신천지〉·〈조선지광(朝鮮之光)〉 같은 월간 잡지의 지면을 차지하여 마르크스·레닌 사상을 고취했다. 그네들은 기독교 세력마저 꺾기 위하여 일본 유학생들을 동원했다. 일본 유학생들은 주로 소도시에 독서회를 조직하고 선교사들을 배척했다. 서울에서는 주일학교 대회를 방해하는 시위를 했고, 교회 앞과 거리에서 "종교는 아편이다"라는 구호를 외치기도 했다.[22]

그들은 1921년 일본의 저명한 사회주의자 사카이(堺利彦)를 한국으로 초청하여 사회주의 선전 강연까지 했으며, 경찰의 엄중한 감시를 피하기 위해 일본에서 출판된 《사상운동》,《척후대(斥候隊)》 같은 비밀 서적을 다수 수입해서 퍼뜨렸다. 그러나 국내에서는 이 같은 서적이 전부 공산주의 서적이라기보다는 진보적인 신사조로서 일반 지식인과 학생층의 큰 인기를 독점하여 급속도로 번져 갔다.[23]

---

22) 위의 책, 주일학교 대회는 1921년 11월 1일부터 1주일간 서울 숭동교회에서, 1천여 명의 전국 대표가 모인 가운데 열렸다.
23) 위의 책, pp.65-66.

38.

제1차 농촌 조사와
3대 강령 발표

　　이미 말한 바와 같이 YMCA는 3·1독립운동 직후 제일
먼저 국제무대에 뛰어들었다. 그러나 또 하나 뛰어든 다른 무대
는 농촌사회였다. YMCA가 농촌사회에 뛰어든 이유와 동기는
크게 세 가지로 볼 수 있다. 첫째는, 이때까지의 YMCA운동은
도시 중심이었는데, 이는 자본주의가 발달된 서구사회에서는 필
요하지만 한국과 같이 자본주의가 발달하지 못하고 아직 봉건사
회를 완전 탈피하지 못한 사회에는 맞지 않다는 것이었다. 이에
대하여 당시 총무 신흥우는 다음과 같이 말했다.

　　YMCA가 우리나라에 들어온 것은 미국이나 영국을 통해서다. 영국
　　YMCA는 산업혁명의 소산이요, 미국 YMCA도 농촌보다 도시에서 번
　　창했다. 그러나 한국인의 8할 이상이 농촌에 살기 때문에 영국이나
　　미국과 같은 방식을 그대로 따를 수는 없다. 물론 YMCA의 운동 방
　　식이나 설비나 조직은 파리 기준을 토대해야 하지만 같은 문제를 가
　　진 청년들끼리 모여서 회를 묶어 가지고 '그 나라'를 찾고 건설한다
　　는 것이 근본 목적인 것이다. 그러므로 한국 YMCA는 다른 나라 도시

YMCA의 방식과 설비와 조직을 그대로 직수입할 것이 아니라, 국민 대다수가 사는 농촌에서 새로운 방식과 설비와 조직을 만들지 않고서는 무의미하다.[1]

이상 기본 동기는 당시 YMCA 지도자들의 공통된 의견이었다.

둘째는, 일반 청년의 경향을 외면할 수 없었기 때문이다. 앞 장에서 말한 바와 같이 공산주의와 무정부주의 사상이 물밀듯이 침투해 들어온 결과, 전통적인 사회가 무너지고 새로운 사조에 대한 관심이 비등하기 시작했다. 이로 인해 민중은 방향을 잃고 청년들은 방황했다. 당시 시대상은 그야말로 극도의 혼란과 공포에 싸여 있었다. 3천만 민족의 순정을 모아 고이 바친 3·1운동의 꽃다발은 야만스런 일본 제국주의 군마의 발굽에 차여 여지없이 유린되었고, 금방 찾을 것만 같던 민족 독립은 수포로 돌아가고, 갈피를 잡을 수 없는 신사조들만이 휩쓸려 들어오니 여기에는 실망과 비애와 자포자기만이 있을 뿐이었다.

당시 청년회들의 고민·실망·퇴폐 사상을 작가 오상순(吳相淳)은 1920년 창간된 〈폐허〉에서 다음과 같이 말했다.

우리 조선은 황량한 폐허의 조선이요, 우리 시대는 비통한 번민의 시대이다. 이 말은 우리 청년들의 심장을 도려내는 듯한 아픈 소리다. 그러나 나는 이 말을 아니 할 수 없다. 엄연한 사실이기 때문에…… 부정할 수 없다. 폐허 속에는 우리의 내적·외적·물적인 모든 불행·결핍·결함·공허·불만·우울·한숨·걱정·근심·슬픔·눈물·멸망과 사회악이 쌓여 있다.[2]

---

1) 신흥우, 방송 녹음 기록, 396-402쪽.
2) 백철, 《신문학 사조사》, 제4장 퇴폐적으로 문학이 병든 시대(민중서관, 1962), 124쪽.

이러한 시대상은 일본 유학생들을 통하여 수입된 자유주의 · 허무주의 · 무정부주의 그리고 프랑스의 세기말적 퇴폐주의와 병적 문학의 영향이라 할 수 있다.

셋째로, 국민 경제 파탄을 외면할 수 없었기 때문이다. 일제는 3 · 1운동 이후 문화정치를 하는 척하면서 경제면에서는 더 가혹한 착취를 했다. 1920년부터 일제는 15년간에 걸쳐 장기 계획으로 한국 쌀을 일본으로 빼돌릴 궁리를 했으며,[3] 부족한 양곡은 만주로부터 들어오는 조 · 수수 · 콩 등으로 보충하는 통에 한국인의 경제 상태는 엉망이었다. 그 결과 3 · 1운동이 일어나던 해에 3.4퍼센트의 비중을 차지하던 지주가 7년 뒤 6 · 10만세가 일어나던 해에는 3.8퍼센트로 증가했고, 소작농의 경우 1백만 3천 호였던 것이 7년 뒤에는 119만 3,009호로 격증했다.[4] 그리하여 농토를 잃은 농민은 산에 들어가 화전민이 되든지 아니면 북간도나 만주로 남부여대(男負女戴)하여 이주하지 않으면 안 되었다.

이러한 시대에 직면하여 YMCA가 제일 먼저 벌인 운동은 전국 순회 전도운동이다. 1920년 7월 1일부터 12월 말까지를 기한하여 전국에 전도대를 파송했다.[5] 그 전도대 대장 김필수 목사는 "만물의 마지막이 가까웠으니 그러므로 너희는 정신을 차리고 근심하여 기도하라. …… 각각 은사를 받은 대로 하느님의 각양 은혜를 맡은 선한 청지기같이 서로 봉사하라……"는 베드

---

3) 〈농민문화〉 1976년 6월호, 15쪽.
4) 위의 책, 16쪽, 또한 최호진(崔虎鎭), 《근대한국경제사》.
5) 〈동아일보〉 1920년 6월 24일자 기사, 그때 전도대 조직은 다음과 같다.
　경기 · 경북: 연사 김필수(金弼秀), 노준택(盧俊鐸), 이강호(李康浩)
　　　　　　　악사 최동준(崔東俊), 이종찬(李鍾贊)
　충북 · 전북: 연사 홍순정(洪淳偵), 한석원(韓錫源), 장집(張執)
　　　　　　　악사 최영복(崔永福), 최용진(崔龍鎭)
　강원 · 충남: 연사 김종우(金鍾宇), 김인영(金仁泳), 홍병선
　　　　　　　악사 박태원(朴泰元), 박태준(朴泰俊)
　함경 · 강원: 연사 김일선(金一善), 이관운(李觀運), 김재형(金在衡)
　　　　　　　악사 양재명(梁在明), 이기환(李基煥)

로전서 4장 7-11절 말씀으로 전도대원들을 격려했다.[6]

한편 윤치호 회장은 '돈이 있어야 산다'라는 제목을 걸고 "무엇보다도 상공업을 발달시켜야 하겠습니다. 세상만사가 돈 없이 되는 일이 없고, 먼저 육체의 생활을 유지하지 못하면 도덕도 지킬 수 없으니 상공업을 진흥시켜 실력을 길러야 하겠습니다. 어린아이 장난감이라도 만들어 돈을 벌어야 하겠습니다. ……조선인은 종래 실업을 천시하기 때문에 이 모양이 됐으니, 어서 적은 것이라도 상관 말고 상공업을 진흥시켜야겠습니다"[7]라고 외치는가 하면, 이상재 명예총무는 "무엇보다도 도덕심을 양성해야겠소. 조선인은 과거에 도덕과 정치가 부패한 까닭에 시기와 질투심이 많다. ……예수는 남을 위해 자기 목숨을 바쳤으니 그것을 배워서 시기심을 없애야 하겠소……"[8]라고 외쳤다.

이보다 더 구체적인 운동은 농촌운동이다. 우선 신흥우 총무는 한 해 겨울을 농촌 조사에 보냈다. 그는 1923년 겨울, 서울에서 약 30리 떨어져 있는 '자마장'이라는 동네와 약 100리 되는 '부곡리'라는 동네에서 지냈다. 3개월간 농촌에서 농민들과 같이 자고 먹고 지내면서 농촌 사정을 자세히 조사했다. 우선 농민들의 실정·관습·가족 문제·생활·교육·종교·심리상태 등 전반적인 진상 파악에 노력했다. 그것이 제1단계 농촌 조사다. 이 조사를 마치고 돌아와 신흥우 총무는 즉시 이를 이사회에 보고하고 다음과 같은 기본 강령을 발표했다. "우리는 모든 국민의 경제적 향상과 사회적 단결과 정신적 소생을 도모한다." 여기서의 3대 목표에 대하여 신흥우 총무는 다음과 같이 설명했다.

---

6) 위의 자료.
7) "신생(新生)을 추구하는 조선인, 현하급무(現下急務)는 과연 하(何)인가라는 강연에서…… 물질중시", 〈동아일보〉 1922년 4월 1일자 기사.
8) 위의 자료, "도덕의 건설".

(1) 정신적 소생에 대하여[9]—1855년 YMCA 세계대회가 파리에서 개최되었을 때, 파리기준이라는 기초 선언에 "청년들을 하나로 뭉치고 또 그 힘을 합하여 청년들 가운데 그의 나라의 확장을 힘쓴다"라는 말이 있었는데, 우리 한국과 같이 일제의 탄압으로 독립을 잃고 살 때 YMCA 운동이 절실히 요구된다. 농촌운동도 농촌 청년들의 정신을 부활시키지 아니하면 성공할 수 없다. 그런데 농촌을 조사해 보니 농촌 청소년들은 거의 다 자포자기 상태에 있다. "저희 같은 촌놈들이 뭘 압니까? 땅이나 파고 살다가 죽으면 되지요" 하는 것이다. 이것이 나라 독립에 제일 큰 장애물이다. 그러므로 그들에게 '나'라는 가치를 일깨워 주어야 한다. '나'도 하나의 사람이다. '나'도 다른 사람과 같이 눈이 둘 있고, 귀가 둘 있고, 팔다리가 갖추어져 있다. 나쁜 사람이 되려면 나쁜 사람이 될 수 있고, 훌륭한 사람이 되려면 훌륭한 사람이 될 수 있다. '나'보다 더 큰 사람도 없고, '나'보다 더 작은 사람도 없다. '나'도 내 한 몫의 짐을 질 수 있다. 우주에 가득 차 있는 '나'와 '너'의 힘이 하나가 될 때는 실패하는 일이 있을 수 없고, '나'와 '너'가 하나가 되는 순간 승리는 우리 것이 된다.

(2) 사회적 단결에 대하여[10]—어떤 운동을 시작할 때는 설비도 있어야 하고, 건물도 있어야 하고, 조직도 있어야 하는데, 영국 청년들이 YMCA 운동을 시작할 때는 시설이나 건물도 없이 다만 굳게 뭉침으로써 큰 세력을 만들게 되었다. 그들끼리 모여 회를 묶어 가지고 운동을 할 때 나라를 찾게 되었다. 한국의 한 농촌에는 30호도 있고, 50호도 있고, 100호도 있다. 그 속에서 청년들이 의논하여 뭉칠 때는 그것이 유일한 시설이 될 수 있고, 유일한 방법이 될 수 있다. 농촌사업이라고 하지만 이것이, 농촌 청년들끼리 힘을 합하여 공동의 번영과 발전을 위하여 일

---

9) 신흥우의 방송 녹음 가운데 일부를 간추린 것이다.
10) 위의 자료.

하게 하는 운동이라야 한다. 이름이야 뭐라 하든 농촌사업은 거기 있는 청년들이 작정하여 야학도 조직하고, 공동으로 사고 팔 수 있는 협동조합도 만들어 운영하고, 상부상조하는 공제조합도 만들어 자기네 문제를 자기네 공동의 힘과 노력으로 해결하고 향상시키게 하는 운동이다. 사람은 부지런하고 정직하기만 해선 잘살 수 없다. 사람은 사회적 동물이기 때문에 잘 단결해야 한다. 농촌에 사는 사람들이 자기네 경제생활을 잘 조직화해서 살 수만 있다면 한 손으로 다섯 말의 쌀을 들 수 있던 사람이 열 섬도 들 수 있고, 스무 섬도 들 수 있게 될 것이다. 금전을 운영하는 데도 잘 조직만 하면, 이리 옮겨놓고 저리 옮겨놓고 하는 가운데 자기 생활을 윤택하게 만들 수 있다.

　(3) 경제적 향상에 대하여[11]—우리 경제생활이 나아지고 잘살게 되려면 무엇보다 먼저 정신적으로 각성해야 한다. 그러기 위해서는 먼저 글을 배워야 한다. 가갸거겨부터 배워야 한다. 영웅이 따로 없다. '당신네'들이 깨달으면 훌륭한 영웅이 될 수 있다. 미국이나 영국이 부유하게 사는데, 우리는 그들의 힘을 빌려 그들에게서 가져오지 않아도 된다. 부와 행복은 '당신네' 마당에서 찾을 수 있고, '당신네' 울타리 안에 있다. 당신네 동네에 있는 것, 시뻘겋게 된 산, 허옇게 물로 씻겨 나간 강변, 이런 것을 잘 이용할 것 같으면 당신네가 잘살 수 있다. 씨 뿌리는 방법, 종자 고르는 방법, 밭 가는 방법, 축산법 등을 가르쳐 주기도 해야 하지만, 경제생활에 제일 중요한 것은 역시 정신적 문제다. 이와 같은 정신적 소생은 경제 향상과 일정한 관계가 있다.

　그러므로 우선 우리는 농촌 청년들에게 우리도 잘살 수 있다는 증거를 보여 주어야 한다. 농촌으로 갈 때는, 낮에는 그들이 일을 하니까 밤에 가야 한다. 우선 흥미를 끌어야 하니까

---

11) 위의 자료.

무슨 놀이도 해보고 악기도 가지고 간다. 그리고 어떤 집 마당이나 마루를 얻어서 재미있게 놀아 준다. 차츰 친해지면 동네 사람들과 얘기도 한다. 절대로 얻어먹지는 말아야 한다. 그들에게 폐를 끼쳐서는 안 되기 때문에 허리에 차고 있던 백철로 만든 밥그릇을 꺼내 같이 먹는다. 이렇게 되면 단박에 그들은 새사람이 된다. 누가 "이걸 하고, 저걸 하소, 하지 마소, 그만두시오" 하지 않더라도 정신만 차리면 거기에 굴하지 않고 잘살게 된다. 경제 향상은 정신적 소생에서 오는 법이다.

이상 신흥우 총무의 설명은 그의 방속 녹음기록에서 찾아 간추린 것인데, 여기서 우리는 YMCA 농촌운동의 기독교적 정신과 사회적 방법이 무엇이었는지 알 수 있다.

39.

농촌운동의 기본 계획과
국제 제휴

제1차 농촌 기초조사를 마친 YMCA 당국은 1924년 신흥우 총무를 미국에 파송하여, 당시 YMCA 국제위원회 총무 모트, 브로크만(Flecher S. Brockman 한국에 있는 Frank M. Brockman의 친형), 페니(J. C. Penny, Penny Store 백화점 경영자) 등과 만나 레이크 플래시드(Lake Placid)에서 5인 회담[1]을 했다. 이 회담에서 그들은 다음과 같은 합의를 보았다.

(1) 전국에 10개 지역을 선정하여 북아메리카에서 파송한 전문 간사를 배치한다.

(2) 이 전문 간사는 1925년부터 시작하여 1년에 2명씩 5년간 10명을 파송한다.

(3) 이 전문 간사들은 전부 농촌 문제 전문가인 동시에 YMCA 정신과 목적에 투철한 사람으로 한다.

(4) 조선기독교청년회 연합회는 10명의 외국인 전문 간사와 함께 일

---

1) 여기 5인 회담에는 한국 측 대표로 신흥우 총무와 브로크만(Frank M. Brockman)까지 포함하여 5인이었는데, 이때부터 페니(J. C. Penny)가 한국 농촌사업의 경제 원조를 했다.

할 수 있는 한국인 간사 10명을 두어야 한다.

(5) 각 지역에는 회의도 할 수 있고 교육도 할 수 있는 시설을 구비하며, 농사 개량과 농작물 증산을 시범할 수 있는 최소한도의 농토를 마련해야 한다.

이러한 기본 계획에 합의를 본 YMCA는 또 다른 회의를 가졌다. 1926년 4월 5일부터 9일까지 5일간 서울에서 한국 YMCA의 농촌사업을 연구 촉진하기 위한 세미나를 열게 된 것이다.[2] 참석한 사람들은 ① 한국 Y 측에서는 윤치호·이상재·신흥우·구자옥·홍병선 등 5명 ② 본래 한국에 와 있던 외국인 간사로 브로크만(F. M. Brockman)·반하트·내쉬·그레그 등 4명 ③ 농촌사업의 전문 간사로 새로 파송되어 온 외국인 기술자로 에비슨 등 2명, ④ YMCA 국제위원회를 대표하여 브로크만(F. S. Brockman), 라이언 등 2명, 총 13명이었다. 이것이 곧 간부 지도자들의 모임이었다. 이 모임에 대한 보고서는 라이언이 작성했는데, 간추려 소개하면 다음과 같다.[3]

(1) 농촌운동의 필요성—한국에는 인구 7만 5천 명 이상인 도시는 서울 외에는 없다. 인구 3만 5천~7만 5천 명인 도시는 6개, 3만 5천~2만 5천 명인 도시는 16개, 그래서 이 22개 도시의 인구는 약 75만 명이다. 전체 인구의 약 85퍼센트가 농업에 종사하고 있다. 그러므로 대다수 인구에 무관심하다는 것은 곧 한국에 대하여 사업을 안 한다는 것이 된다. 한국 농민은 심각한 경제난에 빠져 있다. 전 국토의 20퍼센트만이 경작 가능한 농토이며, 전체 농민의 4분의 3이 소작인이다. 더욱이 농민들은 이자가 비싼 빚을 내서 농사를 짓고 있기 때문에, 해마다 총생산고

2) D. Willard Lyon's Notes of a Conference on YMCA Rural Work in Korea, held in Seoul, April 5~9, 1926.
3) 위의 자료.

의 30~48퍼센트에 해당하는 이자를 고리대금업자에게 주어야
한다.

그러므로 농민들은 서로 협동하여 농사짓는 방법을 개량
하고 소기업으로 발전시키지 않으면 희망이 없다. 농민들은 싼
이자로 농자금을 얻어 종자를 구입하고, 비료를 사고, 농기구를
살 수 있는 방법과 농산물을 비싼 값으로 팔 수 있는 방법을 모
르고 있다. 누가 이런 방법을 가르칠 수 있는가? 이를 위하여 서
양 선진국에서 쓰던 방법을 수입할 수 있는가? 한국 YMCA는
이러한 절망적인 시기에 부름을 받고 있다. 그러나 이 사명을 완
수하기 위해서는 외국의 원조가 불가피하다.

(2) 목적—농촌사업의 기본 목적은 농민들의 정신적·문
화적·경제적 향상에 있다. 제일 중요한 것은 농민들로 하여금 하
느님과 이웃과의 올바른 관계에서 살게 하며, 일상생활을 통하
여 정신적 가치를 인식하게 하는 데 있다. 그러므로 그들에게 글
을 가르쳐서 문맹자가 없게 하며, 농사 개량과 협동정신을 키워
줌으로써 그들의 경제 상태를 향상시켜야 한다.

(3) 재정 조달—농촌운동에 관심 있는 도시 청년회와 학
생 청년회가 필요한 재정과 자원, 지도자들을 조달해야 한다. 그
리고 해당 농촌은 최소한의 집회 장소를 마련하고, YMCA 연합
회는 필요한 서적을 제공해야 한다. 물론 YMCA 연합회는 모든
연합회 직원의 생활비를 전담해야 한다.

(4) 출판물 조달—각종 문서와 서적이 있어야 한다. 예를
들면 문맹 퇴치를 위한 교과서, 농민들의 이자 문제를 해석한 소
책자, 농사 개량에 대한 설명 책자, 그 밖의 소책자가 필요하다.
농민들에게 책값을 받는다면 인쇄비 정도만 받아야 한다.

(5) 실무자 훈련—도시 청년회와 학생 청년회는 실무자들
을 농촌에 파견하기에 앞서 그들의 지도력 양성과 훈련에 특별히
주력해야 한다. 처음부터 중앙에는 중앙훈련소를 두고, 지방에
는 지방별 훈련소를 두고, 통일된 계획하에 지도자 훈련사업을

추진해야 한다. 그리고 지방 훈련소는 그 지방에서 선발된 지도
자를 훈련하고, 그 지도자들은 각 촌락의 지도자들을 훈련한다.
훈련사업의 성공 여부는 훈련에 필요한 시설이 충분한지 못한지
에 달려 있다.

(6) 외국인 간사들의 임무—농촌사업에서 외국인 간사들
의 주요 임무는 다음과 같다.

(ㄱ) 외국인 간사는 해당 청년회가 제정한 여러 가지 정
책과 원칙을 수행하는 전문가이며, 청년회 사업의 기술자이다.

(ㄴ) 외국인 간사는 한국인 간사의 자문·협조자로서
그 업무 집행의 찬조자이다. 업무 집행의 전 책임은 수임 받은 한
국인 간사들에게 있다.

(ㄷ) 외국인 간사는 청년회와 선교사 단체 사이에서 봉
사하는 연락관 구실을 하는 자이다.

(ㄹ) 그리고 외국인 간사는 청년회와 선교사 단체의 밀
접한 연관관계를 수립하며, 사람들로 하여금 크리스천이 되게 하
며, 지도력을 강화하고 국제적인 이해 증진을 도모하는 자이다.

이상 외국인 간사들의 임무 규정은 그들이 다른 나라에
와서 봉사할 때 갖기 쉬운 인종차별 의식 때문에 하는 말은 아니
다. 다만 문화적 배경이 다른 나라에 와서 일한다는 사실 때문에
하는 말이다. 그리고 그들이 이러한 임무를 잘 수행할 수 있느냐
없느냐 하는 문제는 그들이 한국에 오기 전에 얼마나 훈련받고
교양을 많이 닦았느냐에 달려 있다. 그러나 이보다 더 중요한 것
은 자신의 능력과 인간성 여하에 달려 있다고 할 수 있다.[4]

4) 위의 자료, pp.1-4.

40.

농촌사업 개시와
교계 대표자 협의회 소집

조선 공산주의의 출현에 대해선 36장에서 말했거니와,
공산주의 사상은 국내 지식인들과 학생층에 마구 번졌다. 이 기
회를 타서 재빨리 국내에 침투하는 데 제일 먼저 성공한 공산주
의자가 이르쿠츠크파의 김재봉(金在鳳)이다. 그는 동지를 규합하
여 화요회를 조직할 뿐 아니라, 서울파(상하이파), 북풍회(일본 유학
생파)까지 통합한 단일 세력을 구축하기에 성공했다.

그는 무엇보다 먼저 언론인·신문기자·지식인·각종 월간
잡지 편집인들을 포섭하는 데 주력했다. 그는 화요회를 중심으
로 몇몇 서울파 공산주의자들을 제외한 모든 공산주의자를 포
섭했다. 마침 한국 언론인으로 조직된 무명회(無名會)가 연차 대
회로 모이는 것을 기회로, 1925년 4월 17일 서울 아서원에서 공
산당 창립총회를 소집했다. 토요회 회원이 대다수를 차지한 가
운데 17명이 비밀 집회를 가졌다. 사회는 북풍회의 김약수가 했
고, 선출된 7명의 중앙위원회는 화요회 3명, 북풍회 2명, 서울
상하이파 2명이었다. 18일에 모인 중앙위원회에서는 회명을 '조
선공산당'으로 하는 동시에 김재봉을 책임비서로 선출했다. 이로

써 한국 공산당이 처음으로 창당됐다. 그리고 이 중앙위원에 당선되지 못한 조봉암은 조선 공산당 산하 단체의 하나로 '고려공산청년회'를 조직했다. 이 청년회에서는 세 파의 비율은 무시됐기 때문에 17명의 참가자 거의 전부가 화요회 회원이었다. 집행위원회는 곧 박헌영을 책임비서로 선출했다. 그러나 이 최초의 공산당 조직은 1925년을 기하여 섬멸되고 말았다.

그다음 조직된 것이 제2차 공산당인데, 이것은 1926년 2월 김재봉이 자기 후계자로 강달영(姜達永)을 지명하고, 박헌영이 권오설(權五卨)을 지명함으로써 조직됐다. 그리고 제3차 공산당은 1926년 말 이정윤(李庭允)이 주도하는 서울파(소장파)와, 김철수가 주도하는 구 상하이파, 즉 LL당(Lennist League)과 안광철이 주도하는 북풍회의 후신인 1월회가 합쳐져 조직되었다. 그러나 이 3차 공산당은 신간회(新幹會)와 연립전선을 펴는 것이 좋으냐 나쁘냐 하는 문제로 치열한 내분이 생겨 아무런 효과를 못 내고 말았다. 제4차 공산당은 1928년 3월 차금봉(車今奉)을 당 책임비서로 선출하면서 조직되었다. 그들은 신간회 주요 간부들을 포섭하는 데 주력하며 운동을 전개했다. 그 뒤 1928년 9월 1일 국제 공산당 세계대회 때 조선 공산당의 정식 가입이 인준됐고, 그해 12월에 그 유명한 '12월 지령'이 있었는데, 이때까지 국내에서는 공산당이 네 번이나 나고 꺼지고 했다.

반면 YMCA 운동은 우선 기구 개편을 단행했다. 1925년 2월을 기하여 이때까지 Y 연합회와 중앙청년회의 총무를 겸했던 신흥우로 하여금 Y 연합회 총무만 전담하게 하는 동시에, 6월에 가서는 학생부 간사 홍병선으로 하여금 신설될 농촌부 간사를 겸하게 했다.[1] 따라서 11월에는 Y 연합회 내에 농촌부와 도시부를 신설하고 각 위원회에 5인씩의 위원을 선임했다.[2] 그 결과

1) 제5회 기독교청년회 연합회 정기대회 회록, 20쪽.
2) 위의 자료. 농촌부 위원은 유성준(兪星濬)·박동완(朴東完)·김창제·이순기(李舜基)·변영서

평양과 원산 Y를 제외한 중앙(서울 Y)·선천·함흥·교남(대구)·광주·신의주 등 6개 도시 Y가 일제히 농촌운동을 시작했으며, 학생 Y로는 숭실전문학교(평양)·영명학교(공주)·영생학교(함흥)·광성고보(평양)·송도고보(개성) 등이 농촌운동을 시작하게 됐다.[3] 따라서 농촌운동의 더 활발한 추진을 위하여 Y 기관지 〈청년〉을 1926년 1월부터 조선여자기독교청년회 연합회(YWCA)와 협동해서 운영하기로 결정했다.

이와 같은 움직임을 보이자 각 신문은 이 사실을 대대적으로 취재했다. 1925년 벽두 1월 1일자 〈동아일보〉 기사를 보면, 신흥우 총무는 "금년부터는 노동야학을 확장해서 노동자와 무산자를 위하여 고등한 것보다 보통 교육을 실시해서 대다수에게 편의를 주려고 합니다. 그리고 금년부터는 사업의 입장을 바꾸어, 도시를 버리고 전체의 8할 이상이나 되는 농촌의 계발을 표준하고 일을 하려 합니다. 그리고 우리가 지금 경제적으로 파멸당하고 있지만 정신상으로는 점점 결심하자는 것이 보이므로 장래에 많은 희망을 붙이고 기뻐합니다"[4]라고 말했다.

한편, 〈동아일보〉는 2월 14일자 기사에서 '농촌에다 천당 건설'이란 제목으로 중앙기독교청년회의 새 사업에 대해 다음과 같이 말했다. "사람의 도회 생활은 헛생활이다. 조선인의 10분의 8까지가 농촌 소작인들이다. 조선인은 무엇보다 농촌 개발에 힘써야겠다는 취지로 시내 종로에 있는 중앙기독교청년회에서는 농촌사업을 새로 계획하고, 우선 경성을 중심으로 하여 10리 내지 30리 이내의 여러 농촌으로 전문 지식을 가진 회원을 파송하여 3개월 동안 열기로 하고 간이 교육 강습소를 설치하여 문맹의 동포에게 지식을 주어, 농민의 고문이 되어 농작물에 대한 것은 물론이요, 위생에 관한 것이든 농가 부업이든 무보수로 직접

(邊永瑞, B. W. Billings), 도시부 위원은 윤치호·백남채·양주삼·구자옥·조만식이었다.

3) 위의 자료, 뒷면 부록 통계.

4) 〈동아일보〉 1925년 1월 1일자, "농촌개발에 진력".

원조하여 농촌의 향상 발달에 헌신적인 노력을 하리라는데, 때때로 활동사진과 환등을 이용하여 촌민에게 오락을 주고, 또 한 달에 한두 번씩 명사를 청하여 농민에게 필요한 통속적 강연을 하게 하리라더라."[5]

　　여기 나타난 '노동자 무산자를 위한 사업'이라든가 '농촌에다 천당 건설' 등과 같은 용어는 당시 '무산대중의 유토피아' 또는 '계급도 없고 차별도 없는 공산사회 건설'과 같은 사회주의자들의 용어와 일맥상통하는 데가 있음을 발견한다. 이러한 용어 사용을 통해 당시 청년회가 민중에게 얼마나 적극적으로 호응했는지 알 수 있다.

　　이보다 앞서 청년회 간사 이대위는 더 구체적으로 노동자 농민운동을 강조한 바 있다. 그는 '민중화(民衆化)할 금일(今日)과 농촌 개량 문제'란 제목의 다음과 같은 글을 썼다. "전 세계 인구 16억 중 10분의 8, 9는 노동자라 할진대, 그들을 제외한 이론이 합리적인 이론이 될 이유가 무엇이며, 그들을 제외한 운동이 합리적인 운동이 될 것이 무엇인가? 그리하여 과거의 뭇 사회 개조가들 중에 톨스토이와 러스킨 같은 이는, 그의 운동 중의 최고봉은 오직 농민에게로 나아가라 하였으며, 레닌 같은 이는 전 러시아로 하여금 공산주의까지 실행하게 하였으되…… 내지에 거주하는 사람으로만도 1천 8백만이라 하고 그중의 농민과 노동자를 제외한 다른 계급이 몇 사람이나 되는가? 이것이 무엇보다도 절실한 문제요 긴급한 문제다."[6] 이 글에서는 마르크스나 레닌 외의 다른 사상가에게서 노동자 농민을 위한 사상 체계의 근거를 찾자는 노력도 엿볼 수 있다.

　　YMCA 국제위원회는 한국 YMCA와의 협약대로 1925년 5월에 에비슨(G. W. Avison)과 쉽(F. T. Shipp)을 파송하게 했

---

5) 〈동아일보〉 1925년 2월 14일자, "농촌에 천당 건설".
6) 이대위, "민중화할 금일(今日)과 농촌개량 문제.〈청년〉 1924년 5월호, 4권 5호, 4-5쪽.

는데,[7] 전자는 쌀에 관한 전문가이고, 후자는 교육 전문가다.

이와 때를 같이하여 1925년 12월 28~29일 양일간 서울 조선호텔에서는 '조선 기독교계 대표자 협의회'가 열렸다.[8] 이 회는 국제선교협의회(International Missionary Council) 회장 모트(J. R. Mott) 박사의 내한을 계기로 그의 제청으로 개최된 것이다. 이 협의회는 윤치호를 의장으로 하여 한국 교회의 각파 지도자 및 선교사를 포함한 60명의 회의였다. 모트 박사는 1928년에 열릴 예정인 예루살렘 세계선교대회에 앞서 각국 여론과 실정 파악이 목적이었으며, 한국 교회로 하여금 국제선교협의회(International Missionary Council)에 가맹하게 하는 것이 주목적이었다.

각파 교계 대표자들은 한국인 30명, 선교사 30명 도합 60명으로 구성되었는데, 한국인 대표는 대부분 YMCA 관계 이사였다. 서울에서는 윤치호·이상재·신흥우·홍병선·구자옥·오긍선·양주삼·유억겸·오화영·변성옥, 함흥 Y에서는 이순기, 평양 Y에서는 김동원·김득수, 광주 Y에서는 최흥종, 그 밖에 한석진·임택권·차재명·최디모데·장규명·남궁혁·길선주·김성모·김우순·이자익·이익모·이승훈 등과, 김활란·윤활란·김미리사·이 여사(Mrs. K. K. Lee) 등 여성을 포함한 30명이며, 이건춘은 진행위원이었다.[9] 제1분과는 현하(現下) 기독교회와 그 사업에 대한 조선 청년의 태도, 제2분과는 조선 기독교 사업에 대한 재평가, 제3분과는 신앙의 영력, 제4분과는 앞으로 개회 예정인 국제선교협의회와 조선 예수교 연합공의회의 관계 등을 다루었다.

제1분과에서는[10] 주로 한국 교회 청년들의 사상적 불안과

7) 제5회 기독교청년연합회 정기대회 회록, 10쪽.
8) Conference of Representative Christian Leaders of Korea with Dr. John R. Mott, Seoul, December 28~29. 1925.
9) 기독교 대표자 명단은 30명의 한국인 외에 외국인도 30명이 있다. 이건춘은 내쉬, 에비슨, 쉬프(F. T. Shipp) 등 YMCA 외국인 간사들과 함께 진행위원이었다.
10) 위의 자료, pp.2-3.

사회 문제에 대해 논의했다. 이런 경향은 도시의 학생층과 실업자층에 더욱 심하다. 사상적 불안은 특히 러시아와 프로 문학의 영향이 크다. 좌익 계열 신문·잡지·소책자 등은 종교를 노골적으로 공격하고 있으며, 이 공격은 한국의 경제적 곤란으로 가중된다. 그러므로 한국 교회는 교육 청년들로 하여금 불신자 학생과 청년들을 지도할 만한 능력을 길러 주어야 한다. 이러한 실력 배양 없이는 유물주의에 물든 좌익 청년들을 이겨 낼 수 없다. 그리하여 최종 결론은, 조선예수교 연합공의회는 조선 청년들이 당면한 사회문제와 문화적 혼란에 관한 각종 기독교 서적 및 해설서를 출판 보급해야 한다는 것이다.

제2분과에서는[11] 지난 40년 개신교의 역사를 돌이켜보았다. 오늘날의 당면 과제와 정치적·경제적 생활 여건은 크게 변했다. 과거와 현재 사이에는 엄청난 차이가 있다. 그러므로 ① 우리는 소속 교회 수의 통계 즉 교역자 수·학생 수 등에 관한 통계적인 연구와 함께 그 문제성을 분석해야 한다. ② 과거의 선교 방법을 그대로 오늘에 적용해서는 안 된다. 선교사들 중에는 현 상황에 맞지 않는 방법을 씀으로써 한국인과 선교사들 사이에 소외 현상을 빚고 있다. ③ 외국에서 사용하는 방법을 그대로 한국에 적용해선 안 된다. 한국에는 한국 사회의 독특한 경제 여건과 문제가 있다. ④ 한국 교회 지도자들의 질을 향상시켜야 한다. 모든 남녀 청년을 지도할 수 있는 유능한 지도자가 양성되어야 한다. ⑤ 교회를 버리고 관립 학교에 들어간다. 이 현상은 초대와는 정반대 양상이다. 이는 중대한 문제이므로 하루빨리 문제의 핵심을 파악하고 대책을 강구해야 한다. 그리하여 다음과 같은 네 가지 최종 결정을 내렸다. (ㄱ) 현재의 조선예수교 연합공의회를 더 강력한 연합기구로 육성해야 한다. (ㄴ) 공의회 안에 특별 조사위원회를 둔다. (ㄷ) 특별 조사위원회는 9명으로 구성하되 만일의

---

11) 위의 자료, pp.4-6.

경우를 대비하여 이 위원회에 전권을 부여한다.

제3분과에서는[12] 주로 교회 내 신앙의 역학적인 면을 다루었다. 오늘날 청년들은 가정 예배·안식일 엄수·교회 출석 등에 염증을 느끼고 있다. 이는 15년 전부터 나타난 현상이지만, 아주 열성이 식은 것은 아니다. 그러므로 다음과 같이 건의한다. ① 선교사들과 한국인 목사들은 개인의 영력을 불러일으켜야 한다. ② 우선 선교사들과 한국인 교회 지도자들이 성신을 받아야 한다. ③ 신학 교육이 철저히 시행되어야 한다. ④ 한두 사람의 지도자라도 더 나타나도록 열심히 기도해야 한다. ⑤ 교회 안의 기독교 교육에 주력해야 하며, 교회 학교만 아니라 관립학교 학생의 신앙생활에도 유의해야 한다. ⑥ 다른 나라의 교회도 한국 교회를 위하여 특별 기도일을 정하고 기도해 주어야 한다. ⑦ 다른 나라 교회도 기독교 문서 운동에 협조해야 한다. ⑧ 다른 나라 교회는 전국 교회 부흥을 위해 강사를 파송해야 한다.

제4분과에서는[13] 주로 국제선교협의회(International Missionary Council) 가입 문제와 예루살렘 세계선교대회의 대표 파송 문제를 다루었는데, 우선 조선예수교 연합공의회가 정식으로 가입할 것을 만장일치로 결의했다. 그리고 한국은 비록 교회 역사가 짧고 작은 나라지만 이미 선교사를 '보내는 나라(sending nations)'의 범주에 드는 나라가 된 만큼 예루살렘 세계선교대회에 9명까지의 대표를 파송하되 그 대부분이 한국인이어야 한다는 것을 만장일치로 결의했다. 또한 제2분과의 요구를 받아들여 조선예수교 연합공의회 헌장을 수정하는 동시에 정식 대표를 파송하게 한다.

종합 토의에 들어가 의장이 9명의 특별 조사위원을 발표하니, 노블(W. A. Noble)·한석진·임택권·윤치호·저다인(J. L. Gerdine)·최흥종·김활란·이순기·밀러(N. Miller) 등이었다.

---

12) 위의 자료, pp.6-8.
13) 위의 자료, pp.9-10.

'조선 기독교계 대표자 협의회'는 비록 짧은 기간에 소수 인사가 모여 진행되었지만, 구성 인물이나 개최 시기, 토의 내용은 그야말로 한국 기독교사의 대전환기를 이루는 뜻깊은 회의라고 할 수 있다. 우선 개최 시기만 보아도, 회의가 개최된 1925년은 조선 공산당이 창당되어 또 하나의 기독교의 강적이 등장한 해이며, 한국 YMCA가 농민 속에 파고들어가 공산당과 맞서면서 농민운동을 전개한 해이기 때문이다. 따라서 이 해를 기점으로 한국 교회는 '보내는 나라'라는 칭호를 쓰게 되었으며, 한국 교회의 주체 의식이 강조되기도 했다.

　한 예로, 한석진 목사는 그 회의 때 한국 교회의 주체성을 강조하는 발언을 하여 장내 분위기를 삼엄하게 만들었다. 그는 회의석상에서 "나는 우리나라에 와 있는 선교사들이 많이 수고하고 있는 것을 잘 알고 있다. 그리고 그들의 공적을 결코 무시하는 바 아니나, 지금 그들이 조선 교회를 위해 일하는 방법이나 생각하는 것은 도저히 교회 발전에 도움이 되지 못함은 물론, 도리어 해독을 끼치고 있다고 생각한다. …… 진심으로 조선 교회의 발전을 위한다면 그들이 모두 본국으로 돌아가든지, 그렇지 않으면 이 세상을 떠난 후 새 선교사가 조선에 와서 새로운 선교 정책으로 일하게 되는 날, 비로소 우리나라 교회의 발전을 볼 수 있게 될 것이다"라고 갈파했다.

　끝으로 한 목사는 조선 고유의 문화와 전통 및 시대 변천을 말하고 나서, 그 자리에 앉아 있는 장로교의 원로 선교사들을 가리키며 침통한 어조로 "저 선교사들이 우리나라에 와서 수고를 많이 하면서 머리들이 희게 되었으니 진심으로 감사드리는 바입니다. 그러나 이제는 이분들이 우리나라에서 할 일은 다하였으니 본국으로 돌아가든지, 그렇지 않으면 하느님 앞으로 가셔도 좋을 줄 압니다. 이것이 참으로 한국을 위한 것입니다"라고 말했다. 이 말을 듣고 있던 마포 삼열(S. A. Moffett) 목사가 이에 대하여 발언하려 일어섰을 때 한 목사는 "마 목사, 당신은 속히 이 나라를 떠나지 않으면 금후에는 유해무익한 존재가 됩니다. 마 목사는 처음부터 나와 함께 일한 친구요 동지로서 그를 진심으로 사랑하기 때문에 하는 말이니 용서하시기 바랍니다"라고 말했다.[14]

---

14) 채필근,《한국기독교개척자, 한석진 목사와 그 시대》(대한기독교서회, 1971), 229-231쪽.

41.

제2차 농촌 조사와
사업 확장

농촌운동을 위한 기초 조사와 사업 계획 및 토대를 닦아
놓은 YMCA 당국은 제2차 농촌 조사에 착수했다. 1926년, 모
트 박사의 적극적인 주선으로 미국의 저명한 사회학자이며 컬럼
비아 대학 교수인 브루너(Edmund de Schweinitz Brunner) 박사
가 YMCA 국제위원회로부터 파송되어 왔다. 그는 약 두 달 동
안 한국에 머물면서 농촌 사회 조사에 선두 지휘를 할 뿐 아니
라, 국제학자 하경덕(河敬德)으로 하여금 실무를 담당하게 했다.
사무실은 YMCA 회관 안에 두고 약 1년간 조사를 했는데, 이
조사야말로 농촌 사회에 대한 한국 역사상 최초의 사회학적 연
구였다.[1]

이 조사 보고서는 1926년 〈한국 농촌(Rural Korea)〉[2]이

1) 이만갑(李萬甲), "나의 전공 한국 사회학에 관한 논문", 〈조선일보〉 1970년 7월 15자에 보면
"1926년 미국인 학자 브루너(E. S. Brunner)가 기독교 전파를 위한 한국 농촌 연구 보고서를 작
성하여 예루살렘에서 열린 세계선교대회에서 발표한 것이 최초의 사회학적 연구의 시도이다"
라고 말했다.
2) Edmund de Schweinitz Brunner, 〈Rural Korea, a Preliminary Survey of Economic
Social and Religious Conditions〉(1926), 브루너 박사는 1927년 9월에 다시 내한하여 약 1개
월간 전국 20개 농촌을 순회했다. 〈동아일보〉 1927년 9월 8일자 기사.

란 이름으로 발표되었다. 이 보고서를 작성하게 된 직접적인 동기는, 첫째로, 한국 농촌운동의 업적을 전 세계에 선전하자는 데 있었으며 둘째로, 한국과 같은 피선교지의 농촌운동이 얼마나 긴박하며 중요한가 하는 것을 널리 선전함으로써 국제적인 협조를 얻고자 함에 있었다. 이 보고서의 서문을 보면 "한국이 조사 대상으로 선정된 이유는, 첫째로, 한국 교회의 농촌운동이 성공하고 있었기 때문이며, 최근에 와서는 한국 교회 지도자들에게서 농촌 조사를 의뢰해 왔을 뿐만 아니라, 나에게 여러 가지로 협조하여 주었기 때문입니다"[3]라고 썼는데, 여기서 한국 교회 지도자라 함은 한국 YMCA 지도자를 가리킨 말이다. 이는 이미 언급한바 조선 기독교계 대표자 협의회와 그 주동 인물을 가리키는 말이며, 처음부터 농촌운동은 YMCA 국제위원회와 한국 YMCA의 면밀한 협조하에 진행되었기 때문이다.[4]

위에서 말한 바와 같이 YMCA 국제위원회는 협약에 따라 1925년 5월에 쌀 전문가인 에비슨과 농촌 교육 전문가 쉽(E. F. Shipp)을 파송해 주었다. 그리고 1928년 10월에는 번스(H. C. Bunce)가 파송되어 왔다.[5] 그는 캐나다 사람으로 축산·과수·양계 등의 전문가이며, 1929년 3월에는 클라크(F. C. Clark)가 파송되어 왔다.[6] 그는 한국 농촌사업의 사업비를 대주고 있던 페니(J. C. Penney)의 농장 지배인이었다. 그는 농업 행정 전문가이며 농과대학 시절부터 열렬한 YMCA 지도자였다.

이러한 농업 전문가들을 맞이하여 YMCA 당국은 한국

---

3) 위의 자료.
4) 신흥우 총무 이력서 참조.
5) 1929년, 제5회 기독교청년연합회 정기대회 회록, 7쪽. 번스는 해방 후 내한하여 여러 해 동안 E. A. C. 책임자로 일한 바 있다.
6) 위의 자료, 5~6쪽. 사업 구역의 구분은 본래 8부로 되어 있었다. 1927년 2월에는 기호지방(경기·충청남북), 호남지방(전라남북), 영남지방(경상남북), 영동지방(강원·함남 일부), 황평지방(황해·평남), 관북지방(함남·간도 일부), 평만지방(평북·만주), 함간지방(함북·간도) 등이었지만, 1928년 12월에는 당분간 중앙지방, 관북지방, 관서지방, 교남지방, 호남지방 등 5부로 재조정되었다.

인 간사와 짝을 지어 함께 일하게 했다. 1929년 1월을 기하여 함흥 Y의 이순기는 관북 지방부 간사로 임명되는 동시에 번스와 짝이 되어 일하게 되고, 선천 Y의 계병호는 관서 지방부 간사로서 쉽과, 광주 Y의 최영균은 호남 지방부 간사로서 에비슨과 각각 짝이 되어 일하게 된 것이다.[7] 그리고 중앙 Y의 이기태(李基台)는 신촌의 덴마크식 고등농민학교(농민 강습소) 책임자가 되었고, 농촌부 간사 홍병선은 클라크와 짝을 지어 중앙과 지부와 전국 순회를 담당하게 됐다.

농촌 지도와 사업 추진을 위하여 각종 출판물도 많이 발간했다. 이기태는 〈청년〉지에서 '농촌으로 가자'라고 외치는 동시에 〈정말(덴마크)의 농업〉이란 논설을 9회나 연재하면서 덴마크의 농촌사업을 상세히 소개했다. 그리고 조만식의 〈기독교와 실생활〉, 김성원의 〈농촌문제의 이론과 실제〉. 홍병선의 〈구미 농촌사업의 시찰 도상에서〉, 김창제의 〈직업과 신성〉 등, 다수의 논설이 〈청년〉지에 게재되었다. 그리고 〈청년〉지에 연재하던 이상재의 "청년이여"를 단행본으로 출판하는 동시에 홍병선의 《농촌 협동조합 연구법》, 《정말과 정말 농민》 등의 단행본을 출판했다. 《이동(里洞)과 기독교 청년회》는 등사판으로 밀어서 출판했으며,[8] 1929년 2월부터 또 하나의 월간지로 〈농촌청년〉을 2,200부씩 발행했다.[9] 농민들의 교과서격인 《농촌총서》, 《농촌지남(農村指南)》, 《농촌요람(農村要覽)》 등도 발행했다.[10] 1931년 4월에는 중앙 청년회 강당에서 협동조합 연합회를 결성하기도 했다.[11]

---

7) 위의 자료, 7쪽.
8) 위의 자료, 9쪽.
9) 위의 자료.
10) 《농촌총서》는 비료편, 양계편, 해충편, 작물 재배, 양잠편, 작물의 병, 원예편, 축산편, 약초 재배, 농업경제 등 열 가지 종류의 소책자를 발행했다(1927년 〈청년〉 7, 8월 합호). 《농촌지남》은 농촌사업, 옛날 그대로 있는 농업계, 희망과 인생, 농촌 퇴폐의 원인, 농촌 문제의 요소, 농촌사업 실시와 그 방법, 농촌 가정 위생, 수도(벼)에 대하여, 닭 기르는 방법 등 열 가지 내용을 다루었다(1926년 〈청년〉 12월호). 《농촌요람》은 농촌사업의 취지와 계획, 시행 방법, 조직에 대하여, 농촌사업을 시행하는 단체, 통계와 부록 등을 다루었다.
11) 김양선, 〈한국기독교사 II〉, 고려대학교 민족문화연구소 편, 《한국문화사 대계》(고대민족문

또 한편 YMCA 연합회는 덴마크 농촌사업을 연구하기 위하여 1927년 5월 실행위원회는 신흥우·홍병선 두 사람을 덴마크에 파견하기로 했다. 이는 1925년 12월에 있었던 조선 기독교계 대표자 협의회의 결의에 따라 신흥우 총무가 예루살렘 세계선교대회의 한국 대표로 가게 된 기회를 이용한 것이다.

홍병선은 1년간 주로 덴마크 농촌운동을 연구·시찰한 뒤 1928년 6월에 귀국했으며, 신흥우는 7월에 귀국했다.[12] 이때 김활란도 덴마크 농촌을 시찰했다. 그네들은 귀국한 뒤 전국 각지를 순회하면서 "아메리카 및 구주 농촌사업 시찰" 보고 강연을 했으며, 그 밖에 이기태·이대위·반하트(B. P. Barnhart) 등이 농촌운동 선전 및 농촌 지도자 강습을 위해 전국을 순회했다.[13] 1927년부터 1929년까지 3년간 그들이 찾아간 지방을 보면, 중앙 지방의 양평리(楊平里)·청담리(淸潭里)·반포리(盤浦里)·개성·인천·수원·능곡·영등포·신촌·신당리·향주리·철원·신사리(新沙里)·포천·청주·여주·인천 등지이고, 관북지방의 함흥·원산·정평·북청·신흥·성진 등지이고, 관서지방은 선천·평양·신의주·정주·사리원·영변·해주·안악·장연·양평리 등지이며, 호남지방은 전주·광주·장흥·순천·강진·군산·이리·서천 등지, 그리고 교남지방은 마산·대구·부산 등지였다.

농촌 지도자 강습회는 지방별로 개최되었는데, 중앙청년회는 반포리 43명, 가리봉(加里峰) 30명, 성북 등 25명, 선유봉(仙遊峰) 17명, 신사리 54명 등이 참석했으며, 호남지방에서는 광주 23명, 광주 무등산 70명, 관서지방에서는 평양 75명, 선천 96명, 양평리 30명 등이 참석했고, 관북지방에서는 대성황을 이루어 함흥과 북청에서 2회에 걸쳐 무려 850여 명이 모였다.[14]

화연구소 출판국, 1970), 659쪽.
12) 앞의 자료, 8쪽.
13) 앞의 자료, 9~12쪽.
14) 앞의 자료, 12~13쪽.

이때까지 농촌운동에 참여한 도시 청년회 수는 중앙청년 회를 비롯하여 선천·함흥·평양·교남·광주·전주·신의주·원산 등 9개였으며, 학생 Y로는 연희전문학교를 비롯하여 경성의전, 마산 호신학교, 공주 영명학교, 함흥 영생학교, 평양 숭실학교 등 6개였다. 1926년 9월부터 1929년 5월까지 농촌사업의 성과를 보면 다음 통계와 같다.[15]

1. 농촌사업 조직을 마친 촌락—188개

2. 농촌사업을 실행 중인 촌락—170개

3. 농촌사업을 실행 중인 단체—18개

   (Y연합회 농촌부가 직접 하는 것 3, 도시 9, 학생 Y 6)

4. 사업에 종사하는 직원—399명

   (유급 37명, 무급 362명)

5. 협동조합—49개

   (조합원 1,692명)

6. 기타 농촌 단체—90개

   (단체원 3,910명)

7. 사용 경비—9,998원 39전[16]

   (전임강사 봉급, 인쇄비 등)

8. 수업을 마친 생도—4,856명

9. 현재 수업 중인 생도—5,793명

---

15) 신흥우 총무의 통계(Statement of Mr. H. H. Cynn to be included in the Annual Report of the Far East Area, July 10. 1929)에 의하여, "지난 2년 9개월(1928년 8월말 현재) 동안 농촌운동을 시작한 촌락이 227개, 8세부터 60세까지 야학생이 10,507명, 협동조합 22개, 농민회 82개, 그 회원이 4,148명이었다"고 했다.

16) Y 연합회 재정을 보면, 1926년에 15,247원 81전, 1927년에는 17,610원 39전, 1928년에는 14,953원 24전, 3년간의 경비가 47,811원 44전인데, 이것을 1929년 5개월간의 경비 약 6,000원을 잡아 계산하면 총경비가 53,811원 44전이 된다. 그러므로 농촌운동의 사업비 비중은 YMCA 연합회 총예산의 약 13퍼센트가 된다. 1929년 제6회 기독교청년연합회 정기대회 회록, 14-16쪽.

연대를 거슬러 올라가 1925년 2월부터 1926년 9월까지의 실적을 보면,[17]

1. 농촌사업 조직을 마친 촌락—23개
2. 농촌사업을 실행 중인 촌락—121개
3. 농촌사업을 실행 중인 단체—16개
   (Y연합회 농촌부 소관 3, 도시 Y 6, 학생 Y 7)
4. 사업에 종사하는 직원—161명 (유급 2, 무급 159)
5. 사업 경비—12,350원
   (이 경비에는 총무나 간사로서 농촌사업을 돕는 직원 봉급도 포함)
6. 농민회(기타 농촌 단체 포함)—14개
7. 수업을 마친 생도—3,500명
8. 현재 수업 중인 생도—3,200명

이 기간에 새로 가맹한 도시 Y는 별로 없다. 그러나 간사 임명 및 해외 훈련은 대단히 활발했다. 첫째, 인사 문제에서 1927년 2월부터 이기태(농촌부)·최봉칙(崔鳳則, 서적 번역) 등을 신규 채용했다. 둘째, 해외 훈련에서는 1926년 구자옥·이순기·최승만 등에게 일본 Y를 시찰하게 했으며, 1924년 12월에는 이대위를, 1926년 4월에는 이인영을 각각 미국에 파송하여 수련하게 했는데, 이인영은 1927년 2월에, 이대위는 그해 7월에 각각 귀국했다. 다시 구자옥은 1929년에, 최승만은 그해 8월에 미국에 파송되어 수련했다. 특기할 사실은 1927년 3월 28일부터 4월 2일까지 1주일간 중앙 Y회관에서 라이언(D. W. Lyon)의 인도로 YM-YWCA 학생회장 수양회를 연 것이다.[18]

각 농촌사업은 지방별로 활발히 전개됐는데, 그 내용을 소개하면 대략 다음과 같다.

17) 1926년 제5회 기독교청년연합회 정기대회 회록, 15쪽.
18) 제6회 기독교청년연합회 정기대회 회록, 8쪽.

(1) 관북지방[19]—함흥 Y는 1만 9천 원 이상의 돈을 모금하여 관북 수재민 구호 운동을 벌이는 한편, 원산 Y는 홍순혁(洪淳赫)의 한국 역사 강좌, 백낙준 교수의 특별 일요강화, 김준성 총무의 "종교는 아편인가" 등의 사회문제 강연으로 기세를 올렸다. 그리고 함흥 Y는 매주 화요일과 토요일, 이순기 총무의 인솔 하에 농촌부원과 유지회원들이 인근 농촌에 출장하여 환등회와 강연회를 열었으며, 1930년에는 각지의 협동소비조합원들을 소집하여 총회를 열기도 했다. 원산 Y는 1928년 8월을 기하여 김준성(金俊星)이 총무가 되면서 김동명(金東鳴)과 함께 무산 아동을 위한 야학과 주학부를 개설하는 동시에, 학관을 신설하여 3년제 중학교육을 실시했다. 또한 믿고 안 믿고를 떠나서 누구나 1구당 2원씩의 불입금으로 원산협동소비조합을 조직하여 병원·공장·이발소·점포 등의 조합원들에게는 특별 할인제를 실시했다. 1930년부터는 YM-YWCA 관북지방 수양회를 개최하는 등 기세를 올렸다.

(2) 관서지방[20]—신의주 Y는 1929년 3월 제5회 정기총회에서 이봉수(李鳳首)를 회장으로, 김병순(金炳淳)을 총무로 선임하는 동시에 조선 역사와 한글 강화에 주력했다. 평양 Y는 황찬영(黃贊永)이 기부한 2천여 평의 토지에 콩과 고구마 재배를 조합원의 공동작업으로 했으며, 대동군 천동리(川東里)에 절약저금조합을 조직하기도 했다. 이때 회장은 김동원(金東元), 총무는 조만식이었다. 선천 Y는 단오절을 기하여 김화식(金化湜)·채필근·장이욱·서춘(徐春)·현동완·유각경·홍병선·계병호·이대위·클라크(Clark) 등을 청하여 대대적인 금주 금연 대회를 열기도 했다.

---

19) 〈청년〉 1929년 4월호. 16쪽, 74-75쪽. 7월호 110쪽, 9월호 123쪽, 1930년 9월호 214쪽, 1931년 1월호 62쪽, 2월호 104쪽.
20) 〈청년〉 1929년 4월호 74쪽, 6월호 92쪽, 9월호 124쪽.

(3) 호남지방[21]—광주 Y는 광주군 신촌리(新村里)·월산리(月山里)·칠주리(漆珠里)·동계리(東溪里) 등에다 협동(산업)신용조합을 조직했으며, 벽도리(碧桃里) 조합은 1929년 1월 현재 총 예치금이 324원 69전에 이르기까지 했다. 그리고 광주군 용강촌(龍崗村), 순천군 수평리(水坪里), 전주군 어전리(於田里) 등의 청년들은 스스로 야학을 세우고 가르쳤다. 해남(海南)읍 교회와 월암(月岩)교회·백호(白虎)교회 등은 연합하여 해남 청년회[22] 창립을 서두르기도 했다.

한편 해남·화순·보성·장흥·영암 등 지방민들은 최영균·에비슨 등을 강사로 청해 농촌운동 지도를 받았다. 전주 Y는 1931년 2월 정기총회를 열고 곽진근(郭塡根)을 회장에, 신동기를 총무로 뽑고 일요강화를 했다. 그리하여 1930년 말 현재 호남 지방은 조합 19개, 조합원 448명, 농우회 등 농민 단체 38개이고, 회원 수 16,104명이었다.

(4) 영남지방[23]—교남 Y는 지난 수년 동안 부진한 상태였는데 1930년 9월 총회에서 최종철(崔鍾徹)을 회장에, 김만성(金萬聲)을 총무로 뽑으면서 활기를 띠기 시작했다. 그리고 11월에 중앙 Y 농촌부 간사 황영수(黃泳洙)를 청하여 농촌 부흥책에 관한 강연회를 대대적으로 한 결과, 힘을 얻어 중동(中洞)과 지산(池山)에다 협동소비조합을 창설했다. 또한 김천 Y[24]는 회원들의 공동실습답(共同實習畓)을 경영하여 큰 물의를 일으켰다. 교남 청년회는 전 도쿄 Y 부총무이며 원산 Y 총무였던 김준성을 청하여 '천국 운동'을 벌임으로써 사회에 큰 물의를 일으켰다.

---

21) 〈청년〉 1929년 6월호. 91쪽, 9월호 123쪽.
22) 〈청년〉 1929년 11월호 154쪽, 해남 YMCA는 해방 후 1946년 2월 12일 창립되었다.
23) 〈청년〉 1930년 11월호 341쪽, 1931년 1월호 104쪽. 당시 교남 Y의 부회장은 염봉남(廉鳳南), 서기는 배승환(裵昇煥)·정광순(鄭光淳), 명예 총무는 현거선(玄居善), 주임 강사는 배승환이었다.
24) 위의 책, 43쪽.

(5) 중앙지방—특히 덴마크식 고등농민수양소 사업에 주력했다. 중앙 Y의 재정 뒷받침을 기본으로 Y 연합회는 연희전문학교 땅 1만 2천 평을 빌려 가지고 신촌에다 덴마크식 고등농민수양소를 차렸다. 이 수양소는 전국에서 유능하고 열성 있는 청년들을 선발하여 1931년 11월부터 시작했는데, 겨울 동안 4, 5개월간 교육을 실시했다. 소위 사람과 소와 닭이 같이 사는 조그만 농막(Man-Bull Chicken Unit)을 짓고, 재래식 비료와 종자와 농기구, 개량식 비료와 농기구를 쓰고 어느 쪽이 수확이 더 많은지 보여 주며 교육을 했다. 수확물을 잘 파는 방법도 가르쳤다. 그리하여 영농비 1천 원을 빚내어 약 5천 평의 농토에서 이런 개량식 영농을 10년만 계속하면 빚을 완전히 갚아 버릴 수 있다는 것을 보여 주었다.

수업은 YMCA 간사들과 연희전문학교 교수들이 담당하게 했다. 여기서는 양돈·양계·양토·칠면조 기르는 법·양곡 증산법·윤작·판매·저장법·비료 주는 법·농업 행정 등 다방면의 실지 교육을 했다.[25] 이 학교는 이기태가 책임지고 Y 연합회 담당 간사가 직접 했다.

서울 근교 150개 촌락 중 39개 촌락에 Y 농민학교가 있었으며, 거기서 약 600명의 아동과 약 100명의 성인이 졸업했다.[26] 양주군 중하리(中下里), 시흥군 잠실리, 고양군 행주외리(幸州外里)에서는 해마다 서울 부근의 청년들을 모집하여 농촌 지도자 강습회를 열었다.[27]

한편 학생운동도 열을 띠었다. 특히 1927년부터는 하령회를 YM-YWCA 연합으로 했다. 다시 말하면, YMCA 제16회

---

25) The Rural Program of YMCAs in Korea, Published by the National YMCAs of Korea, Seoul, Korea, 1932.
26) 위의 자료.
27) 〈청년〉 1931년 2월호, 103쪽.

학생 하령회와 YWCA 제6회 학생 Y 하령회가 연합하여 제1회 '조선 남녀학생 기독교청년회 연합회 하령회'를 열었다.[28] 이 하령회는 8월 23일부터 30일까지 60여 학교 남녀 120명이 각종 사상문제·학생문제·신앙문제 등을 가지고 서울시 성북동에 모였다. 표어는 '앞으로 가자'였는데, 주로 농촌에다 기독교의 이상향을 건설하는 것을 논의했다.

제2회는 1928년 8월 23일부터 30일까지 서울 우이동에서 모였는데, 표어는 '보아라'였고, 참가자는 109명이었다.[29] 토론문제는 ① 금일 조선 기독교(신사조와 신앙, 기독의 사회 개조와 계급, 기독교 이혼관, 조선 교회의 조직과 제도), ② 금일 경제 문제(경제 개론, 금융, 실업 문제, 각종 조합 문제, 소작인과 지주의 관계), ③ 금일 조선의 학생(학생의 풍기 문제, 교육 특히 여자 교육 문제, 직업 선택 문제, 학생의 조선 물산) 등이었고, 강사로는 배은희·백낙준·홍종숙·채필근·서춘·이순택·김필례·조만식·윤치호·신흥우·홍병선·김창제·오화영·정숙정(丁淑貞, 중국인)·변영서(B. W. Billings)·스나이더 등 각 방면의 명사들이 망라되어 있었다.[30]

1927년 제3회 학생 연합 하령회가 열렸을 때 조만식은 '조선 기독교 학생의 태도와 사명'이란 주제 강연에서 "세계 어느 나라든지 조선 사람처럼 일이 많은 나라는 없고, 조선 청년처럼 사명이 큰 사람은 없을 것이다"라고 했다.[31] 1930년과 1931년에도 모였는데, 자세한 기록은 찾아볼 길 없다.

또한 이 YM-YWCA 연합 학생운동은 대외 진출에도 적극적이었다. 그들은 "1928년 12월 인도 마이솔에서 개최한 세계학생기독교연맹 총위원회에 조선 남녀 기독교청년회 대표로 김

---

28) 제6회 기독교청년연합회 정기대회 회록(1929) 8-9쪽, 〈청년〉 1928년 7, 8월호, 582쪽. 1924년 제7회 조선기독교청년회 연합회 선전안내지 및 순서는 잘못된 것 같다.
29) 위의 자료.
30) 위의 자료.
31) 〈청년〉 1929년 9월호, 115쪽.

필례(金弼禮)를 출석하게 했는데,[32] 이 총회가 곧 제13회 WSCF
총회였다.

32) 제6회 기독교청년연합회 정기대회 회록(1929) 6쪽,

42.

공산당의 파괴 공작과
신간회

한국 최근대의 민족운동은 의병과 무력 항쟁을 통한 것
과, 실력배양과 민중계몽을 통한 것, 두 가지로 나누어 생각할
수 있다. 이 두 형태의 민족운동은 1907년 고종의 양위를 기점
으로 완전히 그 성격을 드러냈다. 그리하여 전자는 산간벽지에
본거지를 두거나 해외에 나가 독립군과 의열단 등을 조직하여 무
력 항쟁을 했고, 후자는 주로 국내에 남아 국민 교육·산업진흥·
물산장려·언론과 외교활동을 통해서 했다.

후자는 다음 네 가지로 구분할 수 있다. 첫째는 황성기독
청년회를 중심한 기독교적 운동이고, 둘째는 민족종교를 표방하
고 나선 대종교적인 운동이고, 셋째는 〈대한매일신보〉 간부들을
중심한 유학적·국사학적 운동이고, 넷째는 〈동아일보〉와 〈조선
일보〉 등 언론기관을 중심한 운동이다. 이러한 민족 운동은 일
제 치하에서 비밀 결사와 지하조직을 통한 비합법적 운동을 하
느냐, 아니면 소위 '조선에서 허하는 범위에서' 하느냐가 문제였
다. 후자의 경우를 대표하는 주장이 1924년 1월 2일부터 〈동아
일보〉에 게재된 이광수의 "민족적 경륜(民族的經綸)"에서 볼 수

있다. 신석우·김성수·송진우·최린 등이 이 주장에 동조했다.[1] 그리고 흥사단이라는 비밀결사가 있는 안창호 계열과 흥업구락부(興業俱樂部)라는 비밀결사가 있는 이상재·윤치호·유억겸·신흥우 계열도 이 노선에 동조했으며, 이 두 계열이 합해서 된 조선사정연구회[2]와 태평양문제연구회[3]도 이 노선에 동조했다.

그러나 문제는, 이 노선이 진정한 의미의 민족 운동이 될 수 있느냐 하는 반대론이었다. 특히 일본 유학생 출신으로 사회주의의 영향을 받은 소장파들과 공산주의 영향을 받은 신문기자·언론인·작가·변호사·지식인 등은 이를 반대하고 〈동아일보〉 비매동맹(非買同盟)까지 결성하기에 이른 것이다.[4]

이런 분위기에서 신간회가 조직되었다. 무슨 형태로든 모든 민족의 대표기관이 있어야 한다는 여론 속에서 신간회가 조직되고 1927년 2월 15일 민족의 단일당·민족의 협동전선·연합전선이란 표어 아래 YMCA 회관에서 300여 명이 참석한 가운데 창립총회를 갖고 회장 이상재, 부회장 권동진을 선출했다. 그리고 다음과 같은 3대 강령을 발표했다.

1. 우리는 정치적·경제적 각성을 촉구한다.
2. 우리는 단결을 공고히 한다.
3. 우리는 기회주의를 일체 부인한다.

이 강령은 대단히 모호하고 추상적이라는 비판이 있었다. 그러나 처음에는 대단히 명확하고 직선적인 표현이었다. "즉 ① 정치적·경제적 '각성'이 아니라 '자립'이며, ② 그냥 '단결'이 아니

---

1) 오세창, "민족을 지키는 보루: 국내의 독립운동",《한국현대사 V》(신구문화사, 1969) 125쪽.
2) 위의 책, 125-126쪽. 주동 인물은 백남훈·백관수·김준연·안재홍·유익겸·송진우·이종린·최원순 등이다.
3) 위의 책, 주동인물은 이상재·윤치호·신흥우·조병옥 등이며, 그 밖에 하와이에서 열린 태평양문제연구회에 한국 대표로 간 백관수·송진우·김양수 등도 이 계열 사람들이다.
4) 위의 책.

라 '민족적 단결'이며, ③ '기회주의'가 아니라 '개량주의'라는 것
인데[5] 이것이 당국의 허가를 받지도 못하려니와 방법상으로도
그리 영리하지 못하다 하여 그대로 낙착되었다는 것이다. 그리고
신간회의 '간(幹)'은 옛 글자의 '한(韓)'으로 통하며, 고목신간(古木
新幹), 즉 고목에서 새 줄기가 뻗어난다는 의미로 해석하기도 했
다.[6] 발기인은 위의 민족주의자들만 아니라 벌써 당시 노골화된
공산주의자 및 사회주의자들까지 포함한 34명이었다.[7] 말하자면
신간회 취지는 일본 제국주의 타도를 위해 모든 한국인이 대동단
결하여 연합전선을 형성하는 것이었다.

신간회는 합법적인 단체로 출발했으므로 직접행동이나
지하조직은 피하고 식민지 교육 철폐·공개재판·동양척식회사
철폐·남녀평등·여자 인신매매 금지·노동자 농민 단결과 파업권
·시간 노동제·최저임금과 최저봉급 실시·언론 출판 결사 집회
의 자유 등 광범위한 분야에 걸친 강연·집필·논문 발표·종교집
회 등을 통하여 운동을 전개시켰다. 그리하여 1929년 7월까지
전국에는 134개 지회가 설치되고 3만 7,309명의 회원을 확보하
기에 이르렀으며, 도쿄·오사카·교토·나고야 등 일본까지 지회가
조직되었다. 그해 11월에 일어난 광주학생운동 이후에는 회원 수
가 10만 명에 육박하게 되었다.[8]

한편 여성들도 따로 운동을 전개하였다. 1922년 시작된
YWCA 외에 1927년 5월 27일 신간회의 자매단체로, 황신덕(黃
信德)·최은희(崔恩喜)·이현경(李賢卿) 등 언론계 신진 여성들과,
김활란·유각경·홍에스더·김필례 등 YWCA 계통 여성들과, 정
칠성(丁七星)·박원희(朴元熙)·우봉운(禹鳳雲) 등 사회주의 계열
여성들이 총망라되어 근우회(槿友會)라는 것을 조직했다. 근우회

---

5) 이관구, "월남 선생의 정치·구국활동", 〈나라사랑〉 제9집(1972), 39쪽.
6) 〈나라사랑〉, 39-40쪽.
7) 《한국현대사 V》, 128쪽. 〈동아일보〉에는 27명으로 되어 있다.
8) 위의 책, 129쪽.

는 ① 조선 여자의 공고한 단결을 도모한다. ② 조선 여자의 지위 향상을 도모한다는 2대 강령 밑에 전국 70개 지회가 있는 연합 단체로 나섰으며, 북간도와 일본에도 지회가 서게 되었다.[9]

한편 공산당이 신간회의 취지를 지지한 것은 하나의 수단일 뿐, 목적은 딴 데 있었다. 차금봉이 영도하는 제4차 공산당의 주요 목적은 신간회의 주도권을 잡는 것이었다.[10] 그리하여 홍명희(洪命熹)·권태석(權泰錫) 등은 신간회 안에 세포망을 조직했고,[11] 불교계 지도자 한용운까지 포섭하는 데 성공했다. 그러나 공산당의 침투공작은 1928년 10월 제4차 공산당의 검거 소동을 계기로 큰 타격을 입게 되었을 뿐 아니라, 이와 때를 같이하여 제6차 국제공산당대회에서는 그해 12월에 소위 '12월 지령'을 내려 한국 공산당의 실패 원인을 신랄하게 지적하는 동시에 방향 지시를 하였다. 그리고 신간회의 주도권을 장악하지 못할 바에는 차라리 신간회를 깨어 버리는 것이 낫다는 지령이 나오게 되었다.

한편 처음부터 공산당과 민족주의자들의 내부 분열을 조장할 목적으로 공산당의 침투공작을 묵인해 온 일본 경찰은 이때부터 신간회 세력을 견제하기 시작했다. 신간회는 창립 직후 이상재 회장의 별세로 큰 타격을 받았을 뿐 아니라 후임자 선출을 위해 1928년과 1929년에 제1차 및 제2차 전국대회를 열려 했으나 경찰은 이를 허가하지 않았으며, 점진적인 실력 양성으로 독립을 이루자는 민족주의자들과, 그것을 개량주의 운동이라며 배격하는 비타협적인 강경파들 간의 내분 때문에 신간회 간부들은 공산주의 잔당들의 침투를 막지 못했던 것이다.

이러한 난국에 봉착한 신간회 간부들은 일본 경찰과 절충한 끝에 임시 편법으로 1929년 7월에 소위 복대표자(複代表

9) 최은희, "여권에서 애국으로 : 여성운동",《한국현대사 IV》, 337–338쪽.
10) Dae-Sook Suh, *The Korean Communist Movement*, p.97.
11) 위의 책, p.11.

者) 대회를 열고 조직 기구를 개편하는 동시에 임원 개선을 단행한 결과, 공산 계열의 허헌(許憲)이 위원장으로 당선되었다.[12] 이때 서울 지회의 조병옥 등은 이를 완강히 반대했으나 역부족으로 실패하고 신간회는 주도권을 좌익 계열에게 빼앗기고 말았다. 정재달(鄭在達)·홍명희·권태석(權泰錫) 등이 주도권을 잡았다. 그리하여 허헌 등 공산계열은 지방 조직을 강화하는 동시에 대중을 선동했다.

그러나 허헌 등은 뜻밖에도 1929년 11월 3일 광주학생운동으로 큰 타격을 받게 되었다. 왜냐하면 이 학생운동은 순수한 민족 감정에 의하여 폭발된 것인 만큼 모든 국민이 호응했는데, 공산주의자들은 이를 이용하여 공산주의 전단을 뿌리고 적기(赤旗)를 들고 가두시위를 하며, 공공연하게 일본 경찰의 포악성을 규탄했다. 허헌은 전국을 순회하며 이 운동을 선동했다. 그리하여 1930년 1월까지 허헌과 그 밖의 주요 간부들이 체포되고[13] 민족 계열의 김병로(金炳魯)가 중앙집행위원장으로 선출되었다.

그러자 공산주의자들은 신간회 해체를 들고 나섰다. 신간회는 노동자·농민의 적인 김성수(金性洙) 같은 지주들의 수중에 들어갔으니 깨버려야 한다는 것이 그네들의 주장이었다. 이에 덧붙여 프로핀테른(Profintern)에서는 소위 1930년 9월 '지령'이 오게 됐다. 이 지령은 신간회를 부르주아 집단으로 단정하고 해산을 명령했다.[14] 그리하여 그해 12월 신간회 부산 지회가 해산에 동의했다. 뒤따라 서울지회·인천지회·개성지회 등이 이를 지지했다. 드디어 1931년 5월 16일 대표자회의가 소집되었는데, 자격심사위원회는 대표자 84명 중 28명에 대하여 서류 미비라

---

12) 〈나라사랑〉 43쪽, Dae-Sook Suh, 위의 책, p.128: 이관구는 7월이라 했으나 Dae-Sook Suh는 7월이 아니라 4월이라 했다. 《한국현대사 Ⅴ》, 132쪽에는 7월 1일로 되어 있다.
13) Dae-Sook Suh, 위의 책, p.129.
14) 위의 책, p.130.

는 이유로 회원 자격을 거부했으나 공산주의자들의 끈질긴 반대로 다시 번복되어, 결국 공산주의자들이 최종 투표에서 33대 51로 이겨 신간회는 정식으로 해산되고 말았다.[15]

신간회가 이처럼 해산의 운명을 밟게 된 이면에는 공산주의자들의 책동뿐만 아니라, 처음부터 악랄한 공산주의 책동을 이용하여 민족 진영 세력을 꺾으려는 일제의 교활한 술책이 작용한 것이 사실이다. 이와 같이 공산주의자들의 책동을 묵인하는 틈을 타서 다시금 공산주의자들이 해외로 침투하기 시작했다. 구 서울-상하이파에 속하는 김철수(金錣洙)와 약 20명의 당원들이 1930년 1월 만주에서 비밀리에 입국했다.

그러나 김철수는 그해 5월에 체포되었고, 그 뒤 조직본부를 서울에서 함흥으로 옮겨 흥남 질소비료공장 등 공장노동조합을 중심으로 운동을 전개하며 좌익노동조합 전국평의회(左翼勞動組合全國評議會)를 조직하였으나 공산당을 정식으로는 조직하지 못한 채, 1913년 메이데이 때 108명의 회원이 검거되는 바람에 실패하고 말았다.[16] 이것이 공산당의 다섯 번째 검거 사건이다.

여섯 번째 공산당 사건은 한위건(韓偉鍵)이 상하이에서 동지들을 규합하여 1930년 겨울부터 1년간 진주·전주·원산·흥남 등지에 동지들을 파송하는 것으로 시작되었다. 한국으로 파송된 이 동지들은 1931년 2월 27일 서울 근교 김포군에서 첫 모임을 가졌다. 여기서 조선공산당재건설동맹(朝鮮共産黨再建設同盟)을 조직하고 권태형(權泰亨)이 서기장이 되었다. 그해 10월 10일 다시 모여 회명을 조선공산당협의회로 고치고, 기관지 〈코뮤니스트(Kommunist)〉와 〈봉화〉를 내기도 했다. 그러나 이 기관지가 발각되면서 검거가 시작되어 한위건은 상하이에서 입국도 못

---

15) 위의 책, pp.130-131.
16) 위의 책, pp.117-124.

한 채, 공산당을 재건하려는 계획은 완전히 좌절되고 말았다.[17]

이같이 공산주의자들이 극성스럽게 운동을 전개하는 동안 국민은 막대한 피해를 입고 수난을 겪었다. 공산주의자들은 순수한 학생운동에 침투하여 과격한 공산주의 격문을 뿌리고, 학생들이 적기를 들고 가두시위를 하면서 '공산당 만세'를 부르게 했다. 공장노동조합 지도자들이 학생층에 접촉하여 마르크스 레닌주의 연구회를 조직하고 동맹휴학을 조종했다. 그리하여 "이 거대한 민족운동에 초등학교 54교를 비롯하여 중등학교 91교, 전문학교 4교, 도합 149교가 가담했고, 참여자는 5만 4천 명에 달했다. 그리고 이 운동의 여파로 퇴학당한 학생이 582명, 무기 정학 처분을 당한 학생이 2,300명, 다른 학교로 전학한 학생이 298명, 직장을 잃은 자가 352명, 해외로 유학 간 학생이 172명에 달했다."[18]

1929년 광주학생운동을 전후하여 일어난 학생들의 대일 항쟁 건에 관한 다음 통계로 보아[19] 당시 사회상이 얼마나 불안했는지 짐작할 수 있다.

연도	1920	1923	1926	1928	1929	1930
건수	20	57	55	83	78	107

---

17) 위의 책, pp.124-127.
18) 《한국현대사 Ⅳ》, 400쪽.
19) 위의 책, 51쪽.

43.

민족적 각성과
독립운동

　　3·1운동 이후 민족적 각성을 위한 YMCA의 가장 효과
적이며 대대적인 민중운동은 1920년 8월에 있었던 소위 제2차
독립운동이다. 이에 대해서는 30장에서 말한 바 있으므로 재론
을 피하지만, 이 운동은 YMCA와 민족진영이 연합전선을 형성
했고, 나아가서는 국제적인 여론 형성·국내외 동포들의 단결·외
교 활동·정치적 투쟁을 의미하기도 했다. 그 뒤 YMCA는 1921
년 범태평양교육대회와 세계기자대회에, 1922년 범태평양 문제
연구회에 대표를 파송했다. 그리고 조직에서는 함흥·선천·평양
·대구·광주·원산·전주·김천·신의주 등에 지방 청년회를 조직
하는 동시에, 학생 청년회 신규 조직 또는 강화와 함께 학생하령
회 활동을 맹렬히 주도했다. 이 같은 지방 조직의 확산과 강화를
바탕으로 YMCA 운동은 사업 무대를 도시에서 농촌으로 확장
시켰다. 때마침 도시의 지식인·학생·노동자 사회에 파고드는 공
산주의·사회주의·무정부주의 등 신사조의 등장에 맞서 YMCA
는 인구 대다수를 차지하고도 버림받고 있는 농촌 사회의 각성
과 자활을 위해 용감하게 뛰어들었다.

이 무렵 가장 특기할 만한 사실은, 1913년 이후 일본 YMCA 산하에 있던 한국 YMCA와 학생 Y를 그 지배에서 완전히 독립시켜 1924년을 기하여 YMCA 세계연맹에 단독 가입하게 한 일이다. 그리고 대대적인 민족 활동으로는 1922년부터 금주·금연 운동, YMCA 운동 육성, 보이스카우트 운동, 민립대학 운동, 창문사 육성 등 도시와 농촌을 총망라한 민족운동을 통해 눈부신 발전을 보여 주었다.

이와 병행하여 일요강화·전도 강연 등을 개최하는 동시에 지방과 농촌 순회 전도 및 계몽 강연을 강화했다. 37장에서 언급한 대로 지방 순회 전도 강연은 1920년부터 조직화됐다. 김필수·이상재·신흥우·박희도·양주삼·조병옥·김일선·최성모·김창제·오화영 등 중앙의 명사들만 아니라 이순기·조만식·계병호·최흥종·최영균·김동원 등 지방 지도자들이 총동원되어 지방별로 다양한 강연을 했다.

이때 또 하나 빼놓을 수 없는 사실은 재일본 도쿄 조선 YMCA의 여름방학을 이용한 모국 방문 순회 전도 강연으로, 1922년 7월 5일 부산에 도착하여 9월 6일까지 2개월 동안 전국 40여 개 도시를 순회하는 대규모 강연이었다.[1] 강사는 백남훈·송창근·채필근·송의정(宋義楨) 등이었다. 관북지방에는 함흥까지, 관서지방에는 철산과 신의주까지 이르렀다.[2]

1924년 8월 25일부터 9월 1일까지 개성에서 열린 제10회 학생하령회는 Y연합회 위원장 이상재의 사회와 윤치호의 '조선의 현상과 그 요구'라는 강연으로 개회했는데, 표어는 '신시대에 응하여'였다.[3]

이러한 표어로 당시 급변하는 사회와 신사조에 대한 도전이 어떠했음을 가히 짐작할 수 있거니와, 오전 토의 시간에는 '예

---

1) 〈동아일보〉 1922년 7월 8일자, 동 9월 6일자.
2) 위의 자료.
3) 윌리엄스, "신시대에 응하여", 제10회 조선기독교 학생하령회 안내지, 〈청년〉 1924년 10월호.

수와 성경'(변성옥), '자유와 순종'(변성옥), '혼인과 신구 풍속'(양주삼), '예수와 형제주의'(빌링스), '예수와 과학'(반복기潘福寄) 등의 토의를 했다. 직업 선택에 관한 토의 제목은 '예수와 농업'(윤영선尹永善), '예수와 선교 사업'(이경중李敬重), '예수와 의학'(구영숙具永淑), '예수와 상업'(심명섭沈明燮), '예수와 교육'(박윤근朴允槿) 등이었다. 저녁 강연으로는 '현대가 요구하는 청년'(이상재), '유회회'(심용은沈鎔殷), '예수의 교훈과 유물주의'(김창제), '금일 경제적 상태와 학생의 각성'(김창제), '용감으로 신시대를 맞자'(빌링스) 등이 진행되었으며, 설교로는 '그리스도와 십자가'(오화영), '신생명'(오기선) 등이 있었는데, 이 학생하령회 표어 '신시대에 응하여'는 지방 순회 계몽 강연 제목도 되어 이상재는 청소년 지도자들을 데리고 전국을 순회하며 강연회를 열기도 했다.

또 하나의 이채로운 전도 강연은 1926년 10월 11~17일 중앙 Y회관에서 열린 대 전도 강연이다. 이 전도 강연의 표어는 '살 길을 찾자'였으며,[4] 그 뒤 '살 길로 나아가자'라는 제목으로 출판까지 되어 널리 뿌려졌다. 즉 신흥우는 경제 문제에서, 홍병선은 산업 문제에서, 김활란은 여권 문제에서, 언더우드는 교육 문제에서, 유각경은 가정 문제에서, 윤치호는 신앙 문제에서 각각 살 길로 나아가자는 제목의 강연을 했다. 이 강연 제목은 이때 처음 나온 것이 아니라 1921년경부터 시작되었고, 1930년대에 까지 계속 유행한 제목이다.[5]

강연만 아니라 〈청년〉지를 통한 논설로도 기세를 올렸다. 특히 1925년 이후 〈청년〉지의 논조는 사상 문제에 집중되었다. 예를 들면 이상재는 1926년 2월호부터 〈청년이여〉를 연재하기 시작하여 1927년 2월호까지 계속했는데. 그는 제일 먼저 "이 세

---

4) 〈동아일보〉 1926년 10월 8일자. 〈청년〉 1929년 4월호, 15쪽에는 '살자'로 되어 1929년 1월 21일부터 1주일간 했다.
5) 신흥우 박사는 이 제목으로 1950년 6·25 동란 이후 1951년 뉴욕에서 《살 길을 찾자》라는 저서까지 냈다.

계는 청년의 무대라. 청년은 이 세계를 부담하여야겠고, 세계는 청년을 고대하난지라"라고 전제하고 나서, 4월호에는 "청년이여, 현금(現今) 시대는 무삼 시대인가, 혁명 시대이다. 현금 세계는 무삼 세계인가, 혁명 세계이다"라고 했다. 이렇게 혁명을 외치기를 그는 숨을 거두기 직전까지 계속했다.[6]

한편 〈조선일보〉가 '기독교청년회의 금일의 처지'라는 사설에서 기독교청년회는 너무 보수적이고 무산 계급과 사회 문제를 외면하고 있다고 비판한 데 대하여, 신흥우는 〈조선일보의 사설을 읽고〉라는 논문에서 "무엇으로써 보수적 상대라 하는지 알기 어렵다…… 혹 사상 문제에 대하여 보수적이라고 하는지 몰라도…… 이 운동은 비교적 극소수의 도시 청년에게 대함이요, 우리 민족 최다수를 가진 농민에게 대하여 작년부터 우리는 소위 농촌사업을 착수하여…… 우리의 목적은 적어도 15년간 계속 발전하여 모쪼록 2만 6,641개 농촌에 이 사업이 보급되기를 희망한다"라고 응수했다.[7]

그럼에도 YMCA 운동은 언제나 미온적이며 비혁명적이라는 비판을 면치 못했다. 이러한 비판은 〈조선일보〉 같은 사회주의 경향의 외부 기관에서만 아니라 내부에서도 강하게 일고 있었다. 한 예를 들면, 1927년 3월호 〈청년〉에 실린 〈종교가도 혁명가가 될 수 있을까〉라는 글에서 조병옥은 "기독교는 무력보다 여론으로 사회를 개조할 것이나…… 불의 편에 이해성과 협동성이 전무하다고 판단이 갈 때는 무력의 수단으로 당자의 문제를 해결하여도 기독교의 교훈 표준에 죄라 할 수 없다. 그러므로 기독교인은 비인도와 비정의에 당면할 때는 도덕상으로 혁명심을 가져야 한다. 정의를 실현함에 다른 방법이 없으면 무력으

---

6) "청년이여"는 이상재 선생이 1927년 3월 29일 별세하기 직전인 그해 2월호까지 12회에 걸쳐 연재되었으며, 그의 최후의 "청년이여"(2월호)는 경찰에 의해 새까맣게 삭제되었다. 그 뒤 이것은 1927년 7월에 단행본으로 출판되었다.
7) 〈청년〉 1926년 2월호, 9-11쪽.

로써 변형함도 기독교 진리에 위배되지 아니한다"라고 갈파했다.[8]
그리고 그는 〈십자가의 무사〉라는 글에서 "예수님은 십자가의 무
사이다……. 그를 따르는 사람들도 그의 십자가를 지고 따르는
무사가 되어야 한다…… 우리 사회의 무시·질병·빈곤·압박·불
의·전쟁은 우리의 적이다. 이 적을 쳐부수기 위하여 우리 사회는
십자가의 무사를 부른다"라고 외쳤다.[9]

　　　이와 같은 과격한 주장과 함께 YMCA는 무저항 정신을
내세웠다. 〈청년〉 1927년 9월호에 보면, 김창준(金昌俊)은 〈기독
교의 무저항주의〉라는 글에서 "……고 이상재 선생이 최후로 조
선 청년에게 주는 말씀 가운데 있는 바와 같이, 우리 조선 청년
은 금일 과학문명의 두대(頭臺)에 선 구미인처럼, 총포를 다투어
만들어 살육을 일삼고 싸우기를 좋아하는 민족들과는 다르다"
라고 전제한 다음, 임성록(林成錄)·이상교(李相教)·김돈수(金敦洙)
·김원경(金元敬)·김표엽(金影燁)·김활란·변성옥(邊成玉)·홍병선
·변인화(邊仁化)·김산(金山)·이성눌(李成訥)·김수철(金洙喆) 등
의 찬반 논쟁을 종합하는 입장에서 이렇게 갈파했다.

　　　"기독은 약자이고 기독교는 부녀자의 종교라 하지만 그렇
지는 않다. 그는 정의를 위하여 어디까지나 싸운 이다. 원수까지
사랑하라는 그 철저한 기독의 주견(主見)은, 불의한 자의 성전 오
손(汚損)을 보고 공분(公憤)을 발한 장쾌한 기상을 보였고, 진정
한 생명의 길을 밟기 위하여는 가족이나 재물에 얽매임은 어디까
지나 불가하다고 했다. 검을 준비하라거나, 검을 쓰지 말라거나,
원수를 사랑하라거나, 공분을 발하였거나, 돈을 갖지 말라거나,
돈을 가지라거나, 모두 그때의 환경에 적응할 방편을 취한 것뿐
이요, 정의를 위하여 싸우는 데는 조금도 변한 것이 아니다. 그러
므로 세상을 평화하게 하려 함이 아니라 싸움을 일으키러 왔노
라 함은 얼마나 그가 의를 표준하고 용감히 싸우는 정신을 보여

8) 〈청년〉 1927년 3월호, 115-117쪽.
9) 〈청년〉 1928년 4월호, 20-24쪽.

준 실례인가? 그러므로 일반 토론의 공통된 의견인 줄 아나, 나의 의사에도 기독교회로서의 무저항은 그 정신이 저항을 긍정함에 있다. 그러므로 무저항이라기보다는 초저항(超抵抗)이란 말이 이치에 가깝다(近理) 할 수 있다."[10]

이 밖에도 신흥우의 〈양심의 해방〉, 김창제의 〈민중의 종교〉, 〈청(靑)과 청춘〉, 〈자유 의도〉 같은 논설은 기독교의 투쟁 정신을 무저항주의적 차원에서 전개시킨 것이기도 했다.[11]

또 하나 그저 지나칠 수 없는 것은 체육활동이다. YMCA 체육의 출발 동기와 발전 과정에 대해서는 언급한 바 있거니와, YMCA 체육은 단순한 경기나 건강관리를 위한 것이 아니라, 처음부터 사회 체육인 동시에 민족 체육으로 시작했다. 더욱이 3·1운동 이후 이런 성격은 뚜렷해졌다. 일례를 들면, 하와이 학생 모국 방문단에 대한 답례로 우리 야구단이 하와이에 초청되어 갔다. 1923년 하와이 학생 모국 방문이 단순한 여행이나 친선 목적이 아니라 신흥우와 이승만 박사의 모종의 비밀 약속에서 이루어진 것처럼, 이번 하와이 원정 야구단도 단순한 해외 원정 여행이 아니었다. 하와이 동포들은 이를 위하여 1인당 1달러씩 모금해서 초청한 것이며, 우리 측에서 단장 허성, 총무 김영구, 지도위원 윤치영 등의 인솔로 휘문·경신 등 각 학교의 유명한 선수를 총망라하여 야구단을 조직해서 1924년 7월 서울을 출발했다. 떠날 때 선수들은 단장의 명령에 따라 다음 네 가지 서약을 했다. ① 일반인과는 절대로 상종하지 않는다. ② '조선'이라고 쓰지 않고 '대한'이라 쓴다. ③ 감시원이 있을 터이니 각별히 주의한다. ④ 일본 팀과 싸울 때는 죽어도 이겨야 한다.[12]

---

10) 〈청년〉 1927년 9월호, 20-25쪽. 이 논문은 김창준이 썼지만 그해 8월 24일 있었던 토론회의 토론 내용을 필기한 것을 재록한 것이다.
11) 〈청년〉 1926년 1월호, 2월호, 4월호, 12월호, 1927년 3월호에 게재.
12) 전택부, "황성기독교청년회―김영구와의 면담", 〈중앙일보〉 1971년 3월 25일자, "남기고 싶은 이야기들"

이런 서약을 떠날 때도 했고 하와이에 도착해서도 되풀이했다. 야구단 일행은 그 전 해 한국에 왔던 민찬호·김영우 등 지도자들을 비롯하여 수많은 동포들의 열광적인 환영을 받으면서 교민회관에 여장을 풀었다. 이 회관은 전 해 하와이 학생 모국방문단이 한국에서 기부 받은 돈으로 지은 것이다.[13] 약 2주일간 동포들의 극진한 대접을 받으며 여독을 푼 뒤, 6천 명의 동포들이 태극기를 흔들며 응원하는 가운데 경기에 임했다.[14] 그러나 떠날 때부터 일본 경찰의 감시원 때문에 살인극이 날 뻔도 했다.[15]

1925년 9월 11일에는 신흥-우가 조선 체육회 제7대 회장이 되면서 체육회 사무실이 YMCA 회관 안에 있게 됐다.[16] 이때부터 Y 체육은 상공인 사회까지 들어갔다. 즉 1927년 YMCA는 조선상공인협회로부터 운동회 지도를 청탁받았다. 동 협회 회장이던 박승목(朴承穆)[17]을 비롯하여 윤우식(尹宇植)·최남(崔楠)·김윤수(金潤秀)·양재욱(梁載旭) 등 장안의 거상들이 총동원됐다.

무엇보다 이것은 진고개(명동)의 일본인 상권에 대항하는 것인 만큼 해마다 5월 첫째 일요일을 택하여 모든 한국인 상점이 철시하고 거리에서 가장행렬과 시위를 했다. 또 하나의 체육 행사는 덴마크식 유연체조였다. 이 운동의 특징은 시설 없이도 할 수 있기 때문에, 남녀노소 누구나 참여하여 아무데서나 할 수 있었다. 장권·김영구 등 청년회 체육 간사들은 도시나 농촌 구별 없이 전국을 순회하며, 특히 농촌 청년들에게 이 운동을 보급했다. 덴마크 민족이 독일 침략에 대항하여 덴마크 체조를 보급했듯이, Y 간사들은 남녀노소 농민들을 모아 가지고 춤추듯 율동적으로 구령에 맞춰 유연체조를 했다.

---

13) 이 책 309-310쪽 참조. 영어명은 Korean Christian Institute.
14) 〈중앙일보〉 1971년 3월 25일자, "남기고 싶은 이야기들".
15) 위의 자료.
16) 《대한체육회사》(대한체육회, 1969), 13-14쪽.
17) 현 두산그룹의 고 박두병(朴斗秉).

그 밖에도 새로운 경기로 민족의 사기를 진작시킨 것이 있다. 〈동아일보〉는 창간된 지 14일 만인 1920년 4월 14일자 기사에서 YMCA 농구단이 일본에 원정 간 것을 대대적으로 보도했다. 그리고 YMCA는 〈동아일보〉의 후원으로 1925년 10월부터 전조선 중등학교 농구선수권대회를 주최하기 시작했으며, 1925년부터 전조선 중등학교 배구선수권대회, 1928년부터는 전조선 탁구선수권대회, 1928년부터 전조선 아마추어 권투선수권대회, 1928년 7월 13일 제1회 궁술(弓術)대회, 1920년부터 전조선 단체유도대회. 1927년부터 전조선 기계체조대회 등을 개최하기 시작했다. 그중에도 1928년부터 주최하기 시작한 전조선 씨름대회는 민족정신과 사기를 높이는 데 큰 구실을 했다. 이 제1회 씨름대회는 1928년 2월 20일부터 3일간 YMCA 실내체육관에서 〈동아일보〉 후원으로 개최되었다. 씨름을 실내에서 한다는 것부터가 사상 처음이거니와, 통씨름과 왼씨름으로 나누어 새로운 경기 규칙과 시상 제도로 개최되었다. 이에 대하여 〈동아일보〉는 "조선의 고유 경기인 씨름을 통일적으로 새롭게 중흥시킨 제1회 조선 씨름대회는 20일 밤부터 열리게 되었으니 …… 지난 19일까지 참가 신청을 접수한 것이 200명에 가까워 실로 초유의 기록으로 성황을 이루게 되었다"[18]라고 보도했다.

또한 "북으로는 함흥을 위시하여 서울로는 평안·황해 등지로부터 모여든 범 같은 역사(力士)들의 결승이 열리는 날이다"[19]라고 자못 흥분된 기사를 몇 달 동안 계속 보도했다. 그리고 제1회 전조선 궁술대회에 대하여 〈동아일보〉는 사설에서 다음과 같이 찬양했다. "금일은 전조선 궁술대회가 황학정(黃鶴亭)에서 열리는 날이다. 대궁인(大弓人)의 기개를 품은 수많은 선수들이 각지로부터 운집하여 조선의 고유한 정신을 이 무술에서 다시 실현하는 날이다. …… 중앙기독교청년회 주최로 열리게 된

---

18) 〈동아일보〉 1928년 2월 21일자 기사.
19) 〈동아일보〉 1928년 2월 24일자 기사.

것은 이번 대회가, 질에 있어서 '참스러운 무술 정신' 위에 일보(一步)를 힘 있게 내디딘 것으로서 …… 족히 알고도 남는다. 그러나 동시에, 각 국민의 고유한 정신을 발휘하는 '내셔널 스포츠'가 극도로 옹호되어 발전되며 정화되는 것 또한, 사실에 비추어 역력하다. 멀리 희랍·로마 시대는 논할 것도 없거니와…… 그 중에서 몇 가지 예를 들면 영국의 크리켓, 불란서의 검술, 미국의 미식축구와 야구, 일본의 무도와 씨름 같은 것은 무엇보다 국민성 표현의 기관인 견지로 보아서 …… 그 정화 운동을 게으르게 하지 아니한다. …… 대궁인(大弓人)의 칭호를 받은 조선인이 궁술과 밀접한 관계가 있었던 것은 물론이지만, 수세기를 내려오는 동안…… 그 강용(强勇)과 침착과 질박과 겸손의 덕성이 적어지고 …… 심하게는 화류계의 일부속품 노릇을 하는 것 같은 외관(外觀)까지 갖게 되어…… 무술을 만지는 사람들이 크게 반성할 점이라 아니 할 수 없다. 조선의 고유한 정신을 발휘하는 기관으로서의 궁술도는 조선인과 혈연이 있다. 이상의 의의에 있어서 이번의 전조선 궁술대회는 궁술 자체를 떠나 사회적 의의가 있다. 오인(吾人)은 국민성 교양의 기관으로서 궁술도 확립의 기치하(旗幟下)에 서기를 바란다."[20]

재일본 도쿄 조선 YMCA는 1923년 9월 1일 도쿄 대진재로 회관이 소실되었다. 이 소실된 회관은 "간다구 니쇼가와초 2정목 5번지에 있던 건물로, 구단자카시다(九段坂下) 큰 개울을 끼고 있고… 130평 기지에 74평 건물이니…… 조그만 2층집이다. 기숙사생 13명 또는 14명을 간신히 수용하게 되었을 뿐이요…… 혹 회합이 있을 때는 응접실과 식당 칸막이를 뜯고 큰 마루로 향한 문짝까지 집어치운 후 비로소 모임을 시작할 수 있었다. 회관의 협소함을 늘 말하게 되어 증축이니 개축이니까지의 문제가 되다가 진재가 나서 전부 소실되고 만 것이다."[21]

20) 〈동아일보〉 7월 13일자 사설.
21) 〈동아일보〉 1926년 12월 11일자. 최승만 대담.

이런 상태에서 회관 재건의 소리는 높아져 갔다. 이 소리는 1923년 5월 최승만 간사가 백남훈 총무의 후임으로 간사가 되면서 일기 시작했다. 최승만은 1924년부터 총무가 되어 1926년 12월 모국에 와서 동포들의 동정을 구하는 기자와 면담을 했다. 그때 그는 "전에는 5, 6백 명에 불과하던 유학생이 금일에는 수천여 명이나 되며 만여 명의 노동자가 도쿄 부근에 산재하여 그야말로 대식구가 되었다"[22]라고 전제한 다음 "건축 문제에 대해서는 지금 미국 기독교청년회에서 5만 달러를 기부했으니, 이를 예산하면 10여 만 원이다. 이 중에서 간다구 우라사루가구초(裏猿樂町) 9번지에 있는 신기지 261평을 사고 제반 잡비를 제하고 나니 3만여 원이 남는다. 또한 구기지를 팔면 약 3만 원은 되리라 생각된다. 그러면 합하여 6만 원 가량이니 이것으로 156평 3층 콘크리트 집은 그럭저럭 짓게 될 모양이고, 지금 한 가지 문제는 대강당 지을 돈이 없는 것인데, 이는 동포들 제위의 도움이 아니면 안 될 것이다. …… 작년에 몇 달 동안 평안도 지방으로 돌아다닌 결과 이것저것 합하여 만여 원은 되는 모양이나 아직도 막연하여 오직 …… 여러분 도쿄 기독교청년회관 건축 사업에 다대한 동정이 있기를 바란다"[23]라고 호소했다.

그 결과 모금 운동은 착착 진행됐다. 드디어 1928년 8월 9일 회관 재건을 기공하여[24] 1929년 4월 4일 미국 YMCA 대표 모트 박사, 일본 Y 대표 사이토 총무, 한국에서 신흥우 총무·브로크만 등이 참석한 가운데 낙성식을 거행했다.[25] 이것이 1977년까지 있던 도쿄 Y회관이며, 이때 그 땅은 262.7평, 건물 평수는 219평, 구조는 철근콘크리트 3층, 총 공사비는 141,911원 45전이었다."[26] 모금 수입도 그만큼 되어 빚 없이 지을 수 있었다. 그

---

22) 〈동아일보〉 1926년 12월 12일자.
23) 위의 자료.
24) 〈동아일보〉 1928년 9월 9일자 기사.
25) 제6회 조선기독교청년연합회 정기대회 회록(1929년), 6쪽.
26) 〈재일본 한국 YMCA 50주년 기념화보〉, 7쪽.

건축 회계 내역이 밝혀져 있다.[27]

　　이와 거의 때를 같이하여 중앙청년회는 1928년 10월 28일 창립 25주년 기념일을 맞이하여 대내외적인 행사를 했다. 이때 〈동아일보〉는 이를 대서특필했는데, YMCA는 '조선문화사상 위대한 기념탑'이란 제목 아래 "종로 큰길에 우뚝 솟은 중앙기독교청년회는 10월 28일로 창립 25주년을 맞게 되었으니, 이른바 은(銀)기념의 귀중한 '돌맞이'가 이날이다. 조선 문화가 아직도 계몽기를 벗지 못하던 25년 전 이날 지금의 이문(里門) 안 중앙예배당 자리 기와집에 상투 튼 28명의 정회원과 더불어 고고(呱呱)의 성(聲)을 발한 것이 오늘의 광대한 건물을 소유한 중앙기독교청년회관의 전신이니, 그동안 기와 단층집이 벽돌 3층집으로 자라기까지에는 안팎으로 파란이 중첩하여 한때는 존폐의 검은 손이 넘실거린 때도 있었으며, 뜻하지 않은 평지풍파를 일으킨 일도 있었다"[28]라고 전제한 다음, 회관을 지을 때의 일과 서구 문화의 수입, 조선에 대한 국제적인 소개 등의 업적을 소개하는 동시에, 과거의 인재 양성과 업적에 대하여 "25주년 동안 출석 연인원 543,300명, 교육사업의 졸업생 1,660명, 농촌사업의 4년간 수업인 3,500명, 체육사업의 운동 연인원 584,900명, 소년 사업의 집회 출석 연인원 35만 명으로, 합계 150만 명에 달하며, 현재 회원이 2,100명이라 하며 …… 최근 4, 5년 전부터는 농촌 사업에 더욱 힘쓰는 중이다"[29]라고 크게 보도했다.

27) 위의 책. 국내 모금으로는 윤치호·최창학 등의 500원을 비롯하여 김성수, 김년수(金年洙) 등의 300원, 김첨(金添)의 200원, 오순애(吳順愛) 등 11명의 100원, 기타 80원부터 50원까지의 10명이 있었으며, 야나기(柳承子) 여사의 독창회 수입 187원, 목포 영흥학교 학생 Y 122원, 평양 숭실대학 Y 75원, 연희전문학생 Y 35원 등이었다.
28) 〈동아일보〉 1928년 10월 28일자.
29) 위의 자료.

수입부		지출부	
1. 북미 YMCA 기부	107,251.48	1. 신기지 구입비	67,513.71
2. 국내 유지 기부	7,958.00	2. 동 제비용	444.55
3. 구기지 매각대	25,783.30	3. 총건축비 제반설비	73,953.19
4. 제반 이자수입	918.67	및 기타 잡비	
합계	141,911.45	합계	141,911.45

따라서 1927년 1월 범태평양협회 총무 알렉산더 포드가 내한하여 다시금 범태평양 문제연구회 대표 파송을 요구해 왔다. 그리하여 YMCA는 수요회의 이종린(李鍾麟) 등과 협의하여 7월 15일부터 29일까지 하와이 호놀룰루에서 열리는 동 연구회에 유억겸·김활란·백관수 3인을 대표로 파송했다.[30]

귀국하여 그네들은 환영회 석상에서 "두 번이나 성명서를 발표했다"[31]라는 등의 보도는 있었으나 보도 제한을 받아 제대로 하지 못했다.

---

30) 범태평양협회 한국지부는 YMCA 안에 조직을 두고 신흥우가 실무 책임자로 있었는데, 이는 처음부터 범민족적인 조직이었으므로 YMCA가 단독으로 대표를 파송한 것은 아니었다.(〈동아일보〉 1927년 9월 1일자 참조)
31) 〈동아일보〉 1927년 9월 1일자.

44.

민족 교회
육성 운동

　　민족 교회라는 말은 이대위가 1923년 〈청년〉에 '나의 이상은 민족 교회'라는 제목의 글을 쓴 데서 제일 먼저 볼 수 있으나, 역사가의 입장에서 민족 교회라는 용어를 제일 먼저 쓴 이는 김양선(金良善)일 것이다. 그러나 이를 신학적으로 체계화한 역사가는 민경배일 것이다. 이런 점에서 이 두 역사가의 공헌은 크다. 김양선은 '3·1운동과 민족 교회로서의 성장'이란 제목 아래, 미국 기독교연합회(NCC)가 발표한 성명서의 일부를 먼저 소개했다. 민경배도 《한국기독교회사》에서 이를 소개했다. "예수교인만이, 현시점에서는 국제 정세에 가장 정통하여 민족자결의 횃불을 들겠다고 판단할 만큼 안목이 되었다. 예수교인의 이와 같은 박력 있는 행동과 의의 있는 존재 양식이 없었더라면, 이 백의민족이 호소하고 수호하려는 이념이 총을 쏘듯 전국에 무섭게 작용하지는 못했을 것이다. 예수교인만이, 참혹한 식민지에서 소망을 포기하지 않은 유일한 부류의 한국인이다. 물론 저들은 선교사들에게서 어떤 묘한 힘을 얻었는지도 모른다. 그러나 기독교회의 공동체 내에는 어떤 크고 어려운 일이라도 타개해 나갈 수 있는 유능한 인물들이 많다. 미주·만주·중국에 흩어져 있는 기독교 지도자들은 상당한 영향력이 있는 인물로, 세계정세에 재빨리 반응할 수 있었다. 이와 같은 모든 동인(動因)과 여건이 교회 지도자들로 하여금 3·1운동에 앞장서게 하였다"[1]라는 것이 성명서 내용의 일부인데, 이는 1919년 4월 30일 미국 기독교연합회 동양문제위원회가 발표한 성명서로,[2] 한국 교회의 민족 운동을 세계가 알게 된 예의 하나다.

그런데 이 성명서가 나오게 된 이면에는 신흥우의 영향이 절대적이었다는 사실은 언급되지 않았다. 신흥우는 3월 20일 한국을 떠나 미국에 가서 미국 감리교 본부의 총무 겸 미국 기독교연합회 회장 노스(Frank Mason North)를 만나, 그의 주선으로 임시 실행위원회에 참석하여 3시간 동안이나 한국의 만세 사건에 대하여 진상을 설명한 결과, 그 자리에서 결의하여 성명서를 발표했다.[3] 이에 대해서는 이미 내가 쓴 《인간 신흥우》에서 상술한 바 있으므로 재론을 피하겠으나, 한국 교회가 미국 교회로 하여금 "한국 안에 비인도적인 사실이 있고 종교와 자유를 박탈하고 인권을 무시하는 일이 있는 데 대하여 우리는 가만히 있을 수 없다"[4]고 하면서 미국 국회에서까지 문제가 되게 했으며, 영국 의회에서도 문제가 되게 한 일이다.

이와 같이 YMCA는 3·1운동을 계기로 민족 독립과 주체성 확립에 커다란 영향을 끼쳤다. 그러나 이런 정신은 창립 당시부터의 일관된 정신이었다. 1903년 창립 당시 이름을 황성(皇

---

1) 김양선, 〈개신교사, 한국기독교사〉, 고려대학교 민족문화연구소 편, 《한국문화사대계 IV》(고대민족문화연구소 출판국, 1970), 618쪽.

2) 위의 책.

3) 전택부, 《인간 신흥우》, 130쪽.

4) 신흥우 방송 녹음 기록, 232쪽. 또한 주요한, 〈도산전집(島山全集)〉 290쪽에 보면 "기미년(己未年) 독립운동 발발 이후 미국 여론은 상당한 반향을 보였다. 이것이 미국 국회에 반영된 상황을 보면 ① 기미년 7월 기독교연합회의 결의로 제출된 '한국 사정 보고서'는 상원의원 맥코맥의 제의로 제60회 상원 회의록(7월 17일)에 수록되었고, ② 이듬해(1920) 3월에는 상원의원 노리스와 쉴스 두 사람의 공동 제의로, 일본은 한국의 독립을, 영국은 애란(愛蘭, 아일랜드)의 독립을 승인하게 하여, 한국과 애란이 국제연맹 회원이 되기를 상원은 희망한다는 결의안이 상정되었다"고 했다.

城) 두 자로 지은 것이라든지, 독립협회 지도자들이 집단적으로 가입한 것이라든지, 1911년 총독 살해 음모사건을 조작하여 YMCA를 파괴하려 했지만 굴하지 않고 도리어 학생 세력을 규합하여 Y 연합회를 조직한 것 등, YMCA는 일제의 탄압에도 불구하고 민족 해방과 민족 교회 육성에 큰 구실을 했다.

그러면 민족 교회란 무엇인가? 그 개념은 무엇이며 어떤 특징이 있는가? 이것을 나는 다음 세 가지로 나누어 고찰하고자 한다. 첫째, 질적인 면에서 얼마나 한국 교회가 민족적 주체성이 있으며 토박이 정신이 강했는가, 둘째, 조직 면에서 얼마나 한국 교회가 독립적이며 에큐메니컬한 교회로 성장했는가, 셋째, 양적인 면에서 얼마나 많은 국민이 기독교 신자화했으며 국가의 이념 또는 정신이 기독교적인가. 그런데 이 세 가지 점에서 YMCA의 공헌도가 얼마나 많은 비중을 차지하는가 하는 것이 우리의 관심사다.

첫째, 질적인 면—한국 교회는 처음부터 주체성이 강한 교회였다. 그리고 토박이 정신이 강했다. 이미 말한 바와 같이, 외국 선교사가 들어오기 전에 벌써 우리나라 사람들이 성경을 번역하고 우리 고유의 하느님을 기독교의 최고신으로 승화시킨 것은 세계 선교사상 찾아볼 수 없는 사례다. 외래 종교에 맹목적으로 흡수되지 않고 그것을 우리 것으로 소화시켜 한국적인 종교로 승화시킨 것이다. 특히 YMCA는 창설 당시부터 초대 회장과 총무가 외국 선교사이고, 12명 이사 중 대부분이 외국인인데도, 창립 정신과 사업은 독립협회 출신 지도자들과 청년들에 의하여 영위되었다.[5]

대표적 인물로 이상재와 박승봉을 들 수 있는데, 이상재는 조상에 대한 제사에까지 한국의 얼을 강조했다. 그는 "종교

---

5) 이 문제에 대해서는 이 책 6장에서 상술한 바 있다.

상에도 조선혼(朝鮮魂)을 물실(勿失)하라. 미신이 아닌 이상 부모의 제사 지냄이 무엇이 그르랴"[6] 하며 선교사들의 선교 정책을 신랄하게 비판했으며, 박승봉은 유학자로서의 학문적인 차원에서 "우리 조선 사람들이 부모와 조상에게 제사 지내는 법은 주정(朱程, 주자朱子와 정자程子) 때부터 시작되었고, 이것은 공자의 정신과는 위배되는 것으로, 이때부터 유교가 결딴났다"[7]고 선언하는 동시에, 레위기·출애굽기 등 구약과 유교의 제사관 비교 연구를 통해 한국적인 기독교 제사관 수립을 시도하기도 했다. 그리고 박승봉·이상재·윤치호·유성준 등 YMCA 지도자들이 1923년에 기독교 창문사를 조직하여, 선교부의 원조만으로 운영하는 기독교서회와 달리 순 한국인의 힘으로 기독교 출판문화를 건설하기도 했다.

　　그러나 가장 구체적인 한국적 기독교 수립 운동은 1926년 2월 28일 신흥우 총무의 주도하에 기독교연구회를 조직한 데서부터 시작되었다. 이것은 신흥우 총무가 몇 차례의 미국 여행 중 이승만과의 약속으로 이루어진 것이며, 1925년 조선호텔에서 열린 조선기독교계 대표자 협의회의 영향이 컸다. 어쨌든 이 연구회는 1926년 2월 28일 중앙 Y 회관에서 조직된 뒤, 다시 4월 19일에는 ① 교조 교파 의식의 둔화 ② 산업 기관의 적극적 개발 운영 ③ 교회 제도 및 운영과 복음 선포의 토착화라는 세 가지 방향을 설정했다.[8] 그리고 연구회는 이것을 중앙 YMCA로 하여

---

6) 〈동아일보〉 1920년 9월 1일자. 같은 해 8월 27일 일어난 사건으로 〈동아일보〉가 "애매 무리한 기독교의 희생자, 남편이 예수교를 믿고 상식을 폐한 결과, 마누라가 대신 죽어"라는 자살 사건을 보도하자, 이상재는 찾아온 신문기자에게 이처럼 발언해서 교계와 일반사회에 큰 파문을 일으켰다. 그리고 〈동아일보〉는 9월 16일자에서 "제사와 우상숭배, 조선의 제사는 일신사상(一神思想)에 위반되지 아니한다"라는 사설을 썼다.

7) 전택부, "토박이 신앙산맥"(39), 〈교회연합회보〉 1976년 7월 18일자 참조.

8) 김양선, "개신교사", 한국 기독교사, 고려대학교 민족문화연구소 편, 《한국문화사대계 Ⅳ》 (고대민족문화연구소 출판국, 1970), 667-668쪽. 또한 〈기독신보(基督申報)〉 1927년 1월 5일자는 제5회 기독교 청년회 연합회 정기대회의 5대 의제(議題) 중에 제4의제 교회 진흥에 관한 건─교화 진흥 연구위원을 연합회에서 선정하여 불신도운동과 교파통일운동, 조선적 교회 형성에 노력케 할 것이라는 기사를 썼다.

금 1926년 12월 27일부터 29일까지 서울 피어선성경학원에서 열린 제5회 조선기독교청년회 연합회 정기대회의 의제로 상정하게 하여 전국적인 운동으로 확대시켰다. 즉 29일 본회의는 '교화(敎化)진흥의 건'이란 주제 아래 다음 다섯 가지 건을 채택했다.[9]

1. 1927년에는 평신도로 하여금 조선 교회의 큰 운동을 일으키게 하여 현재의 배 이상의 신자를 얻도록 힘쓸 것.
2. 교파를 통일하도록 힘쓸 것.
3. 교회를 조선적 정신의 교회로 이루도록 노력할 것.
4. 교화 진흥 연구위원 선정 건.
5. 준회원 대회 개최 건.

이처럼 중앙 YMCA 회원 중에서 일어난 한국적 기독교 운동은 YMCA 전국대회의 결의를 거쳐 전국적인 Y 사업으로 구체화시켰다. 이때 선정된 교화 진흥 연구 중앙위원은 신흥우·홍종숙·박희도·박동완·김활란·유각경·홍병덕 등 7명인데, 그 구성을 분석해 보면 장로교와 감리교 양대 교파가 연합되어 있고, 한 사람 외에는 전부 평신도이고 두 사람이 3·1운동 때의 민족대표였으며, 남녀 혼성이라는 세 가지 특성이 있다. 이는 앞으로 한국 교회의 에큐메니컬 운동에도 지대한 영향을 끼친 중대한 사건이다.

둘째, 조직 면─한국 교회는 얼마나 독립적이며 에큐메니컬한가? 이 책 제40장에서 1925년에 열린 조선 기독교계 대표자 협의회의 중대성에 대해 말한 바 있거니와, 이 대표자 협의회야말로 한국 기독교의 에큐메니컬 운동을 위한 결정적인 계기를 마련한 회의였다. 이는 처음부터 YMCA 주도하에 국내 장로·감

9) 제5회 기독교 청년연합회 정기대회 회록, 5~6쪽. 이 정기대회는 1926년 12월 27~29일 경성 피어선기념성경학원에서 연합위원장 이상재의 사회로 열렸다.

리 양 교파의 평신도·교역자 및 선교사들과 YMCA 국제위원회 총무이며 세계선교협의회(I. M. C.) 회장인 모트(J. R. Mott) 박사와 함께 계획한 에큐메니컬 회의였다.

그러나 이보다 앞서 교회 연합 운동이 진행된 것이 사실이다. 1918년 3월 26일 중앙 YMCA 회관에서 장로·감리 두 교파에서 각각 20명씩 총대표가 모여 YMCA 지도자 김필수(金弼秀) 목사를 초대 회장으로 하여 조선 예수교장감연합협의회(Federal Council of Churches in Korea)를 조직했다.[10] 그 뒤 1924년 9월 24일 집회 때는 회 이름을 조선예수교연합공의회(The National Christian Council of Korea)로 개칭하고 "그리스도의 복음을 전달하기 위해 교회를 결속시키고 공중도덕과 기독교 문화를 향상시키기 위해 교회의 통일을 촉진시킨다"라는 연합 운동의 목적을 규정했다.[11] 그 후 조선기독교계 대표자협의회(1925년)가 열렸는데, 이는 전기 조선예수교연합공의회 주최로 된 것이 아니라 YMCA가 주도한 에큐메니컬 협의회였다. 이 회의를 계기로 한국 교회는 교회 연합회 운동과 토착화 운동에 활기를 띠게 된다.

무엇보다 먼저 이 협의회의 결과는 예루살렘 세계선교대회에 가입하는 일과 그곳에 한국 대표를 파송하게 한 것이었다. 한국 교회 대표로는 신흥우·정인과·양주삼·김활란 등 4명과, 선교사로는 노블(W. A. Noble)·모페트 등 2명까지 포함한 6명이었다. 이 6명 중 신흥우는 단장 격이었으며,[12] 그의 목적은 예루살렘 세계선교대회 참석만이 아니라 덴마크 농촌사업 시찰이었다. 그는 농촌 사업부 간사 홍병선으로 하여금 Y 국제위원회의 재정 원조로 덴마크를 시찰하게 하였으며, 김활란도 동행하게 했

---

10) H. A. Rhodes, *History of the Korea Mission Presbyterian Church 1884~1934*, pp.455-456, 또한 〈예수장로회 제6회 회록〉(1917).

11) 위의 자료. 또한 Ruth Rouse and S. C. Neill, *A History of Ecumenical movement 1517~1948*, p.389.

12) 김활란, 《그 빛 속의 작은 생명》(여원사, 1965), 12쪽.

다. 어쨌든 그는 출발에 앞서 "덴마크는 일찍이 정치와 경제가 파멸되어 오늘날 조선과 같은 형편이었으나, 경지 개량과 축산 장려, 신용공동조합 설치, 국민고등학교 보급 등으로 말미암아 지금은 북구의 낙원이란 이름을 받는 나라가 되었으므로 그것을 학술로 배우지 않고 제도와 실지를 견학하여 다 본뜨고자 한다"[13]라고 했다.

드디어 신흥우는 홍병선과 1928년 1월 6일 서울을 떠나 상하이에서 김활란과 만나 구라파행 배에 동승했다. 예루살렘 세계선교대회는 3월 24일부터 4월 8일까지 2주간 감람산에서 열렸다. 50개국에서 231명의 대표가 모인 이 대회에는 아시아의 피선교국에서는 한국 대표 4명을 합하여 모두 42명이 참석했다.[14] 아시아의 여성 대표는 일본 대표와 한국의 김활란 2명뿐이었다.

이 회의의 특징은 ① 타종교에 대한 올바른 선교 태도를 위한 신학적 투쟁 ② 사회적·정치적 문제에 대한 선교적 관심과 세속주의 과정에 대한 인식의 성장 ③ 선교 중심적 사고에서 교회 중심적 사고로의 추이(推移) ④ 심화된 영적 성격 등 네 가지였다.[15] 한스 웨버(Hans R. Weber)는 이 네 가지 특징을 설명하며 먼저 "이 예루살렘 대회는 자유 신학과 혼합주의 대회라는 오해까지 받을 만큼 비기독교 사회와 타종교와의 대화를 강조했다"고 전제한 다음, 중국 대표와 인도 대표의 발언을 인용하여 "기독교는 유교를 박멸하는 것이 아니라, 그것을 완성함에 있다"라는 점을 지적했다.[16]

두 번째 특징은, 세속 문명 즉 산업 문제를 근본적으로 다룬 데 있다. 즉 농촌사회의 혁명, 특히 교육적 사명의 변화 및

---

13) 〈동아일보〉 1927년 6월 24일자.
14) Hans-Ruedi Weber, *Asia and the Ecumenical Movement 1895~1961*, p.154.
15) 위의 책, pp.155-156.
16) 위의 책, pp.156-163.

386

종교 교육의 의미 등을 다루었다. 그리하여 본 대회는 사회 및 산업 문제 연구국을 두기로 했다.[17]

세 번째 특징은, 구미 각국의 선진 교회와 아시아 및 아프리카 신흥 교회의 동역자 정신이 강조된 점이다. 다시 말하면 선교의 토착화 문제인데, "개체 교회는 세계 교회(Church Universal)의 중심인 예수 그리스도를 통하여 하느님 안에 깊이 뿌리박고 살아 있어야 함과 동시에 토착화되어야 한다"라는 결론에 이르렀다.[18]

네 번째 특징은 교회 연합 정신을 강조한 데 있다. 민족 감정이 강하고 종교적 배경과 문화적 성격이 다른 각국 대표들이 다 함께 모여 "우리는 하느님 나라에 미친 사람들이옵니다. 우리로 하여금 환상을 보게 하시어 우리 생활을 변화시켜 주옵소서. 그리고 그 환상을 영원히 간직하게 하시며, 훗날 우리가 그 환상을 보고도 잘 복종하지 않는다는 것을 깨달을 때는 그 죄를 용서해 주시기를 간절히 기도 올리나이다"[19]라고 감람산에서 마지막 기도를 올렸다.

위 네 가지 특징이 있는 선교대회에서 우리 대표들은 많은 영감을 받았을 뿐만 아니라, 다른 대표들에게도 많은 영향을 주었다. 신흥우는 미리 준비한 한국 농촌 조사와 사업 보고로 농촌 혁명에 큰 영향을 주었다. 그는 "농민들은 정신적 공분(公憤)으로 궐기하여 스스로의 구원 운동을 결심했다. 교회는 사회적 구제에서 그리스도의 투철한 증인이 될 수 있다"[20]라고 역설했으며, 김활란은 민족적 주체성을 다루는 토의에서 일본 대표 우치키와 격렬한 논쟁을 벌여 독일 대표들을 놀라게 했다.[21] 이때 한국 교회는 국제선교협의회(I. M. C.)의 정식 회원으로서 발언

17) 위의 책.
18) 위의 책.
19) 위의 책.
20) 위의 책, p.160.
21) 위의 책, p.155.

하게 되었는데, 이는 한국 YMCA가 일본 YMCA 산하에서 벗어나 1924년 단독으로 국제기구에 가맹한 것과 함께 한국 교회의 독립성을 과시한 예다.

이 대회를 치른 뒤 귀국하여 신흥우·정인과 두 대표는 1929년 4월 《기독교의 세계적 사명》이란 소책자를 발행했다. 국제선교협의회와 예루살렘대회의 보고 및 결의를 변영태(卞榮泰)가 번역한 것으로, 조선기독교 창문사가 인쇄·출판했다. 이때 조선예수교연합공의회는 중앙 YMCA 회관 내에 사무실이 있었다.[22]

셋째, 양적인 면─얼마나 많은 국민이 기독교 신자화했으며, 국가의 이념 또는 정신이 얼마나 기독교적이냐 하는 문제에서는 YMCA는 기독교 신자만 아니라 비신자나 타 종교인까지 회원으로 포섭할 수 있는 단체라는 것을 먼저 염두에 둘 필요가 있다. 한 가지 특기할 사실은, 현재 우리 애국가가 YMCA 지도자에 의해 작사되고 보급되었다는 것이다. 그 애국가가 국가(國歌)냐, 아니면 다른 어떤 국가가 있어야 하느냐는 등의 문제가 없지는 않으나, 현재 우리가 부르는 애국가의 작사자가 누구냐 하는 문제가 중요하다.

애국가의 작사자는 윤치호가 틀림없다. 그 증거로 세 가지 사실을 들 수 있다. 첫째, 1907년 윤치호의 역술로 출판된 《찬미가》에 현재 우리가 부르는 애국가가 있다는 사실,[23] 둘째, 미국에 살고 있는 양주은(梁柱殷)이 소장한 국민가 중에 애국가가 윤치호의 작사로 되어 있다는 사실, 셋째, 해방 후 윤치호가

---

22) '기독교의 세계적 사명'이란 이름의 이 소책자는 'The World Mission of Christianity'의 번역물로, 96면이다. 발행자는 조선야소교연합공의회(朝鮮耶蘇教聯合公義會, 영어로는 The Korean National Christian Council)로 되어 있고, 사무소는 중앙 YMCA에 있었다.

23) 유광렬은 윤치호의 애국가 가사가 1908년 발행된 《광학서포》라는 가사집에도 실려 있다고 말한다.

친필로 '윤치호 작' 애국가를 쓴 것이 있다는 사실이다.[24] 이런 사실은 이미 1955년에 밝혀진 것이다. 즉 13명으로 구성된 '애국가 작사자 조사 위원회'는 위 사료를 근거로 '작사자는 여러 설이 대두했으나 조사 결과, 누구보다도 윤치호가 가장 유력하다'고 11 대 2의 투표로 판정한 것이다.[25] 그 가사 중에 "하나님이 보호하사"는 배달민족의 고유 정신과 기독교 정신의 융합을 의미하는 것이다.

　　끝으로 민경배 교수는 그의 역작 《한국 민족교회 형성사》에서 YMCA 기관지 〈청년〉에 실린 Y 지도자들의 논설과 주장을 중요시했다. 민 교수는 선교사에 대한 이대위·한석진·최병헌·신흥우 등의 반발을 소개한 가운데 "한석진과 최병헌이 1917년에 각각 한국 교회의 교파적 다양성을 통탄하면서 그 원인이 바로 선교사들의 교파 이식(移植)에 있다고 비판한 것을 지적한 다음, 이러한 반발은 1920년에 들어서면서 가열화되었다"고 했다. 한편 "이대위는 1923년에 교파 교회의 지역적인 선취 특권법을 한탄하면서, 이는 선교사들의 '경영법이라, 우리는 이를 맹목적으로 종(從)할 뿐이요, 심하면 피등(彼等)을 천시'한다며 나무란 적이 있다. 1926년에 신흥우 역시 이런 마음이었다. 그는 '외국 선교'라는 말에 벌써 선교사들의 자고심(自高心)이 암시돼 있다고 분석하고 피선교민의 모욕이 현로(現露)되어 있다면서, 선교사들의 방법이 제국주의 식민지 통치 조직을 방불케 한다고 힐난했다"라고 썼다.[26]

　　민경배 교수는 1930년 남북감리교의 합동에 대한 변성

---

24) 이 사실에 대해서는 1975년 10월 19일 〈독서신문〉에서 임중빈(任重彬)이 "근대인물보(近代人物譜)"를 통해 자세히 고증했다.
25) 〈연합신문〉 1955년 7월 30일자. 위원 13명 중 2명은 안창호와 김인식을 작사자로 주장했지만 이렇다 할 고증이나 사료는 없었다.
26) 민경배, 《한국 민족교회 형성사》, 86-87쪽. 이대위의 《나의 이상(理想)하는 바 민족적 교회》와 신흥우, 《종교개조와 우리 자유》 참조.

옥(邊成玉)·이영한(李永漢)·김활란·김창제·이용설·최승만 등의
논설을 찬양했으며, 안재홍의 전 기독교의 통일화·단일화·전선
적인 유기적 기구화의 주장(《청년》 1931년 2월호에 실린 논문 〈조선인
과 기독교 및 청년의 위치〉)도 중요시했다.

제 9 부

수난과 암흑기 (1931~1945)

민족 생존을 위한 결사 투쟁

———— 1920년대는 한국 민족이 저력을 보여준 연대였다. 일제의 탄압에도 불구하고 YMCA는 국제사회에서 당당히 독립국가 행세를 했으며, 국내에서는 신간회 등 민족 운동을 주도하는 한편, 국민 대다수 농민의 경제적·정신적·사회적 향상을 위해 그 속에 파고들었다.

YMCA는 기독교 세력만 아니라 일반 민족 진영과 연합 세력을 구축함으로써 일제의 탄압을 어느 정도 방어할 수 있었다. 그러나 1929년부터 일어난 세계적인 불경기와 공산주의의 도전을 받아, 또한 1931년 일제의 만주 침략 때부터 치명상을 입기 시작했다.

우선 요원의 불길처럼 번져 가던 농촌운동이 그들의 교묘한 파괴공작으로 점차 사그라들기 시작했으며, 모든 운동과 모든 비밀 조직이 수색을 당하였다. 그리하여 세계와 기식(氣息)을 통하는 유일한 창구 구실을 하던 YMCA는 이리저리 끌려 다니게 됐다.

45.

정치적 탄압과
농촌사업의 수난

　　일제는 1929년 광주학생운동으로 신경질적이 되었고, 세
계적인 경제공황으로 큰 타격을 받게 되었다. 한편 일본 군벌들
은 이탈리아의 무솔리니와 독일의 히틀러의 전체주의에 자극받
아 군국주의를 강화하게 됐다. 그래서 일어난 것이 1931년 9월
에 감행한 만주 침략이다. 당시 일본 정부의 육군대신 미나미(南
次郞)란 자는 중앙 정부의 지령이나 내각의 결정도 없이 단독으
로, 만주에 주둔하고 있던 일본 관동군과 한반도에 주둔하고 있
던 조선 주둔군을 동원하여 만주를 공격했다. 그리고 이듬해인
1932년 3월에는 괴뢰 정부 만주국을 세워 또 다른 식민지를 건
설했다.

　　일본 군벌은 일본 본토 내에서도 악랄한 짓을 했다. 그들
은 1932년 소위 5·15 사건을 통하여 당시 온건파 정치가로 알려
진 이누가이(犬養毅) 수상 등을 살해함으로써 군벌 세력을 강화
했고, 1936년 소위 2·26 군사 쿠데타로 군벌 독재의 토대를 다
져 놓았다. 따라서 만주 침략의 원흉인 미나미가 조선 총독으로
부임해 오면서 한민족 탄압을 막바지로 이끈 것이다.

이 시기에 공산당도 침묵을 지키고 있지 않았다. 물론 1930년대 한국 공산당은 점차 약세를 보이긴 했으나 끈질긴 투쟁은 계속됐다. 그리하여 한 외국인은 다음과 같은 의미심장한 말을 했다. "한국 민족은 전통문화와 산업을 거의 다 박탈당했다. 그렇다고 해서 한국 민족이 그네들의 민족 감정과 저력을 근본적으로 빼앗겼단 말은 아니다. 오늘날의 한국은 공산주의의 도전을 받아 정치적 불안에 빠져 있다. 전면적으로 사회적 불안이 휩쓸고 있다."

이에 대하여 미국 기독교연합회(NCC) 외국 문제 권위자는 이렇게 말했다. "······ 결국 이 나라의 국민 생활은 3대 세력에 의해 지배되고 있다. 3대 세력이란 북방으로부터 밀고 온 공산주의에 의한 정치적 세력, 남방으로부터의 일본 군벌 세력 그리고 한국 민족 내부로부터의 종교적 세력이다. 다시 말하면 10~15년 안에 이 나라 기독교 세력과 기독교 신도들은 결정적인 단계에 진출하리라는 것을 믿어 의심치 않는다."[1]

이와 같은 관찰은 1925년 발표되었으므로, 그때부터 10~15년 뒤라면 1935년이나 1940년에 해당한다. 그러므로 그의 관찰이 정확히 맞았다고는 할 수 없으나 의미심장한 것임에는 틀림없다. 어쨌든 기독교 특히 YMCA는 농촌 사회에 뛰어듦으로써 기세를 올렸다. 이 시기에 발휘한 몇 가지 농촌운동 방법을 열거하면 다음과 같다.

(1) 지방별 농민 강습회—이 운동은 1930년대에 들어서면서 새로운 모습을 보였다. 왜냐하면 이때부터 YMCA 농촌 사업은 장로·감리 양 교파와 선교 단체의 에큐메니컬 운동으로 발전되기 때문이다. 이는 물론 1928년 예루살렘 세계선교대회의 결과였다. 그리고 이보다 앞서 YMCA는 1925년과 1927년 두

1) John W. Cook, *Korea and Japan*.

차례에 걸쳐 국제선교협의회(IMC)의 간접적 후원하에 국제 규모의 농촌 조사를 철저히 하는 한편, 1929년까지 7명의 농촌 사업 전문가를 맞이하여 사업을 확장했다.

1930년대에 들어서면서 YMCA 농촌운동은 에큐메니컬한 성격을 띠게 되었다. 이를 설명하기 위해 1928년 예루살렘 선교대회의 주장을 소개하면 다음과 같다. "모든 선교사와 그 임원·선교사 및 교회들과 기타 인류를 사랑하는 모든 인사들이 세계 안녕에 그처럼 중대한 관계를 가진 농촌 사업에 조력하기를 바란다."[2] 또한 다음 다섯 가지 사항을 결의했다. ① 적당한 목표를 세운다. ② 선교 기관이 협조한다. ③ 국가적 또는 구역적 표준과 각종 사업에 대한 적극적이며 구체적인 안을 세운다. ④ 각 농촌 구역에서 진정한 선전을 수행하기에 넉넉한 재정 후원을 할 것. ⑤ 사역자 선택·모집·양성에 힘쓸 것.[3]

이 결의에 따른 성과는 1930년 9월에 모인 조선예수교연합공의회가 "농촌부를 신설하고 …… 현재 사업은 진행 중인 YMCA 농촌부와 협동하기로" 한 것과, 국내의 장로·감리 양 교파 선교사로 조직된 선교사 농업전문가회(Mission Agriculturist Association)[4]가 탄생한 것이다. 그다음부터는 YMCA와 각 교파 연합으로 농민 강습회가 개최되었다. 이때 YMCA는 각 교파의 협조로 7명의 강사진을 조직했다. 즉 "북장로교회는 루츠(D. N. Lutz)와 김상근(金常根)을 보내 주었고, 남감리교회는 하디(Hardie)를 통하여 박연서를, YMCA는 홍병선·이무기(李霧基)·에비슨(G. W. Avison)·번스(H. C. Bunce) 등을 파송했는데, 클라

2) The World Mission of Christianity, Messages and Recommendations of the Enlarged Meeting of the International Missionary Council, Held at Jerusalem, March 24~April 8, 1928, 조선야소교연합공의회(朝鮮耶蘇教聯合公義會) 역, 《기독교의 세계적 사명》, 69쪽.
3) 위의 책.
4) 선교부 농업전문가회는 1929년 9월 14일 조직되었고(제6회조선야소교연합공의회 제6회록, 1929, 11쪽) 회원은 YMCA의 에비슨, 반하르트, 번스, 클라크를 비롯하여 감리교의 월리엄스(F. G. C. Williams), 장로교의 챔벨(E. L. Champbell), 챔니스(O. B Chamness), 루츠(D. N. Lutz) 등이었다.

크(E. O. Clark)는 번스와 교대해서 강의를 하게 했고, 김활란도 나중에 가서 강의를 하게 했다."[5]

이에 대하여 북장로교회의 한 선교사는 "1930년 교회 측 외국인 전문가들은 유능한 한국인 전문가들과 합력하여 20개 도시에서 농민 강습회를 개최한 결과, 등록한 학생이 4천 2백 명이요, 야간 집회에 참석한 일반인은 연인원 4만 명에 달했다"[6]고 했는데, 학생들은 신·불신의 구별 없이 누구나 받아들였으나 기도회와 주일예배는 의무적으로 참석하게 한 결과 많은 새 신자를 얻게 됐다. 강습 기간은 7일 또는 10일간이었으며, 수업료는 학생들의 부담을 원칙으로 했고, 돌아갈 때는 개량종 씨·교과서·기타 농사 지침서 등을 사 가게 했다.

이 강습회의 경비는 1,315원이었으며, 4천여 명의 학생 중에는 50명의 여학생도 있었고, 특별 야간 집회에는 450명의 여자들이 참가했다. 그리고 특별 집회 때 참석한 일반인은 약 4만 명이나 됐다.[7] 교수 과목 가운데는 인근의 좋은 농장이나 농사 실험장에 데리고 가서 직접 견학을 시기는 방법을 활용한 것도 있다. 다시 말하면 석회질·인산질 토양의 개량법, 유실수 심는 법, 나무 접붙이는 법, 돼지·닭·가축 등의 선별법, 간단한 기계 사용법 등을 보여 주면서 가르친 것이다. 또한 토지 성분에 따라 적당한 작물들을 선정하는 법, 비료 선택법, 윤작법 등 4백여 종의 실습과 학습을 시켰다. 지방별 강습회 상황을 보면 다음과 같다.[8]

5) D. N. Lutz and F. O. Clark's Report of 〈Kang Seup Hwois〉 in Korea, April 10, 1930, Seoul, Korea.
6) H. A. Rhodes, *History of the Mission, Presbyterian Church U. S. A. 1884~1934*. p.520.
7) D. N Lutz and F. O. Clark, 앞의 책.
8) 위의 책.

대구…197명	함흥…80명	안동…255명
마산…170명	군산…455명	전주…100명
서울…130명	광주…145명	순천…75명
원산…180명	철원…135명	성진…110명
회령…170명	재령…363명	해주…165명
송도…50명	평양…621명	영변…350명
선천…300명	강계…30명	총계…4,081명

　　　1931년 겨울에는 위 20개 강습회 중 4개 지방이 경찰의 집회 허가를 얻지 못하여 탈락했고, 참가자도 다소 줄긴 했지만 전국 각지에서 42개의 강습회를 가졌으며, 매일 평균 3천 명의 학생과 약 1만 8천~2만 명의 야간 집회 일반인 참석자가 모이게 되었다.[9] 이리하여 1929년부터 1934년까지 60여 개의 강습회에서 7천 2백 명의 학생을 수용하게 되었다.[10]

　　　이러한 각 지방별 농민 강습회에 참석한 학생들은 각각 자기 고향을 개량하는 데 힘썼다. 이는 마치 발전소에서 전기를 보내 어두운 구석구석을 밝히는 것과 같았으므로, 신흥우 총무는 농민 강습회를 '국민의 정신적 발전소'라 했다. 이는 덴마크의 그룬트비가 고등농민학교 즉 포크 스쿨(folk school)을, 독일의 침략을 막기 위한 "민족의 요새"라 부른 것과 흡사했다.

　　　(2) 신촌의 고등 농민 수양소─이에 대해서는 42장에서 상세히 말한 바 있다. 1934년에는 17명의 학생이 수용되었다. 입학 자격은 중학교 졸업 이상이라야 하며, 교육 기간은 11월부터 다음 해 2월까지였다. 이 4개월간의 교육이 끝나면 부녀자들과 인근 주민에게 단기 교육을 시켰다. 야학도 하고 주학도 했다. 양돈·양계·양토·칠면조 기르는 법·곡물 증산법·윤작법·구입 판매법·저장법·비료 쓰는 법 등을 가르쳤다. 이리하여 이 농민 강

---

9) F. O. Clark, Report on Farm School Held in Korea, Winter 1931~1932, on March 28. 1932.
10) *Rural Reconstruction Work in Korea*, on 1935. Writer Unknown, p.3.

습소는 잠시도 쉴 새 없이 활용되었다. [11]

  (3) 광주 농촌실습학교—이 학교는 광주 청년회에서 시작했다.[12] 1933년부터 약 20명의 학생으로 2년제 학교로 출발했는데, 입학 자격은 ① 소속 교회 목사의 추천이 있는 자, ② 국민학교 졸업자, ③ 신체 건강한 자, ④ 졸업 후 경작할 만한 토지가 있는 자, ⑤ 도시 출신이 아닌 농촌 출신자, ⑥ 자기 동네 사람들을 지도할 능력이 있는 자, ⑦ 필기시험과 구두시험에 합격한 자 등이었다. 선생은 학생들과 숙식을 같이 하면서 실습과 인격 교육에 힘썼으며, 1934년에는 건물도 신축하여 설비를 강화했다.[13]

  다음으로, YMCA 농촌 사업의 방법은 새로운 종자를 수입해 농민 수입을 증대하는 일이었다. YMCA는 순종 레그혼 닭과 로드아일랜드 닭 등을 수입해 기르고, 알을 부화시켜 종자를 보급하기도 했다. 그래서 연말이 되면 농민들은 닭과 달걀을 배가시켜 YMCA에 원금을 갚았으며, YMCA는 그것을 다른 농민에게 주었다. 이 같은 방법으로 홀스타인 소와 버크셔 돼지를 농민들에게 보급했다. 함흥 지방에서는 가을에는 반드시 논갈이를 하게 했으며, 퇴비 대용으로 자운영을 이른 봄에 논에 심어서 꽃이 피면 양봉에 이용했다가 꽃이 지면 자연 퇴비가 되어 논농사가 잘되게 하는 방법도 장려했다. 또한 쌀·콩·보리·옥수수·땅콩·딸기 등 곡물의 새로운 종자를 수입하여 경작법과 증산법을 가르쳐주었으며, 유휴 농지를 이용하여 수입을 늘리는 방법을 가르쳐주었다. 따라서 농한기에 부업을 장려함으로 투전·음주·미신 등 농촌사회의 병폐를 몰아내는 운동도 맹렬히 전개시켰다.[14]

---

11) B. P. Barnhart's Report on Training for Rural Leadership in Korea, on May 9. 1934.
12) 위의 자료.
13) 《광주 YMCA 50년 약사(略史)》, 7쪽.
14) Rural Reconstruction Work in Korea, Writer Unknown, p.3.

그 방법의 하나로 겨울에는 학생들이 농촌에 가서 농민을 위해 야학반을 설치했다. 서울 근방의 예를 들면, 서울 근처의 450개 촌락 중 39개 촌락에 YMCA 야학을 세웠는데, 1930년에는 어린이 600명과 어른 100명 도합 700명의 학생이 있었다.[15] 이는 다만 교육사업이라기보다 문맹 퇴치 운동·농민의 정신 계발·신앙 운동의 성격으로 진행되었기 때문이다. 야학반은 순전한 자원 지도자들의 희생적인 봉사로 운영되었다. 야학뿐만 아니라 협동조합·소비조합 등 전문 분야에는 서울의 은행 직원 등 자원 지도자들이 참여했다.[16]

끝으로, YMCA의 농촌사업의 방법 중 중요한 것 하나는 협동조합 운동이다. 1934년 총독부 통계에 따르면, 한국 농민은 점점 땅의 소유권을 잃어버리고 있었다. 지주가 늘어나는 동시에 소작인도 늘어났다. 반면 자작농은 적어졌다. 농민 한 가정의 연평균 수입은 250원(75달러)이었다. 대다수 농민은 빚에 쪼들리며 살고 있었다. 연평균 이자가 3부 6리 이상이었다. 이 빚 때문에 농민들은 지주에게 땅을 빼앗기고 소작인으로 전락하고 나중에는 절망 상태에 빠지고 말았다.[17] 이런 빚투성이에서 농민을 구해내는 운동이 협동조합 운동이었다. 남편들이 노름판에 빠져 정신을 잃고 있을 때 부인들이 끼니마다 몇 줌씩 쌀을 모아 시작한 지 1년 만에 35원의 자본금을 만들 수 있었다. 보통 40가구가 모여 한 협동조합을 만들었는데, 적금이 300원에 이르면 조합원들에게 싼 이자로 영농비·비료 값 등으로 돈을 빌려주게 되었다.

이러한 농민들의 단결심을 농산물 판매에도 적용했다. 예를 들면 사과의 경우, 함흥 Y는 사과 판매조합을 만들었다.[18] 사

15) Elsie Voorhees, Jones and Ernest M. Best, *Regional Consultants for the Far East, Comments of the Report of the Survey in Korea, and the Status of the YMCA and YWCA*, p.15.
16) 위의 책.
17) *Rural Reconstruction Work in Korea*, Writer Unknown,
18) *The Rural Program of YMCA in Korea*, Published by National Council of YMCAs of

과 한 알에 보통 1전 5리밖에 안 되지만 일본에 수출하면 3전부터 5전까지 받을 수 있다는 사실을 발견하고, YMCA 간사가 일본까지 출장 가서 일본 업자와 수천 상자의 계약을 맺었다. 그리하여 농민들은 사과를 협동판매조합에 가지고 가서 일일이 감정한 뒤 제1착으로 1천 상자를 수출하게 되었다. 그 뒤 4천 상자를 수출했다. 이 협동판매조합은 농민들에게 경제적인 이익을 얻게 했을 뿐만 아니라 정신적인 확신과 희망까지 안겨주었다.

협동조합은 신용조합·판매조합·소비조합 등으로 그 요구와 상황에 따라 여러 가지 형태로 운영되었다. 이를 통틀어 협동조합이라 하는데, 1929년 5월까지 전국에 협동조합이 49개(조합원 1,692명)였다. 1930년 통계에 의하면, "서울 지방에는 협동조합이 11개, 소비조합이 5개, 판매조합이 11개 있었다. 그때 농민들은 4부 이자로 빚을 내야 했기에 협동조합이 절대 필요했으며, 협동조합을 이용하면 1부로 돈을 쓸 수 있었기 때문이다."[19] 1931년 4월에는 중앙 청년회 회관에서 협동조합 연합회를 결성했는데, 1932년 통계에 의하면 협동조합 65개에 총 자본금이 11,273원에 달했다.[20]

결론적으로 농촌사업은 일본 제국주의에 대해서는 위협적인 존재로 나타났고, 공산주의에 대해서는 강적으로 나타났다. 특히 YMCA가 각 교파와 연합 세력을 구축하여 국제적인 규모로 추진될 때 총독부 당국은 YMCA를 이대로 두었다가는 식민지 정책 추진에 큰 방해가 될 것을 느끼게 되었다. Y 농촌 사업은 처음부터 국제적인 협조하에, 1929년까지는 미국과 캐나다에서 초청해 온 외국인 농업전문가가 7명 있었고, 여기에 각 파 선교사들과 국내 전문가들이 가담했으니, 그 세력이야말로 무시

Korea(1932)

19) Elsie Voorhees Jones and Ernest M. Best, 앞의 책, p.16

20) *The Rural Program of YMCA in Korea*. 김양선은 협동조합이 수백에 달했다고 했고(고려대학교 민족문화연구소, 《한국문화사대계 Ⅵ》, 659쪽), 홍병선은 자필 이력서에 협동조합이 730여 개소, 농촌 사업소가 320여 처에 있었다고 했다.

못 할 것이었다.

　　재정 후원에서도 이때까지는 YMCA 국제위원회만이 했지만, 예루살렘 선교대회의 결과로 연합공의회 주도하에 장로·감리 양 교파 선교사들이 재정을 가지고 농촌 사업에 가담했다. 하지만 YMCA 국제위원회의 재정 원조만도 상당한 액수였다. 1935년 보고에 의하면, 사업의 전성기였던 1933년의 국제 보조는 12,786달러였고, 1934년에는 7,284달러, 1935년에는 7,930달러였다.[21] 여기에는 연봉 1,500달러씩 받는 청년회 총무의 봉급[22]은 포함되지 않았다. 그러므로 1925년부터 10년간 총 경비를 대략 계산하면 116만 달러가 농촌 사업에 투입된 것이다.

　　그러나 위에서 본 바와 같이 1934년부터는 국제 원조가 60퍼센트나 감소했다. 왜냐하면 첫째, 7명의 외국인 전문가가 2명으로 줄었으며,[23] 둘째, 세계적인 불경기로, 또 한편 일본은 금본위제(金本位制)의 경제정책으로 물가가 3분의 1로 떨어졌기 때문이다.[24] 때마침 1930년 일본 군대가 만주를 침공하면서 경찰은 일반 한국인 사회단체에 대한 탄압을 가중시켰다. 농민 강습회도 일일이 경찰의 철저한 감시를 받았다. 그중에도 1930년 6월에 부임해온 우가키(宇垣一成) 총독의 소위 '농어촌 진흥과 자력갱생'이란 새로운 경제 정책의 여파가 제일 컸다.

　　총독부의 자력갱생 운동은 YMCA의 농촌사업을 그대로 모방한 것이었다. 이에 대하여 당시 YMCA의 윌버(H. A. Wilbur)의 보고 내용을 보면 다음과 같다. "고지대를 개간하여 경작을 개량하는 일, 과수 재배·양치기 등을 총독부 당국이 대대적으로 장려했는데, 이러한 사업은 YMCA의 클라크·번스 등 농업전문가들이 장려하던 사업이다. 협동조합과 부락민의 복지

---

21) *Rural Reconstruction Work in Korea*, Writer Unknown,
22) 전택부, 《인간 신흥우》, 203쪽 참조, 신흥우의 봉급은 처음부터 YMCA 회계에서 나온 것이 아니라 미국인 Denman 여사의 원조로 나왔다.
23) *G. W. Avison's Administrative Report for 1936~1937.*
24) *F. O. Chark's Report on Farm Schools Held in Korea, Winter 1931~1932.*

사업도 똑같은 것이다. 다년간 YMCA가 추진해 오던 농촌사업의 일부가 총독부 당국의 한 농촌사업의 일부가 되고 말았다."[25]

결국 총독부 당국은 자력갱생이란 미명 아래 YMCA 농촌사업을 말살하자는 속셈이었는데, 이에 대해 신흥우 총무는 다음과 같이 말했다.

> 그렇게 시작해서 하자, 총독부가 무슨 생각이 났던지, 아마 정치적 의미에서 그랬나 봐요, 총독이 자력갱생을 내세우고 농촌 개발이란 걸 시작했어요. 전국적으로 굉장하게 시작했습니다. …… 전체 행정력을 동원하여 전국적으로 그와 같이 할 적에 나는, 무엇이든 농민을 행복하게 만드는 일이라면 고마운 일이라 생각했습니다. 우리는 방해도 많이 받았습니다. …… 파출소 순사가 우리 농촌 지도자들을 못살게 굴었습니다. YMCA가 급한 일이 많이 있을 때 한번은 미국 선교회의 주교 되는 사람이 총독부 정무총감을 만나 가지고 신(申) 아무개는 좋은 사람이라고 했더니, 그 사람이 신 아무개를 한번 만났으면 좋겠다는 것이었어요. 그래서 내가 불리어 가서 총무부 고관과 얘기할 때 그 사람이, "당신네가 하는 일이 벌써 외국에도 선전이 되어 어찌 보면 정부 당국은 농민들을 위하여 아무것도 안 하니까 YMCA가 하는 것처럼 됐소" 하는 것이었습니다. 결국 그 사람들이 드러내놓고 우리에게 농촌 사업을 하지 말라고 하기 때문에, 돌아와서 회장인 윤치호 씨와 의논해 가지고…… 차츰차츰 사업을 줄일 수밖에 없었습니다. YMCA 국제위원회도 차츰 손을 떼게 되었습니다. 그것이 아마 1933년인 줄 압니다.[26]

이로써 우리는 YMCA 농촌 사업이 없어지기 시작한 이유를 넉넉히 알 수 있다.

마지막으로 YMCA 농촌 사업에 대한 외국인들의 논평

---

25) H. A. Wilbur's Annual Report, 1933~1934.
26) 신흥우, 방송 녹음 기록, 383-390쪽.

을 들어 보자.

첫째, 미국 선교본부 극동지역조사관의 조사 보고에 보면, "1919년부터 1925년까지 종교에 대한 반감은 결국 민족주의자들의 무관심과 적대감을 불러일으켰다. 이런 시기를 통과하여 1925년부터 1929년대로 접어들었는데, 이때 YMCA 농촌 사업이 개시되었다. 이때부터 일반 사회는 YMCA가 사회 개혁을 위한 진정한 봉사자이며 강력한 압력단체다."[27]

500명이나 되는 선교사들 중에는 6명의 가정문제 전문가와 8명의 농촌 사업 전문가가 있을 뿐이다. 그러므로 선교사들이 한국 농민에게 별로 한 일이 없었던 것은 사실이다.[28] "YMCA와 교회는 언제나 서로 경쟁하고 불신하는 입장이었다. 특히 교파 의식 때문에 더욱 그러했다. 교회는 YMCA가 너무 비신앙적인 단체라 했고, 근대화만을 주장하는 단체라 했지만 최근에 와서는 농촌 사업을 통하여, YMCA는 교회뿐만 아니라 비기독교인들과도 긴밀한 협조 관계를 맺기 시작했다."[29]

둘째, 미국 농업선교재단(Agricultural Mission Foundation) 총무이며 농업 전문가인 라이스너(John H. Reisner)는 이렇게 말했다.[30] "한국 YMCA의 농촌 사업을 과거 6년간이나 지켜본 나로서는 다음과 같이 말하기를 주저하지 않는다. 문자 그대로 YMCA 농촌 사업은 훌륭한 공헌을 했다. 아니, 그보다 한국 Y의 농촌 사업은 한국 기독교 선교 사업에 큰 영향을 끼쳤으며, 따라서 일본 총독부 당국의 농업 정책에도 커다란 자극을 주었

---

27) Elsie Voorhees Jones And Ernest M. Best., 앞의 책, p.4. 위의 두 극동지역 조사관은 1930년 한국에 파송되어 이순택, 유각경, 유익겸, 현동완, 김활란, 하경덕, 백낙준, 홍병선, 피셔(E. Fisher) · 언더우드(A. H. UnderWood) · 버스커트(J. D. Van Buskirt) 등 국내 학자와 Y 지도자들의 논문과, YMCA 회원 362명 및 YMCA 회원 173명의 질의응답을 근거로 대규모 조사보고서를 작성했다.
28) 앞의 책, p.17.
29) 앞의 책.
30) *Rural Reconstruction Work in Korea*, John H. Reisner, Exexutive Secretary, Mission foundation 419. 4th Av. N.Y.

다." "한국 YMCA가 농촌 사업에 끼친 훌륭한 업적은 역사에 오래 남아 있을 것이다. 그 협동조합의 조직·운영 및 관리와, 부락민의 문맹퇴치 운동·보건 운동·농사 개량 사업 등이 총독부 당국까지 가만 있지 못하게 움직인 것 등은 정말 특기할 만한 사실이다." "그러나 위에 지적한 것보다 더 큰 공헌은 YMCA가 전체 한국 기독교로 하여금 한국 농촌의 성격을 바로 인식하게 했으며, 선교 정책과 기독교 사업을 농촌으로 유도한 사실에서 찾아 볼 수 있다."

그리고 버터필드(Kenyon L. Butterfield)라는 사람은 "한국 농촌 사회 재건에 발휘한 YMCA의 지도력은 누구나 다 아는 사실로, 바다 건너 먼 땅의 기독교 사업 중 가장 빛나는 사업의 하나다"라고 말했다.[31]

셋째, 1934년 4월 16일자로 YMCA 국제위원회가 YMCA 외국인 간사에게 열 가지 질의를 했는데, 그 대답 중 농촌 사업 전문가 번스(A. C. Bunce)의 대답 몇 가지를 소개하면 다음과 같다.[32]

제1질문. 어떤 사건과 어떤 사상이 귀 YMCA에 문제가 되었으며, 어떤 영향을 끼쳤는가?—더욱 강화되는 일본 경찰의 감시와 군국주의의 탄압은 우리 농촌 사업을 더욱 어렵게 만들었습니다. 농민 강습회의 경우 경찰의 집회 허가를 받는 것이 여간 어렵고 곤란한 일이 아니었습니다. 대다수 한국인은 일본과 러시아 간에 전쟁이 일어나서 한국이 독립하고 동양의 벨기에(白耳其)가 되기를 원합니다. 일본의 돈값이 폭락하여 쌀값은 그대로고 다른 물건 값은 배나 올라 농민들은 궁지에 빠져 있습니다.……[33]

31) 위의 자료.
32) Questions for Annual Administrative Report of international Committee of YMCAs, on April 16, 1934, A. C. Bunce's Reply on November 14, 1934.
33) 위의 자료.

제2질문. 지나간 1년을 돌이켜볼 때, 무엇이 가장 큰 발전이었으며, 무엇이 가장 곤란한 문제였던가? 즉 ① YMCA의 정신적 사기 또는 종교 사업인가? ② 회원들의 사업에 대한 요구인가? ③ 유급 직원과 자원 지도자들의 지도력 문제인가? ④ Y의 조직 및 재정 상황인가?─정신적 사기는 자기 표현의 자유에 달려 있습니다. 그런데 한국 기독교의 자기 표현의 자유는 보수 신앙과 근본주의 신앙에만 허용되고, 사회적이며 국제적인 활동에서는 경찰의 심한 압력을 받고 있습니다. 그 결과 근본주의의 소리는 잘 들려오지만 기독교의 새로운 사회 건설에 관한 소리는 들을 수 없습니다. 기독교의 보수적인 면만 부각되고 진보적인 면은 항상 청년들에게 가려져 있습니다. 이것이 곧 기독교가 공산주의의 공격을 받기 쉬운 가장 큰 약점입니다.

오늘날 한국의 가장 큰 요구는 사회 정의 구현에 있습니다. 이 요구는 종교적인 신앙과 함께 광신과 실천을 동반하게 하며, 인간을 좌절감에서 구출하게 합니다. 그러나 공산주의는 이 요구를 구현할 수 없습니다. 공산주의는 인격의 핵심, 즉 인간의 심령을 변화시킬 수 없으며, 인간의 진정한 자유와 개성을 살릴 수 있는 힘이 있지 못합니다. 교회의 보수주의 신앙은, 공산주의자들이 현대적인 새로운 사상과 꿈과 이상과 생활양식을 구현하고자 한다는 것을 알아야 합니다. 그런데 우리 농촌 사업 목적만은 부락민의 생활 수준 향상과 협동생활에서 이러한 요구를 구현하려는 데 있습니다.

또한 나는 확신하기를, 우리가 민중의 요구에 맞는 훌륭한 교육 과정을 위해 노력하고 있다는 것입니다. 그래서 공산주의자들은 기독교가 아편이 아니라는 것을 눈으로 보고 있습니다. 그 실례의 하나로 관북 지방에서 최후로 열린 농민 강습회를 들 수 있습니다. 그때 83명 강습회원 중 10명만이 기독교 신자였습니다. 그중 50명은 이른바 공산주의자인데, 그들이 전부 검거되어 투옥된 것입니다.

우리는 날마다 예배를 보았는데, 그들은 수요일 저녁 예배 때 나의 설교를 듣고 "세계에서 가장 좋은 종교는 무엇인가"라는 질문을 했습니다. 그때 나는, "인간과 사회 제도를 새롭게 변화시킬 수 있는 종교가 제일 좋은 종교이며, 만약 공산주의자가 기독교보다 이 점에서 더 잘할 수만 있다면 기독교는 물러나야 한다"라고 말했습니다. 그 증거로 덴마크의 경우를 들었습니다.

도시 청년회 사업을 위해서는 자원 지도자들의 훈련이 절실히 요구됩니다. 나는 이 사업을 위해 교통비 정도의 예산을 장만해 가지고 2주일씩 여름 캠프를 했으면 합니다. 이 점에서 서울에 있는 고등농민수양소는 아주 훌륭한 성과를 내어 유능한 지도자들을 농촌 교회에 파송하고 있습니다. 우리가 이 사업을 각 선교사가 하고 있는 성경 학원에서 할 수 있게 된다면, 농촌 교회는 몇 해 안 가서 크게 부흥되리라 생각합니다.

조직은 훌륭합니다. 그러나 그 행정은 너무나 정실주의적으로 흘러가고 있습니다. 재정에 관해 말하자면, 나의 주장은 한국인의 봉급을 미국 Y가 직접 주지 말라는 것입니다(신흥우 총무의 경우). 만약 부득이한 경우 그렇게 할 수밖에 없다면, 그 돈은 기독교연합회의 보조금으로 주어 거기서 정상 지출을 하게 할 것이며, 이에 대하여 비밀이 있어서는 안 됩니다.

제5질문. 지난해 사업을 추진하는 동안 어떤 면에서 가장 큰 만족을 느꼈는가?—내가 가장 크게 만족한 것은 지난겨울 열린 농민 강습회와 지도자 훈련 여름 캠프에서입니다. 사과 협동조합·학교의 양계장 사업과 양돈 사업 등은 완전 자립 운영을 하여 외부의 원조를 받지 않고 있습니다.

번스의 대답 가운데 우리는 여러 가지 중요한 사실을 발견하는데, 그중에서 YMCA는 일본 경찰의 압력뿐만 아니라 공산주의자들의 위협을 항상 의식하면서 사업을 추진해 왔다는 점이다. YMCA 농촌 사업은 본래부터, 도탄에 빠진 농민들을 일본 식민주의의 탄압에서 구출할 뿐 아니라, 새로이 등장한 공산주의의 위협에서 구출함으로써, 기독교만이 한국 민족을 구할 수 있다는 사실을 보여 주는 데 있었다. 당시 민중은 공산주의의 선전에 속아 넘어가는 경향이 많았기 때문에, 기독교는 공산주의보다 낫다는 사실을 실제로 보여 주어야만 했다. "공산주의가 기독교보다 농민을 더 잘살게 한다면 우리는 손 떼고 물러서야겠다"는 식의 태도는 당시 YMCA 농촌 사업만이 가질 수 있는 자신감이었다.

46.

적극신앙단을 통한
항거

    1930년을 전후하여 한국 교회는 세 가지 나쁜 경향을 나타내기 시작했다. 저질성과 보수성 그리고 친미적 경향이다. 이 세 가지 경향은 미국의 근본주의적 신앙과 결합되어 한국 교회로 하여금 점점 더 돌이킬 수 없는 방향으로 치닫게 했다.

    한국 교회의 저질성은 초대 교인 구성에서 원인을 찾아볼 수 있다. 이미 말한 바와 같이 천주교회는 지식인에게 먼저 들어간 데 비하여 개신교회는 무식층과 상민들에게 들어갔다. 천주교인에게는 '학(學)' 자가 붙어서 천주학·서학·요학·사학·무군무부지학이 된 만면, 개신교인들에게는 '쟁이' 또는 '꾼'이 붙어서 예수쟁이·예수꾼·천주학쟁이 따위가 된 것으로도 알 수 있다. 그래서 선교사들은 한국 교회의 교역자 양성 정책으로 "선교 사업 초창기에 있어서만은 그를 교육시키기 위해 미국에 보내지 말 것, ……그의 교육은 일반인에게 존경받고 권위가 설 수 있도록 한국인의 평균 교육 수준보다 약간 높게 하고, 너무 높게 하여 일반인이 시기심이나 이탈감을 갖지 않도록 할 것"¹ 등을 채택하게 되었다.

이에 대하여 일반 사회는 혹평을 가했다. 작가 이광수는 〈야소교의 조선에 준 은혜〉²란 논문에서 기독교의 역사적 공헌을 높이 평하는 한편, 〈금일 조선 야소교회의 흠점〉이란 논문에서 네 가지 흠결을 지적하는 가운데, "제3의 흠점은 교역자의 무식함이외다. 목사·전도사·장로 같은 교역자는 최저 계급의 민중과 접하는 동시에 최고 계급의 민중과도 접하며 …… 그리 하려면 상당한 학식이 있어야 할 것은 물론이요, 신구약 성경만 2, 3차 맹독하고 ……보통학교 졸업 정도도 못 되는 무교육한 자에게 매년 3개월씩 5개 년간, 즉 15개월간 신구약 성경을 1, 2차 독파하면 목사 자격을 얻어, 강단에 서서 만인의 정신을 지도하는 정도가 되오…… 제4의 흠점은 미신적이요…… 몽매한 민족은 하느님을 성황신(城隍神)이나 대감(大監) 같은 귀신의 대장으로 여깁니다……"³라고 했다.

이러한 비평은 일반 사회인뿐만 아니라 교계에서도 일었다. 처음부터 유식 계급 인사들로 창설된 YMCA 회원들은 이 문제를 가장 날카롭게 다루었다. 회원 송만우(宋晚雨)는, "적어도 성직자들은 철학이 어떤 것이라든지, 자연과학이 어떤 것이라든지, 문학이 어떤 것이며, 예술은 어떤 것이며, 시대 사조가 변해가는 것을 대략은 알아야 할 것이다"⁴라고 했다.

그리고 한국 장로교회는 일본에 가서 신학교를 졸업하고 귀국한 사람들에게는 반드시 평양신학교의 별과를 거쳐야 목사가 되게 했으며,⁵ 일본의 무교회주의자 우치무라(內村鑑三)의 영

---

1) 백낙준, 《한국개신교사: 1883~1910》, 226쪽.
2) 〈청춘〉 1917년 11월호(삼중당). 23-24쪽.
3) 위의 책, 23-25쪽.
4) 〈청년〉 1921년 5월호, 11쪽.
5) 민경배, 《한국기독교회사》, 308쪽.

향을 받은 최태용·김교신 등을 '결코 용납하지 못할 이단'[6]으로
단정하게 됐다. 이는 미국 프린스턴 신학교의 보수파 교수 매첸
(G. Machen)의 영향을 받은 박형룡(朴亨龍) 등 신학자들의 축자
영감설(逐字靈感說) 및 성서무오설(聖書無誤說)에 의한 것으로, 채
필근(蔡弼近)·송창근(宋昌根)·남궁혁(南宮赫)·김재준(金在俊)·김
영주(金英珠)·김춘배(金春培) 등 자유주의 경향의 교계 지도자들
에 대한 공격이었다.[7] 따라서 신학문이나 과학은 소위 세상 지식
으로서 신앙에 해로운 것이며, 선교사들은 "40여 년 전에 우리
가 전한 그대로를 믿으라"[8]는 식의 미국식 신앙을 강요하는 것이
었다.

　　이러한 교계 분위기 속에 일어난 것이 적극신앙단 운동
이다. 이 운동은 "1926년 신흥우를 중심으로 조직된 기독교 연
구회의 후신으로 보아도 무방"[9]하지만, 이보다 먼저 1925년 조
선호텔에서 열린 조선 기독교계 지도자 협의회[10]의 영향 또한 컸
다. 이때 구제선교협의회(IMC) 회장 모트 박사가 내한하여 예루
살렘 세계대회의 결과와 그 사업 추진에 관한 회의를 거듭했다.
이때 신흥우가 주동 역할을 한 것은 물론이며, 1931년 9월 한국
N. C. C. 총회가 기독교서회 회관에서 모였을 때는 김관식·윤
산온·정인과 등과 함께 한국 N. C. C. 실행위원이 되면서 에큐
메니컬 운동의 선봉에 서게 되었다.

　　이미 말한 바와 같이 1926년 2월 28일 YMCA 회관에서
조직된 기독교 연구회는 신흥우·홍종숙·박희도·박동완·김활
란·유각경·홍병덕 등으로 7인 중앙위원을 구성하고, ① 기독교
의 민중화, ② 생활의 간소화, ③ 산업기관 시설, ④ 조선적 기독

6) 위의 책, 279쪽.
7) 위의 책.
8) 위의 책, 274쪽.
9) 고려대학교 민족문화연구소, 앞의 책, 672쪽.
10) 이 책 40장 참조.

교 설립이란 네 가지 목표를 설정했다. 그리고 그 위원회는 그해 4월 19일 다시 중앙 YMCA 회관에 모여 교조 교파주의의 둔화, 산업기관의 전국적 개발과 운영, 교회 제도 및 운영과 복음 선포의 토착화 등을 논의했다. 이것이 1932년 적극신앙단 운동으로 발전했다고 볼 수 있다. 이는 1928년 예루살렘 선교대회 때의 세계적 추세의 결과라기보다는, 그보다 앞서 1927년 YMCA 연합회가 '교화 진흥(敎化振興)의 건'으로 첫째, 1927년에는 평신도로 하여금 조선 교회의 큰 운동을 일으키게 하여 현재의 배 이상의 신자를 얻도록 힘쓸 것, 둘째, 교파를 통일하도록 힘쓸 것, 셋째, 교회를 조선적 정신의 교회로 이루도록 노력할 것, 넷째, 교화 진흥 연구위원 선정 건 등을 결의하고 실천에 옮긴 것을 보면 알 수 있다.[11] 이는 처음부터 YMCA의 독자적인 운동이었지, 특정 교파 사업의 하나가 아니었다.

이에 대해 당시 YMCA 농촌 사업을 위해 와 있던 윌버(H. A. Wilbur)는 서한에서 다음과 같이 말했다. "신 박사는 미국에 빨리 다녀온 후에는 하나의 새로운 신앙생활 선언과 이를 실천하기 위한 21개조 실천 강령을 구상했다. 그는 처음 며칠간은 다음 세 단체와 충분한 토론을 거듭했다. 너무 보수적이 아닌 선교사들, 진보적인 교회 목사와 지도자들, 교회와 공식 관계가 적은 다른 한국인 지도자들, 이 세 부류 사람들과 만나 자기 구상을 설명했다. 그래서 나는 신 박사를 위해 먼저 약 20명의 선교사들을 집으로 초청하여 신 박사와 만나도록 주선했다. 그들은 거의 다 신 박사 말에 찬성했다. 신 박사는 자기 계획을 분명하게 설명했다. 그는 이 계획을 귀국 도중 배 안에서 구상했다고 했다. 그는 이에 필요한 조직·표어·헌장, 그 밖의 세칙 같은 것을 만들 구상을 하고 있었다."[12]

---

11) 제5회 기독교 청년연합회 정기대회 회록(1926년), 5-6쪽.
12) H. A. Wilbur's Letter to F. S. Brockman, June 14, 1932.

그는 이렇게 당시 상황을 소상하게 보고했는데, 그때의
선언 내용은 어떤 것인가?

5개조 적극신앙 선언

① 나는 자연과 역사와 예수와 인간 경험 속에 살아 계시
되는 하느님을 믿는다.

② 나는 하느님과 하나가 되고, 죄악과 더불어 싸워 이기
는 것을 인생 생활의 제1원칙으로 믿는다.

③ 나는 남녀 차별 없이 인간의 권리 의무 행위에서 완전
한 동등권이 보장되어야 하며, 타인의 권리를 침해하지 않는 완
전한 자유가 있어야 한다는 것을 믿는다.

④ 나는 새 사회의 건설을 위하여 개인적 욕망보다 인간
적 공익심을 앞세워야 한다는 것을 믿는다.

⑤ 나는 사회가, 많은 사람에게 경제적·문화적·종교적
생활에서 승등적(昇登的) 균형과 안전이 보장되어야 한다는 것을
믿는다.

21개 실천 요강

① 정결한 신체 ② 정결한 마음 ③ 업무에 대한 헌신 ④
토지에 대한 사랑 ⑤ 협동적 경제 ⑥ 고리대금업 철폐 ⑦ 생활의
절제 ⑧ 관혼상제의 간소화 ⑨ 조혼의 배제 ⑩ 결혼 상대자 선택
의 자유 ⑪ 도의의 단일적인 표준화 ⑫ 가정과 사회의 동등한 대
우 ⑬ 동일한 노동에 대한 동일한 보수 ⑭ 남녀 혼성의 단체 활
동 ⑮ 회에 대한 충성 ⑯ 약자와 무산자에 대한 단체적 보호 ⑰
집회와 취미 수준의 향상 ⑱ 구습 타파 ⑲ 도덕적 표준에 대한
재인식 ⑳ 진리와 정의에 대한 복종 ㉑ 산 정신과 실질적 사상의
보급

위 5개조 신앙 선언과 21개 실천 요강이 발표되자 일반

교계와 선교사들의 반응은 심각했다. 이 사상은 공산주의 방법을 채용한 것이 아니냐 하는 반발도 있었다. 사실 이 사상과 방법은 공산주의만큼 강한 동지 의식과 조직적 행동을 강조한 것이다. 그러나 신앙 선언 중 다섯 번째의 승등적 균형이란 용어는 공산주의 사상과 본질적으로 다르다는 것을 보이기 위한 것이었다. 공산주의나 기독교나 민족진영은, 피압박 조선 민족을 일본 제국주의의 속박에서 해방시키고 무산대중을 경제적 도탄에서 구출하는 평등 사회를 구현해야 한다는 점에서는 마찬가지 입장이었다. 그러나 본질적 차이는, "공산주의는 잘사는 사람들을 때려눕히고 끌어내려서 잘 못사는 사람과 균등하게 만들자는 것이지만, 기독교는 잘 못사는 사람들을 잘사는 사람들만큼 끌어올려 다 같이 평등하게 만들자는 것이었다.[13]"라고 설명한 데서 볼 수 있다.

이때 한국 사람으로 처음 단원이 된 사람들은, 정춘수(鄭春洙)·유억겸(兪億兼)·신공숙(申公淑)·김인영(金仁泳)·박연서(朴淵瑞)·최석주(崔錫柱)·엄재희(嚴載熙)·김태원(金泰源)·정성채(鄭聖采)·이건춘(李建春)·홍병덕(洪秉德)·구자옥(具滋玉)·함태영(咸台永)·박용희(朴容羲)· 권영식(權瑛湜)·김영섭(金永燮) 등 20여 명의 교계 지도자들이다.[14] 이에 대하여 기독교 역사가 김양선은 "단장 신흥우 박사는 YMCA 총무 직에 있었으므로 전국 도시 YMCA 회원들을 포섭하는 데 별 어려움이 없던 것으로 생각되며"[15] "안창호계의 흥사단이 지반을 굳히고 있는 서북 지방을 제외한 중부 이남의 교회들을 기반으로 삼게 되었다"[16]고 했는데, 신흥우 총무는 이 5개조 신앙 선언을 크리스마스 카드에 국문과 영문으로 적어서 전국 각 지방 회원에게 배부하는 등 활발한 운

---

13) 엄재희·이건춘 등과 1971년 6월 15일 면담.
14) 이건춘·엄재희·최석주 등과 1971년 6월 16일 면담.
15) 고려대학교 민족문화연구소, 앞의 책, 673쪽.
16) 위의 책, 668쪽.

동을 전개했다. 이 운동은 1926년 제5회 YMCA 연합회 정기 대회에 정식 의제로 상정되어 YMCA의 초교파적 교회 일치 운동·토착화 운동·민족교회 운동·항일운동으로 추진되었다.

47.

흥업구락부 등
지하운동을 통한 항거

한국 YMCA의 농촌운동과 적극신앙단 운동은 합법적
인 회원 운동인데 반하여 흥업구락부(興業俱樂部) 운동은 일종의
지하 운동이었다. 물론 처음부터 한국 YMCA는 합법적인 독립
운동이었지, 비밀결사나 비합법적 독립운동 단체로서 일어나신
않았다. 그러나 흥업구락부만은 처음부터 해외 동지들과 손잡고
민족의 자유와 독립을 되찾기 위한 일종의 정치적 비밀결사로서
일어났다. 농촌운동은 농민들과 손잡고 농민의 경제적·정신적·
사회적 향상을 위한 농촌 중심의 운동이었고, 적극신앙단 운동
은 도시 중심의 운동으로서 교회의 통일·기독교의 토착화·교회
갱신을 위한 평신도들의 폭넓은 신앙 운동인 데 반하여, 흥업구
락부 운동은 처음부터 정치적·외교적 항일 운동이었다. 따라서
이 운동은 철저히 국내 운동인 만큼 비밀결사와 지하운동 방식
을 쓸 수밖에 없었다.

흥업구락부는 이승만의 동지회 계통이라 할 수 있다. 이
동지회는 물론 안창호의 흥사단과 대비된다. 흥사단은 1906년
국내에서 조직된 신민회의 후신으로, 1913년 미국 로스앤젤레

스에서 조직되었다. 한편 동지회는 이승만이 1910년 귀국하여 YMCA 학생부 간사로 있다가, 105인 사건 때문에 1912년 다시 조국을 떠나 하와이에 가서 1914년 한국 기독교동지회 기관지 〈한국태평양〉을 창간함으로써 본체를 드러내게 되었다.[1]

본래 해외 망명 정치가들은 '대한국민회'라는 이름 아래 대동단결하여 단일 독립 운동 단체로 뭉치고자 했으나, 안창호의 실력 배양주의 정치 노선과 박용만의 무력항쟁 노선, 이승만의 정치외교 노선이 서로 부딪쳐, 결국 안창호는 흥사단을 고집하고 이승만은 동지회로 굳어지게 되었다. 흥업구락부는 이승만의 동지회의 국내 비밀 단체 격이었다. 1921년 신흥우 총무가 하와이 호놀룰루에서 열린 제1회 범태평양 교육대회 한국 대표로 갔을 때 이승만을 만나 국내 비밀조직으로 발족했던 것이다.

이 범태평양 교육대회에 대해서는 34장에서 말한 바 있거니와, 신흥우는 이승만과 만나 굳은 비밀 약속을 맺는 동시에, "조선에 범태평양 조선협회를 1921년부터 조직하고 그 본부를 YMCA 내에 두고 지내 왔으며"[2] 범태평양 협회 총무인 포드 박사의 내한을 계기로 1923년 5월 24일에는 "임원을 선거한 결과, 회장 박영효, 부회장에 호주의 페낭트, 러시아의 에플러, 조선의 신흥우, 일본의 니와, 중국의 마정량, 캐나다의 우드, 미국의 밀러 등을 선출했는데"[3] 이는 국제적인 호신책에 불과했고, 근본 목적은 이러한 국제 조직을 통하여 해외 독립 운동가들과 긴밀한 연락을 갖자는 것이었다.

드디어 신흥우는 범태평양조선협회 책임자로서 1921년 〈동아일보〉의 김동성(金東成)을 하와이에서 열린 제2차 만국 기자 대회와 워싱턴에서 열린 군축회의에 파송할 수 있었고, 1922년에는 실업인 김윤수(金潤秀)·이정범(李正範) 두 사람을 호놀룰

1) "허정, 우남 이승만",《현대한국인물전집》제7집(태극출판사, 1970), 124쪽.
2) 〈동아일보〉 1923년 5월 25일자.
3) 위의 자료.

루에서 열린 범태평양상업대회에 파송할 수 있었다. 1925년에는 김양수·송진우·유억겸·백관수·김동철·윤활란·신흥우 등을 범태평양 문제 연구회 한국 대표로 파송할 수 있었으며,[4] 1927년에는 다시 윤치호·백관수·송진우·유억겸·김활란 등을 제2회 범태평양 문제 연구회에 대표로 파송했다.

한편 국내에서는 "1925년 11월 28일 기독교청년회 총무 신흥우의 주최로 이상재·윤치호·조병옥 등 20여 명의 유지가 회합을 갖고 태평양 문제 연구회를 창설했다. 이 연구회가 목적한 것은 종교·경제·이민·외교 등의 연구를 통해 민족의 실력을 키우자는 것이다. 그 일환으로 동 연구회에서는 몇 차례에 걸쳐 범태평양 회의에 대표를 파견하여 한국을 세계에 선전했다."[5] 그뿐만 아니라 신흥우·이승만은, 이미 35장에서 말한 바와 같이 국내외 애국 동포들의 교류와 상호 원조의 일환으로 1923년에는 하와이 교포학생 모국방문단을 조직하여 한국을 방문하게 했으며, 그 답례로 1924년에는 한국 YMCA 야구단을 하와이로 파송했다.

그런데 이러한 국내외 활동은 모두가 흥업구락부라는 비밀 조직이 꾸며 낸 결과였다. 이 조직의 표어는 "돈을 모아 부(富)를 일으키자", "국내 물산을 장려하자", "해외 독립운동(특히 이승만 박사)을 돕자" 등 세 가지였다. 이 구락부의 주요 회원은 이상재(초대 회장)·윤치호(제2대 회장)·신흥우·유억겸·유성준·장두현·정춘수·신흥식·신석구·구자옥·김응집·최두선·김윤수·김용채·이태호·홍성국·김준연·김동성·홍병덕·이관구·조정환·이건춘·박승철·이만규·구영숙·최남·이상협·이정범·장권·변영태·최현배·윤치영·장택상·심호섭 등이었다.

회원을 뽑는 데는 어떤 사람이 회원 한 사람을 천거하여

4) 이때 재미동포로는 지성필(Chi Sung Pil), 서재필이 미국 대표 자격으로 참석하여 한국 대표 구실을 했다.
5) 오세창, 민족을 지키는 모두, 국내의 독립운동,《한국현대사》제5집(신구문화사), 126쪽.

바둑을 두는 척하는 자리에서, 가(可)하면 흰 바둑알을 놓고, 부(否)하면 검은 바둑알을 놓아서 검은 바둑알이 하나라도 있으면 절대로 회원이 못 되게 했다. 이와 같이 엄격하게 회원이 구성되면 처음에는 회원들의 집으로 놀러가는 척하면서 한 달에 한 번씩 여기저기서 모임을 가졌다. 어떤 때는 YMCA 4층에 있는 장판 방에다 보료를 깔고 비밀스럽게 모이기도 했다.[6]

부를 일으키는 사업으로는 실업인 출신 회원들의 협조를 얻어 연천(漣川)에다 약 1만 원 가치의 토지를 사서 기금을 조성하기도 했다. 이때 돈을 낸 주요 인물은 장두현(張斗鉉)이다. 그는 구한국 정부 고관 출신으로, 동양물산회사와 한성은행을 경영하는 대자본가였다. 1920년 체육회가 창설될 때 초대 회장에 취임했고, 1923년 하와이 교포학생 모국방문단이 왔을 때와 그 이듬해 우리 야구단이 하와이를 방문했을 때 물주 노릇을 했다. 그뿐만 아니라 국내에서 돈을 모금하여 이승만에게 전달하게 했으며, 그 밖의 독립운동 자금을 대어 주는 데 빠지지 않았다. 하와이에 교민 회관을 짓는 자금을 보내 준 것이라든지, 상하이 임시정부에 〈독립신문〉 경영비를 보내 준 것이라든지, 극비에 부쳐진 운동인 만큼 구체적인 통계는 찾아 볼 길 없지만, 당시 상하이에 가 있던 김홍식(金弘植)은 "상하이 임시정부의 심부름을 여러 차례 왔다 갔다 하면서 구두 밑창에다 비밀문서를 넣어 가지고 이상재 선생에게 전했다."[7]

이러한 비밀 연락을 막기 위해 총독부 당국은 1924년 야구단을 따라 하와이에 가려고 한 이상재에게 여권을 내주지 않았다. 그러자 이상재가 "일본 사람이 주는 여권이라면 천당에도 안 가겠다"라고 한 것은 유명한 이야기다.

이상재·윤치호·신흥우 등 YMCA 지도자들은 철저히

---

6) 이건춘과의 1971년 5월 3일 면담.
7) 김홍식과의 1971년 5월 20일 면담. 김홍식은 1912년 공업부 철공과 제3회 졸업생이며, YMCA 유도부 초대 회원임. 한국 체육회 유도부 고문 역임.

국내에 남아 있으면서 나라를 지키자는 입장이었다. 이런 입장은 1922년 중국 베이징에서 열린 세계기독학생대회(WSCF)에 한국 대표로 갔던 이상재 회장의 태도에서 분명히 나타났다고 볼 수 있다.

이에 대해서는 34장에서 말했거니와 그때 상하이의 대한민국 임시정부는 의정원 원장 손정도(孫貞道) 외 몇 사람의 대표를 베이징에 파송하여 이상재에게 "조선으로 돌아가지 말고 상하이에 가서 난관에 봉착한 임시정부를 수습해 달라"[8]고 교섭을 했다. 그러나 이상재는 "나까지 조국을 떠나가면 조선 안의 동포들이 불쌍하지 않소? 해외 동포들은 서로 잘 의논해서 하고 조선 안에서는 조선 안의 동포들이 잘 의논해서 해야 할 것이 아니오?"[9] 했던 것이다.

이상재는 베이징에 갔을 때 오랫동안 연락 관계를 맺고 있었던, 신흥무관학교(新興武官學校) 창설자 이회영의 집에 유숙하고 있었다. 이상재의 이러한 독립운동의 태도는 곧 YMCA의 태도였다. 1910년 이회영 씨와 그 일가족이 망명갈 때 이상재는 후견자였으며, 이상재를 통해 국내외와 연락을 취했다.[10]

---

8) 1974년 5월 20일 이홍식(李鴻植)과의 면담에서, 여운형의 말, 그리고 당시 한국 대표로 갔던 이대위의 증언 (1975년 8월 30일).
9) 위의 자료.
10) 위의 자료.

48.

세계로 통하는
유일한 창문이 닫히는 고통

1927년 2월 15일, 민족의 단일 연합전선으로 발족한 신간회의 초대 회장으로 취임한 월남 이상재는 취임한 지 불과 42일 만인 3월 29일 78세로 이승을 떠났다. 이 비보를 들은 〈동아일보〉·〈조선일보〉·〈중외일보〉 등 3대 민간지를 비롯한 각종 사회단체와 각계각층 지도자들은 한결같이 붓을 들어 "선생은 우리를 버리고 어디로 가시나이까. 선생은 민중의 원로요, 조선의 거인이요, 대인이라"라고 몸부림치는 한편 당시 신문기자는 "비록 왜정 치하에 있었으나 전 사회가 한데 뭉쳐 사상 초유의 사회장을 거행하게 되었는데, 그때의 성의(盛儀)는 어떤 나라 국상에도 손색이 없을 만큼 굉장한 것이었다. 1927년 4월 7일, 월남 선생의 유해를 선생의 향제(鄕第)인 충남 한산(韓山)으로 모시는데, 전국에서 참집(參集)한 수만 대중이 선생의 영구를 모시고 장안대로를 행진하던 광경은 지금 생각하여도 일대 위관(偉觀)이어서 당시 일인들을 당목(瞠目)케 하였던 일이 연상된다"[1]라고 회고

---

1) 김을한,《월남선생일화집》(경향신문사), 22-23쪽.

했다.

한편 한 전기 작가는 "영구를 뫼실 쌍두마차는 각 계급을 통한 일반 유지 대표자 800여 명의 남녀노소가 집불(執紼)을 하고 장엄한 보조(步調)로, 선생의 영구가 계옵신 청년회관을 향하여 행진을 시작하였다. …… 행렬 선두에는 경호부장이 서고, 소년군의 한 사람이 선생의 진영(眞影)을 뫼시며 따르고, 그다음에는 소년척후대 경악생대가 따르고 남녀 학생이 3천여 명이나 사열을 지어 장사(長蛇)와 같이 따르고, 그다음에는 근 200의 조기와 근 300의 만장대가 서고…… 시내 각 서(署)와 경기도 경찰부에서는 총출동하여 정복 경관은 도로를 정리하며, 사복 경관은 두 파로 나누어 가지고 일파는 극비리에 광경을 엿보게 하고, 일파는 10여 대 자동차에 나누어 타고 이곳저곳으로 휘몰아 다니며 만일을 경계하였다."[2] "영구를 모신 특별열차가 경성역에서 군산까지 가는 동안 정거장마다 장송하는 군중이 인산인해를 이루었으며, 아무리 깊은 밤중이라도 소년척후대가 비장한 나팔 소리로 영구 열차를 전송하던 눈물겨운 모습은 전 민족을 울게 했다"[3]라고 애도했다.

인간 일생의 공적과 허물은 관 뚜껑을 덮은 뒤에 말할 수 있다는 속담이 있거니와, 온 겨레가 월남 선생의 돌아가심에 그처럼 대하여 사상 최대의 사회장으로 장사를 치른 것이다. 당시 경운동에 있는 천도교당에서 출발하여 중앙 청년회관에 모셨던 유해를 발인해서 서울역까지 길게 뻗은 장의 행렬에는 영구차 앞뒤에 길게 늘인 두 가닥의 광목줄을 붙든 사람이 5천여 명이요, 연도에 서서 애도하는 시민이 10만여 명이요, 사회장에 참여한 일반 사회단체가 YMCA를 비롯하여 243단체이니, 여기에는

---

2) 김유동(金逌東), 《월남이선생실기(實記)》(동명사, 1927), 142~144쪽. 이때 장의위원장은 윤치호, 서무부장 유진선(兪鎭善), 회계부장 김일선(金一善), 의식부장 장두현(張斗鉉), 경호부장 조철호(趙喆昊)·장권(張權) 등이었고, 장의위원은 좌익까지 총망라된 118명, 발인 장소는 중앙청년회였다.
3) 김을한, 앞의 책, 23쪽.

좌·우익의 구별도 없이 온 민족이 참여한 것이다. 선교사 대표 에비슨은 "이상재라는 이름은 한국의 대인(Grand Man of Korea) 으로 아는바, 이는 조선의 거인이요 노인이라는 뜻이올시다. 영 국에서는 이와 같은 형용사를, 유명한 정치가 글래드스턴에게 썼습니다. …… 선생의 강연(영향력)이 널리 미치는 비결은 선생의 성실하심과 지혜로우심과 불굴하심과 정직하심과 두려움이 없 으신 이외에 청중에게 유쾌함을 주심이라……"4 했고, 일제의 기 관지 〈매일신문〉마저 "선생의 부음이 한번 세상에 전해지자, 온 조선으로 일치 분상(奔喪)의 느낌이 있을 뿐 아니라, 멀리 해외로 부터 조전(弔電)·조문이 날마다 답지하여 선생 생전의 고절(高節) 을 추송(推頌)하며 민중의 큰 벗을 잃은 비도(悲悼)를 읍소(泣訴) 하니 지난 만만 년 역사를 통하여 재야의 사람으로서 그 죽음이 우리에게 이같이 큰 충격을 준 이가 과연 몇몇이 있나뇨……"5라 고 감탄했으며, 게일은 "한국 최대의 현인이나, 산도둑처럼 생겼 다"고 말했다.6

　　그러나 이상재가 잠시나마 영도하던 신간회는 1931년을 기하여 해산되고 말았다. 그리고 YMCA는 국제위원회가 한국 에 파송했던 농촌사업 전문가들을 재정난으로 하나씩 소환하기 시작함에 따라 큰 난관에 봉착하게 되었다. 그중에도 총책임자 격이며 유력한 농정가로 활약하던 클라크마저 소환해 가려 하 자, 이에 당황한 신흥우 총무는 그 대신 내쉬(W. L. Nash)를 소 환해 가기를 원했고, 이것이 도화선이 되어 YMCA 안에는 내분 이 일었다.

　　제일 먼저 외국인들이 반발했다. 신흥우 총무의 사업 정 책에 대한 시비가 인 것이다. 이 시비에서, 관북지방을 담당하던

<hr>

4) 이관구, "월남 선생의 정치 구국 활동"〈나라사랑〉제9집, 30쪽.
5) 위의 책, 29쪽.
6) Dr. James S. Gale's Greeting, 50th Anniversary Celebration, Korea Mission, Presbyterian Church U. S. A.(1934), p.11.

번스는 관서지방을 담당하던 내쉬와 한 패가 되고, 서울지방을
담당하던 반하트는 호남지방을 담당하던 에비슨과 한 패가 되어
신흥우 총무에 대한 논쟁을 벌였다. 외국인 간사들까지 남북으
로 갈라진 셈이다. 곧 번스와 내쉬는 1930년 여름, 원산 명사십
리 해수욕장에서 휴양을 하다 회합을 갖고, "신흥우 박사가 농촌
사업 정책을 공개적으로 토론하지 않고 독단으로 결정한다면 더
이상 일할 수 없다"[7]며 반대하고 나섰다. 이에 대하여 반하트는
"정책 수립의 권한과 책임은 YMCA 연합회에 있고, 누가 총무가
되든 그와 협력하는 것이 우리 외국인 간사들의 마땅한 태도와
임무"[8]라면서 맞서게 되었다. 한편 YMCA 국제위원회는 조사관
을 파견하여 심각한 조사 보고서를 작성하였다.[9] 그 보고서 내용
이다.

> 1. 신흥우 반대파와 옹호파 사이의 감정은 극도로 악화되어 그 책임이
> 뉴욕 YMCA 본부로 돌아가고 있다.
> 2. 이 싸움은 과거 YMCA 100년간 관서와 관북 사람들이 중앙 사람
> 들에게 푸대접 받아 온 데 대한 반발이며, 곧 남북 감정의 대립이다.
> 3. 일본 사이토(齊藤惣一) 총무의 경우와 마찬가지로, 신흥우 총무는
> 해외여행에 너무 시간을 낭비하여 평양에는 거의 2년 이상 방문한 일
> 이 없다.
> 4. 한국 장로교 선교사들 중에는 모트 박사에게 감정이 나쁜 사람들
> 이 있었기 때문에 YMCA와의 협력 관계가 좋아지지 않았으며, 대구
> 와 평양에 있는 선교사들은 신흥우 박사의 신학적 입장과 청년회의
> 사회 활동을 비복음적이라고 보았다.
> 5. 조선 기독교연합 공의회(NCC)는 서울 사람들에 의하여 독점되어

---

7) B. P. Barnhart's Letter to Mr. C. A. Herschleb Aug, 30, 1930
8) 위의 자료.
9) Mr. G. W. Birk's Letter to Mr. C. A. Herschleb of International Committee of YMCAs, Dec.
11, 1930.

있다.

6. YMCA 연합회 연합위원회는 외국인 6명과 한국인 9명으로 되어 있는데, 윤치호는 "일본인들의 압력을 피하기 위해서는 외국인들이 많 아야 한다"라고 했으나, 결국 서울 사람들이 아닌 지방 사람들은 연합 위원이 되기 어렵다.

7. 윌버는 대선배이므로 그를 한국에 오게 하면 간사들 간의 융합이 잘 될 것이다.

8. 내쉬는 협조가 잘 될 수 있는 사람인데, 그를 잘 지도하지 못한 반 하트의 성격적인 결함이 있다.

9. 신흥우는 큰 인물임에는 틀림없다. 그를 잃는다면 우리 사업이 큰 손해를 입을 것이다.

위 조사 보고서에서 우리는 몇 가지 중요한 문제점을 찾 아본다.

첫째, 남북 간의 싸움이다. 이 싸움에는 한국인만 아니라 외국인까지 끼어들었다는 점이 관심을 끈다. 조사관이 지적한 대로, 어찌하여 신흥우 총무는 2년 이상이나 평양을 방문하지 않았는가? 여기에는 시간 문제만 아니라 피차간의 지방색이 작 용하지 않았나 싶다. 내쉬는 1921년에 내한하여 청소년과 학생 사업에 눈부신 수완을 보여 주었다. 그는 평양이 기독교의 중심 지인 만큼 평양청년회를 강화해야 한다는 것을 늘 주장했다. 그 는 1925년부터 평양청년회에 파견된 뒤 농촌사업과 소년척후대 사업에 맹활동을 했으며, 자비로 자동차를 몰고 다니며 희생적 인 봉사를 했다. 이런 사람을 어찌하여 본국으로 돌려보내느냐 하는 것이 분쟁의 실마리가 됐다. 이것이 원인이 되어 500년 묵 은 남북 간의 대립 감정이 격화되었다고 논평했던 것이다. 결국 옛날부터 서울 양반들이 지방 사람들을 푸대접한 데서 오는 결 과가 아니냐는 것이 조사관의 분석이다.

둘째, 보수적인 신앙과 진보적인 신앙의 대립이다. 이 대립의 근원은 한국인보다 선교사들에게 있다. 조사관의 분석에 따르면 한국 선교사들 중에는 모트 박사를 꺼리는 사람들이 있었다. 그리고 그런 사람들이 평양과 대구 지방 장로교 선교사들 중에 많았으며, 그네들의 근본주의 신학적 입장 때문에 자연 신흥우 박사의 진보적인 입장이 배척받았다는 것이다. 그의 에큐메니컬한 입장이나 적극신앙단 운동 같은 것은 그네들의 근본주의적이며 보수적인 신학적 입장에서는 도저히 참을 수 없었기 때문이다.

결국 적극신앙단은 1935년 장로교 총회에서 "적극신앙단의 신앙 선언을 검토한 결과, 이는 우리 장로교의 신경(信經)에 위반된 것으로, 우리 장로교회에서 용납하지 않기로 함이 가함"[10]이란 결의를 하기에 이르렀거니와, 이는 주로 보수적 신앙과 진보적 신앙의 대립의 결과이며, 더욱이 한국인보다 선교사들의 작용 때문이었다는 사실을 우리는 잊어서는 안 된다.

그러나 또 하나 있어서는 안 될 중요한 문제는, 민경배 교수가 지적한 대로, 1932년부터 이미 서울 지방에서는 서북계 출신의 등장에 대한 서울계 목사들의 반발이라는 지방적·신학적 요소의 복합 때문에[11] 장로교 경기노회(京畿老會)에서 경성노회(京城老會)가 갈라져 나가 두 노회가 되었고, 다시 "1935년에 서울 경성노회에서 비서북(非西北) 인사가 대거 분립해 나가서 경중노회(京中老會)를 조직한 것은…… 1935년의 한국 교회! 그것은 역사상 미증유의 쓰라린 분쟁과 다툼과 시련의 교회였고, 그러한 불행의 진원이 바로 경성·경중의 노회에 있었던 것이다"[12]라고 했다.

여기 휘말려든 것이 적극신앙단이다. 경중노회의 박용희

10) 대한예수교장로회 서울노회 편, 《서울노회 회록》(부록: 민경배, 경성노회약사京城老會略史, 1935~1945), 216쪽.
11) 위의 책, 218쪽.
12) 위의 책, 214쪽.

·함태영·권영식·전필순·최석주 등이 다 적극신앙단 단원이기 때문이다.[13] 결국 경중노회는 1937년 평양에서 열린 제26회 총회에서 화해의 실마리를 풀기는 했으나, 홍사단과 수양동우회는 이단으로 단정하지 않고 어찌하여 적극신앙단만을 이단으로 정죄하느냐에 대한 서울계 지도자들의 불만은 여전히 가시지 않은 채 분립의 씨는 그대로 남아 있었다.[14]

넷째, 선교사들과 친미파에 대한 반감이다. 이미 본 바와 같이 한국 YMCA는 창설 당시부터 외국인 위주의 조직체였다. 1903년 황성기독교청년회 초대 회장과 총무가 다 외국인이었고, 12명 이사 중 2명만이 한국인이었다. 이런 현상은 YMCA 같은 국제적 기구만 아니라 〈대한매일신보〉 같은 순 한국인 민간신문이나, 항일을 주목적으로 탄생한 민족단체에도 있었다. 다시 말하면 〈대한매일신보〉는 1904년 창간될 때부터 사장에 영국인 베델(Ernest T. Bethel, 裵說)을 추대했고, 그 밑에 양기탁(梁起鐸)·박은식·신채호·장도빈(張道斌)·최익(崔益)·옥관빈(玉觀彬)·변일(卞一)·이갑(李甲)·안창호·임치정(林蚩正)·안태국(安泰國) 등 항일 운동의 거장들이 집필진과 운영을 맡고 있었다.[15] 이는 영일동맹 하에 있는 일제의 약점을 이용하여 한민족의 신변을 보호하자는 호신책에 불과했으며, 결코 사대 정신이나 친미도 친영도 아니었다.

그러나 외국인에게 주도권을 준다는 것이 유쾌한 일은 아니었다. 그리하여 YMCA 안에서까지 선교사 배척 운동이 싹트게 됐다. 여기에 YMCA 연합회 위원 15명 중 6명만이 한국인이라는 사실과 그 6명이 거의 전부 서울계 인사라는 사실이 작용

---

13) 위의 책, 215쪽.
14) 위의 책, 223쪽. 분립은 대략 특별위원들의 다음과 같은 타협안을 받아들임으로써 일단 가라앉았다. ① 함태영 일파는 적극신앙단이 이단임을 인정할 것. ② 함태영 일파는 경성노회를 탈퇴하고 경중노회를 조직한 것이 잘못임을 알 것. ③ 전필순·권영식 두 사람은 〈기독신보〉를 가지고 나간 것이 잘못임을 알 것 등 7개 조건이다.
15) 최준(崔埈),《한국신문사(韓國新聞史)》증보판(일조각, 1974), 106-107쪽.

하여 청년회 안팎의 공기는 외국인 배척 운동과 지방 싸움으로 치닫게 되었다. 이때를 기회 삼아 일제는 배미(排美) 사상을 선동하는 상습적인 방법으로 친일파를 앞세웠기 때문에 공기는 더욱 악화되어 갔으며, YMCA 국제위원회로서는 더 한층 어려워지는 경제난 때문에 외국인 간사와 농업 전문가들을 소환시킬 수밖에 없었다. 그리하여 YMCA 연합회 위원장 윤치호는 외국인 배척을 반대하는 입장에서 "외국인 간사들은 한국인들이 외부 세계를 내다볼 수 있는 유일한 창문을 지켜 왔으며, 그 창문을 닫아서는 안 된다"[16]고 말했다. 이것이 "YMCA는 한국인이 세계와 기식(氣息)을 통할 수 있는 유일의 창문이다"[17]라는 유행어까지 생겨나게 한 것이다.

　　　이러한 유행어까지 생겨나던 때인 만큼 청년회에 외국인이 관여하는 데는 그다지 큰 오해는 없었다. 하나 정책 결정에서 민주적 과정을 밟지 않는다든지 어떤 사람이 특별대우를 받는다든지 하는 문제에는 말이 많을 수 있었다. 이미 말한 바와 같이 번스(H. C. Bunce)는 "만약 신흥우 박사가 농촌사업 정책을 공개적으로 토론하지 않고 독단으로 결정한다면 더 이상 일할 수 없다"고 했으며, "재정 문제에 관해 나는 한국인이 미국에서 직접 봉급을 받아서는 안 된다는 것을 주장한다. 부득이 직접 받을 수밖에 없다 할지라도 일단 그 돈이 연합회의 일반 회계에 들어갔다가 지출되어야지, 재정 보고에 명시되지 않고 어떤 비밀이 있어서는 안 된다"[18]라고 했다.

　　　게다가 또 다른 불평이 덧붙여졌다. 나날이 악화되는 불경기 때문에 1933년에는 외국인 간사들은 자기네가 쓰고 있는 사택까지 팔아야 한다고 YMCA 국제위원회가 통고했으며,

16) Elsie Voorhees Jones and Ernest M. Best, Regional Consultants for the Far East, Comments on the Report of the Survey In Korea and the Status of the YMCA and YWCA, p.10.
17) 김양선, 〈한국기독교사〉, 《한국문화사대계 Ⅵ》(고려대학교 민족문화연구소), 635쪽.
18) A. C. Bunce's Report to the Questions for Annual Administrative Report of the International Committee of YMCAs.

1934년에는 클라크와 번스가 소환되어 갔고, 반하트마저 소환 될 예정이었다.[19] 하나 윌버(H. A. Wilbur)는 반하트가 없으면 사 업은 난관에 봉착한다며 경고했다. 그리하여 반하트와 에비슨은 자기 월급을 절반밖에 받지 못했으며, 윌버는 2개월분 월급을 자 진해서 받지 않았다. 더욱이 윤치호 위원장은 1천 원의 거액을 기부하여 운영비로 충당하게 했으나 경영난은 더 악화됐다.[20]

이와 같은 불평과 경제난이 이중으로 작용하여 신흥우 총무의 입장은 점점 더 어려워졌다. 더욱이 적극신앙단 운동이 장로교 싸움에 휘말려들었고, 여러 가지 오해만 사게 됐다. 처음 부터 신흥우 총무를 잘 밀어 주던 윤치호 위원장마저 적극신앙 단 운동에 회의를 표하면서, 첫째, 그 적극신앙단은 나중에 비밀 결사처럼 되었으며, 둘째, 단원들은 자기네들만이 앞을 내다보고 애국적이며 진보적이며 이상적인 교계 지도자임을 자부하고 있 으며, 셋째, 교회와 기독교 기관을 보수적이며 절망적이며 비이상 적인 상태에서 구출할 수 있는 유일의 방법은, 그 단원들을 서울 교회와 감리교연합회와 YMCA와 기독교서회와 성서공회와 〈기 독신보〉와 기타 선교 기관에 침투시키는 데 있으며, 넷째, 그 단 의 가장 위험한 행동은 그들이 집회를 갖거나 운동을 벌일 때 반 드시 비밀스럽게, 또 속임수를 쓰는 것이며, 다섯째, 1934년에는 감리교연합회를 점령하려 하여 그해의 장로교 총회에서도 큰 문 제를 일으켰으며, 특히 전필순은 〈기독신보〉를 가지고 나갔으며, 여섯째, 1935년 정월에는 현동완이 사표를 제출하게 되어 문제 는 더욱 악화되었다…… 라고 판단했던 것이다.

이러한 판단은 윤치호와 양주삼 두 사람의 공동 서명날 인으로 누군가에게 발송되었다. 그리고 나중에는 YMCA 원로 격인 김정식이 오랜 침묵을 깨고 원익상(元翊常) 등 신흥우 총무 반대파를 이끌고 나섰다. 그는 이 문제를 장로교 경기노회를 거

19) Mr. C. A. Hersch's Letter, Feb. 6. 1934.
20) 위의 자료.

쳐 총회에까지 건의하게 됐다.[21]

사태가 이쯤 험악해지자 신흥우 총무는 사표를 내지 않을 수 없었다. 드디어 그의 사표는 1935년 1월 17일 연합회 위원회에서 정식으로 수리됐다. 이로써 그의 15년 총무 생활은 끝났다. 이에 대하여 YMCA 국제위원회의 모트 박사는 세 가지로 문제를 분석했는데,[22] 첫째는, YMCA가 교회 싸움·교파 싸움·지방 싸움에 휘말려들었기 때문에 YMCA의 에큐메니컬 노선은 갈기갈기 찢기고 말았다. 회원끼리도 갈라졌고 간사끼리도 파쟁이 생겼다. 에큐메니컬 정신으로 출발했던 적극신앙단은 파시스트당처럼 지탄받았다. 결국 적극신앙단은 일개 비밀 조직, 일개 파별 조직으로 전락하고 말았다. 그리하여 반하트는 보고하기를 "한국은 극동의 아일랜드다. 한국인은 언제나 싸우고 있다. 이북파가 있고 이남파가 있다. 하나 그들이 싸우지 않을 때는 종교적으로 정치적으로 굉장한 힘을 발휘한다"고 했다.

말하자면 한국인은 너무 감정적으로 합하기도 하고 갈라져 싸우기도 한다. 그래서 모트 박사는 다른 나라에서 어려운 문제를 다룰 때는 "아무리 당신들이 싸워도 한국인만큼 싸우진 않는다"고 했던 것이다.[23]

둘째로, YMCA가 일제의 파괴 공작을 막지 못하고 친일파들에게 이용당했다는 사실이 더 중요하다. YMCA 국제위원회가 분석한 대로 "제3세력은 YMCA의 적극신앙단 운동을 파시스트로 공격하여 총독부 당국의 주목과 모략을 받게 했다."[24] 그처럼 경찰이 친일파를 앞장세워 싸움을 붙였기 때문이다. 언

---

21) 대한예수교장로회 서울노회 편, 《서울노회 회록》, 215쪽에는 다음과 같이 씌어 있다. "김정식 외 11인 경성노회를 경유하여 건의한 적극신앙단의 내용과 경성노회 박용의(朴容義) 외 5인이 적극신앙단에 참가하여 교회를 혼란케 하였다는 것을 정치부에 보내는 것이 가(可)하오."
22) Mr. F. S. Harman's Letter to Mr. F. V. Slack, March 18, 1935, 전택부, 《인간 신흥우》, 251–253쪽 참조.
23) Mr. B. P. Barnhart's Report, Feb. 23. 1935.
24) 위의 자료.

제나 총독부의 술법은 친일파와 한국인 스파이를 동원하여 한
국인끼리 싸우게 하고 종교 운동을 정치운동화시켜 단속했던 것
이다.

49.

태평양전쟁에
휩쓸려

1936년 도쿄에서 일본 군벌이 소위 2·26 군사 쿠데타를
일으켰을 때 한몫을 크게 한 미나미란 자는 조선 총독으로 부임
해 오면서 한반도를 중국 대륙 침략의 발판으로 삼는 데 광분했
다. 그는 우선 사이토 총독의 소위 문화정책을 내선일체와 국체
명징의 정신적 기반으로 삼았고, 전임자 우가키(宇垣一成) 총독의
소위 자력갱생의 경제 정책을 대륙 침략을 위한 식량과 물자 보
급 정책의 바탕으로 삼았다.

드디어 1937년 7월을 기하여 일본 관동군이 만주 노구교
(蘆溝橋) 사건을 트집삼아 중일전쟁을 일으켰다. 그해 10월 2일
을 기하여 다시 미나미 총독은 한국 민족에게 소위 황국신민서
사(皇國臣民誓詞)라는 것을 발표하여 모든 학교와 사회단체와 교
회 집회에서까지 이를 강요했으며, 1938년 2월에는 육군 특별지
원병 제도를 발표해서 학생들과 청소년들을 강제로 전쟁에 징발
했다.

한편 그해 8월에는 새로운 조선 교육령을 발표하며 학교
에서는 물론 일반 사회에까지 우리말과 우리글을 쓰지 못하게

했으며, 1938년부터 1940년까지는 한국 교회에 신사참배를 강요했다. 1940년 2월에는 소위 창씨개명령을 내려 한국인이 모조리 일본인 성과 이름을 갖게 했으며, 그해 10월에는 동아·조선 양대 신문을 폐간하는 동시에 러시아 공산당·이탈리아 흑의단(黑衣團)·독일 나치당에 해당하는 '국민운동총연맹'을 만들었으며, 1941년 3월에는 사상법 예비구금령을 공포하여 소위 반일친미 분자·요시찰인·선교사들을 검속했고, 그해 12월에는 하와이 진주만을 폭격하여 미일전쟁을 도발했고, 1942년 10월에는 소위 조선어학회 사건을 조작하여 그 회원들을 모조리 감금했다.

이처럼 일제의 전쟁 탄압이 심화되는 통에 걸려든 것이 흥업구락부 회원들이었다. 우선 흥사단의 국내 조직인 수양동우회(修養同友會) 회원들이 체포되었다. 중일전쟁이 터지기 약 1개월 전인 1937년 6월 서울 종로경찰서는 주요한·이광수·김윤경 등 10여 명 회원들을 검거하고, 그들에게서 압수한 회원 명부에 따라 전국에서 약 150명을 체포했다. 안창호는 평양에서 체포되어 서울로 압송되었다가 병보석으로 출감되었으나 1938년 3월 10일 서울대학병원에서 이승을 떠났다.

이어 서대문경찰서는 1938년 여름 어느 날 형사대를 동원하여 신흥우·이건춘·구자옥·이관구·최두선·홍병덕·정춘수·구영숙·박승철·이만규·윤치영·이갑성·장택상·최현배·변영로·심호섭·변영태 등 흥업구락부 간부들을 체포하여 서대문서에 감금했다. 심문 내용은 이승만 박사의 동지회와의 관계, 또 그에게 얼마나 많은 독립자금을 대어 주었는가의 문제, YMCA 돈을 얼마나 많이 보냈는가의 문제 등이었고, 이런 것과 관련하여 YMCA 장부를 모조리 압수해 갔다. 가혹한 고문 끝에, 체포된 지 95일 만에 신흥우 등은 석방되었으나 그때부터 신흥우는 8·15해방까지 소위 보호관찰소의 엄중한 감시 속에서 전쟁 포로와 같은 부자유한 생활을 계속해야만 했다.

실로 1938년부터 1940년까지는 한국 기독교회 최악의 연대였다. 우선 이때 한국 교회는 신사참배를 강요당했다. 이런 일을 위해 일제는 제일 먼저 1938년 5월 8일 서울 부민관에서 모임을 갖게 하고, 서울에 있는 일본 교회 지도자와 한국 교회 지도자들이 참석한 자리에서 '조선기독교연합회'를 새롭게 조직하게 했다. 이는 순전히 한국 기독교회의 자주성을 박탈할 목적에서 일본 교회 지도자들을 통하여 "이 시국을 극복하자면 내선(內鮮) 교회가 일치단결해야 한다"[1]는 구실로 만들어진 단체였다. "본회는 기독자의 단결을 도모하고 상호 협조하여 기독교 전도의 효과를 올려 성실한 황국신민으로서 보국함을 목적한다"라는 목적 조항을 포함한 11조로 된 간단한 회칙이 통과된 뒤, 위원장에 일본 교회의 니와, 부위원장에 아쓰키(秋月致)·정춘수, 서무위원에 사메시마(鮫島盛陸)·김우현, 재무위원에 가사야(笠谷保太郎)·차재명, 평위원에 야마구치(山口重太郎) 등 3명의 일본인과 김종우(金鍾宇)·원익상 등 한국인 4명이 선출되었다.[2] 이 모임은 별다른 정치적 목적 없이 순전히 시국 타개를 위한 공동 협력 형식으로 조직되었다. 그러나 일제는 처음부터 이를 한국 교회의 자주성을 박탈하기 위한 수단으로 쓴 것이다. 불행히도 위원장 니와는 일본인 경성 YMCA 총무였고, 중앙청년회 총무인 구자옥이 위원 중에 있었다.

　　이어 6월 7일 조선 기독교청년회 연합회는 실행위원회를 긴급 소집하여 "조선에 있는 기독교청년회는 연합 단체로서 일본 기독교청년회 동맹과 세계 학생 기독교 연맹에서 탈퇴하고, 또한 동 청년회가 북미 기독교청년회 동맹과 관계를 끊고, 금후 외국과의 관계는 전적으로 일본 기독교청년회 동맹에서 관장한다"는 등 3개항을 결의하고 일본 기독교청년회 동맹에 가맹 신청서를 냈다.[3] 이것이 8월 9일 개최된 조선 기독교청년회 연합회 제9회

1) 1976년 9월 3일 김우현(金禹鉉) 목사와의 면담.
2) 〈청년〉 1938년 7월호, 18~19쪽.
3) 奈良常五郎, 日本 YMCA史(日本 YMCA 同盟, 1959), p.329.

정기대회에서 정식 결의되었고, 10월 14일 중앙 Y 청년회관에서 새롭게 조직된 '일본 기독교청년회 조선 연맹'의 제1회 위원회가 모여, 회칙에 따라 회장 윤치호, 부회장 니와, 회계위원 하세베(長谷部嚴), 기독위원 구자옥, 총무 가사야, 명예 총무 반하트 등을 선출했다.[4] 이때 함께 가맹한 도시 청년회는 서울의 중앙청년회를 비롯하여 선천·원산·함흥·광주·대구·신의주·평양·김천·전주 등 10개 청년회였고, 학생 청년회는 연희전문 학생 청년회를 비롯하여 세브란스의전·감리교신학교·신성학교·송도중학·배재중학·광성중학·숭인상업·부산제일상업·영명실업·경신중학 등 11개 학생 청년회였다.[5]

이로써 한국 기독교청년회는 1924년 일본 기독교청년회에서 독립하여 직접 세계 기독교청년회의 연맹에 가맹했던 것이 취소되고, 다시금 1913년의 상태로 돌아가 일본 청년회에 예속되는 비운을 맞게 되었다. 이때야말로 '세계와 기식을 통할 수 있는 유일한 창문' 구실을 하던 YMCA가 닫히는 순간이었다. 이때부터 1945년 8월 15일 해방이 되기까지 7년간은 문자 그대로 암흑기였다. 이 암흑 속에서 한국 기독교청년회는 이리 끌리고 절리 끌리며 유린당했다. 아니, 청년회뿐만 아니라 모든 교회와 모든 국민이 유린당하고 짓밟혔다. 이 시기의 청년회 역사는 유린당하는 역사다. 민경배 교수가 지적한 대로 "여태껏 반일(反日)의 핵심을 이어온 YMCA의 〈청년〉 지가 순수한 저항의 기독교적 선언문이나 간접적인 문학 하나 싣지 못한 것은"[6] 실로 개탄하지 않을 수 없는 비극이었다. 이런 비극과 암흑 속에서도 한 가닥 소망을 품고 있기는 했으나, 당시 각 지방 청년회의 상황은 실로

---

4) 위의 책.
5) 위의 책, p.330. 그러나 학생 YMCA는 위 10개 외에 1934년까지만 해도 17개가 남아 있었다. Mr. H. A. Wilbur's Reports, 1933~1934.
6) 민경배,《한국기독교회사》, 328쪽.

보잘것없는 것이었다.

　　(1) 조선 중앙기독교청년회—1935년까지는 종전과 다름 없이 종교부·회우부·사회부·교육부·농촌부·소년부 등 7개 사업부서가 활동을 계속했다. 그러나 1938년부터 농촌부는 아주 없어졌는데, 1935년까지 농촌부 사업 현황을 보면,[7] 산촌에서 하는 농민 수양소 사업은 연합회와 중앙청년회와 연희전문학교 의 공동사업이었다. 1937년 봄까지 제5회 졸업생을 배출했는데, 제1회는 13명, 제2회는 15명, 제3회는 13명, 제4회는 14명, 제5 회는 18명, 총 75명의 졸업생을 냈고, 1937년 겨울에도 많은 지 원자 중 14명을 입학시켜 그 이듬해 봄에 제6회 졸업생을 냈으나 당국의 압력으로 흐지부지되고 말았다.[8]

　　그리고 졸업생들은 "개인적 수양뿐만 아니라 가정을 위 하여 자기 동네를 위하여 노력함으로 일반의 신임을 받았으며,"[9] 농사 단기 강습회는 잠실리·월계리·반포리·도점리·부곡리·돈 대리·동산촌 등지에서 계속했다. 한편 농촌부에서는 만주로 이 민 가는 농민들을 위해 만주어 강습도 했다.

　　교육부는 시국과는 만대로 학생들의 더 많은 요구를 받 았다. 그리고 1920년부터 청년회 학관이 청년회 학교로 교명이 바뀌는 동시에 홍병덕이 학교장으로 취임했고, 1939년에 홍병덕 의 뒤를 이어 홍병선이 학교장으로 취임하는 동시에 그해 10월 부터는 교명을 영창학교(英彰學校)로 바꾸었다.[10] 학제는 여전히 철공·인쇄·목공 등 공예과는 2년제, 영어·상업 등 중등과는 3 년제였으며, 노동야학은 당국의 압력으로 1935년부터, 영어 교 육은 1940년부터 학생을 받지 못했다. 그러나 일반 교육열은 더

---

7) 1935년도(1-12월) 사업 및 결산 보고서, 8쪽.
8) 위의 자료, 10쪽, 〈청년〉 1937년 12월호, 16쪽.
9) 〈청년〉 1937년 1월호, 24쪽.
10) 〈청년〉 1937년 1월호, 18쪽.

욱 왕성해졌다. 이를 연대별로 나타내면 아래 표와 같다.[11]

단체 이름	단체 수(개)	단체원(명)	자본총액(원)	사업 내용
삼각농우회 (三角農友會)	19	809	675.00	풍속개량 · 농사개량 · 부업장려
삼각소년회	8	221	65.00	야학 · 운동회 · 동화회
협동신용조합	27	809	5,375.74	자본저축 · 신용대부
협동소비조합	6	149	35.00	소비품공급
부인저축조합	3	60	80.00	저축
야학	56	2,485		강의교육
합계	119	4,893	6,230.74	

연대	1935		1940		비고
과별	졸업생	재학생	졸업생	재학생	
중등과	24	869	54	1,508	
공예과	20	158	66	516	철공 · 목공 · 인쇄 등
주학영어과		8			
야학영어과		79			1940년 영어과와 같음
야학보통과	6	1,134			
영어과	30			11	940년 초등과와 같음
상업과			32	122	
초등과			64	1,424	
합계	80	2,248	216	3,581	

1935년도 공업부 실습 작업 성적을 보면 다음과 같다.[12]

부별	건수	금액(원)
목공부	247	5,816.87
철공부	628	6,850.28

---

11) 1935년도 사업 및 결산 보고서, 15쪽, 1940년도 동 보고서, 9쪽.
12) 1935년도 동 보고서, 16쪽.

인쇄부	1,408	16,769.53
합계	2,283	23,436.68

　　이리하여 1907년부터 졸업생을 내기 시작한 교육 사업은 1940년에 이르러, 공업부는 31회 졸업생을, 중등과는 19회 졸업생을, 영어과는 28회 졸업생을 각각 배출했으며,[13] 노동야학까지 합하여 모두 19,520명의 졸업생을 냈다.[14]

　　다음의 재정 현황을 통하여 일방 행정과 사업을 살펴보면 여러 가지 사실을 발견할 수 있다.

수입면

항목	1935년도 실수입	1936년도 예산액	1940년도 실수입	1941년도 예산액
1. 종교부(농촌부)	178.50	300.00		50.00
2. 회우부 · 사회부	3,234.60	2,550.00	4,280.12	3,700.00
3. 교육부	51,492.07	46,690.00	69,388.03	60,198.00
학교	19,716.78	16,690.00	40,826.77	37,498.00
공업실수소	31,775.29	30,000.00	28,561.26	22,700.00
4. 체육부	2,271.87	2,000.00	3,874.20	3,500.00
5. 소년부	2,414.30	2,350.00	4,170.40	4,300.00
6. 서무부	14,576.88	12,000.00	13,977.26	13,300.00
유지재단	12,550.00	11,700.00		
의연 · 기타	2,026.88	300.00		
7.공업부 소액현금	150.00			
8.전년도조월금	1,008.29			
합계	75,326.51	65,890.00	97,446.62	85,048.00

---

13) 중등부의 졸업회수가 적은 것은 도중에 폐교되었기 때문이다.
14) 라이버트(Mr. E. E. Leibert)에게 보낸 보고서(보고자 불명).

지출면

항목	1935년도 실지출	1936년도 예산액	1940년도 실지출	1941년도 예산액
1. 종교부 · 농촌부	3,225.42	3,140.00	1,105.00	1,162.00
2. 회우부 · 사회부	4,132.23	2,140.00	4,354.77	3,579.00
3. 교육부	50,103.45	46,690.00	67,952.66	60,198.00
학교	18,723.12	16,690.00	40,269.89	27,498.00
공업실수소	31,380.33	30,000.00	27,682.77	22,700.00
4. 체육부	3,220.87	2,540.00	5,708.74	3,755.00
5. 소년부	1,013.24	1,710.00	2,251.06	1,480.00
6. 서무부	10,838.78	9,670.00	13,324.41	14,874.00
7.내년도조월금	2,792.52		2,749.98	
합계	75,326.51	65,890.00	97,446.62	85,048.00

※ 위 항목 중 농촌부를 괄호에 넣은 것은, 그 사업은 1938년부터 폐지되었기 때문에 재정 면에 반영되어 있지 않았음을 의미한다.

재산목록

내용	1935년도	1940년도
1. 토지(회관부지) (974평)	52,164.00	52,164.00
2. 토지(충북 제천 소재 논) (3,567평)	543.00	543.00
3. 임야(고양군 뚝도면 소재, 3,740평)		8,863.89
4. 건물(본 회관) (1,745평)	※256,692.50	258,131.05
5. 집기 · 비품	16,500.00	17,320.00
6. 공업교육용 제기계	27,380.00	28,275.00
7. 정기예금(기본금)	50,523.00	50,523.00
8. 학교 특별적립금(예금)	2,672.06	13,418.84

9. 공업부 특별적립금(예금)	368.66	396.61
10. 회비 특별적립금(예금)	200.00	251.25
11. 기구보상금		2,503.67
12. 퇴직금 · 퇴직저축금(예금)		7,311.74
13. 그레그 씨 기부기금(예금)		715.41
14. 준비기금(예금)	400.00	
15.조월금 · 기타준비금(예금)	1,201.54	2,214.78
합계	408,235.76	442,732.24

※ 1935년의 건물 면적은 1,731.35평으로 약 14평이 늘어 있다. 또한 1940년에는 임야가 재산 목록에 추가되었는데, 이는 YMCA 캠프장으로 사들인 새 재산(한강변) 때문이다.

위 재산 목록과 재정 상황에서 전쟁 때의 물가 상승 현상을 볼 수 있으며, 1936년부터는 재정 집행액이 현저히 감소된 것을 볼 수 있다. 특히 농촌부 사업은 1938년부터 폐지되었으나 공업부 사업은 계속되고 있었음을 알 수 있다.

끝으로, 1938년 일본 YMCA 동맹에 예속되기 직전과 직후의 이사 및 실무진 명단은 아래와 같다.[15]

이사 · 직제	이름		
	1935년	1937년	1940년
1. 회장	윤치호(尹致昊)	윤치호	윤치호(伊東致昊)
2. 부회장	원한경(Underwood)	원한경	양주삼(梁原柱三)
3. 서기	전필순(全弼淳)	이만규	이만규(李家萬珪)
4. 회계	유억겸(兪億兼)	유억겸	유억겸
5. 종교부위원장	변영서(Billings)	변영서	윤치소

---

15) 1935년 및 1940년은 사업 및 재정 보고서에서, 그리고 1935년의 법인이사는 윤치호 · 반하르트 · 오긍선 · 빌링스 · 언더우드 · 구자옥 · 유억겸 등이었고, 1940년도의 법인이사는 윤치호 · 오긍선 · 니와 · 양주삼 · 유억겸 · 구자옥 · 가사야 · 이만규 · 유형기 등으로 되어 있는데, 법인이사 한 명이 더 늘어난 것으로, 법인 정관까지 개정됐음을 알 수 있다.

6. 회우부위원장	김영섭(金永燮)	유억겸	정춘수(和谷春洙)
7. 사회부위원장	이만규(李萬珪)	백낙준	김창제
8. 체육부위원장	이정진(李正鎭)	신공숙	마쓰오카(松岡繁盛)
9. 농촌부위원장	양주삼(梁柱三)	양주삼	
10. 교육부위원장	오긍선(吳兢善)	오긍선	이만규(李家萬珪)
11. 소년부위원장	박연서(朴淵瑞)	유형기	유형기
12. 평이사	김창제(金昶濟)		장덕수
13. 평이사			오긍선
14. 평이사			다니야마(谷山富雄)
15. 명예이사			니와(丹羽淸次郎)
16. 명예이사(명예총무)			가사야(笠谷保太郎)
17. 총무			구자옥(具家滋玉)

※ 위 이사 명단과 직제표에서 유억겸·윤치소·김창제·장덕수·오긍선 등을 제외하고는 전부 창씨개명한(괄호 안 이름) 사실을 엿볼 수 있다. 그리고 1938년 이후에는 많은 일본인들이 이사가 되었다는 사실을 발견할 수 있다.

한편 1940년도의 실무 직원을 보면 아래와 같다.

	직위	이름
	1935년	1940년
총무(종교부)	구자옥(종교부주임간사 겸임)	具家滋玉(종교부임간사 겸임)
협동총무	반하트(공업실수소장 겸임)	
명예총무	공업실수소 간사 황찬성	가사야(笠谷保太郎)
서무부·소년부	주임간사 계병호 서무부간사 김진수(金振秀)	주임간사 계광평(桂光平) 서무부 간사 육정수·김진수
종교부		간사 히로다(廣田永信)
농촌부	주임간사 홍병선, 간사 황영수	
회우부·사회부	주임간사 김응집(金應集) 회우부 간사 이기태·이성재	주임간사 윤치영(伊東致暎) 동 간사 이성재(李家性宰)

교육부	주임간사 홍병선 동 간사 이피득(李彼得)	교장 겸 주임간사 홍병선(南陽秉璇) 동 간사 이피득(李林彼得)
체육부	주임간사 장권(張權) 동 간사 이혜택(李惠澤)	주임간사 장권(武原權) 동 간사 曾山忠一

※ 1940년 이후 8 · 15 해방까지 영창학교(英彰學校)만은 열고 있었는데, 홍이섭(洪以燮) · 이인홍(李仁興) · 전성진(田盛鎭) · 김남제(金南濟) 등 교사가 시무했다.

(2) 함흥 기독교청년회―1928년부터 원산 청년회 총무이던 김준성(金俊星)은 1931년 함흥 영생고보 교사 겸 학생감으로 부임해 오면서 먼저 학생 청년회를 강화하는 동시에, 공산주의를 비판하고 민족 사상을 고취했다. 또한 그는 독서회를 조직하여 학생들의 사상 지도를 했으며, 악대와 극단을 조직하여 기독교청년들의 사기를 높였다. 따라서 그는 함흥 청년회 총무 이순기(李舜基)와 손잡고 각 교회에서 '종교는 과연 아편인가', '카를 마르크스의 유물사상과 기독교 공산주의', '유물론과 유심론' 같은, 당시 일반 교계 지도자들과는 다른 제목으로 강연을 했다. 그리고 그를 방해하려고 몽둥이를 차고 모여 든 수백 수천 명의 무정부주의자들과 공산주의자들에게 이른 투쟁을 했다. 그네들이 이론 투쟁에서 지면 강연 도중 슬금슬금 강연장에서 빠져나가거나 폭력을 가했다. 때마침 흥남 노동조합 사건으로 많은 공산주의자와 학생들이 체포되었는데, 그네들은 취조 형사에게 김준성을 악질 반일 분자로 고발했기 때문에 "마침 그는 금강산 하기 수양회에서 낮에는 사상 강좌를 하고 밤에는 전도 경연을 하다가 경찰에 검거되었다."[16] 1934년 여름의 일이다.

한편 함흥 기독교청년회는 농업전문가 번스를 잃고 침체

16) 1976년 5월 김준성이 필자에게 보낸 편지, 그때 필자도 영생고교 학생으로서 공산주의 사상에 물들어 경찰에 체포되었는데, 김준성을 악질 반일 분자로 고발했으며, 반면 함흥 청년회 총무 이순기는 김준성의 석방 운동을 맹렬히 했다. 그는 반년이 조금 넘어 석방되었으나 국내에서 교원 자격을 박탈당하여 북간도로 갈 수밖에 없었다.

됐다가, 회장 조희염(曺喜炎)의 뒤를 이어 1935년 새 회장 고병간 (高秉幹)을 맞아 회세가 만회되는 듯했으나 시국 관계로 다시 침체되었으며, 더욱이 1938년 이후에는 완전히 지하에 숨어 회관 건축을 위한 모금 운동만을 했다. 그것도 지락리(知樂里)에 대지 100평만 샀을 뿐, 더 계속하지 못하고 있다가 1943년 이순기 총무는 다른 간부들과 함께 경찰에 체포되고 말았다.

(3) 선천 기독교청년회—이미 말한 바와 같이 창립 초부터 계병호 씨가 총무로 시무했으나, 1930년 도미하여 수련을 받고 있는 동안 이사로 있던 오익은(吳翊殷)이 총무에 취임했고, 1931년 2월 9일 제12회 총회에서는 주현칙(朱賢則)이 다시 회장에, 총무에는 안병균(安秉均)이 취임했다. 1년 뒤 다시 오익은이 총무로 취임했다. 1930년 8월에 선천 청년회는 선천 여자 청년회와 보성(保聖) 학생 청년회의 공동 주최로 제2회 남녀 기독교청년회 하령회를 개최하여 기세를 올렸다. 5일간 열린 이 하령회는 '생각하자'는 표어 아래 김영희(金永羲)의 '종교와 과학', 홍병선의 '농촌 지도자의 책임', 오익은의 '우리가 가질 경제관', 김성실(金誠實)의 '자녀교육 문제', 최능진(崔能鎭)의 '운동가의 정신' 등의 강연을 했으며, 좌담회는 장이욱(張利郁)·김영희·오익은·홍병선·김지웅(金志雄) 등의 지도하에 성대히 열렸다.[17]

또한 농촌 사업은 금 해금(金解禁) 문제에 관한 강연, 금주 단연(斷煙)을 위한 선전 등을 하는 동시에 모금 운동을 시작했으나 다수 회원과 지도자들이 경찰에 검거되고, 나날이 험악해지는 전쟁 때문에 더 이상 벌이지 못하고 결국 문을 닫고 말았다.[18]

(4) 평양 기독교청년회—1929년부터 평양 청년회는 대동

---

17) 〈청년〉 1930년 9월호, 33-34쪽.
18) 1977년 1월 30일 계병호와의 면담.

군(大同郡) 천동리(川東里)에서 농촌 사업에 착수했다. 토요일마다 회원들이 출장하여 아동과 청장년 남녀를 모아 놓고 문맹퇴치를 위한 야학과 강연회를 개최하고, 절약저금 조합을 조직했다. 특히 회원 중 황찬영(黃贊永)이 청년회에 기부한 2천 평 토지에다 콩과 고구마를 회원들이 공동 재배하여 시험 농장을 만들었다.[19] 평양 숭실전문학교 학생 청년회, 숭실중학 청년회, 광성 청년회 등과 연합하여 대대적인 농촌 사업을 전개했으며, 본래부터 Y 연합회의 도움 없이 독자적인 입장에서 운동을 벌일 계획이던 이 청년회는 7천 원 가치의 기지에다 큰 회관을 건축할 계획이었다. 그러나 1930년에 내쉬가 본국으로 소환되어 간 뒤 학생 사업·소년척후대 사업·농촌 사업이 큰 타격을 받게 되었고, 1932년 6월 16일 조만식 총무가 〈조선일보〉 사장이 됨으로써 더욱 큰 타격을 받게 되었다. 그 뒤 이사회는 김취성(金聚成)을 조만식의 후임 총무로 임명했으나 "청년회는 청년들의 단체이면서도 회원 대다수는 장년이고, 30세 이하 청년은 극소수에 불과했다. …… 또한 팔팔한 청년들과 학생들은 경찰에 검거되어 가는 통에 청년회는 아주 한산하게 되었다."[20] 1938년 중일전쟁이 일어난 때부터 청년회는 완전히 폐쇄되다시피 했는데, 그때 회장은 김동원, 총무는 김취성, 조만식은 이사의 한 사람으로 집만 지키고 있었다.

(5) 교남(대구) 기독교청년회—1930년에는 회장 최종철(崔鍾徹), 총무 김만성(金萬聖)을 각각 선임하고 난 뒤 교남 청년회는 종교부·회우부·사교부·농촌부·체육부 등 사업을 활발히 전개했다.[21] 1931년 11월에는 〈천국운동〉이란 큰 제목 아래, 김만성은

---

19) 〈청년〉 1929년 6월호, 92쪽.
20) Elsie Voorhees Jones and Ernest M. Best., Regional Consultants for the Far East, Comments on the Report of the Survey in Korea and the Status of the YMCA and YWCA, p.14.
21) 〈청년〉 1930년 11월호, 301쪽. 그리고 이원우(李元雨) 편 《대구 YMCA 발전사》(1957), 13쪽에는 회장 김정배(金正培), 총무 윤병혁(尹炳赫)으로 되어 있는데, 이는 잘못인가 싶다.

'사람을 지으신 신의 목적', 최종철은 '나를 좇으라' 이문주(李文
主)는 '우리 죄를 용서하소서', 오종덕(吳宗德)은 '승리에 대한 신
의 비밀', 양태승(梁泰承)은 '사람의 신에 대한 응답', 이영식(李永
植)은 '새로운 생활', 현거선(玄居善)은 '그리스도는 창조의 목표'
라는 제목으로 1주일간 대대적인 일요강화를 함으로써 대성황
을 이루었으며,[22] 농촌부는 달성군 수성면 신천동(新川洞) 예배당
에서 1주일에 한 차례씩 농촌 부흥 강연회를 열기도 했다. 시외
중동(中洞)에서도 중앙청년회 농촌부 간사 황영수(黃永洙)를 데려
다가 농촌 부흥책에 관한 강연회를 연 결과 중동협동소비조합이
창설되기도 했다.[23] 그 뒤 점점 험악해지는 시국 때문에 별다른
발전을 못하고 있다가 전쟁에 휩쓸리고 말았다.

　　(6) 광주 기독교청년회—1934년에는 양림동(楊林洞) 회
관에서 사업을 계속했다. 그리고 1933년 창설된 농촌 실습 학
교도 계속 운영했다. 호남 지방 담당 외국인 간사 에비슨(G. W.
Avsion)은 1937년 당시 사정을 다음과 같이 보고했다.

　　"10년 전만 해도 한국에는 7명의 외국인 간사가 있었는데
지금은 2명밖에 없다. 이 2명의 간사가 그 많은 사업을 다 감당
할 수는 없다. 나는 지방 청년회·교회·청년 집회·협동조합·농
민회 등을 지도하고 도와주기 위해 쉴 새 없이 이곳저곳을 돌아
다녔다. 그리고 농민 실습학교가 있는데, 여기서는 좋은 농촌 청
소년 교육에 힘썼다. …… 지난 1년 동안 일반 물가의 앙등은 이
루 상상하기 어려울 정도였다. 우리 지방에는 두 개의 청년회(광
주·전주)만이 정식으로 연합회에 가맹한 청년회다. 다른 조그만
청년회들은 비록 부담금은 못 냈지만 훌륭한 사업을 하고 있다.
그네들은 '우리 청년회'에서 '우리가' 하는 사업이란 긍지가 있었
다. …… 지난해 우리 지방에서는 1만 원을 모금해서 썼으며, 그

22) 〈청년〉 1931년 1월호, 63쪽.
23) 위의 책. 조합장은 김도윤(金度允), 서기 최종록(崔鍾錄), 회계 김성일(金聖一) 등이었다.

중 2천 원으로 광주 청년회의 빚을 갚았다. 이 돈은 캐나다나 미국에서 온 돈이 아니라 가난한 농민들이 모은 돈이다……"[24]

그러나 시국 관계로 에비슨도 1939년에 귀국하게 되었고, 광주 청년회 간부 김후옥(金厚玉)·주봉식(朱琫植)·이정옥(李正玉)·유웅(柳雄)·최갑수(崔甲洙)·최귀남(崔貴男)등 10명은 헌병대에 감금되고 말았다.[25] 이때 회장은 최흥종, 총무는 최영균이었다.

(7) 원산 기독교청년회—1930년부터 김준성의 뒤를 이어 이상문(李相文)이 총무로 취임했다.[26] 당시 회장은 이두열(李斗烈)의 뒤를 이어 차형은(車亨恩)이 취임했다.[27] 이때 청년회 종교부와 회우부는 각 교회를 이용하여 강연회를 열었는데, 하영락(河榮洛)의 '금 해금(金解禁)에 대한 일반적 영향', 백낙준 교수와 이대위의 특별 강연, 김원근(金瑗根)의 '근세 조선사의 일단', 강매(姜邁)의 '농촌 문제', 김준성의 '종교는 아편인가', 이상문의 '기독교의 과거와 현재' 등의 강연회를 주최했으며, 교육부는 1931년부터 당국의 새 인가를 받아 중등 야학과 외국어과의 개교식을 가졌다.[28]

특히 이상문이 총무가 되었을 때, 서울에 있던 미와(三輪)라는 일본인 형사가 원산경찰서 서장으로 부임해 왔는데, 이상문을 만나자고 해서 만났더니 뜻밖에 그가 "내가 서울에 있을 때는 청년회 회원들을 너무 괴롭혔으나 지금은 그것을 깊이 반성하고 도와줄 생각이다"라고 했다. 그의 말이 전적으로 진심이었다고 믿기지는 않지만 어쨌든 이상문 총무는 그로 인하여 농촌운동과 공산주의 반대운동을 비교적 안심하고 할 수 있었다. 1938

24) G. W. Avison's Administration Report for 1936~1937.
25) 《광주 YMCA 50년 약사》, 7쪽.
26) 〈청년〉 1930년 7, 8월호, 154쪽.
27) 위의 책, 10월호, 335쪽.
28) 위의 책, 104쪽.

년 이후 청년회는 학관만 겨우 명맥을 유지했을 뿐, 거의 문을 닫을 수밖에 없었다. 그러다가 1940년 서울로부터 홍병덕(洪秉德)이 총무로 취임했을 때 곧 닫을 수밖에 없었다.

(8) 전주 기독교청년회—1931년 곽진근(郭塡根)이 회장에, 신동기가 총무에 취임하면서 더 활기를 띠기 시작했다. 우선 평양 숭실전문학교 교장 윤산온(尹山溫, G. S. McCune) 박사를 데려다가 '조선 청년의 절박한 시기'라는 제목의 강연을 하여 700여 명 관중을 끌어들였으며, 매주일 일요 강화를 시작하여 양익환(梁翊煥) 목사의 '용기 있는 자', 장인택(張仁澤)의 '종교는 아편인가', 박응묵(朴應默)의 '물순계(物盾界)로 본 영계(靈界)', 신동기의 '기독교 청년의 사명' 등의 강연을 했다.[29]

(9) 신의주 기독교청년회—1926년 창설됐다. 초대 회장 이봉수(李鳳首), 총무는 김병순(金炳淳)이었다. 1930년부터 활발히 사업을 하여, 토요일마다 경제·법률·위생에 관한 상식 강화를 개최했고, 시내 병원 의사들을 청해다가 아동 건강 상담을 시켰으며, 1년제 중국어 강좌를 개설하여 95명의 학생이 모였다.[30] 그리고 농촌부 주최로 1931년에는 농촌 야학을 개최하여 253명의 학생을 수용했으며, 종교부는 하경덕(河敬德) 박사를 청해다가 종교 강화를 하는 등 활발한 움직임을 보였다. 그러나 시국 관계로 그 뒤 곧 폐쇄되고 말았다.

(10) 김천 기독교청년회—1928년 1월 25일 창설됐다. 초대 회장 유진성(兪鎭成), 초대 총무 심문(沈文), 이사는 김무원(金武原)·김홍주(金洪主)·김의용(金義涌)·강익형(姜益亨)·김정수(金

29) 〈청년〉 1931년 3월호, 158쪽.
30) 〈청년〉 1930년 10월호, 258쪽.

正首)·이춘화(李春華) 등이었다.[31]

　　1929년에 총무 심문이 내어놓은 2층 건물을 회관으로 사용했고, 1930년부터 회장과 총무가 손잡고 사업을 크게 일으켰다. 또한 체조·축구·바이올린 강습 등을 했으며, 실습답(實習畓)을 다수 회원이 공동 경영하여 큰 수확을 거둠으로 인근 농가에 모범을 보여 주었다.[32] 김천 청년회도 시국 관계로 더 이상 사업을 못하고 있다가, 1936년 4월 김태묵(金太黙)이 총무로 취임했으나 그해 12월에 사임하고 사업은 중단되고 말았다.

　　학생 청년회 운동도 이 기간에 활발한 모습을 보여 주었다. 학생 청년회는 1925년까지는 17개였는데, 1928년에는 25개로 늘었다.[33] 그때 "학생들은 각 학교에서, 지역사회에서, 더욱이 멀리 떨어진 각 지방에서 사업을 추진했다. 1927년에는 약 1000명의 학생들이 방학을 이용하여 여러 곳의 촌락에서 하기 성경학교를 조직하고 가르쳤다. 그들은 도시 청년회 사업을 도와 농촌 운동을 효과적으로 운영했다."[34]

　　학생 하령회도 계속 모였는데, 1935년 8월 27일 학생 Y 대표위원 수양회로 모인 하령회가 최종 하령회인가 싶다. 그 표어 '자라자'에 대한 회장 윤치호의 개회 연설에 이어 기도회·성경 연구·강연·원탁회의·좌담회·역사 강의 등이 있었다. 강연과 강좌에서 김창제의 '청년기의 수양' 및 '사도 바울과 성웅 이순신', 조만식의 '기독교인의 생활', 오한영(吳漢泳)의 '직업병', 이훈구의 '농촌 경제', 채필근 목사의 '성직자의 생활' 및 '구교 교회와 신교 교회', 홍병선의 '농촌문제', 이상문의 '학생 청년회 사업', 양주삼

31) 1977년 9월 28일자 심문의 편지.
32) 〈청년〉 1930년 10월호, 303쪽.
33) Notes on Association Work in Far East, Writer Unknown, 1952년 이후 새로 창설된 학생 Y는 보성전문(普成專門)이다.
34) 위의 자료.

감독의 '자라자'라는 폐회 설교가 있었다.[35]

재일본 기독교청년회도 비교적 활기를 띠었고, 학교 청년회로서는 제일 오래 견디어 냈다. 이미 말한 바와 같이 1924년 최승만이 총무로 취임한 뒤 회세가 강화되면서 1929년에는 신회관 건축까지 했다.[36] 더 거슬러 올라가 1917년부터 백남훈 총무는 〈기독 청년〉이라는 조그만 기관지를 발간했으며, 1920년에는 잡지 체제를 갖추어 약 1년간 〈현대〉라는 기관지를, 1923년에는 최승만이 〈젊은이〉라는 기관지를 내다가 도쿄 대지진을 당했다. 그 뒤 1926부터는 격월간으로 〈사명(使命)〉을 내다가, 1932년 "잡지 성격을 주로 하고 회보 형식을 부로 하던 〈사명〉을 고쳐서 순전히 회보로 했다"[37]

최승만 총무 시절 간사들은, 1926년부터 잠시 동안 김준성이 부총무였고, 김상돈 학생, 원달호·정동석(鄭東錫)·이찬희(李贊熙) 등이 있었으며, 1929년 최승만 총무가 미국으로 수련받으러 가 있는 약 1년간은 이기윤(李基潤)이 총무를 했다.[38] 그 뒤 최승만이 귀국하여 1931년부터 1934년까지 다시 총무 자리를 지켰다. 그러나 그는 그 해 총무를 사임했으므로 잠시 중앙으로부터 홍병선이 임시 총무로 있다가 귀국하여, 윤근(尹槿)이 간사 입장에서 전쟁을 치렀다.[39]

그간의 사업 운영 면을 간략히 말하면, "1926년 10월 가을철 육상경기 대회 때 돌연 공산계열의 조선 무산청년 동맹과 일월회(一月會) 회원들이 '종교 박멸'·'기독교청년회 박멸'·'민중

35) 〈청년〉 1935년 8월호, 12쪽, 1936년 4월 2일에는 3일간 학생 Y 대표위원 수양회로 모였는데, 회장 윤치호의 사회, 신공숙(申公淑)·변영서(邊永瑞) 등의 기도회 인도와, 강연으로는 백낙준의 '교회와 사회', 유영모의 '자연과 인생', 김창제의 '청년과 수양, 실생활', 김영제의 '독서와 저서' 등이 있었다. 하령회를 할 수 없어 수양회로 명칭을 바꾸었는데, 그때 얼마나 시국이 어려웠는지 알 수 있다.

36) 이 책 377쪽 참조.

37) 최승만, 《극태필경(極態筆耕)》, 보진재, 1970, 326쪽.

38) 〈청년〉 1929년 6월호, 16쪽.

39) 오윤태, 〈재일본한국기독교청년 약사(略史)〉, 준비기록.

의 아편, 기독교 박멸' 등이라 쓴 인쇄물을 뿌리며 난입하여"[40] 큰 곤란을 겪었다. 그러나 1929년 새 회관을 건축한 뒤에는 사업이 확장되어, 특히 기숙사에 수용된 사람들을 위한 기도회·독서회·간담회 등에 힘썼고, 1931년 1월 1일부터는 11일간 수양회를 가졌다. 김길창(金吉昌) 목사의 기도회 인도, 최승만·이기윤 총무의 이·취임식, 강연으로는 서창균(徐昌均)의 '결혼과 유학생', 최승만의 '현대문명의 2대 사조', 이기윤의 '시성(詩聖) 단테의 종교관', 김영기(金永琦)의 '하와이 우리 동포 상황', 계병호(桂炳鎬)의 '조선은 어데로 가나', 이용식(李龍植)의 '중국과 러시아에 재(在)한 우리의 형편' 등이 있었다.[41]

　　　이와 같은 사업 운영도 잠시뿐이었다. 1936년부터 윤근(尹槿)이 간사로 오면서 체육 활동만을 할 수밖에 없었다. 〈청년〉지는 '대성황을 이룬 재일본 도쿄 조선 YMCA'라는 제목 아래 제28회 추기(秋期) 육상 대운동회 실황을 다음과 같이 보도했다.[42]

　　　1936년 9월 10일이었다. 하나 경시청 당국의 중지 명령으로 동 17일에야 열 수 있었다. "금년부터는 5천여 명의 우리 유학생과 5만여 명의 재류 동포가 일치협력하여 뜻있는 운동회를 거행하자"[43]는 결의 아래, 농업대학·와세다대학·중앙대학 등 8개 대학에서 대표 선수들이 모여들었다. 단거리·중거리·높이뛰기 등 10종목의 경기를 위하여 "우리의 조인(鳥人) 이기환 비행사는 운동회 당일 축하 비행을 한다"는 소식이 있었다. 그러나 이 소식은 곧 "항공국으로부터 특별한 사정으로 인하여 비행 중지"[44]라는 실망스런 소식이 되고 말았다. 그럼에도 운동 대회가 성공리에 끝난 뒤 "간사 윤근의 발성으로 재일본 도쿄 조선 기

---

40) 위의 자료.
41) 〈청년〉 1931년 2월호, 41-42쪽.
42) 〈청년〉 1937년 1월호, 14-17쪽.
43) 위의 책.
44) 위의 책.

독교청년회 만세 3창으로 제28회 추기 육상 대회는 끝났으나, 근(近) 만(萬)의 대중이 여차(如此)히 폐회시까지 산회치 아니하며"[45] 운영되었다.

이에 대하여 반하트는 "도쿄 학생 YMCA는 작년에 훌륭한 사업을 했다. 도쿄의 한국 학생 YMCA는 재일 5천여 명 학생들에게 기독교적 감화를 주는 중심적인 본부라는 사실을 누구나 알게 되었다"[46]라고 평했다.

그 뒤 이 청년회는 "1938년 10월 조선 기독교청년회 연합회가 해산됨으로써 자연 그 직할에서 해산되고 말았다. 따라서 본회(재일 한국 Y)의 헌장도 개정되어 명칭은 재일본(在日本)이란 말이 없어지고 단순히 '도쿄 조선 기독교청년회'가 됐다……그리고 본회는 하나의 독립 단체로서 일본 YMCA 동맹에 가맹하게 됐다."[47] 그리고 "1944년 일본 정부의 명령에 따라 본회 건물은 흥생회(興生會)에 매각하게 되었다. 이사회는 재산주(財産主)인 서울 중앙 YMCA 유지 재단에 윤근 씨를 대표로 파송하여 매매계약을 맺었지만 1945년 8월 15일, 종전(終戰)과 함께 흥생회가 해산되었으므로 매매계약은 자연 취소되고 원상 복구되었다."[48]

그러면 YMCA 연합회는 어떻게 되었던가? 연합회는 1929년 제6회 조선 기독교청년회 연합회 정기대회를 열었고, 1932년 12월 29일에는 제7회 정기 대회를 서울 중앙청년회 회관에서 열었다. 당시 이 대회에 참석한 대표는 62명이고,[49] 선출된 연합위원은 윤치호(위원장)·조만식·김창제·이순기·유억겸·에비슨·원한경(Underwood)·구자옥·변영서(Bilings)·양주삼·안

---

45) 위의 책.
46) B. P. Barnhart's Administrative Report for 1936, on May 4. 1937.
47) 오윤태, 앞의 자료.
48) 위의 자료.
49) 정기대회 때의 기념사진에 의함. 이 대회의 보고서는 찾아 볼 수 없다.

병균·백아덕·차형은(車亨恩)·문요한 등 15명이다.[50] 이처럼 쟁쟁한 인물들이 선출됐으나, 1935년에는 신흥우 총무를 비롯하여 이건춘·이대위 등 주무 간사들이 떠나게 되었으며, 1935년 제8회 정기대회를 열었으나 별다른 활동은 못 했다. 그 뒤 후임 총무 없이 중앙 Y 간사 현동완을 순회 간사로 임명하여[51] 겨우 명목을 유지하다 전쟁에 휩쓸리고 말았다. 한편, "1936년 12월 1일 인도에서 개최된 세계 기독청년 대회에 유억겸·구자옥을 파송"[52]했으며, 1940년에 이르러 반하트(B. P. Barnhart)·원한경 등 외국인 간사와 이사들이 강제 출국당하고 말았다.

끝으로 구한말 우리 민족 패망기의 독립운동을 언급하려한다. 이 시기의 독립운동은 대략 세 가지 유형으로 나눌 수 있다. 첫째는, 해외에 망명하여 독립군을 조직하거나 국제적 외교 활동을 통하여 독립을 되찾자는 입장이고, 둘째는, 자결하거나 의병을 일으켜 항일하다 죽자는 입장이고, 셋째는, 끝까지 국내에 머물러 있으면서 청소년 교육과 민중 계몽을 통하여 독립을 되찾자는 입장이다.

이 세 가지 입장 중 기독교청년회의 독립운동은 세 번째에 속한다. 이런 입장에서 독립운동을 시작한 사회단체로는 처음에 YMCA 외에도 여러 단체가 있었다. 적어도 1910년 한일합방이 되기 전에는 〈대한매일신보〉·〈만세보(萬歲報)〉·〈대한민보(大韓民報)〉등 언론기관을 비롯하여 헌정연구회(憲政研究會)·대한

---

50) 〈청년〉 1935년 8월호, 12쪽.

51) 〈청년〉 1935년 6월호, 14쪽.

52) 중앙기독교청년회 1938년도 총회보고서 서두에 보면 "본회(本會)난 신체제하에서 일본기독교청년회동맹본부의 지도에 응수(應隨)하야 신년도 사업을 예의(銳意)진행하며 금후(今後) 의무 수행에 만전을 기하랴 하압나이다. 다년간 본회 명예총무로 있던 반하두(番河斗, Barnhart) 씨가 여양(女孃)의 병기(病氣)로 귀국하얏으므로 경성기독교청년회 총주사(總主事) 가사야(笠谷保太郎) 씨를 기대(其代)에 선임하얏사오며, 거(去)10월에 본회 이사 중 변영서(邊永瑞)·원한경(元漢慶) 씨가 사면(辭免)하얏으므로 이영준(李榮俊)·장덕수(張德秀) 양씨(兩氏)가 기대(其代)에 임시 보선(補選)되었나이다"라고 선고했는데, 이로써 당시 시국의 압력이 얼마나 컸는지 짐작할 수 있으며, 강제 출국을 "여양(女孃)의 병기(病氣)로" 운운하여 사건의 진상을 얼버무린 것을 볼 수 있다.

구락부(大韓俱樂部)·십삼도유약회(十三道儒約會)·대한자강회(大韓自强會)·국채보상기성회(國債補償期成會)·동우회(同友會)·대한협회(大韓協會)·신민회·국민대연설회(國民大演說會)·청년학우회 등 한일 구국 단체가 다수 있었다. 그중에서도 〈대한매일신보〉는 과격한 항일투사로 이름난 박은식·신재호·안창호·양기탁·임치전·이갑·장도빈·옥관빈·안태국 등 쟁쟁한 학자·문필가·정치가들이 망라되어 있었다. 그들은 하나의 호신책으로 영국인 베델을 사장으로 추대했다. 그럼에도 이 신문은 결국 폐간되고 그 지도자들은 거의 해외로 망명하거나 조국을 떠났다. 일제가 발표한 "보안법(1907. 7)·사립학교령(1908. 8)·학회령(1908. 9)·출판법(1909. 3)·집회결사 엄금법(1910) 등에 의하여······ 드디어 모든 단체는 해산하기에 이른 것이다."[53]

반면, 기독교청년회만은 해산되지 않고 끝까지 이 땅을 지키다가 해방을 맞이했는데, 이렇게 되기까지에는 그 속에 특유한 기독교 정신이 간직되어 있었기 때문이다. 이 확신은 제34장에서 말한 바와 같이 이상재에게서 대표적인 실례를 찾아볼 수 있다. 1922년 중국 베이징에서 열린 세계 기독학생연맹 세계대회에 그가 연합회 회장으로 한국 대표단을 인솔하고 갔을 때, 상하이에 있는 대한민국 임시정부 당국으로부터 "귀국하지 말고 임시정부를 수습해 달라"는 간곡한 교섭을 받았으나 "나까지 조국을 떠나면 국내에 있는 우리 동포가 불쌍하지 않소!" 하며 거절했던 것이다. 이는 이상재 개인의 입장뿐만 아니라 YMCA 전체의 일관된 입장이며 독립정신이었다.

53) 조항래, 〈구한말 사회단체의 구국운동〉, 《성곡학술문화재단 성곡논총 제7》(서울대학교출판부, 1976), 578쪽.

부록
———

참고문헌
찾아보기

참고문헌

고대민족문화연구소 편,《한국문화사대계(大系)》, 고대출판국, 1970.

고려대학교 도서관,《육당 최남선 선생 유고(遺稿)》.

곽안전(Allen D. Clark),《한국교회사》, 대한기독교서회, 1961.

광주 YMCA,《광주 YMCA 50년 약사(略史)》, 1972.

국사편찬위원회,《한국독립운동사 2》, 탐구당, 1970.

김기석,《남강 이승훈》, 현대교육총서출판사, 1964.

김동성, "YMCA 덕분으로 국제회의에"〈동아일보〉, 1959년 7월 22일.

김영희,《좌옹(佐翁) 윤치호 선생 약전(略傳)》, 기독교조선학리회감리원, 1934.

김유동,《월남 이상재 선생 실기(實記)》, 동명사(東明社), 1927.

김을한,《월남 선생 일화집》, 경향신문사, 1956.

김주병,《감리교 청년운동 지침》, 1960.

김활란,《그 빛 속의 작은 생명》, 여원사, 1965.

대한민국 공보실,《월남 이상재 선생 약전》, 1955.

대한체육회,《대한체육회사》, 1969.

민경배,《경성노회약사(京城老會略史) 1935~1945》.

민경배,《한국기독교회사》, 대한기독교출판사, 1972.

민경배,《한국민족교회형성사론》(연세대학문고 3), 연세대학교 출판부, 1974.

박은식,《한국독립운동지혈사》, 서울신문사 출판국, 1964.

박은식,《한국통사》, 달성인쇄주식회사, 1946.

박재원,《한국현대사 Ⅳ, 탄압의 제1막》.

박종홍, 김형효 대담, "한국사상 창조의 이론",〈서울평론〉, 1975년 9월호.

백낙준,《한국개신교사 1832~1910》, (The History of Protestant Missions in Korea,

1832~1910. by Dr. Lak-Geoon George Paik), 연세대학교 출판부, 1973.

백낙준, 《한국의 현실과 사상》, 동아출판사.

백남훈, 《나의 일생》, 신현실사, 1968.

백철, 《신문학사조사》, 민중서관, 1962.

복면유생(覆面儒生), 《조선독립소요사사론(朝鮮獨立騷擾史論)》, 조선선음관(朝鮮鮮音館), 1921.

서울특별시사편찬위원회, 〈향토 서울〉, 제1호.

선우훈, 《민족의 수난-백오인의 피눈물》, 세광출판사, 1953.

손인수, 《한국현대사 V-일제하의 교육》.

손인수, 《한국근대교육사》, 연세대학교 출판부, 1971.

송진우, "태평양회의, 양상(洋上) 생활 중에서", 〈동아일보〉, 1925년 7월 17일.

신면휴, 〈옥중개학전말(獄中開學顚末)〉, 《잠훈편담(箴訓編膽)》.

신지현, 〈세계에 호소한다, 고종의 밀사〉, 《한국현대사 III》.

신흥우, 방송 녹음 기록.

신흥우, "한국은 자신의 장래를 결정할 권리가 있다"(전택부 번역), 〈신동아〉, 1972년 1월호 별책, 한국현대명논설집.

양주삼(梁柱三), 《조선감리교三十年記念報》, 조선 감리교 총리원, 1929.

연세대학교 창립 80주년 기념사업위원회, 《연세대학교사》, 연세대학교 출판부, 1969.

오세창, 〈민족을 지키는 보휘(保彙), 국내독립운동〉, 《한국현대사, V》.

오천석, 《한국신교육사(韓國新敎育史)》, 현대교육총서 출판사, 1964.

외솔회, 〈나라사랑〉 제9집, 1972.

유홍렬, 《한국천주교회사》, 가톨릭출판사, 1962.

이광린, 《한국개화사연구》, 일조각, 1970.

이능화, 《조선기독교급(及)외교사》, 조선기독교 창문사, 1928.

이만갑, "나의 전공", 〈조선일보〉, 1970년 7월 15일.

이만열, 〈한말 기독교인의 민족의식 형성과정〉, 서울대학교 국사학회, 1973.

이병헌, 《삼일운동비사(秘史)》, 시사시보사(時事時報社) 출판국, 1959.

이선근, 《민족의 섬광》(상·하), 민중서관, 1968.

이원우, 《대구 YMCA 발전사》, 1957.

이장락, 《우리의 벗, 스코필드》, 정음사, 1962.

이홍직, 《국사대사전》(상·하), 지문각(知文閣), 1963.

이효제, 《한국 YMCA 반백년》, 1976.

정교, 《한국계년사(韓國季年史)》(상·하), 국사편찬위원회, 1957.

조선예수교 연합공의회, 〈기독교의 세계적 사명(The World Mission of Christianity)〉, 예루살렘 세계대회 보고.

조항래, 〈구한말 사회단체의 구국운동〉, 《성곡논총(省谷論叢)》 제7집.

중앙기독교청년회, 〈청년〉 1928년 11월호(25주년 기념).

차재명, 《조선예수교장로회 사기(史記) 상(上)》, 조선기독교 창문사, 1928.

채필근, 《한국기독교 개척자, 한석진 목사와 그 시대》, 대한기독교서회, 1971.

최동희, 〈한국 동학 및 천도교사〉(고대민족문화연구소 편, 《한국문화사대계 Ⅵ》).

최영모, 〈만세, 독립만세, 3·1운동〉《한국현대사 Ⅳ》).

최영희, 〈국치의 그날, 경술합병(庚戌合倂)〉《한국현대사 Ⅲ》).

최영희, 〈자주와 민족운동—독립운동〉《한국현대사 Ⅱ》).

최승만, 《극태필경(極態筆耕)》(문집), 보진재(宝晋齊), 1970.

최은희, 〈여권(女權)에서 애국으로—여성운동〉《한국현대사 Ⅳ》).

최준, 《한국신문사》(증보개정쇄), 일조각, 1974.

최호진, 《근대한국경제사》.

학교법인 배재학당, 《배재 80년사》, 1975.

현규환, 《한국이민사》(상권), 어문각, 1967.

〈호암 문일평 선생 유고(遺稿)〉, 《한말오십년사(韓末五十年史)》, 조광사, 1945.

황현, 《매천야록》, 신지사(新志社), 1955.

松尾尊兌, 大正デモクラシー, 東京, 岩波書店, 1974.

良常五郎, 日本YMCA史, 東京, 日本YMCA同盟, 1959.

吳允台, 日韓キリスト教交流史, 東京, 新教出版社, 1968.

坪江汕, 朝鮮民族獨立運動秘史(1966年 改正增補).

《대한황성종로기독교청년회 약사》, 1908.

《서울 YMCA 오십년사》.

《한국기독교시(韓國基督教時)》, 1956.

《한국현대사》 2, 4, 5, 신구문화사, 1969.

〈농민문화〉, 1976년 6월호.

〈대한매일신보〉, 1907.

〈독립신문〉, 1896~1898.

〈동아일보〉, 1920~1928.

〈매일신보〉, 1918.

〈연합신문〉, 1955.

〈이광수 전집〉 제17권. 삼중당.

〈조선일보〉, 1970.

〈중앙청년회보〉, 1914~1917.

〈청년〉, 1921~1941.

사립조선중앙기독교청년학회관 세칙(私立朝鮮中央基督教青年會學館 細則), 1916.

사업급(及)결산보고서, 제38회 총회(중앙YMCA) 1914.

재일 한국기독교청년회 창립 50주년 화보.

제1회 3년대회 회록(1914년).

제5회 3년대회 회록(1926년).

제6회 3년대회 회록(1929년).

조선중앙기독교청년회 헌법(1921년도 총회 통과).

조선예수교 연합공의회 회의록(제1회~13회).

황성기독교청년회 개관식 요람(要覽), 1908.

50th Anniversary Celebration, Korea Mission Presbyterian Church, USA, 1934.

A Letter to Mr. E. E. Leiber (Writer Unknown).

A. C. Bunce's Reply on Nov. 14. 1934, to the Questions for Annual Administrative A

Letter Report of International Committee of YMCAs on April 16. 1934.

A. C. Bunce's Report to the Questions for Annual Administrative Report of the International Committee of YMCAs. The Record of the First Educational Conference.

B. P. Barnhart's Administrative Report for 1936, on March 4. 1937.

B. P. Barnhart's Annual Report, on Sep. 16. 1920.

B. P. Barnhart's Annual Report, Year Ending Sep. 30. 1916.

B. P. Barnhart's Annual Report, Year Ending Sep. 30. 1919.

B. P. Barnhart's Letter to C. A. Hershleb of International Committee of YMCAs, Aug. 30. 1930.

B. P. Barnhart's Report, Feb. 23. 1935.

B. P. Barnhart's Report on Training for Rural Leadership in Korea, May 9. 1934.

C. A. Hershleb's Letter, Feb. 6. 1934.

C. Haward Hopkins, *History of YMCA in North America*.

C. N. Weems, *Hulbert's History of Korea*, Vol. l.

C. P. Shedd, History of the World's Alliance of Young Men's Christian Associations.

C. V. Hibbord's Letter to Dr. J. R. Mott, March 19. 1910.

Channing Liem, *America's First Gift to Korea, The Life of Philip Jaison*.

D. N. Lutz and F. O. Clark's Report of "Kang Seup Hwaii" in Korea, April 10. 1930.

D. W. Lyon, *Twenty years ago, Notes on Early Steps in Establishment of the Young Men's Christian Association in Korea*.

Dae-Sook Suh, *The Korean Communist Movement, 1918-1948*.

Edmund de Schweinitz Brunner, Rural Korea, A Preliminary Survey of Economic Social and Religious Conditions.

Elsie Voorhees, Jones and Ernest M. Best, *Regional Consultants for the Far East, Comments of Report of the Survey in Korea, and Status of the YMCA and YWCA*.

F. A. Mckengie, *Korea's Fight for Freedom*.

F. A. Mckengie, *The Tragedy of Korea*.

F. M. Brockman, *Twenty-four Years in Korea, Sir, Builder, Peacemaker, Friend*.

F. M. Brockman's Administrative Report for 1936 on May 4. 1937.

F. M. Brockman's Annual Report for the Year Ending 1911.

F. M. Brockman's Annual Report for the Year Ending 1912.

F. M. Brockman's Annual Report for the Year Ending 1913.

F. M. Brockman's Annual Report for the Year Ending 1916.

F. M. Brockman's Annual Report for the Year Ending 1917.

F. M. Brockman's Annual Report for the Year Ending 1919.

F. M. Brockman's Annual Report for the Year Ending Sep. 30. 1907.

F. M. Brockman's Annual Report for the Year Ending Sep. 30. 1909.

F. M. Brockman's Annual Report for the Year Ending Sep. 30. 1910.

F. M. Brockman's Letter to Mr. F. T. Ayer, May 12. 1914.

F. M. Brockman's Letter to Mr. J. R. Mott, May 25. 1913.

F. M. Brockman's Report to Mr. J. R. Mott, 1906.

F. O. Clark's Report on Farm School Held in Korea, 1931.

F. S. Brockman's Letter to Mr. J. R. Mott, May 13. 1903.

F. S. Harmon's Letter to F. V. Slack, March 18. 1935.

G. A. Gregg, A Sketch of the Industrial Work of the Seoul YMCA, from 1906~1913.

G. A. Gregg's "A 1915 Mid-Summer Report of the Seoul Industrial Work."

G. A. Gregg's Annual Report for the Year Ending Sep. 1916.

G. A. Gregg's Annual Report for the Year Ending Sep. 1919.

G. A. Gregg's Letter to Mr. F.A. West, on April 29. 1909.

G. A. Gregg's Report for the Year Ending Sep. 30. 1907.

G. A. Gregg's Report for the Year Ending Sep. 30. 1908.

G. A. Gregg's Report for the Year Ending Sep. 30. 1909.

G. A. Gregg's Report for the Year Ending Sep. 30. 1913.

G. A. Gregg's Report for the Year Ending Sep. 30. 1915.

G. A. Gregg's Report for the Year Ending Sep. 30. 1916.

G. A. Gregg's Report for the Year Ending Sep. 30. 1917.

G. A. Gregg's Report for the Year Ending Sep. 30. 1918.

G. A. Gregg's Report for the Year Ending Sep. 30. 1919.

G. H. Jones, The Koreans in Hawaii (The Korea Review V. 6).

G. W. Avison's Administrative Report for 1936~1937.

G. W. Birk's Letter to C. A. Herschleb of International Committee of YMCAs, Dec.11. 1930.

Gwenfred E. Allen, *The YMCA in Hawaii, 1869~1916.*

H. A. Rhodes, *History of the Korea Mission Presbyterian Church, 1884~1934.*

H. A. Wilbur's Annual Report, 1933~1934.

H. B. Hulbert, *The Passing of Korea.*

Hans-Ruedi Weber, *Asia and the Ecumenical Movement, 1895~1961.*

Honolulu Star Bullitin(1925년 7월 2일).

J. M. Gerdine's Letter on June 15. 1909.

J. R. Mott, Address and Papers of J. R. Mott. Vol. I. Ⅱ.

J. R. Mott's Letter to F. S. Brockman, March 31. 1911.

J. S. Gale, Korean Sketches.

J. S. Gale's Letter to the International Committee, YMCA, New York, on June 1905.

John W. Cook, *Korea and Japan.*

John W. Fuhrer, *Source Book of George Williams College.*

K. S. Latourette, *World Service.*

L. H. Underwood, Min Young Whan (The Korea Review V. Ⅵ).

L. H. Underwood, *Underwood of Korea.*

L. Snyder's Report on Dec. 3. 1913.

Leaders of 1910. (Writer Unknown)

Letter of Il-Whan Sa (史一煥), President of the Yusin Hoi(維新會) to J. R. Mott, March 25. 1913.

Minister of Joint Conference of Representatives of the Korean Union Committee of YMCAs and of the National Committee of Japanese YMCAs at Yokohama, May. 16. 1922.

National YMCA of Korea, The Rural Program of YMCAs in Korea.

P. L Gillett's Annual Report, Year Ending 1910.

P. L Gillett's Letter on June 15. 1909.

P. L Gillett's Letter to Mr. J. R. Mott, Nov. 1. 1910.

P. L Gillett's Report, Oct. 28. 1921.

P. L. Gillett's and G. A. Gregg's Annual Report for Year Ending Sep. 30 1910.

P. L. Gillett's Annual Report for the Year 1911.

P. L. Gillett's Annual Report for the Year 1913.

P. L. Gillett's Annual Report, Year 1909.

P. L. Gillett's Annual Report, Year Ending Sep. 30. 1907.

P. L. Gillett's Letter to Mr. Edwin V. Morgan, American Legation, Oct. 30. 1905.

P. L. Gillett's Letter to Mr. T. Sammone, American Consulate General, Seoul, Korea Aug. 29. 1907.

P. L. Gillett's Letter to the friends in USA, April 6. 1903.

P. L. Gillett's Letter to the friends in USA, June 2. 1904.

P. L. Gillett's Report for 1900~1901.

P. L. Gillett's Report for the Ending Sep. 30. 1904~1907.

P. L. Gillett's Report on May 1905.

P. L. Gillett's Report on May 30. 1906.

P. L. Gillett's Report on the 1912 Student Summer Conference.

P. L. Gillett's Report to International Committee of YMCAs in New York, for Twelve Months Ending Sep. 30. 1902.

P. L. Gillett's Report to the International Committee for 1902.

P. L. Gillett's Secrete Letter(not for Publication), Mokanshan, China, July 14. 1912.

R. T. Oliver, *Syngman Rhee, The Man Behind the Myth*.

Richard Rutt, *A Biography of games Scarth Gale and A New Edition of History of the Korean People*.

Rural Reconstruction Work in Korea(Writer Unknown).

Ruth Rouse and S. C. Niel, *A History of Ecumenical Movement, 1517~1948*.

Sencer J. Palmer, *Korea and Christianity*, Seoul, Aug. 29. 1907.

Statistical Table of the Student YMCA in Korea 1925, Writer Unknown.

Syen's(柳一宣) Letter to Mr. Fisher on Dec. 27. 1907.

Syng-man Rhee's(李承晩) Letter to Friends, July 22. 1911.

The Korea Review Vol. 3, 4, 6.

The Korean Mission field.

The Trade School of the Seoul YMCA(Writer Unknown).

찾아보기

그리스도인다운
삶을 생각하며

2008년 10월 19일 주일 아침. 아버지께서는 사흘 전부터 혼수상태였습니다. 저는 아버지의 임종을 지키면서 병상 곁에서 하박국서를 읽고 있었습니다. 그러던 중 "비록 무화과나무가 무성치 못하며 포도나무에 열매가 없으며 감람나무에 소출이 없으며 밭에 먹을 것이 없으며 우리에 양이 없으며 외양간에 소가 없을지라도 나는 여호와로 말미암아 즐거워하며 나의 구원의 하나님으로 말미암아 기뻐하리로다. 주 여호와는 나의 힘이시라 나의 발을 사슴과 같게 하사 나를 나의 높은 곳으로 다니게 하시리로다"라는 유명한 하박국 3장 17-19절 말씀이 눈에 들어왔습니다.

그보다는 바로 그 앞의 구절이 마음 깊은 곳을 때렸습니다. "내가 들었으므로 내 창자가 흔들렸고 그 목소리로 말미암아 내 입술이 떨렸도다 무리가 우리를 치러 올라오는 환난 날을 내가 기다리므로 썩이는 것이 내 뼈에 들어왔으며 내 몸은 내 처소에서 떨리는도다"라는 16절 말씀입니다. 이 말씀을 읽는 순간 "아! 이것이 바로 아버지셨구나"라는 사실이 마음 아프게 느껴졌습니다. 그래서 아버지께 "아버지, 이것이 아버지의 삶이셨군요!"
라고 말씀드리고 이 구절을 읽어 드렸습니다. 온갖 환난과 역경,
수모를 당하는 삶을 살아왔기에, 그래서 '나는 여호와를 인하여
나의 구원의 하나님을 기뻐하리로다'라는 고백을 하실 수 있었
음을 깨달을 수 있었습니다.

　　아버지께서는 그로부터 이틀 뒤, 10월 21일 새벽 0시 28
분에 고요하게 소천하셨습니다. 돌아가시기 한 달 전, 미국에 살
고 있는 두 딸을 포함하여 3녀 2남의 자녀들이 모두 모였을 때
이런 말씀을 하셨습니다. "얘들아, 나는 앞으로 한 달 뒤에 하늘
나라로 돌아가겠다. 나는 매일 아침 하늘나라를 보고 있단다. 거
기는 정말로 낮빛보다 더 밝은 나라더구나. 그러니 내가 죽거들
랑 미국에서 다시 오지 않아도 된다." 아버지께서는 매일 새벽에
곧 가실 하나님 나라를 이미 보고 계셨습니다. 장례를 치르고 며
칠 후 유품을 정리하다 아버지께서 평소 읽으시던 성경책을 보
고 그 사실을 확인할 수 있었습니다. 아버지 성경책에는 에스겔
서에서　말라기 사이에 나오는 '그날이 오면', '그날에'라는 말에
모조리 밑줄이 그어져 있었습니다. 그토록 간절히 하나님 나라
를 그리워하셨던 심정이 그 밑줄에 담겨 있었습니다. "너희는 먼
저 그(하나님)의 나라와 그의 의를 구하라"(마 6:33)는 말씀에 따
라 사시다가 아버지의 나라로 훌쩍 날아가셨습니다.

　　《토박이 신앙산맥》 1권 서두에 아버지는 이런 글을 남기
셨습니다. "'아! 나는 일평생 유린당한 생명을 찾아다니는 나였
구나' 하는 사실을 새삼 깨닫게 되었다. 다시 말하면 이때까지의
'나'란 존재는 '유린당한 생명을 찾아다니는 나'였다는 자각과 동
시에, 앞으로도 그러한 '나'가 되어야 한다는 자각이었다." 맞습
니다. 아버지는 평생 심부름꾼으로, 머슴으로, 각설이로 사신 분
입니다. 자신을 내세우는 모습을 한 번도 보여 주지 않으셨습니

다. 상처받고 보잘것없는 사람들, 소중한데도 잊혀진 사람들과
그분들의 역사, 수모당한 사람들, 무시당하는 한글을 안타까워
하며, 때로는 분노하셨으면서도 약자 편에서 각설이처럼 애원하
고 구걸하기조차 주저하지 않으셨던, 그런 분이셨습니다.

2013년 10월 31일, 100주년기념교회에서 있었던 '오리
전택부 선생 유품 및 기록물 기증식'에서 이재철 목사님은 "전택
부 선생께서 YMCA에 재직하실 때부터 은퇴 후 그분의 행적을
돌아보면, 누군가 꼭 해야 할 중요한 일인데도 아무도 관심을 두
지 않는 사람, 일, 역사의 현장에 그분은 늘 계셨습니다. 목사가
아니면서도 주님의 충실한 종으로 사신 대표적인 그리스도인입
니다"라는 요지의 말씀을 하셨습니다. 그날 저는 답사에서 일평
생 무시당하는 삶을 살아오신 아버지께서 오늘 이 자리가 처음
으로 존중받는 것 같아 진심으로 감사드린다는 말씀을 드렸습
니다.

그날 기증한 유품과 기록물 중에 흔히 말하는 값진 물건
은 거의 없습니다. 굽던 중에 깨지고 터지고 구부러진 도자기들,
서민들의 땀이 배어 있는 호롱, 버림받고 잊힌 역사와 사람들을
찾아낸 기록 등이 대부분입니다. 아버지께서 언젠가 저에게 주
신 이런 말씀을 기억합니다. "나는 고가구를 수집하는 취미가 있
어서 지방에 다닐 때면 이를 수집했는데, 어느 날 생각해 보니 잘
못하면 장사꾼이 되겠구나 하는 생각이 들어 그만두었다. 그 대
신 굽다가 깨지고 터진 도자기들을 수집하는 버릇이 생겼다. 그
들이 마치 내 모습 같기도 하고, 그냥 놓아두면 누군가 깨뜨려
없애버릴 것이 분명해서 나라도 챙겨야 할 것 같아 모으기 시작
했다."

아버지께서는 이런 정신으로 6·25전쟁으로 폐허가 되
어 없어진 서울 YMCA 건물을 다시 세우셨고, 잊힐 뻔했던

YMCA와 기독교 역사를 되찾아 내셨고, 내팽개쳐졌던 한글날을 국경일로 회복시키셨고, 양화진선교사묘역을 지켜 내시는 일을 이루셨습니다. 크게 돋보일 일은 아무것도 없습니다. 다만 꼭 해야 할 일이고, 회복시켜야 할 일이고, 돌보아야 할 일이고, 잊혀서는 안 될 일이고, 후손에게 물려주어야 할 일이었기에 누가 알아주지 않아도, 무시해도, 외면해도, 방해해도 아랑곳하지 않고 분노하는 대신 오히려 하소연하고 애원하고 구걸까지 하는 살신성인의 삶을 사셔야 했습니다.

오늘날 당대에 큰 업적을 이룬 많은 교역자들이 저지른 잘못으로 기독교 전체가 비난받으며 심각한 위기에 처해 있습니다. 많은 사람들이 이에 크게 실망하고 분노하고 있습니다. 이러한 때 아버지의 삶은 그리스도인들이 어떻게 살아야 하는지에 대해 많은 생각과 반성을 하게 합니다.

아버지께서는 1915년 2월 12일에 태어나셨습니다. 올해가 탄생 100주기가 되는 해입니다. 이를 기념하기 위해 〈오리 전택부 선집〉을 발간하기로 했는데, 이 선집은 아버지께서 생전에 펴내신 30여 권의 책을 16권으로 집약하여 낼 계획입니다. 그 첫 번째 책으로 《토박이 신앙산맥》 제1권을 발간하게 되었습니다. 이 책에는 희생과 헌신, 섬김의 정신이 후손들에게 이어져 실현되고 결실을 맺게 하고자 말년에 뜻을 두고 축복해 주신 '청소년과 놀이문화연구소' 후학들의 뜻과 정성이 담겨 있습니다.

이 선집 발행을 위해 편집위원이 되어 주신 김경래 상임이사님(편집위원장, 100주년기념재단), 나채운 명예교수님(장로회신학대학교), 이덕주 교수님(감리교신학대학교), 남부원 사무총장님(한국YMCA 전국연맹), 이대로 회장님(국어문화운동실천협의회), 윤재민 대표님(범우사)께 감사드리며, 홍성사 직원 여러분의 수고와 헌신에도 깊이 감사드립니다.

"너희는 먼저 그의 나라와 그의 의를 구하라 그리하면 이 모든 것을 너희에게 더하시리라."(마태복음 6장 33절)

2015년 가을
전국재
(청소년과 놀이문화연구소 소장)

전택부 선집 4
한국 기독교청년회 운동사
The Movement of YMCA of Korea
Collected Works of Chun Taikpoo 4

2017. 3. 15. 초판 1쇄 인쇄
2017. 3. 25. 초판 1쇄 발행

지은이 전택부
펴낸이 정애주
국효숙 김기민 김의연 김준표 김진원 박세정
송승호 오민택 오형탁 윤진숙 이한별 임승철
임진아 정성혜 조주영 차길환 한미영 허은
펴낸곳 주식회사 홍성사
등록번호 제1-499호 1977. 8. 1.
주소 (04084) 서울시 마포구 양화진4길 3
전화 02) 333-5161
팩스 02) 333-5165
홈페이지 www.hsbooks.com
이메일 hsbooks@hsbooks.com
페이스북 facebook.com/hongsungsa
양화진책방 02) 333-5163

ⓒ 전국재, 2017

• 잘못된 책은 바꿔 드립니다.
• 책값은 뒤표지에 있습니다.
• 이 도서의 국립중앙도서관 출판예정도서목록(CIP)은
  서지정보유통지원시스템 홈페이지(http://seoji.nl.go.kr)와
  국가자료공동목록시스템(http://www.nl.go.kr/kolisnet)에서
  이용하실 수 있습니다.(CIP제어번호: CIP2017005998)

ISBN 978-89-365-1167-8 (94230)
ISBN 978-89-365-0544-8 (세트)